四川省志

Sichuan Shengzhi

报业志

1986—2005

【第六十九卷】

四川省地方志编纂委员会 编

方志出版社
Publishing House of Local Records

图书在版编目（CIP）数据

四川省志．报业志：1986—2005 / 四川省地方志编纂委员会编．— 北京：方志出版社，2019.4
ISBN 978-7-5144-3728-7

Ⅰ．①四… Ⅱ．①四… Ⅲ．①四川—地方志②报纸—新闻工作—概况—四川—1986—2005 Ⅳ．①K297.1

中国版本图书馆CIP数据核字(2019)第091737号

四川省志·报业志（1986—2005）

编　　者：	四川省地方志编纂委员会
责任编辑：	陈　菁
出 版 者：	方志出版社
	地址　北京市朝阳区潘家园东里9号（国家方志馆4层）
	邮编　100021
	网址　http://www.fzph.org
发　　行：	方志出版社图书经销中心
	电话（010）67110500
经　　销：	各地新华书店
印　　刷：	成都市前智印务有限责任公司
设计制作：	成都怡生网络文化传播有限公司
开　　本：	889×1194　1/16
彩插印张：	1.75
正文印张：	22.75
字　　数：	597千字
版　　次：	2019年4月第1版　2019年4月第1次印刷
印　　数：	0001～2000册

ISBN 978-7-5144-3728-7　　定价：289.00元

领导关怀 LINGDAO GUANHUAI

1996年11月初，中共四川省委书记谢世杰（左二）、中共四川省委副书记秦玉琴（前右一）考察四川日报社印刷车间
（四川日报社 供图）

1997年1月3日，四川省新闻工作座谈会在四川日报社召开。中共四川省委书记谢世杰（左四），中共四川省委副书记秦玉琴（右四），中共四川省委常委、宣传部部长席义方（左三）等出席
（四川日报社 供图）

2000年9月12日，四川日报报业集团正式成立。中共四川省委书记谢世杰（右二）、中共四川省委副书记聂荣贵（左二）向集团领导授牌

（四川日报报业集团 供图）

2000年，四川日报报业集团成立暨《四川日报》创刊48周年庆典仪式举行，中共四川省委书记谢世杰（左三），中共四川省委副书记聂荣贵（右三）、席义方（右二），中共四川省委常委、宣传部部长柳斌杰（左二），四川省人民政府副省长徐世群（右一），中共西藏自治区原党委书记、西藏自治区人民政府原主席、中共四川省委原书记处书记、四川省人民政府原副省长天宝（左一）等出席

（四川日报报业集团 供图）

2005年11月26日，中共四川省委书记张学忠（中），中共四川省委副书记、四川省人民政府省长张中伟（前右一）考察成都日报社的宣传展位

(成都日报社 供图)

2002年春节前夕，中共四川省委副书记席义方（中），中共四川省委常委、宣传部部长柳斌杰（左三）一行到四川日报报业集团，看望慰问坚守在工作岗位的新闻采编人员

（四川日报报业集团 供图）

2002年9月12日，出席“纪念《四川日报》创刊50周年暨集团成立两周年”庆典后，中共四川省委副书记刘鹏（右二），中共四川省委常委、宣传部部长王少雄（右三）一行到四川日报社编辑部看望新闻采编人员　（四川日报报业集团 供图）

2003年3月11日，中共四川省委副书记陶武先（左二），中共四川省委常委、宣传部部长王少雄（右一）一行到四川日报报业集团调研　（四川日报报业集团 供图）

1996年春节前夕，中共四川省委常委、成都市委书记黄寅逵（后中）到成都日报社看望报社员工

（成都日报社 供图）

2001年7月，新的《成都日报》刚出版不久，中共四川省委常委、成都市委书记王荣轩（中）等到报社考察

（成都日报社 供图）

改革发展 GAIGE FAZHAN

2003年6月13日，中共四川省委常委、宣传部部长王少雄（左三），常务副部长杜江（右三），副部长殷建中（左二）、陈华（右二）、郑晓幸（左一）一行，到四川日报报业集团听取机构和人事制度改革专题汇报 （四川日报报业集团 供图）

2003年11月，第四届中国记者节期间，中共四川省委宣传部、四川省新闻工作者协会联合举办新闻研讨会。图为参会的有关领导和新闻界部分专家、学者合影

（四川省新闻工作者协会 供图）

2004年6月4日，四川日报社编委会举办“推进党报的改革与创新”改版研讨会

（四川日报社 供图）

2005年11月7日，四川新闻网在广安召开媒体合作与发展研讨会 （四川新闻网 供图）

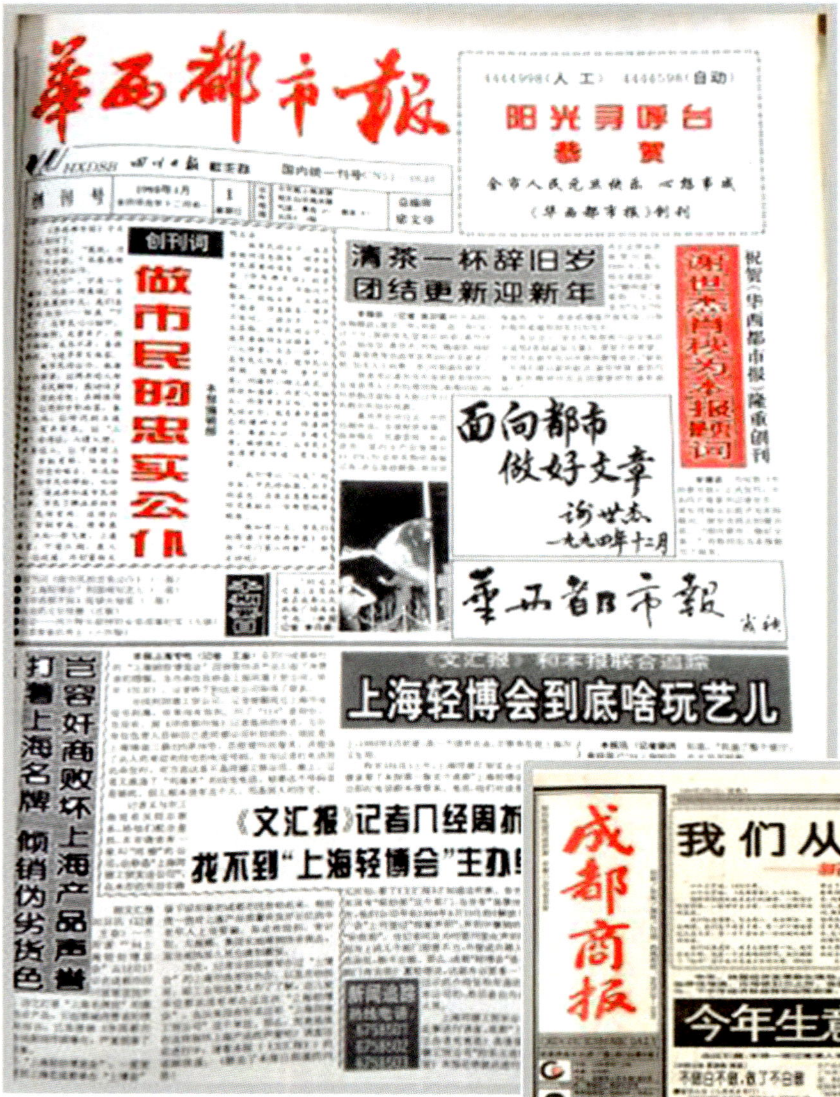

華西都市報

4444998（人工） 4444598（自动）
阳光寻呼台
恭贺
全市人民元旦快乐 心想事成
《华西都市报》创刊

创刊号

创刊词
做市民的忠实公仆

清茶一杯辞旧岁
团结更新迎新年

谢世杰同志为本报题词

祝贺《华西都市报》隆重创刊

面向都市
做好文章
谢世杰
一九九四年十二月

華西都市報

《文汇报》和本报联合追踪
上海轻博会到底啥玩艺儿

《文汇报》记者门经周析
找不到"上海轻博会"主办

岂容奸商败坏上海产品声誉
打着上海名牌 倾销伪劣货色

《华西都市报》于1994年试刊，1995年1月1日正式创刊。这是中国第一张新型都市报。图为创刊号

（华西都市报社 供图）

成都商报

我们从此是朋友
——新年创刊致读者

今年生意好不好做

不明白不做，做了不白做

中国经济回顾与前瞻

早安，成都
泰山集团

紧急挂失

成都人民商场股份有限公司
向全体股东和社会各界问好
祝新年快乐

1995年2月，内部刊物《成都商报》与《生活科学报》合并，更名为《成都科技商报》，公开发行。同年8月正式更名为《成都商报》。图为创刊号

（成都商报社 供图）

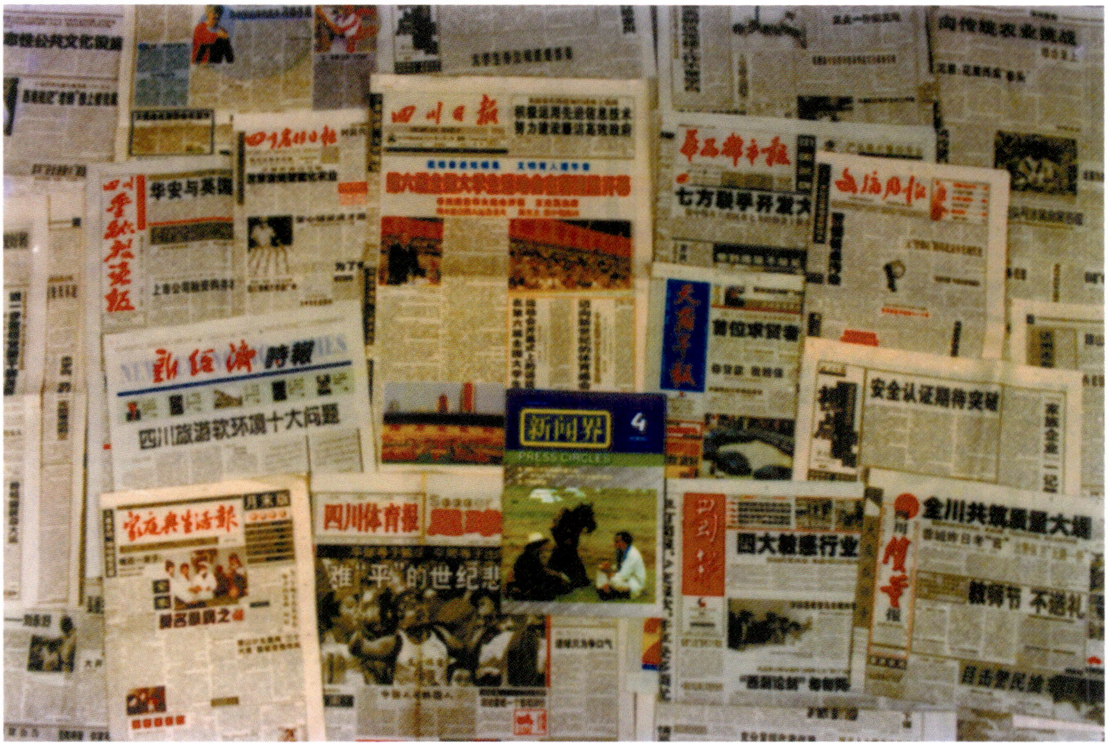

2000年9月四川日报报业集团成立时，拥有11报1刊。图为报刊集纳

（四川日报报业集团 供图）

2002年春，巴中日报社组织采编人员联系新闻工作实际学习、讨论“三个代表”重要思想

（巴中日报社 供图）

2002年9月26日，成都日报报业集团正式成立。图为成立大会会场　（成都日报报业集团 供图）

2003年9月28日，成都商报社举办第二届礼品拍卖会　（成都商报社 供图）

1995年1月，华西都市报社以创新的思路抓报纸发行，“敲门发行”一时风靡巴蜀

（华西都市报社 供图）

2004年11月，成都日报社与“立即送”公司签约发行代理后，成都日报社发行业务全部由“立即送”公司负责。图为公司的发行车队

（成都日报社 供图）

1997年，四川日报社建成新闻培训中心（星光花苑）　　（四川日报社 供图）

2004年，四川日报报业集团新建的印务公司印刷车间生产线正式投入使用　　（四川日报报社集团 供图）

2005年，成都日报报业集团大厦开始启用　（成都日报报业集团 供图）

2004年，《甘孜日报》创刊50周年时新建的办公大楼竣工投入使用　（甘孜日报社 供图）

深入基层 SHENRU JICENG

1991年，宜宾日报社记者在屏山县老君山采访途中
（宜宾日报社 供图）

1995年6月，成都日报社记者在金沙江边采访当年为红军摆渡的老船工后代（成都日报社 供图）

1997年夏，巴中日报社记者在农村采访　　（巴中日报社 供图）

20世纪90年代末，四川日报社摄影部主任莫定有（右）连续3年深入阿坝州壤塘县大骨节病区山寨中采访拍摄大骨节病患者。图为莫定有采访藏族老阿妈

（四川日报社 供图）

2000年3月4日，资阳日报社记者一行在安岳县通贤镇白龙村采访　（资阳日报社 供图）

2001年4月18日，乐山日报社采风团在甘孜州采访牧民　（乐山日报社 供图）

2003年5月22日，华西都市报社记者登顶珠穆朗玛峰　　（华西都市报社 供图）

2003年6月，内江日报社记者在资中县马鞍镇鞍子坡采访村民　　（内江日报社 供图）

2004年春，德阳日报社组织采编人员到基层采访　（德阳日报社 供图）

2004年6月19日，广安日报社记者采访武胜县银燕村脱贫致富动员会　（广安日报社 供图）

2004年6月，绵阳日报社记者在涪城区城郊乡戈家庙村采访困难群众　（绵阳日报社 供图）

2004年夏，甘孜日报社总编辑在重庆采访台湾故宫博物院负责人　（甘孜日报社 供图）

2004年9月21日，香港著名作家金庸（前中）访问华西都市报社　（华西都市报社 供图）

2004年10月29日，四川日报社记者部绵阳记者站站长在武都引水工程现场采访世界银行专家　（四川日报社 供图）

2005年5月9日，成都商报社记者采访长江源头考察活动　（成都商报社 供图）

2005年11月8日，乐山日报社记者在牟子镇采访　（乐山日报社 供图）

2005年，甘孜日报社在红军长征胜利70周年时，组织记者参加“追寻红军足迹走甘孜大型采访活动”

（甘孜日报社 供图）

21世纪初，达州市连年遭受特大洪灾。图为达州日报社记者迅速赶赴渠县重灾区采访

（达州日报社 供图）

开放交流 KAIFANG JIAOLIU

2002年9月12日，中共四川省委宣传部常务副部长杜江（左三），四川日报报业集团董事长李之侠（左四）在集团新闻培训中心会见来访的越南人民报社一行

（四川日报报业集团 供图）

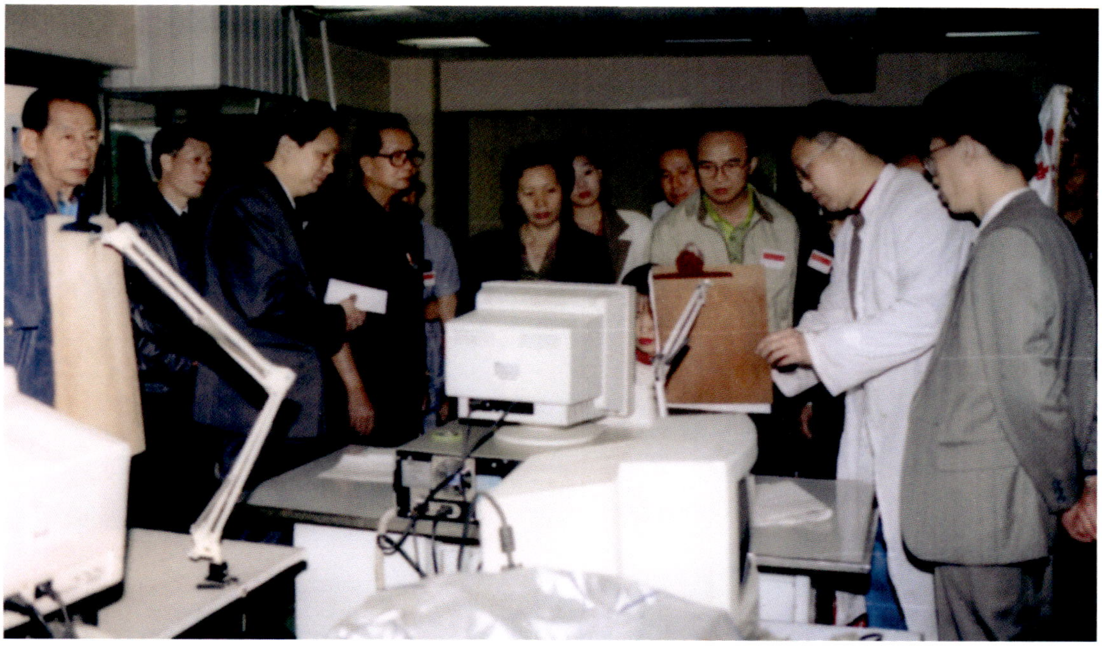

1990年，泰国泰华通讯记者协会访问团参观四川日报社印刷厂激光照排车间

（四川日报社 供图）

1991年10月，日本山梨县青年友好访问团访问四川日报社　　（四川日报社 供图）

1995年1月，成都日报社记者随成都市教育代表团到德国柏林市马查区第二综合中学采访
（成都日报社 供图）

2000年5月，成都日报社总编辑赵德喜（左二）在报社欢迎来访的澳大利亚客人

（成都日报社 供图）

2002年6月25日，四川省报刊协会组织全省报刊成员单位负责人到洛杉矶时报社考察

（四川省报刊协会 供图）

2003年10月28日，意大利新闻代表团访问川报集团　（四川日报报业集团 供图）

2005年春，亚洲新闻访问团到华西都市报社考察　（华西都市报社 供图）

四川省地方志编纂委员会成员

《四川省志（1986—2005）》审核委员会成员

主　　任	王　宁
副 主 任	蔡　竞
委　　员	马小彬　冯宝运　何晓平　胡品生
	王孝平　谭继和　陈世松　陈廷湘

《四川省志（1986—2005）》
总编、副总编

总　　编　陈建春

副 总 编　赵　行　邓　瑜　陶利辉　熊　倩
张兆法　高伟明　朱艳林　牛　淼

《四川省志·报业志（1986—2005）》
责任总编、责任编辑

责任总编　邓　瑜

责任编辑　邓肖亭

《四川省志·报业志（1986—2005）》编纂委员会成员

名誉主任	黄新初	吴靖平		
主任委员	侯雄飞			
副主任委员	段建玲	余长久	何　冰	唐小强
	唐嗣田	李维中	刘为民	
委　　员	李　涛	傅世彬	李国庆	田怀聪
	杨庆龙	陈　波	谭显维	刘方棠
	毛觉云	杨为民	唐云峰	王敬华
	骆常非	杨建光	胡鲜明	熊道地
	张　光	禄东风	龚学敏	龙德华

《四川省志·报业志（1986—2005）》初审领导小组

（2012年8月）

负 责 人 侯雄飞（省委宣传部常务副部长）

罗亚夫（省地方志编纂委员会副总编辑）

成　　员 姚志能（原四川日报社社长、总编辑）

余长久（四川日报报业集团党委书记、董事长）

何　冰（成都日报报业集团党委书记、总编辑）

李晓骏（省委宣传部新闻处处长、省记协秘书长）

高伟明（省地方志编纂委员会省志工作处副处长）

唐小强（四川日报报业集团原党委副书记、总编辑、省记协常务副主席）

唐嗣田（四川日报报业集团原副总经理、省记协常务副主席、省报业协会会长）

张忠仁（省委宣传部助理巡视员）

李维中（成都市委宣传部原副部长、市记协常务副主席）

刘为民（四川日报报业集团副总编辑、华西都市报总编辑）

黄志祥（成都日报报业集团副总编辑、市记协副主席）
邱沛篁（四川大学教授、博士生导师）
袁艳梅（四川日报报业集团原机关党委书记）
姜学芬（成都商报社原副总编辑）
宁光富（成都日报社新闻研究所原所长）
赖新蜀（四川日报报业集团新闻研究所原副所长）
贾璋岷（四川法制报社原总编辑、省记协副秘书长）

《四川省志·报业志（1986—2005）》
编纂机构成员

主　　编　唐小强

副 主 编　唐嗣田　张忠仁

编　　纂（按所编纂篇目为序）

张忠仁　石　磊　唐嗣田　姜学芬

邱沛篁　赖新蜀　袁艳梅　宁光富

统　　稿　唐小强

审　　核　唐嗣田　姜学芬

编务人员　贾璋岷　寇晓琴　胡维玲　魏正明

《四川省志（1986—2005）》
凡　例

一、本书编纂工作以马克思列宁主义、毛泽东思想、邓小平理论、“三个代表”重要思想、科学发展观、习近平新时代中国特色社会主义思想为指导，坚持辩证唯物主义和历史唯物主义的立场、观点和方法，全面客观地记述四川省行政区域内自然、政治、经济、文化和社会的历史与现状。

二、本书系中华人民共和国成立后首部《四川省志》续编，总名《四川省志（1986－2005）》，由总类、大事纪述、专志、人物、市（州）概况、附录共93卷构成。各分卷名称为《四川省志·××志（1986－2005）》或《四川省志·××志》（后者为特色志志名），设中英文目录。

三、本书上限一般起自1986年，下限一般截至2005年。对前志未设之分卷或篇章从事物发端写起；对前志漏载、误载的某些事项进行补载、更正；对前志记载后变化不大的某些事项进行简要复载；升格详载具有地方特色的某些事项。

四、本书记述的地域范围以1986－2005年四川省行政区划为准。

五、本书采用述、记、志、传、图、表、录等体裁，以志为主。

六、本书总类卷设序言、凡例、总述、卷目等，为各卷之首，全书之纲。关于自然环境、建置沿革、经济与社会历史发展状况等基本省情在总述中作简要复载或反映。各专志（分卷）根据社会分工和学科分类的实际，按“以类相从”或“突出地方特色”的原则设立，以篇、章、节横分类别，节、目以下纵述史实，立足反映四川省行政区域某一事物（事业、行业）断限期内历史与现状的全貌。人物志卷采用传、录、表诸种表述形式，坚持“生不立传”原则，在世人物的突出事迹以事系人载入相关分卷。人物传统一收入人物志。本书大事记以编年体为主，辅以纪事本末体。为完整记述一些重要事物，保存有价值史料，有些分卷设置了专记。

七、本书使用规范的现代语体文记述，行文严谨、朴实、简洁、流畅。使用规范汉字，用词概念准确，符合现代汉语语法规范。使用的标点符号、数字、计量单位等均按国家规定的统一标准书写。

八、本书使用公元纪年，各卷正文（除引文外）采用第三人称表述；行文涉及机构、会议、文件、职衔、地名等，均按当时称谓；除涉及人名、地名、纪年和简称等项采用括注外，其余采用页下脚注。

九、本书资料来源于文献、档案、报刊、书摘、口碑及实地调查等，所用资料均经各修志部门考证、核实。各分卷数据一般采用省统计局公布的数据，省统计局缺乏的，采用有关部门正式提供的数据。

十、各分卷图片分为前置图片和随文插图，随文插图和表格均以篇为单位依次排序编号；所用地图均以省测绘局审定的为准。

十一、各分卷需要特别说明的事项，均在各分卷的《编辑说明》中注明。

《四川省志·报业志（1986—2005）》
编 辑 说 明

一、本志是1996年四川人民出版社出版的《四川省志·报业志》的续修，前志始于1897年，截至1993年。为使志书时限前后衔接，按第二轮《四川省志》统一要求，本志时限仍为1986—2005年，但重点记述1994—2005年内容。

二、本志根据四川报业发展情况与特点，采用篇、章、节、目体，分设报刊网络、新闻业务、经营管理、管理体制、素质教育与新闻研究、新闻团体共6篇31章209节，并设前置图片、概述、附录和编后记。附录含名录、大事记和文献辑存。从1991年开始，中国新闻奖、长江韬奋奖等奖项陆续开始评选，因此入志的获奖名录始于1991年。获奖名录包括获中国新闻奖、四川新闻奖作品目录，获长江、韬奋新闻奖（提名奖）和全国优秀新闻工作者称号人员名单，获国务院颁发的特殊津贴专家名单、省政府颁发的特殊津贴专家名单，获省劳动模范称号人员名单，获省政府以上社会科学研究优秀成果目录和主编、作者名单等。此外，对1994年之前某些漏载、误载的事项进行补载、更正；对2005年之后某些事项，根据记述史实需要略有后延。

三、本志书按照党报、都市报、晚报、军报及群团报、专业报、企业报、广播电视报、高校校报、新闻期刊、网络新闻分类，逐一介绍其历史沿革和在时间断限期内的发展状况（包括办报宗旨、主要栏目、办报特色、发行状况及主要负责人等）。同时，按报刊网络、新闻业务、经营管理、管理体制、素质教育与新闻研究、新闻团体六个方面，深入、详细地介绍四川省报业情况。

四、本志简称的使用，一般在首次出现时使用全称，后括注规范简称，后使用简称。例如“中国共产党四川省委员会”（以下简称省委）“四川省人民政府”（以下简称省政府）。

五、本志的入志报刊有国家新闻出版（总）署颁发的统一刊号，新闻网站有国家网管部门批准的域名。内部报刊均未入志。

六、在本志书时限范围内，中共中央、国务院、中共中央宣传部、国家新闻出版

（总）署，中共四川省委、四川省人民政府和中共四川省委宣传部、四川省新闻出版局出台的有关报业发展的规章制度较多。因此，在文献辑存中，均只辑入文件印发单位、印发时间、文件题目及文号，便于查阅。

目 录

第四篇　管理体制

第五篇　素质教育与新闻研究

第六篇　新闻团体

Contents

概　述

人类传播历经上古口头传播、中古手写传播、近代印刷传播和现代电子传播四个主要历史阶段。随着四个历史阶段的更替和四种传播媒介的更新，人类社会获得的信息越来越丰富，信息传播手段越来越先进，传播范围越来越广阔，产生的影响也越来越深远。

1986—2005 这 20 年间，中国传媒业风雨兼程，砥砺前行，经历过“山重水复”，领略了“柳暗花明”。

中共十一届三中全会后，党的任务和国家形势均发生了巨大变化，阶级斗争不再为纲，经济建设成为中心。在“解放思想”“实事求是”旗帜的引领下，神州大地吹响了改革开放的号角，中国报业乘势而上，催生出“千树万树梨花开”的繁荣景象。传媒从单纯的事业单位，逐步向“事业性质，企业化运作”这种双重属性的具体运作模式转化。报纸作为一种产业逐渐规范化，新闻报道也逐渐从单一的宣传功能向信息传播、文化传播、资讯服务以及娱乐休闲等多方面共存的方向发展。“增强指导性，提高可读性”“拓宽报道面，增大信息量”“图文并茂，版式新颖”“纲（党的中心工作）、典（典型引路）、新（新闻及时效性）、活（内容及文字表达）、短（简短精悍）”成为报纸这一时期改进与创新的主攻方向，历经数年，成绩斐然。

1992 年，邓小平南方谈话发表。中共十四大作出建立和发展社会主义市场经济的重大决策。国内传媒业尤其是报业在从计划经济向市场经济转变的过程中，在日趋市场化的传播竞争格局中，开始进入一个在竞争中求发展的崭新阶段。20 世纪 90 年代中后期，扩版和改版成为报纸争夺读者注意力资源的重要手段。1994 年，全国至少有 150 家主流报纸扩版。其间，晚报作为最先与市场接轨的报纸，率先获得市场的丰厚回报。为同城市晚报争夺市场，争夺读者，在报业资源方面拥有相当优势的省级机关报创办类似于晚报风格的新型报纸——都市报。中国第一张新型都市类报纸《华西都市报》于 1995 年 1 月 1 日应运而生。随后，新创办的《成都商报》大手笔借壳上市，成为中国第一家真正启动报业投资市场的报纸，为报业资本运营市场化闯开一片天地。报纸、广电等传统媒体展开竞争的同时，还面临着具有明显信息传播优势的网络等新媒体的冲击以及跨地区、跨行业媒体间的竞争。媒介之间的竞争使得彼此的影响力各有消长，也促进媒介在竞争中相互融合，形成各自以自身特点发展而又相辅相成的传播体系和格局，逐渐步入健康发展轨道。

2001 年，中国加入世界贸易组织（WTO）。这对于被称为计划经济“最后的晚餐”的传媒业来讲，既是难得的发展机遇，也是来自国内和国际同行的、严峻的双重挑战。为应对挑战，做大做强传媒业，党中央未雨绸缪，在 20 世纪 90 年代后期着手试点和组建以党报为龙头的社会主义现代化报业集团。仅用 6 年时间，就分三批成立 15 家报业集团，为参与国际竞争打下坚实基础。加入 WTO 后，报业集团加快组建和发展。在传媒业起到带头作用和中流砥柱作用的报业集团，纷纷实施品牌战略，制定人才战略，建立创新机制，改进内部管理，改革经营体制。那些有雄厚经济实力和广泛影响力的报业集团，更是从单一的新闻竞争转到塑造媒体品牌的竞争上来，从单一品牌的竞争转到媒体多品牌的竞争上来，从单纯的媒体品牌竞争转到品牌理念所延伸到的各个领域的竞争上来，形成了以资本、人才、品牌为主的高层次战略竞争。随着国家改革开放的进程，这一时期的中国传媒业呈现日趋开放和繁荣发展的态势。截至2004年，中国有20家报纸荣登全球日报发行量前100名排行榜，与日本并驾齐驱，美国、印度紧随其后。中国报业以9350万份的日销量，位居世界第一。

四川传媒业这20年的改革发展，可谓是中国新闻事业改革与发展的一个缩影。四川文化底蕴深厚，报业繁荣发达。这一时期，四川的报刊无论数量还是质量，无论新闻业务还是经营管理，无论领导体制还是管理体制，无论新闻教育还是新闻研究，都取得了长足进步，是四川报业大发展的重要时期。

一

1986—2005年，四川报刊数量大增，结构布局发生重大变化。过去单一的党报党刊体制逐渐被多种类多层次的报刊体系取代，出现了都市报这一崭新的报刊类型；新闻网站从无到有、发展壮大。全省共出版报纸、新闻期刊、网络新闻媒体138种，培育和满足了不同层次、不同对象读者的多种需求。各类报纸中，晚报都市类报、专业报、高校报增加幅度最大。报刊经营逐步市场化，是这一时期的显著特征，面向市场发行的报纸达到97种。

党报党刊是四川报刊业的主流媒体。随着四川市（州）行政区划调整，新的市（州）党报创刊，如1999年1月1日创刊的《资阳日报》。还有一些党报更改报名，如《通川日报》2000年1月1日更名为《达州日报》。值得一提的是《成都日报》的复刊。中共成都市委机关报《成都日报》1956年创刊，1961年改为《成都晚报》，1971年再次改为《成都日报》。1983年1月1日《成都晚报》复刊。2001年7月1日，中共成都市委将《成都晚报》的晚报职能分离出去，保留机关报职能，组建恢复《成都日报》，《成都晚报》则成为市场类报纸。《成都日报》恢复出刊，提出创办“新型城市党报”的办报思路。2005年确定“办中国西部最好的城市党报”的办报目标和“权威、深度、责任”的办报理念。少数民族报刊也得到发展，1978年1月1日《凉山报》彝文版正式创刊。

在晚报都市类报纸中，2000年前后成都共有综合类市场报7家，包括《华西都市报》《成都商报》、2001年新创办的《成都晚报》《天府早报》《四川青年报》以及2001年停刊的《蜀报》《商务早报》，被称为“战国七雄”，竞争十分激烈。《华西都市报》1995年1月1日正式发行，是四川日报社创办的全新城市报纸。作为全国第一份都市报，它的出现开创了中国都市报时代。《成都商报》前身为内部刊物，1995年2月与《生活科学报》合并，更名为《成都科技商报》，公开发行，同年8月更名为《成都商报》。2001年7月，该报改由成都日报社主管主办。至2005年底，《华西都市报》《成都商报》已成为在四川乃至全国具有重要影响的报纸，成都也因此成为全国报业最发达的城市之一。除成都外，攀枝花、泸州、绵阳、南充、宜宾、达州等地也创办了自己的晚报。

在专业报中，新增加的报纸有《精神文明报》《国防时报》《西南商报》《城市购物导报》《招生考试报》《人力资源报》《电子商情报》《软件报》《汽车时尚报》《金融投资报》《读者报》《少年百科知识报》等。《精神文明报》创刊于1985年。1999年，中宣部常务副部长、中央文明办主任刘云山在接见该报总编辑一行时说："面向全国这条战线（精神文明建设战线）的报纸，只有你们一家。中央文明办是把《精神文明报》当作不是机关报的机关报。"《金融投资报》创办于1992年，当时报名为《四川证券投资报》。随着投资理财尤其是全民炒股时代的到来，该报发展为一份重要的投资理财专业报。2005年，《金融投资报》主办的《周末证券》在全国20多个中心城市及周边地区的发行量达20多万份。

在全省21个市（州）中，有18个市（州）创办了广播电视报。这些报纸不仅刊登广播电视节目，同时也报道新闻信息，集新闻性、知识性、趣味性和地方性为一体。创刊于1994年的《巴中广播电视报》，由于当地没有晚报和都市报，该报事实上成为当地综合类市场报。在达州市，《达州晚报》创办之前，《达州广播电视报》同样承担着当地综合类市场报的角色。

互联网的快速发展、手机的大量普及迅速改变着人们的日常生活方式，也催生了《四川新闻网》《四川在线》《华西手机报》等媒体新锐。1999年1月，四川新闻网正式开通。2000年6月底，四川新闻网已整合全省102家报纸、杂志、电视、广播媒体集中上网，是全国上网媒体最多的一家地方新闻网站。2001年，该网站成为全国六大省级重点新闻网站之一。

一些报社还积极尝试跨地区、跨媒体合作。成都商报先后与外地媒体合办《西部商报》（兰州）、《江西商报》（南昌）、《云南信息报》（昆明）、《每日经济新闻》（上海）等。

这一时期主管部门还多次对报刊社进行清理整顿，一些内容雷同、编辑力量不足、办报刊条件差和结构不合理的报刊被停办，一些行业报刊划归党报，如《四川法制报》《家庭与生活报》《四川质量报》《市场与消费报》、廉政瞭望杂志等划归四川日报报业集团。

二

正确的舆论导向是新闻宣传工作的首要任务。这一时期的四川报业始终坚持政治家办报，紧紧围绕党和政府工作大局进行宣传报道，为四川的改革发展稳定营造良好舆论氛围。1986年4月20日，《重庆日报》一版刊登评论《回头看不是走回头路》，旗帜鲜明地提出一个带倾向性的问题，大胆揭露改革走回头路的种种表现。《人民日报》及时转载这篇评论，当年该评论被评为全国好新闻一等奖。1992年邓小平视察南方谈话后，《四川日报》以《坚定不移地贯彻党的基本路线》为题，连续发表5篇社论，紧紧抓住德阳这个全省改革开放的典型，开辟《从德阳看思想解放》栏目，推出3篇典型报道和权威人士的谈话，为改革开放鸣锣开道。

在坚持正面宣传为主的同时，各报以批评报道和内参等多种方式进行舆论监督。2002年8月，《成都商报》推出"暗访周五空城计"大型报道，对成都市政府100多个部门的工作状态进行监督。随后，成都市委发出"第一要务大讨论"的号召，全市10多万机关干部参与讨论。2001年4月，《天府早报》记者卧底生产黑心棉的企业，写出揭露性新闻报道，引发全省大规模专项整治。舆论监督往往受到各方面的阻力，为此，《四川日报》1988年开展题为《批评报道为什么这样难》的专题讨论，近5个月收到来稿来信近1000件。该系列报道获1988年度中国好新闻奖特别奖。

2002年，中共中央提出新闻宣传工作要坚持贴近实际、贴近生活、贴近群众的"三贴近"要求。尽管"三贴近"的明确提出是在21世纪初，但坚持"三贴近"的方向，一直贯穿于这一时期的四川报业。各报刊社通过建章立制、改版等多种方式践行"三贴近"原则。这不仅体现在改进会议和领导人活动报道，将“硬”新闻做“软”，还体现在增强经济、民生、文化、社会等方面的新闻报道，将党和政府关注和百姓关心有机结合；不仅体现在采写编评的全过程，不断优化采编流程，还体现在各个新闻类别，提升报刊的社会整合能力。

改进会议与领导人活动报道，是“三贴近”的重要实现路径。各报纷纷压缩一般性会议与领导人活动报道，把更多的版面让给基层干部群众。同时，注重从百姓关心的角度报道会议和领导人活动，跳出会议和活动本身抓取鲜活新闻，力求减少会议新闻报道的“八股味”。党报是改进会议和领导人活动报道的主体。作为省委机关报，《四川日报》在这方面的改革具有风向标作用。这一时期，《四川日报》进行多次会议和领导人活动报道的改革，比较大的有1995年、1998年、2003年的三次改革。

各报不断完善编务程序和管理制度，优化采写、编辑、版面等各个环节，报纸的内容和形式得到有机统一。《四川日报》在这一时期以改版为契机，进行采编业务创新，仅1998—2000年就进行了三次大的改版。2005年1月，该报启动新一轮改版，紧紧围绕传统党报向新型党报转型、占领阵地与占领市场相统一的主旨，提出“权威政经大报，出色主流新闻”的办报理念。在办报模式上改“编采合一”为“采编分离”。2003年2月，《天府早报》率先推出“社区新闻”版块，开辟新闻报道新领域。同年3月，《成都晚报》在原有版式上加高5公分，推出国际流行版式的瘦型报纸。

在改进采编业务的同时，各报十分注重做好群众工作。2001年3月，《成都商报》在全国媒体中率先开通“成都商报城市热线公众服务网”，66家与市民生活密切相关的政府部门先后成为成员单位，当年就为市民解决实际困难和问题上万个（次）。

在新闻类别上，这一时期的四川报业完善发展了政治经济、文化体育、社会民生、评论理论、专刊副刊、美术摄影等各种新闻报道体裁。时政报道注重将党务政务信息作为独特新闻资源做深做透做活，着力增强报道的可读性和服务性。对全国全省“两会”“党代会”等重大政治活动的报道，从内容到形式都有明显的改进和创新。

经济报道从过去注重反映地方、部门的经济成就、一厂一店的报道，转向重点进行经济分析、经济解读、经济人物、经济事件等深度报道和系列报道。表现形式上，将枯燥的经济数据进行生动解读，理性分析数据所传递的重要信息。经济报道的大量增加是这一时期的显著特征。以《四川日报》为例，经济报道明显加强，针对不同时期的经济热点，刊发《国营肉店的猪肉哪里去了?》（1987年）、《农业这口冷灶该升温了》（1989年）、《集中精力搞好经济建设》（1990年）、《巴蜀民工潮》（1993年）、《长虹启示录》（1998年）等报道和评论，这些作品分别获得中国新闻奖或四川省新闻奖。

文化体育报道注重思想性、艺术性和趣味性、可读性的统一。文化报道从传统的以文艺作品为主发展到综合的文化报道，以满足人民群众日益增长的多样性文化需求。体育报道从体育赛事的报道向体育比赛、体育明星、全民体育、体育活动等多个领域拓展，报道的表现形式越来越丰富多彩。

社会民生报道充分体现以人为本的理念，成为这一时期新闻报道的亮点。各报紧紧围绕与百姓生活息息相关的就业、居住、医疗、教育等问题设置栏目，推出专版，从内容到形式呈现出明显的平民化趋向。1989年11月，《四川工人日报》开展为期5个月的“国家有困难，巴蜀职工怎么办”大讨论，发表文章数百篇，为政府提供了不少好建议，激发了广大职工的主人翁责任感。

评论理论的创新更加注重现实针对性。2000年，《成都商报》开设“龙年十评”专栏，连续10

天在头版刊发评论员文章，在成都率先吹响响应中央实施西部大开发战略号召的“冲锋号”。2002年，《四川日报》针对社会上特别是领导干部中存在的一些带倾向性的问题，在一版连续刊发《挤一挤“文凭”的水分》《辩一辩“政绩”的真假》《刹一刹“勾兑”的歪风》《压一压“浮躁”的心态》《掂一掂“官位”的分量》5篇思想评论，把百姓话题与干部问题结合起来加以评说，把领导职责与百姓要求融合起来加以阐释，引起很好的社会反响。

专刊副刊从以前纯粹的文学副刊逐渐发展到各种专刊，专副刊的内容和形式不断得到拓展，出现了新闻类、文艺类、社会类、法制类、经济类、教育类等各种类型。2002年1月23日，省博物馆颁发证书，正式将《四川日报》“天府周末”版《新千年的太阳今天升起》《一百年，巴蜀正道是沧桑》《“风卷红旗”（纪念建党80周年）》三套特刊，作为珍品收藏。

美术摄影经历了从单纯美化报纸的从属地位到强调图文并重的转变。各报纷纷开设各种美术摄影栏目，并将美术摄影报道与新闻报道配合使用，大大丰富了报道内容，提高了报道质量。

新闻策划得到显著加强，提升了报纸的社会整合能力。1986年6月至1987年1月，《四川日报》对长江漂流探险科学考察进行系列报道，全面生动地反映中国长漂队在人类历史上首次漂完长江全程的壮举。1992年，《四川日报》倡议并组织西南5省7方党报联合采访大西南。1998年，《成都商报》发起“成都造”营销大出击，包机直销中亚五国。1999年，策划“新夸父行动”特别报道，24名记者赴全球24个时区报道“新千年”的到来。2000年，《成都晚报》组织“新西行漫记”采访活动，为“西部大开发”营造舆论氛围。2005年，新《成都晚报》策划实施“中秋包机上天赏月”活动。

一些媒体还尝试走出本土，积极扩大报道视野。四川日报社特派记者前往德国报道第四十届世界乒乓球锦标赛。《成都晚报》漫画专栏《小蜜蜂》刊登的60幅漫画，同省内另外39幅作品一道到联邦德国展出。2002年4月，成都晚报社与美国侨报社签订新闻合作协议，5月推出“侨报·交流”专版。另外，一些市（州）报纸还到省外建立记者站。1996年，攀枝花日报社在广西壮族自治区北海市设记者站；1998年，又在江苏省无锡市建立记者站。

新闻网站开展的新闻业务也有较大进步。2001年2月，由四川省新闻中心和四川新闻网自编、自采摄制的7集电视政论专题片《涌动》在四川电视台、四川有线电视台首播，开创新闻网站拍摄、制作电视政论片的先例，该片获得四川省“五个一”工程奖。四川新闻网还积极开办外语频道，用中、英、法、德、日、俄六个语种发布新闻，其语种数仅次于新华网、中国网、国际在线，居各省（自治区、直辖市）之首。

三

随着社会主义市场经济体制的建立，文化体制改革和文化产业的推进，四川报业在经营管理上取得了前所未有的发展，报业经营管理和报纸新闻宣传成为推动报业发展的两个轮子。

广告收入是报社主要经济来源。这一时期的四川报业从最初单一的广告模式逐步向多元化发展，走过了一条从广告业务自营到加强与专业广告代理公司合作，再到自营与代理相结合“两条腿走路”发展路子。从最初的模糊营销，转变为有针对性的专刊广告版面设置的运营之路。晚报都市类报广告经营高速增长，是这一时期报业经营的突出特点。《华西都市报》《成都商报》分别从创刊之初1995年的广告收入1100万元、1500万元，迅速增长到2005年的6.4亿元、6.5亿元。在市场报的竞争下，党报广告经营一枝独秀的局面被打破。1995年《四川日报》广告收入达5800万元，随后在激烈的市场竞争中，广告收入逐年下降。面对严峻形势，四川日报社转变经营思路，改革管理模式，扭转广告收入下滑态势。尽管不同的媒体广告收入有增有减，但总体报业广告经营收入保持强势增长。

晚报都市报的崛起，对报纸发行提出新的要求，打破了以前单一的邮局发行模式，出现了邮局发行、自办发行、邮发与自发相结合等多种发行方式，提高了发行质量和时效。1988年，《四川广播电视报》在省内首家开始自办发行。1989年，成都市委机关报《成都晚报》正式改为自办发行，在全市建立了70个发行站、200个直拨点，在市外专县设立发行点14个，拥有发行车20多台、投递员500余人。《华西都市报》首创的“敲门发行”，逐渐成为主流市场报发行的重要途径。1997年，《泸州广播电视报》采取随光纤电视网进入千家万户的办法增加发行量。党报党刊的发行，依然主要依靠行政力量，同时也采取党报党刊进报亭等一些举措。发行方式的改革，使许多报纸的发行量大增。这一时期全省发行量最大的报纸是《文摘周报》，最高期发量达到260万份。2005年底，《华西都市报》《成都商报》的期发行数分别达47万份和60多万份。在激烈的市场竞争中，党报的发行有所下降。1990年，《四川日报》《四川农村报》的期发行量分别为62.3万份、31.7万份。但到2005年，《四川日报》《四川农村日报》的期发行量为27.6万份、20多万份。2005年底，期发行量超过10万份的报纸还有：《成都日报》13万份，《天府早报》19万份，《成都晚报》20万份，《家庭与生活报》10多万份，《金融投资报》主办的《周末证券》20多万份。

报纸的采编与印刷在这一时期发生了质的飞跃，初步告别了纸与笔、铅与火，即告别了手写采编稿件、手工排版、铅版印刷和树脂版印刷，实现电脑采编、电子照排和彩色胶印印刷，奉献给读者的不仅有黑白报，还有套红报和彩色报。1986年，四川日报社购进小型电子照排系统一套，在省内最先采用激光照排技术。1990年11月1日，《四川日报》《四川农村报》《文摘周报》实现激光照排、树脂版印刷。1997年5月，《成都商报》引进北大方正公司的办公自动化采编系统，在西部的日报中首家初步实现无纸化办公。1997年12月1日，成都晚报社在省内率先实现每天出单面彩色《成都晚报》。1998年1月22日，《四川日报》正式跨上信息高速公路，并入国际互联网。同年2月，《少年百科知识报》建立全国第一个少儿报刊网站。2001年6月，四川在线推出四川日报报业集团报刊电子版，首创每个报刊申请国际域名。2002年1月，四川在线自主开发出新闻发布系统，并与四川交通广播电台合作，开通西南地区第一家FM实时同步网络广播电台，同时还开通天府图片网。2002年7月22日，《四川日报》全面实现网上写稿、编稿、传稿、发稿。2004年9月，“四川网络电视”正式成立。

多种经营的开展打破了报业单一的经营模式，进入“一业为主，多种经营”的时代。“一业”是指报业传统的广告、发行、印刷三大主业。新的经营业务向报业的上下游产业和横向产业延伸。2001年底，四川日报报业集团和成都全兴酒厂集团正式签订协议，由四川日报报业集团控股、共同出资组建体育文化传播有限责任公司，并创办《21世纪体育报》。1999年7月，成都商报社发起成立的成都博瑞投资有限公司，控股上市公司——四川电器股份有限公司，被誉为“中国报业第一股”。2003年，以成都博瑞投资有限公司为母体组建成都博瑞投资控股集团有限公司，下属公司近20个，涉足传媒投资、房地产开发、教育、医药、印务、酒店经营、工业制造等多个产业。

财务管理在这一时期从过去单一的记账算账的粗放型管理，逐步转移到以提供经营业务事前分析、过程记录和总结分析等报业经营服务上来。财务机构逐渐成为重要的综合管理部门，财务核算和财务管理逐渐成为经营管理的中间环节。规模较大的报社（集团）开始探索和建立资金结算中心或内部银行，使财务运行更加安全有效。

四

这一时期，四川报业在采编和经营上的大发展，与管理体制的全方位改革密不可分。

在领导体制上，突破单一模式。有党委领导下的总编辑、总经理负责制，如四川日报报业集团、成都日报报业集团；有党委领导下的社长、总编辑负责制，如四川日报社、绵阳日报社；有党委领导下的社长负责制，如南充日报社、四川工人日报社；有党委领导下的总编辑负责制，大多数市（地、州）党报实行这种领导体制；有社委会领导下的总编辑、总经理负责制，如华西都市报社；有编委会领导下的总编辑负责制，如成都日报社、成都商报社、成都晚报社等。各家报社根据自身的情况和需要选择不同的模式，即使是同一家报社，有的一段时间选择这种模式，一段时间又变革成另一种模式。

在管理方式上，加大改革力度。从把报纸作为机关行政部门管理，到改为事业单位管理，再到事业单位企业化管理，甚至少数媒体完全转化为企业。1992 年，成都市委机关报《成都晚报》率先实行事业单位企业化管理，自负盈亏，自收自支。市场化报纸如《成都商报》《华西都市报》等从创刊就实行企业化管理，两报因此得以迅速壮大。在报纸由事业单位转制为企业之前，有的报纸将一些部门如发行部、印刷厂等率先转制为企业。2005 年，华西都市报社将过去属于报社事业单位的发行部改为完全的企业“四川欣闻报刊发行有限责任公司”。一些专业报也因主管主办单位由事业单位转制为企业而随之转制，如电子报社以前是成都电子研究所下属的非独立核算科室单位，后因研究所改制为全员持股的股份制企业，该报社也随之改制为企业。成都电子研究所主管主办的《软件报》同样如此。

在报业产权上推行多元化。改革开放前的报业属国有资产。进入 20 世纪 90 年代后，报业的产权开始多元化。以四川日报报业集团为例，该集团的产权由三个层次组成：第一个层次是集团的核心部分，即《四川日报》及其系列报刊。该层次的产权全部为国有。第二个层次是报业主业经济，即围绕报业四大主业经济而建立的工厂、公司。该层次的主体是集团，也可吸收多种投资主体。第三个层次是报业非主业经济，如星光报业服务体系等。该层次可吸纳集团外资金，也可由报社职工持股。2005 年，四川日报报业集团通过引入外来资本，建立具有独立企业法人资格的市场竞争主体，先后组建具有独立企业法人资格的宏拓印务公司、欣闻报刊发行公司、欣闻物资贸易公司、华西都市生活传媒公司、联翔商务印务公司和川报建川房地产公司。四川日报报业集团完善和改进对下属单位的管理方式，逐步由行政管理向以产权为纽带的经济管理方式转变，构建起行使集团出资人权利的现代企业集团管理模式。

随着管理方式变革的是人事制度和分配制度变革。与报社作为机关或事业单位相适应的“铁饭碗”“铁交椅”被打破。在人事制度上，引入竞争机制，逐步推行全员聘用制。在分配制度上，打破“干多干少、干好干坏一个样”的状况，实行薪酬与岗位、绩效挂钩，岗位、绩效变动，薪酬随之变动。1989 年 1 月，西南经济日报社开始通过双向选择实行岗位聘用制和岗位工资制。1992 年 12 月，成都晚报社在全省党委机关报中率先进行人事制度、工资分配制度、保险福利制度的全面改革，实行从总编辑到普通员工的全员聘任制，在全省、全国新闻界引起强烈反响。2003 年 12 月，四川日报报业集团实行机构和人事制度改革，按岗聘用，竞争上岗，并形成制度。

报业集团的出现，是这一时期管理体制变革的重要标志。1999 年 12 月 16 日，国家新闻出版署正式行文批复，同意组建四川日报报业集团。2000 年 9 月 12 日，四川日报报业集团挂牌成立，标志着中国西部省级党报组建的首家报业集团扬帆启航。截至 2005 年，该集团拥有 12 报 2 刊 1 网站。2002 年 9 月 26 日，成都日报报业集团挂牌成立，成为以报刊出版业为主，兼营传媒投资、教育、城市公共信息网、旅游、新闻纸贸易、地产等多个产业的现代综合传媒集团，共有 10 家成员单位，即 3 报 4 刊 1 社 2 司。2001 年 4 月，经中共四川省委同意，以《四川党的建设》杂志社为龙头，组建四川党建期刊集团。

五

队伍建设是报业发展的人才保障。这一时期，各个报刊社通过上岗培训、在职轮训、进修深造等多种途径，不断提高报业从业人员素质。尤其是 2003 年 10 月以来，全省各新闻单位积极开展学习“三个代表”重要思想、马克思主义新闻观、职业精神职业道德的“三项学习教育”活动，新闻从业人员的政治素质和业务素质明显提高。高校新闻院系是培养新闻人才的摇篮。这一时期，四川的新闻高等教育快速发展，出现专门的新闻传播学院，开设新闻传播类专业的高校达 10 多所。培养层次上，从专科、本科，发展到硕士、博士。新闻传播专业已输送上万新闻人才。

高校、研究所、报刊、学会、协会等，是开展新闻研究的主要平台。一些报纸老总、新闻采编人员、报业经营管理人员纷纷参与研究，逐步形成报社、高校、新闻研究机构三结合的报业研究新模式。这一时期，报业研究主要集中在党报新闻宣传理论问题研究和报业实践中的具体问题研究，还开展了一些专业性研讨，如副刊研讨、新闻摄影研讨、报纸版面研讨、新闻资料研讨等。对新闻宣传中“新闻舆论监督与舆论导向”“典型宣传”“热点引导”等理论问题，对报业发展中出现“都市报、市民生活报、晚报”现象的研究，对报业经营管理、报业体制机制改革和报业人才培养研究，对网络新闻、新闻创新等问题的研究，成为报业研究的热点，产生了许多优秀的科研成果。《新闻传播百科全书》《报业经营管理学》《21 世纪的中国报业》《报业通论》等专著获得四川省社科优秀成果二等奖。

省市新闻团体、省报以及各市（州）报的新闻研究所（室）、研究学会、协会纷纷建立。除 1981 年 3 月成立的四川省新闻工作者协会、1985 年成立的四川省新闻学会外，四川省报业协会于 1988 年成立，报业协会下有发行、广告、印刷、电子技术、财会、物资、外事、县市报 8 个专业委员会。另外，还成立了 4 个专业协会：四川省新闻摄影学会（1986 年）、四川省报纸副刊研究会（1992 年）、四川省新闻教育学会（2002 年）、四川省老新闻工作者协会（1993 年）。17 个市（州）成立新闻工作者协会。

1986—2005 年这 20 年，在中国报业史上书写了浓墨重彩的绚丽篇章。国家改革开放的深入推进，促进了报业前所未有地发展壮大；媒介的改革与发展，又推动全民思想解放，社会进步，国家兴盛。报业与党和人民的事业相互促进，相辅相成，相得益彰。

随着科技日新月异的发展，媒介的形态相应会变化更新，报业将承受科技的洗礼。但是，只要有人类就有不竭的新闻，有新闻就有传播的媒介。从这个意义上讲，新闻事业是永远不会消亡的，媒介的改革与发展将永无止境。

第一篇　报刊网络

1994—2005 年，是四川省报业大发展的时期。至 2005 年底，全省共出版报纸、新闻期刊、网络媒体 138 种，其中面向市场发行的报纸 97 种、高校校报 38 种、网络媒体 3 种。报纸数量大量增加，结构布局发生很大变化，由过去单一党报体制走向多种类、多功能，满足不同层次、不同对象读者的需求。

在这些报纸中，有中共四川省委、市（州）委机关报 23 家，晚报、都市类报 12 家，部队、群团报 6 家，专业报 28 家，企业报 6 家，广播电视报 19 家，高校报 38 家，新闻期刊、网络媒体 6 家。从类别看，涉及党建、廉政、法治、经济、科技、文化、教育、出版、购物、软件、手机、电脑、文摘、装饰、信息、互联网、新闻界、精神文明、广播电视、市场消费、家庭生活、招生考试、人力资源、大众健康、电子商务、金融投资、汽车时尚等，所面对的对象有干部、工人、农民、解放军、学生、老年、青年、少年、儿童等，涵盖方方面面人群。

各类报纸中，晚报都市类报、专业报、高校报增加幅度最大。

在晚报都市类报中，成都除原有的《成都晚报》外，新增加《华西都市报》《成都商报》《天府早报》；攀枝花、泸州、绵阳、南充、宜宾、达州也分别创办了自己的晚报。这些报纸全方位报道市民关心的政治、经济、军事、社会、文化、体育、外交等各个领域的新闻，成为人们生活的一部分。

在专业报中，随着时代、行业、读者群体需要而增加的报纸有《精神文明报》《国防时报》《西南商报》《城市购物导报》《招生考试报》《人力资源报》《电子商情报》《软件报》《汽车时尚报》《金融投资报》《读者报》《华西生活周报》《出版商务周报》《少年百科知识报》《四川民族教育报》《安防市场报》《装饰市场报》《信息新报》等。这些报纸从不同行业、不同领域、不同角度传递有关方面的最新知识、最新信息，满足不同人群对有关方面知识的需求。

在全省21个市（州）中，有18个创办广播电视节目报，这些报纸集新闻性、知识性、趣味性和地方性为一体，受到市民们的欢迎。

在高校报中，除原有的《四川大学报》《西南师大报》和《四川师大报》外，新增加的报纸有《绵阳师范学院报》《成都党校报》《四川交通职业技术学院报》等。这些报纸以高校为基础，以师生员工为主体，及时宣传党的路线、方针、政策和教学、科研、管理、改革、发展等方面的信息，是联系学校与社会各界的桥梁和纽带，受到教职员工的欢迎。

互联网的发展，手机的普及，催生《四川新闻网》《四川在线》《手机报》等媒体新锐，成为人们了解信息、传递信息的重要手段。

到2005年底，期发行量超过20万份的报纸有《四川日报》《四川农村日报》《华西都市报》《成都商报》《成都晚报》《文摘周报》等。

第一章　省级、副省级党报

省级、副省级党报，是由省级、副省级党委主管主办的报纸。党报是党和政府的喉舌和耳目，是党和政府联系人民群众的桥梁和纽带。1994—2005 年间，四川有 3 家省级、副省级党报，分别为《四川日报》《四川农村日报》《成都日报》。《四川日报》是中共四川省委的机关报，主要任务是高举毛泽东思想、邓小平理论伟大旗帜，以“三个代表”重要思想和科学发展观为指导，深入宣传党的路线方针政策和省委的重大战略部署，充分发挥舆论主阵地的作用。《四川农村日报》是《四川日报》的农村版，主要任务是面向农村，情系农民，服务农业，在政治上、思想上、经济上全方位为农民服务。《成都日报》是中共成都市委的机关报，主要任务是宣传贯彻党和政府的重大方针政策，总结传播成都地区改革开放、现代化建设的成就经验。

四川省省级、副省级党报一览表

表 1－1

报　名	刊　号	创刊时间	邮政代号	国外发行代号	社　址
四川日报	CN51－0001	1952. 9. 1	61－1	D307	成都市红星路二段 70 号
四川农村日报	CN51－0002	1952. 10. 1	61－3		成都市红星路二段 70 号
成都日报	CN51－0004	1956. 5. 1	61－39		成都市红星路二段 159 号

第一节　省级党报

一、四川日报

《四川日报》是中共四川省委机关报，1952 年 9 月 1 日在四川省成都市创刊，报头为毛泽东所题写。1952 年川西、川南、川北、川东四个行署合并成立四川省后，省委决定原《川西日报》《川南日报》《川北日报》《川东日报》停刊合办《四川日报》，《四川日报》正式创刊。1955 年西康省与四川省合并，原《新华日报》《西康日报》部分人员并入《四川日报》。1960 年原《四川工人日报》《四川农民日报》并入《四川日报》。1999 年 12 月 16 日，国家新闻出版署正式行文，同意四川日报社组建四川日报报业集团，这是中国西部由省级党报组建的首家报业集团。该集团是以《四川日报》为核心，以办报为主要特征，以报业及报业延伸的实业为主体，兼营其他实业的现代传媒集团。

《四川日报》高举毛泽东思想、邓小平理论伟大旗帜，以“三个代表”重要思想和科学发展观为指导，坚持党性原则，坚持政治家办报，坚持做足做优主流政经新闻、做细做活重要民生新闻和做深做透重大专题报道，不断扩大高端影响力，提升主流舆论引导能力，发挥了舆论主阵地作用。《四川日报》坚持从四川省情出发，充分考虑意识形态领域工作的特点，以强化权威性、突出新闻性、加强服务性、增强可读性为目标，不断深化新闻改革。经多次改版，突出了党报主功能，即体现权威性的重大典型报道、深度报道、重要评论和舆论监督。与此同时，报纸新闻信息量明显增加，时效性强的新闻、独家新闻和读者关注的新闻逐渐增多。

1994 年，《四川日报》实行党组领导下的总编辑负责制，1999 年 4 月 5 日，省委调整四川日报社领导班子，决定撤销党组，建立党委，实行党委领导下的总编辑、总经理负责制。

2000 年 9 月 12 日，四川日报报业集团成立，实行党委领导下的总编辑、总经理负责制。

1994 年，四川日报社编辑部下设总编室、经济部、政治部、科教部、副刊部、评论理论部、对外宣传部、摄影部、体育部、记者部、群众工作部、夜班编辑部、图书资料部。经理部下设社办公室、计划财务处、物资供应处、行政处、广告处、发行处、印刷厂、四川星光建筑工程有限责任公司。政治工作部下设组织人事处、老干处、保卫处。机关党委包括机关团委、机关工会、机关纪委。四川日报社还包括《四川农村日报》《文摘周报》《华西都市报》《四川金融投资报》《旅游文化报》《新闻界》以及新闻研究所等。1999 年 3 月 1 日，报社发行中心正式成立。1999 年 5 月，报社广告中心正式成立。1999 年 9 月 2 日，报社驻成都记者站恢复。2000 年 3 月 21 日，报社编委会决定撤销川报群工部，将其通联职能划入记者部，舆论监督职能划入评论理论部。2000 年 3 月 30 日，报社企划投资部成立。2003 年 4 月 24 日，集团印发《关于健全四川日报二级核算制的暂行意见》，四川日报社正式划为二级核算单位。2005 年 11 月，由川报集团组建的四川日报社市（州）分社即德阳分社、资阳分社、达州分社相继挂牌成立。2005 年，报社下设总编室、编辑中心、出版中心、经济新闻部、时政新闻·评论理论部、社会新闻部、文体新闻部、外宣专题部、摄影部、记者部、广告部、发行部等部门。

《四川日报》创刊时，是一张对开 4 版的大报。1995 年 1 月 1 日，由原周一、三、五、日出对开 4 版，周二、四、六出对开 8 版，增加为每天出对开 8 版。设有要闻、经济、时事、体育、国际新闻、国内新闻、副刊、专刊、政治、科教、四川各地、天府周末等版面，并设有社会之窗、原上草、理论与实践、环游、法苑内外、天府、环球博览、读者天地、盆周大地、每周行情、画苑、经济广场、科教园地、保健、开放、观察与思考、摄影等栏目。

1998 年 5 月 4 日起报纸实行局部改版，《省内综合新闻》（五版）首次面世，《天府周末》版实行彩印。设有要闻、市场新闻、社会新闻、体育文化、省内综合新闻、理论实践、原上草、国际新闻、国内新闻、天府周末、文化新闻、专刊等版面，并设有法制纵横、科教大视野、开放、日子、读者天地、摄影、消费时尚、生存空间、信息时代、保健、玫瑰园、环球博览、体育广角、视听潮、报刊精粹、人物、五彩池、四川各地、新浪潮、画刊、环游、万家灯火等栏目。

2001 年 3 月 4 日起报纸第 1、4 版实行彩印。2004 年 1 月 5 日报纸进行新一轮改版。1 月 18 日，省委副书记陶武先在集团《新闻阅评》第一期上批示：“新年改版，反映良好。望坚持在探索中总结，在实践中提高。”改版后，周一至周四对开 8 版，周五对开 12 版。一版为要闻，二版为时政新闻，三版为经济新闻，4 版和 8 版分别为国内新闻和国际新闻，5 版为社会民生、6 版为文化新闻。

周五《天府周末》版4版，周六、周日仍为4版，三版设有市县新闻。

2005年1月10日，在文化体制改革的推动下，《四川日报》以“权威政经大报、出色主流新闻”为办报理念，新一轮改版的首期报纸正式与读者见面。《天府周末》版由4版扩大至8版。设有要闻、时政新闻、市县新闻、经济新闻、社会民生新闻、文娱新闻、国际新闻、国内新闻等版面。开辟了理论广角、前沿关注、城市看板、绿色生存、健康家园、财富时代、车行四川、天府聚焦、旅游天地、四川房产、四川地理、巴蜀之子、文化潮、社会视线、新阅读、影视窗、特别关注、收藏、环球360、服务导刊等栏目。

1994年，四川日报社有员工959人，其中正高职称17人，副高职称45人，中级职称141人，初级职称93人。集团成立后的2005年，四川日报编辑部有员工179人，其中正高职称11人，副高职称37人，中级职称60人，初级职称30人。

《四川日报》覆盖全省城乡，并向省外、国外发行。《四川日报》1994年期发行量为44万份左右，2005年为27.6万份。

二、四川农村日报

1952年10月1日，《四川农民报》创刊于成都，4开4版，周3刊。后曾更名为《四川农民日报》《公社社员》《四川农民报》《四川农村报》。1993年1月1日经省委批准更名为《四川农村日报》，4开4版，周6刊。

《四川农村日报》实行编委会领导下的总编辑负责制。1994年设有总编室、经济新闻部、时政专刊部、通联工作部、广告部等机构。同时在广元、乐山、绵阳、遂宁、广安、宜宾、泸州、南充、达川、涪陵、万县等地设有记者站。2000年9月，《四川农村日报》内设要闻部、社会新闻部、专刊（副刊）部、通联社会策划部、广告部，外设广元市中区、广安区、达县、宜宾县、泸县、蓬溪县、安岳、安县等记者站。2005年机构调整，内设总编室、采编中心、发行部、广告部，信息工作室。外设利州区、广安区、达县、宜宾县、泸县、安县、安岳等记者站。

1994年前历任总编辑（负责人）有李力众、李半黎（兼）、林涛、张静宜、萧朝经。1994—2005年历任总编辑有谭邦槐、杨文镒（兼）、张小明，副总编辑有汪继元（常务）、孙源虎、金孝宏、周绍坤、成守芳、何世勤、刘鸿宇、余震、姚易、张萍、张卡。

《四川农村日报》的定位和宗旨随着改革开放的不断深入，曾有几次大的变化。改革开放初期的办报宗旨是面向农村，服务农民，丰富农村精神文化生活，为农民脱贫致富服务。1993年改出日报后，办报宗旨调整为面向农村，情系农民，服务农业，强调“贴近实际、贴近群众、贴近生活”，为农民增收致富服务。1998年4月，为适应报业竞争，报社大踏步实施新闻改革，报纸定位为党报性质，晚报风格。主攻方向为信息量大，服务面广，可读性强。2002年1月报社加快探索“机关报面向市场”的新一轮改革，总目标是立足农村，服务城乡，为农民排忧解难，帮农民增收致富。主攻方向为解读政策，解析新闻，推介趋势，倡行理念。2005年1月报社进一步深化改革，加快“机关报面向市场”的探索步伐，对报纸进行重大改版。

《四川农村日报》1994年在编员工34人，其中副高职称以上5人、中级职称12人、初级职称15人。2005年在编员工36人，其中副高职称以上5人、中级职称16人、初级职称7人。

《四川农村日报》1994年平均期发行量24万多份，2005年期发行量20万份。

第二节 副省级党报

《成都日报》由中共成都市委主管主办。1956 年中共成都市委筹建成都日报社，5 月 1 日成都市委机关报《成都日报》创刊，公开发行。1961 年 3 月 15 日根据中共中央宣传部有关规定改为《成都晚报》，1971 年 6 月 29 日经中共成都市委决定改为《成都日报》，1983 年 1 月 1 日《成都晚报》复刊。2001 年 7 月 1 日，中共成都市委将《成都晚报》的晚报职能分离出去，保留机关报职能，重新组建《成都日报》。2001 年 7 月 1 日前，《成都晚报》的主要任务是宣传贯彻党和政府的方针、政策，传播成都地区改革开放和现代化建设的成就与经验，办报方向是"立足成都，关注西部，面向全国"。2001 年 7 月 1 日，《成都日报》恢复出刊，编委会提出创办"新型城市党报"的办报思路。2005 年 7 月 1 日，《成都日报》改版后，编委会确定"办中国西部最好的城市党报"的办报目标和"权威、深度、责任"的办报理念。

《成都日报》实行编委会领导下的总编辑负责制，报社设立编委会，直接对市委负责，报社的总编辑和副总编辑由市委任免。历任总编辑有凯兵（1981. 4—1992. 2）、伍进一（1992. 2—2000. 4）、赵德喜（2000. 5—2001. 5）、周孟棋（2002. 12—2003. 10）、何冰（2003. 10—）等。历任副总编辑有游开朗（1985. 8—1995. 3）、刘嘉忠（1985. 8—1990. 5）、陈维玉（1988. 12—2004. 8）、佟小庆（1993. 3—2001. 6）、孙友军（1996. 9—2001. 6）、黄志祥（2001. 6—2005. 3）、周明与（2001. 6—）、王启林（2004. 4—）、方明远（2005. 3—）、谢晓苏（2005. 3—）。

1991 年报社下设编辑部、工厂、机关党委等。编辑部设总编室、出版部、经济生活部、文化生活部、体育部、政教部、副刊部、专题专刊部、读者来信部、美术摄影部、新闻研究所，每个部（室、所）一般设一正一副两个主任。管理、经营部门分人事组织处、财务处、报社办公室、行政处、保卫处、印刷厂厂部、广告部、发行部。机关党委设党委办公室，有专兼职干部。机关党委下有 7 个党支部（含 1 个离退休党支部）。截至 2005 年，报社下设 13 个采编部门，分别为要闻（时政）部、社会新闻部、经济新闻部、区县新闻部、评论部、新闻摄影部、体育新闻部、文化新闻部、副刊部、英语周刊、考评办公室、编委会办公室。经营部门 3 个，分别为经营管理中心、专刊（房产）部、印刷厂。行政管理部门 4 个，分别为人力资源部、财务部、党政办公室、离退休和工会办公室。2005 年 6 月报社党委改为机关党委，所属党支部 11 个。

1994 年 7 月 1 日后，《成都晚报》在每周一、三、五出版，对开 12 版，1995 年 1 月 1 日改为每日对开 12 版。其中 1 版为要闻、2 版为综合新闻、3 版为社会新闻、4 版为国际新闻、5 版为体育新闻、6 版为文化新闻、7 版为市场新闻、8 版为广告、9 版为副刊、10 版为专刊、11 版为国际副刊、12 版为文摘。2001 年 7 月 1 日，《成都日报》恢复出刊后，报纸确定为日均 16 版。2005 年 7 月 1 日，《成都日报》再次改版，报纸周一、周六为 16 版，周日仍为 12 版，并重新调整了版面。

1994 年《成都晚报》聘用员工 461 人，其中具有中级以上专业技术职称人员 69 人，具有副高级以上专业技术职称人员 30 人。2005 年，报社聘用员工 374 人，其中采编人员 176 人，具有中高级以上专业技术职称人员 103 人。

1988 年《成都晚报》开始自办发行，1994 年期发行量上升至 27 万份，1995 年以后都市生活类报纸出现，党报一统天下的市场格局被打破，市场竞争的压力逐年增加，报纸发行量逐年下降，到 2005 年《成都日报》期发行量为日均 13 万份。

第二章　市（州）党报

市（州）党报是由中共四川省各市（州）委主管主办的报纸。至2005年，四川省有20家市（州）党报。市（州）党报的办报宗旨主要体现在三个方面：一是宣传党的路线方针政策和省委的重要战略部署；二是宣传各市（州）委的重要决策和工作措施；三是宣传本地经济社会发展成就、改革开放经验成果，反映群众呼声要求，充分发挥地方党报在宣传群众、组织群众、教育群众方面的作用。

四川省市（州）党报一览表

表1－2

报　名	刊　号	创刊时间	社　址
自贡日报	CN－0007	1951.3.3	自贡市汇东新区丹桂大街527号
攀枝花日报	CN51－0008	1965.5.1	攀枝花大道东段867号
泸州日报	CN51－0009	1984.7.1	泸州市江阳南路12号
内江日报	CN51－0089	1988.5.1	内江市市中区翔龙山报社路106号
南充日报	CN51－0014	1952.10.1	南充市文化路213号
宜宾日报	CN51－0092	1952.10.1	宜宾市南岸长江大道中段27号
乐山日报	CN51－0011	1980.3.16	乐山市中区海棠路98号
眉山日报	CN51－0111	1998.1.1	眉山市眉州大道东四段110号
广安日报	CN51－0080	1993.2.6	广安市东门街9号
达州日报	CN51－0015	1951.7.1	达州市东风路118号
巴中日报	CN51－005	1993.10.18	巴中市江北新区状元桥街36号
资阳日报	CN51－0036	1999.1.1	资阳市芭蕉园小区8号
德阳日报	CN51－0010	1984.9.1	德阳市绵远街12号
绵阳日报	CN51－0009	1986.2.13	绵阳市建设街8号
广元日报	CN51－0093	1988.6.10	广元市利州东路二段899号
遂宁日报	CN51－0105	1991.3.5	遂宁市遂州中路390号
雅安日报	CN51－0076	1959.5.1	雅安市雨城区八一路83号
甘孜日报	汉文版 CN51－0018 藏文版 CN51－0019	1954.8.23	甘孜藏族自治州康定县光明路66号
阿坝日报	CN51－0016	1953.1.1	阿坝州马尔康达尔玛街57号
凉山日报	汉文版 CN51－0020 彝文版 CN51－0020/－Y	1958.5.1	西昌市北二街24号

第一节　川东南片区党报

一、自贡日报

《自贡日报》是中共自贡市委机关报，创刊于1951年3月3日，由中共自贡市委主管，自贡日报社主办。《自贡日报》创刊之初名为《新自贡报》，由邓小平题写报头。1958年10月1日改名为《自贡日报》，每周6刊，1971年4月8日停刊。中共十一届三中全会后，恢复《自贡日报》为市委机关报，1981年1月1日起试刊，周3刊，1982年1月7日改为周6刊，7月1日正式复刊，1989年1月1日开始出《星期刊》，实行自办发行。1994年1月1日由4开4版扩版为对开4版周7刊，2005年，由周7刊改为周6刊，周一、四、六分别为4个版，周二、三、五分别为8个版，1997年创建电子网络版。

《自贡日报》的办报宗旨是“面向城市，兼顾农村；群众办报，全党办报；宣传四化，服务四化”。在新时期，报纸编辑方针是高举旗帜，保持一致，把握导向，守土有责，紧紧围绕党中央和市委市政府的中心工作，针对工作中的重点和难点，做好典型宣传、热点引导和舆论监督，正确处理改革、发展、稳定的关系，使每个阶段的报纸宣传能做到中心突出，方向明确，形成强势，有力引导舆论，推动工作。进入新世纪后，市委进一步提出“党报性质，晚报风格，自贡特色”的办报思路和“更快、更新、更精、更深”的要求。

1988年8月至1995年5月，总编辑何开三，副总编辑况显远、张红旗、刘家仁，督导员尤移人。1995年6月至1998年4月，总编辑况显远，副总编辑傅仕彬、张红旗、刘家仁、赖高培、林念劳。1998年5月至2005年12月，总编辑傅仕彬，副总编辑赖高培、林念劳、张瑞、侯邦清。报社下设总编室、新闻部、区县新闻编辑部、周末编辑部、经济周刊编辑部、记者部、技术部。行政部门有办公室、计财部，经营部门有广告部、发行部、自贡日报彩色印刷股份有限公司。

《自贡日报》版面几经改扩版后，以版面带动报纸内容创新，先后开辟有月末版、周三版、多彩周二、生活周刊、教育周刊、经济周刊、周末特刊、星期刊、卫生健康、区县报道、百姓、名城等专版。

电子网络版栏目有本报新闻、自贡经济、区县动态、社会生活、国内要闻、国际时事、财经动态、体坛快讯、图片新闻、今日论坛等。1999年电子网络版将《自贡日报》全部搬上国际互联网。电子网络版与当天《自贡日报》同步发行。

1994年在册员工76人，各类专业职称51人。其中新闻系列高级职称7人、中级职称35人、初级职称8人、其他系列1人。2005年在册员工61人，各类专业职称51人。其中新闻系列高级职称16人、中级职称20人、初级职称6人、其他系列9人。

《自贡日报》1994年平均期发行量3.7万份，2005年平均期发行量3万份。

二、攀枝花日报

1965年5月1日《火线报》正式创刊，这是攀枝花市历史上第一张报纸，为攀枝花特区党委机关报，由特区党委政治部主管主办。1967 年 3 月 24 日改名为《红色电讯》，只转《人民日报》《解放军报》《红旗》杂志的报道，不作当地消息报道，由渡口驻军支左联合指挥部主管主办。1974 年 10 月 1 日《渡口日报》正式出版，4 开 4 版，每期发行 3 万余份，由中共渡口市委主管主办，首次在市内外公开发行。1987 年 3 月 4 日更名为《攀枝花日报》，4 开 4 版。办报宗旨是紧紧围绕市委、市政府中心工作，为维护全市人民的根本利益和社会发展，牢牢把握正确的舆论导向，宣传中国共产党在各个时期的方针、政策，全面报道全市各条战线的发展情况，成为党、政府和人民群众的喉舌和桥梁。1993 年 5 月 1 日，实现激光照排、轮转机胶版印刷。1994 年 12 月 20 日由 4 开小报扩版为对开大报。1997 年 1 月 1 日起，《攀枝花周末》和《西部经济》专页分别于每周五、周一以对开 4 版正式出刊。1998 年 1 月 1 日扩版为对开 8 版大报。2000 年 12 月 21 日《攀西开发报》并入《攀枝花日报》。2005 年 3 月 4 日实现彩色印刷。2005 年 6 月 1 日《攀枝花广播电视报》并入攀枝花日报。

《攀枝花日报》实行党委领导下的总编辑负责制，历届总编辑有萧国安（1994—1995. 8）、吴双焕（1995. 8—2003. 7）、漆贵全（2003. 7—2004. 8）、李国庆（2004. 8—2005. 12）。历届副总编辑有郑庆生（1994—2005）、吴斌（1994—1996）、张红（1997—2003）、徐立华（1997—2005）、刘梅（2003—2005）、焦崎（2003—2005）、彭宗云（2005）。

攀枝花日报社下设党委办公室、总编室、记者部、新闻信息部、副刊部、摄影部、编校部、群工部、广告发行部、财务处、行政处、印刷厂、保卫科、汽车队等单位和部室。

《渡口日报》《攀枝花日报》及《特刊》的 1 版均为要闻版，2 版为综合新闻，3 版为时事快递，4 版为时事荟萃，5 版为新闻广角、农村天地，6 版为经济长廊、百姓心声，7、8 版为副刊。

《攀枝花日报》1994 年有员工 257 人（编辑部 83 人、印刷厂 174 人），其中 66 人有专业技术职称（副高职称 6 人、中级职称 33 人、初级职称 27 人）。2005 年报社有员工 185 人（编辑部 83 人、印刷厂 102 人），其中有专业技术职称的 78 人（正高职称 2 人、副高职称 11 人、中级职称 25 人、初级职称 40 人）。

《攀枝花日报》通过市邮政局发行。1994—2005 年，日均发行量 3 万余份。

三、泸州日报

《泸州日报》1984 年 7 月 1 日创刊，由中共泸州市委主管主办。1994 年的办报宗旨是坚持以邓小平建设中国特色社会主义理论为指导，坚持新闻工作的党性原则，把《泸州日报》办成一张“以科学的理论武装人，以正确的舆论引导人，以高尚的精神塑造人，以优秀的作品鼓舞人”的市委机关报。2002 年初，提出坚持以邓小平理论、“三个代表”重要思想为指导，坚持“政治家办报”的宗旨和“贴近实际、贴近群众、贴近生活”的办报理念，以“正确的舆论引导、多样化的报道和培育报纸可读性”为办报思路，把《泸州日报》办成与泸州市经济、社会发展“总谱”同音律、共节奏的“交响乐章”和“好看有用’的一流地市报纸。2005 年初，提出宣传党的路线、方针、政策，宣传各项法律、法规，宣传本市及国家改革开放和社会主义“三个文明建设”成就的办报思路。

1994 年至 1996 年底，泸州日报社实行社长、总编辑负责制。1997—2005 年，泸州日报社实行党组领导下的社长、总编辑负责制。1994—2005 年，在泸州日报社任职的有党组书记、社长、总编辑章正超（1989. 7—2001. 6），党组书记、社长、总编辑田怀聪（2001. 6—2005. 12），副总编辑柳隆国（1985. 5—1993. 4），副社长、副总编辑、党组成员诸邦树（1988. 1—2001. 6），副总编辑田怀聪

（1993. 6—1996. 6），副社长、副总编辑、党组成员王树华（1994. 10—2002. 2），副社长、副总编辑、党组成员魏仁泉（2001. 6—2005. 12），副社长、副总编辑、党组成员刘界平（2004. 2—2005. 12）。

1996 年 12 月 16 日，成立中共泸州日报社党组，报社实行党组领导下的社长、总编辑负责制。1997 年 4 月 28 日成立社务委员会，管理和决策泸州日报社事务。1997 年 5 月 16 日，成立中共泸州日报社机关委员会和机关纪委。1997 年 10—11 月，先后成立中共泸州日报社行政支部、编辑部支部、印刷厂支部、退休支部。2001 年 6 月，泸州日报社领导班子按市委的统一安排进行正常人事变动，调整和充实泸州日报编务委员会成员和泸州日报社务委员会成员。2001 年 12 月，报社调整部分机构设置，原有 12 个部门减少为 11 个，保留办公室、总编室、新闻部 3 个部室，撤销合并新设“酒城商界”“视点周刊”“农村大市场”“新闻大观园”、专题部、新闻研究室、发行部、广告中心 8 个部门。2004 年 4 月 28 日，成立泸州市金页文化传播有限公司和泸州金页图片中心两个经济实体。2004 年 4 月 30 日，成立泸州日报经营管理中心。2005 年 4 月对内设机构进行改革。设置 10 个科室（部门），其中业务科 7 个：总编室、新闻部、专题部、新闻研究室、“视点周刊”“农村大市场”“酒城商界”，管理、出版发行、广告科室 3 个：办公室、发行部、广告中心。

《泸州日报》1 版为要闻、2 版为新闻、3 版为专题、4 版为广告或综合消息。从泸州日报社成立特别是 1994 年以来，《泸州日报》在办报宗旨和宣传方针的指导下，把握主流、捍卫大局、弘扬正气、服务市民，客观见证了泸州这块古老而充满生机活力的热土所发生的巨大变化。

泸州日报社 1984 年 7 月 1 日创刊时有员工 7 人。1994 年有员工 56 人，其中具有中级职称和初级职称的 36 人。2005 年报社有员工 77 人，其中有职称的 60 人。

《泸州日报》创刊以来，一直是采取邮发的方式发行。1994 年期发行量 3. 6 万份，2005 年期发行量 4. 1 万份。

四、内江日报

《内江日报》创刊于 1988 年 5 月 1 日，是中共内江市委机关报，由中共内江市委主管主办。办报宗旨是宣传党的路线、方针、政策，宣传省委、省政府和市委、市政府的重要决策和工作措施，宣传各条战线的先进典型、优秀人物以及内江经济社会的发展成就，为内江的三个文明建设服务。《内江日报》创刊时名为《内江报》，每周 3 刊，4 开 4 版。1993 年 1 月 1 日改为每周 4 刊，4 开 4 版。1993 年 7 月 1 日更名为《内江日报》，每周 6 刊，4 开 4 版。1995 年 1 月 1 日改为每周 7 刊，4 开 4 版。1996 年 10 月 1 日改为每周 6 刊、对开 4 版。1999 年 1 月 1 日创办《内江日报・大千特刊》，每周二、五出版（1999 年 5 月 1 日后，每周一、三、五出版）。2003 年 1 月改为每周 7 刊，其中星期日出版《内江日报・长江周刊》。

《内江日报》创刊时实行总编辑负责制。2001 年 4 月，报社成立党组，实行党组领导下的总编辑负责制。党组书记毛觉云（2001. 4—），党组成员有罗显吉（2001. 4—）、余世硕（2001. 4—），历任总编辑何其愚（1988. 2—1992. 2）、高竹修（1992. 3—1999. 2）、毛觉云（1999. 3—），历任副总编辑高竹修（1988. 2—1999. 2）、邹仕均（1988. 2—1992. 2）、邓平安（1992. 3—2000. 5）、戴宏光（1992. 3—2000. 5）、苏华（1996. 9—1999. 3）、罗显吉（2000. 3—）、余世硕（2001. 4—）。

内江日报社下设办公室、总编室、新闻研究室、采编部、特刊部、周刊部、理论部、通联部、发行部、广告部、专题部、印刷部、新闻培训中心。

1995年1月，《内江日报》主要栏目有法制纪实、大家谈、时事体育、经济信息、科技兴农、生活指南、生活档案、政策咨询、艺术长廊、内江短讯、文化新苑、太白楼、时代报告、西南风、现场短新闻等。2003年1月，《内江日报》主要栏目有保持先进性、促进内江新跨越、大众评说、市场大看台、大千视点、大家谈、北郭东城、他山之石、特别报道、安全警钟等。

1994年，报社有员工53人，其中高级技术职称3人，中级技术职称11人，初级技术职称8人。2005年，有员工126人（正式员工47人，聘用员工79人），其中有高级技术职称5人，中级技术职称12人，初级技术职称8人。

1994年，《内江日报》期发行量3.2万份，无零售。2005年《内江日报》期发行量4.7万份，其中征订4.2万份、日均零售约5000份。

五、南充日报

《南充日报》是中共南充市委机关报，由中共南充市委宣传部主管、南充日报社主办。其前身《南充报》于1952年10月1日创刊，4开4版，3日刊。1954年起出3日刊，1956年改为周3刊，1958年4月改为周6刊，更名为《南充日报》。1961年由周6刊改为周3刊，更名为《南充报》。1987年创办《南充报》周末版，报头为《南充日报》。1996年1月1日《南充日报》扩版为对开大报。2001年创办子报《南充晚报》。截至2005年，南充日报社已形成以报业为主导，网络、广告、印刷、旅游、物业协调发展的格局，年经营产值达3200多万元，是南充市纳税大户。《南充日报》确立“做出色新闻，办一流党报”的理念，遵循“与党中央保持一致，以党在各个时期的方针政策为宣传主题，切实关注民生”的办报宗旨，贯彻“实事求是、正确导向”的编辑方针。

南充日报社领导体制经历3种模式。第一种模式为地委领导兼任主要负责人。1952—1990年，由中共南充地委或地委宣传部领导兼任总编辑，南充日报社党委书记、副总编辑主持工作。第二种模式为党委领导下的总编辑负责制。1990—2000年，实行报社党委领导下的总编辑负责制，《南充日报》总编辑由报社党委书记兼任，具体编辑业务由副总编辑分工负责。第三种模式为党委领导下的社长负责制。2000—2005年，南充日报社实行党委领导下的社长负责制，党委书记兼任报社社长，主持报社全面工作。《南充日报》编辑出版工作实行党委领导下的总编辑负责制，《南充日报》总编辑由报社党委副书记兼任。1994—1997年，领导班子成员有朱香文（党委书记、总编辑）、张玉芬（党委副书记）、唐太成（党委委员、副总编辑）、文明照（党委委员、副总编辑）、谢奇（党委委员、副总编辑）。1997—2000年，领导班子成员有谢洪才（党委书记、总编辑）、张玉芬（党委副书记）、唐太成（党委委员、副总编辑）、文明照（党委委员、副总编辑）、何永康（党委委员、副总编辑）。2000—2003年，领导班子成员有费德明（党委书记、社长）、陈昌文（党委副书记、总编辑）、张玉芬（党委副书记）、唐太成（党委委员、副总编辑）、文明照（党委委员、副总编辑）、刘文逵（党委委员、副总编辑、兼任《南充晚报》总编辑）、何永康（党委委员、副总编辑）。2003—2005年，领导班子成员有谭显维（党委书记、社长）、王为（党委副书记、总编辑）、苏亚春（党委副书记）、陈昌文（党委副书记，后为调研员）、刘文逵（党委委员、副总编辑、《南充晚报》总编辑）、罗勤（党委委员、纪委书记）、蔡荣中（党委委员、副总编辑）。

南充日报社机构设置随着报业的发展而变化，主要分为三个阶段。第一阶段，满足编辑报纸需要设立机构。1952年创刊时设立两个部门，一是编辑部（负责编辑事务），二是经理部（负责后勤管理）。第二阶段，满足出版印刷发行需要设立机构。1975 年复刊后至 1996 年，南充日报社形成与报纸发展相适应的机构，共分 5 大部门：一是南充日报社办公室（管理党团工青妇及保卫、财务、档案、医务等部门），二是《南充日报》编辑部（管理编辑科室、记者部、群工部、资料室和新闻研究所），三是经理部（管理行政事务、新昌实业公司、川北彩色摄影中心等经济实体），四是报纸出版部（负责《南充日报》的排版印刷），五是书刊出版部暨印刷厂（管理社会出版物包括教科书的印制，新海广告公司、装饰工程公司等）。第三阶段，适应报社全面发展需要设立机构。到 2005 年，南充日报社共设立两个出版部门。一是南充日报编辑部（负责《南充日报》出版），二是南充晚报编辑部（负责《南充晚报》出版）。6 个管理部门是南充日报社办公室、南充日报广告总公司、南充日报印刷厂、财务部、发行部、物业部。

1994 年至 1995 年底，《南充日报》为 4 开 4 版。1 版为《要闻》版，刊登重要时政新闻；2 版为《综合新闻》版，主要刊登社会经济类新闻；3 版为《专刊・副刊》版；4 版刊登国际国内新闻、文体新闻及广告，每周出一期《周末副刊》。1996 年 1 月 1 日报纸扩为对开大报后，1 版为要闻，2 版为经济，3 版为副刊，4 版为时事广告。2003—2005 年，报社对版面做了较大调整。1 版为《要闻》版；2、3 版实行板块式编排，分上下半版，上半版为《时政要闻》《财经新闻》，下半版为《社会新闻》；3 版上半版为《国内新闻》，下半版为《国际新闻》；4 版为《副刊・广告》版。

1994 年，报社有员工 279 人，退休人员 98 人。其中副高职称 3 人、中级职称 13 人、初级职称 24 人。2005 年，报社有员工 297 人，退休人员 131 人。在职人员中，原在编人员 138 人，招聘人员 72 人，内退人员 87 人。其中高级职称 4 人、副高职称 11 人、中级职称 23 人、初级职称 6 人。

《南充日报》1994 年期发行量 9.6 万份，2005 年期发行量 7 万份。

六、宜宾日报

《宜宾日报》是中共宜宾地委机关报，由宜宾地委主管，宜宾日报社主办，1952 年 10 月 1 日创刊，创刊时报名为《宜宾农民》，1958 年 10 月 1 日更名为《宜宾日报》。由于历史原因，《宜宾日报》停刊达 17 年之久。1988 年 7 月 1 日复刊后，《宜宾日报》不断发展壮大，由 4 开 4 版，周 2 刊、周 3 刊、周 4 刊过渡到 1994 年 1 月的周 7 刊，并于 1998 年扩版为对开大报、彩报。办报宗旨是坚持以建设有中国特色社会主义的理论为指针，坚持为社会主义服务、为人民服务的方向，紧紧围绕经济建设这个中心，坚持四项基本原则，坚持正确舆论导向。办报方针是“党报性质、晚报风格、宜宾特色”。

1993 年 10 月陈正全任宜宾日报社党委书记兼总编辑。1996 年 10 月，杨为民任党委书记兼总编辑。2002 年 2 月，报社实行党委领导下的社长负责制，陈学明任党委书记兼社长（2002. 02—2005. 12），杨为民任党委副书记兼总编辑（2002. 02—2005. 12），班子其他成员有副总编辑朱陶（1988. 06—1995. 10）、丁成杰（1988. 06—2002. 06）、葛有鼎（1990. 11—2005. 12）、余中华（1995. 12—2005. 12）、张玺乾（2002. 02—2005. 12）、庄剑（2002. 02—2005. 12）、纪委书记刘代兴（1993. 10—1997. 08）、邱学政（1997. 10—）。

1994 年报社下设总编室、办公室、政工科、要闻部、经济新闻部、政教部、副刊部、通联部、摄影美术部、发行部、广告经营部、出版部等 12 个部门。2005 年，报社下设办公室、政工科、经营发行部、财务科、总编室、新闻部、新闻理论部、特刊部、对外宣传工作部、摄影美术部、通联部、广告部、组版技术部等 13 个部门。

1994—2005 年，《宜宾日报》经历从单一版面内容划分到形式多样栏目设置和专刊特色风格的变化。为应对激烈的报业竞争，适应新闻宣传和广告发行的需要，2005 年以来对版面进行较大的改革。版面及版数统一为对开版，其中周六、周日为对开 4 版，周一至周五为对开 8 版。

《宜宾日报》周一至周五每日对开 8 版，其中 1—4 版为 A 版，5—8 版为 B 版，周六、周日为对开 4 版。周一至周日每天 A1、A2 版按版面定位与栏目设置进行编排，A3 版版面安排为周一至周日每天半版区县新闻，另有理论天地、宜宾工商、视角新闻、科技天地、主体策划等栏目轮流刊出。A4 版则以新华社电讯稿和广告为主要内容。B 版版面安排为周一为三江周刊，周二为教育特刊，周三为生活周刊，周四为三江楼市，周五为周末特刊。同时还推出系列管理办法，如《宜宾日报社编辑部绩效管理试行办法》《宜宾日报版面考评细则》《宜宾日报稿件考评细则》。

1994 年，报社有员工 39 人，编采队伍专业职称有 12 人。2005 年报社有员工 87 人，编采队伍专业职称有 57 人，其中高级职称 9 人、中级职称 31 人、初级职称 16 人。

《宜宾日报》1994 年实行自办发行，报纸期发行量 2.5 万份。2005 年发行方式为邮局发行，报纸期发行量 3.1 万份。

七、乐山日报

《乐山日报》是中共乐山市委机关报，由中共乐山市委宣传部主管、乐山日报社主办，其前身是《乐山报》。1985 年 2 月乐山撤地建市。5 月 23 日乐山市委（地级）接办原乐山市委（县级）1980 年 3 月 16 日创刊的 4 开 4 版周刊《乐山报》，1986 年 1 月改为每周 3 刊，1992 年经国家新闻出版署批准更名为《乐山日报》，4 开 4 版每周 6 刊，全国发行。2003 年由黑白版改为彩版，2004 年 1 月起扩为对开 4 版每周 7 刊。《乐山日报》以“坚持党报性质，突出地方特色、发挥专刊优势、借鉴晚报风格”为编辑方针，准确宣传党的方针政策，及时报道市委市政府重大决策，快捷介绍改革开放经验成果，真实反映群众呼声要求。

《乐山日报》实行党组领导下的总编辑负责制。历任主要领导成员有党组书记、总编辑姚章雨（1994—2002.2），党组书记、总编辑郎天全（2002—2005.12），党组其他成员有副总编辑游镜良（1994—2002.11）、金沙（1994—1994.8）、樊文抒（1994—1995.6）、陈林森（1995.6—1997.7）、郎天全（1995.6—2002.2）、戴大健（2002.2—2005.12）、张峻（2002.11—2005.12）、陈宏杰（2002.11—2005.12）、杨丹（2002.11—2005.12）。

1994 年，乐山日报社下设办公室、总编室、要闻部、综合新闻部、政教部、副刊部、群工部、记者部、经理部、印刷厂。2005 年，报社下设办公室、财务部、总编室、经理部、要闻部、综合新闻部、政教部、副刊部、记者部、印刷厂。

《乐山日报》1995 年前为 4 开 4 版，后为对开 4 版。1 版为要闻版，重点报道全市时政要闻，突出时效性、权威性、指导性。2 版为综合新闻版，突出深度报道和社会新闻。3 版为专版。4 版为时事、广告版。《三江周末》《星期刊》分别在星期五、星期天各出 4 个版。

1994 年，乐山日报社有在职员工 59 人，其中大学本科 15 人、大专 24 人、高中（中专）10 人、初中 10 人。印刷厂 75 人。2005 年有在职员工 41 人，招聘 67 人，95% 以上为大学学历。印刷厂有职工 82 人。

《乐山日报》1994年由邮政向全市17个县（市、区）发行，期发行数由接办时的1万份上升到5万份，2005年期发行数3.3万份。

八、眉山日报

1998年1月1日，《眉山日报》创刊。《眉山日报》由中共眉山市委主管主办，是中共眉山市委机关报。《眉山日报》从筹备开始就确定了“党报性质、晚报风格、地方特色、博采众长”的办报宗旨和“站在巨人肩上，办出一流报纸”的奋斗目标，大胆探索党报主动适应市场走向市场的路子，面向读者、面向市场办报。创刊以来，按照“精心选稿，精心编稿，精心制题，精心设置栏目，精心组版”的“五精”编辑原则，报纸质量不断提高。创始之初，租用办公地址为眉山县东坡镇珠市街40号。2004年8月，眉山日报社迁入新闻中心新址办公。

《眉山日报》实行党组领导下的总编辑负责制，创刊时报社党组书记、总编辑1名，党组成员、副总编辑2名，内设7个二级机构。1999年11月新增5个内设机构。1997年8月陈林森任眉山日报社总编辑，熊明任眉山日报社副总编辑。1998年5月赵建加任眉山日报社副总编辑。2001年2月刘川眉任眉山日报社副总编辑。2003年6月王军、吴仲渊任眉山日报社副总编辑、党组成员。2004年4月胡鲜明任眉山日报社副总编辑、党组副书记。2004年6月徐井万任总编辑、党组副书记。2004年12月徐井万任眉山日报社党组书记。

《眉山日报》在1998年创刊之初为对开4版每周4刊，1999年1月，增为每周5刊。2000年1月增为每周6刊。2000年6月增加《眉山日报·教育周刊》，每周四出版。《眉山日报·新世纪周刊》，每周六出版。2002年，《眉山日报·新闻特刊》《眉山日报·商周刊》分别从12月9日、11日起试刊，2003年1月正式创刊。3月《眉山日报·教育周刊》纳入正报周六出版。报纸版面1版为时政要闻，2版为市县新闻·国际国内时事，3版为副刊·专刊（苏祠、文化、理论、旅游，休闲、家庭社会教育、市场、消费、特别报道、百姓生活），4版为社会新闻、房产。2004年1月《眉山日报·新闻特刊》《眉山日报·商周刊》《眉山日报·教育专刊》停刊。5月创办《房产专刊》《教育专刊》《卫生专刊》3个专刊，实行领办人制度。2005年报纸改版，从9月1日起每周增发一个面向农村的版块《乡村发现》，将星期五整张报纸改造为党报性质明确、晚报风格突出的《诗书城周末》，将《理论》版更名为《眉州论坛》。

1997年，报社成立之初有员工19人，其中大专以上文化程度15人、中级以上专业技术职称6人。2005年底有员工59人，其中大专以上文化程度44人、副高职称2人、中级职称15人。

《眉山日报》采用邮局发行，1998年期发行量3.2万份，2005年期发行量2.9万份。

九、广安日报

1993年7月经国务院批准设立广安地区，1993年12月6日国家新闻出版署批复同意创办《广安时报》，由中共广安地委主管主办。《广安时报》坚持以马克思主义、毛泽东思想、邓小平理论和“三个代表”重要思想为指导，宣传党的纲领路线、方针政策和国家的法律法规，重点宣传报道全市经济、政治、文化、军事等各条战线，市、县（区、市）、乡（镇、街道）、村（社区）等各个层面，推动广安经济和社会事业跨越式发展。1998年1月起，《广安时报》由周3刊增为周6刊，更名为《广安日报》，4开4版不变。2000年1月1日改为对开大报，周6刊。2001年1月扩为周7刊，更名副刊，出《广安日报·川东周末》（都市版）。1999 年创办《广安日报》电子版，挂靠四川新闻网。2005 年 5 月改版为《广安日报》新电子版。

《广安日报》实行党组领导下的总编辑负责制。历任领导有党支部书记、副总编辑龙汉胜（1993.12—1998.2），地委宣传部部长尹世全兼总编辑（1994.1—1998.2），党组书记、总编辑龙汉胜（1998.2—2001.9），党组书记、总编辑童光辉（2001.9—2004.3），市委宣传部副部长周承林兼任报社党组书记、总编辑（2004.3—2004.12），党组成员、副总编辑徐怀林（1998.2—2001.9），党组成员、副总编辑曾邦才（2002.3—2005.12），党组成员、副总编辑唐云峰（2004.3—2005.12）。2004 年以后，由唐云峰主持报社全面工作。

《广安日报》创刊初期设置有热爱新区、建设新区、为新区建功立业、建设广安·共创辉煌、两江潮、华蓥山下、改革之声、热点追踪、新风晨曲、香港回归等 40 多个栏目。进入新世纪的头五年里，报纸除保留读者喜闻乐见的栏目外，又应运而生走进新世纪的广安人、西部大开发、三讲、快讯、学习邓小平理论、践行“三个代表”重要思想、“落实十六大精神，推进广安新跨越”“全省学广安，广安怎么办”“保持共产党员先进性，整改见行动”“落实科学发展观，促进广安新跨越”等栏目。

1993 年 12 月广安时报社暂定事业编制 25 名，内设记者部、要闻部、经济部、政文部、群工部、经理部（含财务、广告、发行工作）和总编室、办公室。报社共有中层干部职数 9 名。2005 年内设机构增加到 14 个，中层干部职数增加到 17 名，全社人员编制增加到 50 名，另有编外聘用人员 20 人。在采编人员中有新闻高级职称 7 人，中级职称 18 人。

《广安日报》自创刊起一直通过邮局征订发行。1994 年《广安时报》期发行量 6.7 万份，2005 年期发行量 4.8 万份。

十、达州日报

《达州日报》的前身是《通川日报》，创刊于 1951 年 7 月 1 日。《达州日报》（《通川日报》）是中共达县（达川）地委机关报，后为中共达州市委机关报，由中共达州市委主管、达州日报社主办。报纸创刊初期宗旨是在中国共产党的领导下，通俗地宣传工农联盟，具体地指导农业生产，积极地推动互助合作。改革开放后，把指导性和服务性结合起来，在“短、新、广、精”上狠下功夫，努力办成多功能、开放型的报纸。新世纪定位为“高扬时代主旋律，关注社会热点，服务市民生活，引导消费潮流”。创刊时为 8 开 4 版周 3 刊。1958 年 7 月 1 日改出 4 开 4 版周 6 刊，正式启用《通川日报》报头。1995 年 7 月 1 日《通川日报》由 4 开周 7 刊改出对开大报周 4 刊。1996 年 1 月 1 日正式出版对开 4 版周 6 刊大报。2000 年 1 月 1 日《通川日报》更名为《达州日报》，成为 1999 年 6 月撤达川地区，建立达州市的市委机关报。

《达州日报》从 1996 年起实行党组领导下的社长负责制，一段时间分设总编辑管报纸。1998 年 9 月后社长兼任总编辑，负责报社全面工作。历任总编辑高文舫（1994.6—1996.6），戴文渠（1996.6—1998.9），社长、总编辑李明荣（1996.6—2001.8，1998 年后兼任总编辑），党组书记、社长、总编辑刘方棠（2001.8—2005.12）。历任副总编辑有龚振亚（1996.6—2005.12）、曾天海（1996.6—2005.12）、胡启常（1996.6—2003.4）、刘秀品（1999.1—2005.12）、郑志荣（1999.6—2005.12）、陈纯海（2003.4—2005.12），副社长有杨厚发（2003.4—2005.12）、胡启常（2003.4—

2005.12）、胡明惠（2003.4—2005.12）。

达州日报社下设总编室、新闻部、经济部、政文部、周末版（都市版）、生活周刊、科技校园周刊、记者部、美术摄影部、群工部、新闻研究室、网络部和印刷厂、发行部、仙女洞度假村、广告部。

《达州日报》1版为要闻版，2版为经济新闻版，3版为社会·时政版，4版为时事·综合版。

1994年，达州日报社有员工123人，其中编辑部75人、印刷厂48人。2005年，全社职工增至179人，其中编辑部111人、印刷厂68人。达州日报1994年有新闻副高职称10人、中级职称36人、初级职称25人，共计71人。另有会计师4人。2005年，报社有新闻正高职称2人、副高职称14人、中级职称47人、初级职称35人，共计98人。另有高级工程师2人、高级经济师1人。

1994年，《通川日报》为4开4版周7刊，自办发行，平均期发行量6.4万份。2005年《达州日报》为对开4版周7刊，由报社与邮局联合发行，平均期发行量5.35万份。

十一、巴中日报

1993年巴中建地区，10月18日《巴中时报》创刊号出版发行。1994年为周2刊，后逐渐扩张变更为周3刊、周5刊。1995年7月省新闻出版局批准《巴中时报》转为公开发行，1997年更名为《巴中日报》，对开4版，2002年由4开4版扩为对开4版，《巴中日报》由市委主管、主办。在巴中市委（地委）领导下，报社坚持为人民服务、为社会主义经济建设中心服务，为党委中心工作服务的方针，及时宣传党的路线、方针、政策，宣传全市人民改革开放和社会主义建设新成就、新经验和新发展，反映广大人民群众呼声，把《巴中日报》办成“党报性质、晚报风格、巴中特色”的地方党报。

1994年，巴中时报社总编辑由地委宣传部常务副部长蒋东生担任。1995年10月21日，巴中时报总编辑由地委委员、宣传部部长卢耸岗兼任。1995年12月—2006年7月，由向荣华任报社总编辑。

1994年职工人数为17人。1997年职工人数为36人。2002年职工人数为45人。2005年职工人数为47人。

1993年9月开始筹备巴中时报社时，实行总编辑负责制。成立编委会，设立编辑部，创办周末版，确定各版任务和人员分工。下设4部1室1科，在4县（区）建立记者站。确定1版为要闻版、2版为经济版、3版为政文版、4版为广告版，每月末第4版为文艺副刊版。确定办报的指导方针是“聚精会神办党报，集中全力抓质量，千方百计求发展，团结一心正形象”，坚持“让消息在报纸上唱主角”的理念和“讲学习、讲政治、讲正气”的原则，并提出“强化内部管理，逐步实现政治家办报，企业化管理，市场化经营，社会化服务”的要求。报纸在地方化、通俗化、群众化方面下了不少功夫，把宣传对象扩大到全区干部群众、机关农村、街道学校，面向基层、面向群众、面向实际，扩大了报道面，增加了地方特色、生活趣事的报道，文章短小精悍、通俗易懂、图文并茂，报纸成为巴中地区宣传的主要媒体。

1997年1月报纸更名为《巴中日报》，4开4版。从1997—2001年12月，报纸经历更名改版、扩版过程，报社对管理机构进行调整、充实，编辑部得到充实，加强了广告部，制定了一系列工作、学习、生活制度，加快了报社各类事业建设，改善了工作环境。在报纸的板块、栏目设置上开展创名牌栏目、增亮点活动。原周二《生活周刊》和周五《周末版》，合并改版为《双休日》，每周五、周六合并出刊，共12版。《巴中日报》的发展表现在以下几个方面。一是由4开4版小报发展为对开4版大报，快速地由周3刊发展到周5刊。二是白手起家创家业，建成了拥有宿舍楼两幢、办公楼一幢，现代办公设施日趋完善的市级党报家业。三是报社职工历经多年学习培训，初步形成一支政治强、业务精、纪律严、作风正的新闻队伍。四是报社的广告经营由零起步发展为年收入达180万元。五是报纸的期发行量由最初的2.3万份增加到4万余份。

从2002年以后，报纸集中从内部改革、调整入手，增强报纸活力和实力；从工作重心转移入手，提高队伍素质和办报质量；从抓好机关建设入手，形成团结、和谐、文明的机关作风的同时，报纸牢牢把握先进文化的前进方向，坚持为人民服务，为社会主义服务，为党的中心工作服务，力求贴近实际、贴近群众、贴近生活、创新内容、创新形式和创新手段，使报纸越办越好。首先是进行版面改革，要求各版都要增加一定数量的社会新闻，注意扩大社会宣传面，增加可读性。其次在人员上进行调整，实行竞争机制，民主推荐，公开选拔中层干部和双向选择一般干部，实行全员聘任制等。三是在报纸广告的经营权方面，进一步放开搞活，实行“广告代理承包”和“内部职工承包经营”两种改革试验，先后将报社广告业务承包给南充广告公司、报社内部职工和达州广告公司，把报社编辑、记者从人人拉广告、年年有任务中解脱出来，便于全体编采人员集中精力办好报纸。

十二、资阳日报

1998年7月成立“《资阳时报》筹备组”，由肖刚勇（中共资阳地委委员、地委宣传部部长）任组长，苏华（内江日报社副总编辑）任副组长。1998年7月21日成立资阳时报社，由中共资阳地委主管主办。1998年9月15日试刊（周刊），1999年1月1日《资阳时报》正式创刊，对开4版，黑白报，周4刊。2004年10月1日起增刊为周7刊。2004年10月1日，经国家新闻出版总署批准，更名为《资阳日报》。报社成立时定为直属正县级、财政全额拨款事业单位，核定编制40个，其中干部37名、工人3名。办报宗旨为坚持“团结、稳定、鼓劲”和正面宣传为主的方针，坚持以邓小平理论、“三个代表”重要思想、中共十六大和十七大精神为指导，按照新闻“三贴近”原则，紧紧围绕（地）市委、（行署）市政府的中心工作，深入开展政治、经济、文化和社会各个领域的宣传报道，为资阳地方经济社会发展提供强有力的舆论支持、思想保证和精神动力；同时以科学发展观统领报社工作全局，以“质量立社、经营强社、和谐兴社”为目标，不断深化内部改革，努力强化舆论引导，切实加强经营管理，报业发展及报纸宣传等各项工作取得较大成绩。《资阳日报》创办以来，先后创办《资阳日报·中南特刊》《资阳日报·太阳风特刊》《资阳日报·今天特刊》《资阳日报·教育周刊》《资阳日报·人口与社会导刊》等。

1999年5月苏华为报社党组书记、总编辑，2005年8月张仁富为党组书记、总编辑，历任副总编辑有陈显琍（1999.5—2001.9）、李崇明（2001.7—2004.10）、王斌（2004.10—）、陈登明（2004.10—）。

资阳日报社下设办公室、质量总监室、时政新闻部（含外宣部）、社会新闻部、编辑部、网络中心、广告部（广告文化传媒有限公司）、发行部等部门。固定资产300余万元。

截至2005年12月，资阳日报社有员工51人，其中28人有新闻中高级职称。

1998—2005年，《资阳日报》期发行量3.1万份（乡镇实行邮发，城区实行自办发行）。年度广告经营收入300余万元。

第二节 川西北片区党报

一、德阳日报

《德阳日报》创办于1984年9月，为中共德阳市委机关报，由中共德阳市委主管，德阳日报社主办。《德阳日报》从1995年1月1日起由4开4版扩为对开4版。至2005年，经过多次改版、扩版、增刊、调整机构，《德阳日报》从一张小报变成大报，并由黑白报变为彩报，内容得以丰富，版面得以扩展，发行量得以增加，编辑记者队伍的素质得以不断提高。《德阳日报》按照市委提出的“加强作风建设、宣传立报、管理兴报、经营强报”的指导思想，紧紧围绕中央、省、市的中心工作，坚持高扬时代主旋律，与时俱进，求实创新，牢牢把握正确的舆论导向，充分发挥党报的权威性、指导性、服务性和新闻舆论监督作用，全面地完成市委市政府的各项重大宣传任务。

德阳日报社实行党委领导下的总编辑负责制，历任党委书记、总编辑有张辅国（1991.11—1998.7）、高隆峰（1998.7—2001.7）、周晋安（2001.7—），历任副总编辑有江道衍（1989.11—1998.6）、宋雨岗（1989.11—1998.3）、杨兆旺（1990.4—2003.2）、樊华（1998.4—）、云海明（2001.10—）。

1995—2005年，为适应报业的发展和需要，德阳日报社内部机构设置进行过一系列调整。1994年11月28日，经德阳市委编制委员会同意，报社政治部改为社会部，经济部改为经济新闻部，同时增设出报部。在人员方面，以原有员工为基础，增加事业编制20名，严格控制进社人数，实行一年期聘用制为主的用人方式，以缓解增员全部经费自行解决的矛盾。1995年6月25日报社成立中江记者站，同年7月6日成立什邡记者站。1996年8月28日成立以经营创收为主的德阳日报社创导公司。1997年1月9日报社内部机构在统一领导、统一管理、统筹版面的前提下，实行编采分开，设立新闻部、采通部、大周末部、出版部、总编室、新闻研究室、办公室、计财科、经济信息部9个部室。1998年、2001年、2002年报社对内部机构进行调整，2003年4月17日成立广汉记者站，6月13日成立绵竹、罗江记者站。至此，德阳市辖区的市、县记者站全部建立。2005年9月报社机构再次调整为编辑策划部、记者部、总编室、晚报版部、理论评论部、外宣通联部、时事出报部、教育周刊部、发行部、党委办公室、行政办公室、计财科、纪委办公室、经营管理中心（经济专刊编审部）14个部室。

《德阳日报》1995年1月1日改为对开大报后，从内容到形式都有较大改进。1999年1月1日，报纸由周6刊增为周7刊，从2000年1月1日起报纸由每周二、四对开4版增为对开8版。2000年7月6日，经市委批准，报纸正式上网发行电子版，读者从互联网上可读到当天的德阳日报。2000年1月5日，报纸新增刊的《现代生活周刊》正式面市，每周三出版，随正报同时发行。2000年，报社与市教育局联合创办《德阳日报·教育周刊》，并正式出版发行。2001年11月，报社将川西城市版、大周末、现代生活周刊整合为《德阳日报·晚间版》。2005年3月，报纸由原来的每期8版增至16版，并改换新的版式。2005年6月7日，《德阳日报·晚间版》合并到正报，同时向《德阳日报》和《德阳日报·晚间版》的所有订户发行。整合后，周一、周二、周五为对开8版，周三、周四为对开12版。同年9月1日，《德阳日报·晚间版》由过去的对开4版扩展为对开8版，开设社会、街头、天下、生活等15个栏目。

报社1994年有员工74人，2005年除承包广告经营人员之外有员工104人。

1994年期发行量近2万份，2002年期发行量突破4万份。

二、绵阳日报

《绵阳日报》是中共绵阳市委机关报，1988年创刊，由中共绵阳市委主管、绵阳日报社主办。创刊时为周刊，4开4版黑白小报，每期1万份。1988年下半年改为周2刊，每周三、六出版，由邮局正式发行，期发行量1.8万份，1992年改为周6刊。从1994年7月1日起，改为对开大报。2000年除周六外，出对开8版。

《绵阳日报》从诞生开始，就紧扣时代脉搏，始终秉承政治家办报的原则，坚持正确的舆论导向，认真宣传党的方针政策，在突出宣传改革开放以来绵阳政治建设、经济建设、文化建设、社会建设飞速发展进程中，始终自觉地服务于市委、市政府的工作大局，精心组织重大主题、重要活动和先进典型宣传，在宣传科学理论、传播先进文化、弘扬社会正气、塑造美好心灵、倡导科学精神方面，发挥了重要作用。

1992年2月14日，绵阳日报社成立编委会，宋肇兴、严泽铣、王天柱、曾今抒、邹居光、文然、王治林为编委会成员。1995年，市委对绵阳日报社领导班子进行调整，由严泽铣任社长、总编辑，王天柱、陈登鹏、李涛任副总编辑，王天柱、杨荣和任副社长。1998年1月袁思伦任社长、总编辑，副总编辑李涛、陈登鹏。2000年4月增补皇甫玉蓉为副总编，2002年增补朱建明为党组成员、纪检组长。2003年12月，市委对绵阳日报社、绵阳晚报社管理体制进行调整，两报统一设立中共绵阳日报党组，袁思伦任党组书记，王天柱、李涛任副书记，余凡、朱建明任党组成员。2005年，绵阳日报社领导班子再次调整，袁思伦任社长，李涛任总编辑，陈登鹏、皇甫玉蓉任副总编辑，朱建明任纪检组长。

绵阳日报社下设总编室、新闻部、视点新闻部、时事新闻部、周末编辑部、专刊部、技术部，行政部门有办公室、政治处，经营部门有广告部、发行部。

《绵阳日报》第1版为要闻、第2版为综合新闻、第3版为国内新闻、第4版为国际新闻、第5版为视点新闻、第6版为市民生活、第7版为文化娱乐、第8版为体育。2000年开通电子版，2003年开通仿真版，还开通了绵阳手机报。

1994年，绵阳日报社有员工66人，各类专业技术人员31人，其中新闻高级职称5人、中级职称16人、初级职称10人。从1999年开始，实行面向社会公开招聘。2005年，有员工103人，各类专业职称46人，其中新闻高级职称10人、中级职称17人、初级职称19人。

1994年，《绵阳日报》期发行量1.8万份，2004年期发行量突破4万份，2005年为4.3万份。

三、广元日报

《广元日报》是中共广元市委机关报，由广元市委主管主办。《广元日报》坚持正面宣传为主，以正确的舆论引导人，为改革发展稳定大局服务，贴近实际、贴近生活、贴近群众、与时俱进，为推动跨越式发展发挥重要作用。

《广元时报》1988 年 6 月 10 日创刊，对开 4 版、周刊，1991 年 9 月 1 日起推出周 2 刊，1996 年 1 月起扩为周 3 刊。1996 年 8 月 16 日编辑出版《广元时报·晚刊》，4 开 8 版、周 2 刊，1999 年 9 月 1 日，更名为《广元日报》。

广元日报社领导体制经历了两次变革。第一次是 1988 年 6 月至 1999 年 6 月，实行总编辑负责制，市委常委、宣传部部长蔡元藻任总编辑。第二次是 1999 年至 2003 年 12 月，实行社长负责制，社长兼任总编辑。2003 年 1 月至 2005 年 12 月，实行党组领导下的社长负责制，由社长主持全面工作，总编辑负责采访编辑出版工作。第一任领导班子成员有总编辑蔡元藻（1988. 1—1999. 6），副总编辑陈新民（1990. 12—1995. 1）、周延霞（1995. 1—1995. 3）、白祖贵（1995. 1—1999. 6）、陈明（1995. 8—1999. 6）。第二任领导班子成员有社长、总编辑周福双（1999. 6—2002. 11），副社长白祖贵（1999. 6—2002. 12）、张剑雄（1999. 6—2002. 12），副总编辑陈明（1999. 6—2002. 12）、张建明（1999. 6—2002. 12）。第三任领导班子成员有党组书记、社长曾虎昭（2003. 1—），党组副书记、总编辑陈明（2003. 1—），副社长白祖贵（2003. 1—）、张剑雄（2003. 1—），副总编辑张建明（2003. 1—）。

1989 年报社下设 1 室 6 部，即办公室、要闻部、政文部、副刊部、经济部、记者部、广告发行部。1992 年新增机构 1 室 2 部，即总编室、通联发行部、摄影美术部。1997 年新增机构 3 部，即夜编部、社会特刊部、经济特刊部。2000 年为适应报社全面发展的需要实行采编合一，机构调整，设立 2 室、3 科、12 部。2004 年，报社进行人事制度改革，裁并 7 个科室，设置 2 室、1 科、7 部。干部竞聘上岗，员工双向选择，实行聘用制。

1988 年 6 月 10 日至 1992 年 12 月 31 日，《广元时报》为 4 开 4 版。1 版为要闻版，主要栏目有蜀门小议、广元各地、先锋战士。2 版为经济版，主要栏目有企业咨询、农家知音、致富秘诀、经济论坛。3 版为政文版，刊登时事、社会新闻，主要栏目有党的生活、翠云廊、剑门闲话、三国觅踪。4 版为副刊版，刊登文艺作品和文艺理论以及社会新闻，主要栏目有明月峡、随想录、文艺杂谈。1998 年 4 月，《广元时报》的周六、周日两期改版为《经济特刊》和《社会特刊》，均为对开 4 版。2002 年 12 月 28 日，《广元日报》的《经济特刊》和《社会特刊》合拼改版为《凤凰特刊》，周六出对开 8 版。2005 年 3 月起，《广元日报》由对开四版扩为对开 8 版（有时增刊至 12 版），每天出一张彩印。

《广元日报》1988 年 6 月 10 日创刊时有员工 29 人，其中在编职工 19 人（副高职称 2 人、中级职称 10 人、初级职称 7 人）。2005 年，有员工 105 人（其中高级职称 5 人、中级职称 34 人、初级职称 25 人）。

《广元日报》创刊后实行邮政发行与自发相结合，并逐步形成邮发为主自发补充的发行格局。1994 年期发行量 1. 6 万份，2005 年期发行量 2. 6 万份。

四、遂宁日报

1991 年 3 月 5 日《遂宁报》正式创刊，主管单位中共遂宁市委，主办单位遂宁日报社。办报宗旨是“宣传政策，传播新闻和其他信息，促进经济和社会发展”。

1992 年《遂宁报》出周刊，1993 年 1 月 1 日起，报纸出周 2 刊，1993 年 4 月 29 日出《遂宁报·周末版》，1994 年 9 月 6 日试出周 3 刊，1995 年 1 月 1 日正式出周 3 刊，1995 年 10 月 17 日更名为《遂宁日报》，每周一、三、四、五、六出报。1995 年 12 月 23 日周末版改为《川中周末》，1996 年 1 月 1 日，扩为周 5 刊，9 月 25 日，第二张副刊《遂宁日报·社会新闻》创刊。1998 年 5 月 22 日，遂宁日报社升格为正县级事业机构。2000 年 10 月，三县一区正式建立《遂宁日报》驻区县记者站，《遂宁日报》开办县区版。2000 年 12 月，《遂宁日报·城市版》创刊。2001 年 3 月，《遂宁日报》改 4 开小报为对开大报，周 5 刊，2002 年改周 5 刊为周 6 刊。2003 年以来，报社创办教育周刊、卫生周刊、房地产周刊。2004 年创办法制周刊，2005 年创办财经周刊、蓬溪周刊、大英周刊、船山周刊。

1993 年 8 月，李小华任总编辑，唐杰孝为副总编辑。1995 年 3 月，何大海为遂宁报社社长（兼），李小华为遂宁报社副社长。1996 年丁时平任副总编辑。1998 年 5 月 12 日，何大海任遂宁日报社社长（兼）、李小华任遂宁日报社总编辑，唐杰孝、丁时平任副总编辑。2000 年，冯良任遂宁日报社社长（兼）。2000 年，袁朝明任遂宁日报社副总编辑。2001 年 11 月，陈阳荣任遂宁日报社总编辑。2003 年 12 月，陈阳荣任社长，丁时平任总编辑，张廷志为副总编辑。2005 年 10 月，骆常非任遂宁日报社社长。

遂宁日报社设有办公室、总编室、时政新闻部、社会新闻部、外宣部、专刊部、广告部、财务室、出版部、网管中心、工会、书画院等部门。

1994 年，版面有要闻、综合新闻、社会与法、社会经纬、体坛纵横、教育园地。2005 年，版面有要闻、综合、社会、天下、关注、法制、教育、时评、文娱、房产、巴蜀、现场、区县、灵泉。

1994 年，报社有在职员工 33 人，其中主任记者 1 名、记者 3 名、助理记者 2 名。2005 年，报社有在职员工 93 人，其中主任记者 4 名、主任编辑 1 名、记者 9 名、编辑 1 名、助理记者 3 名、馆员 1 名、会计师 2 名、经济师 1 名。

自 1991 年《遂宁报》创刊至 2003 年委托邮局发行。从 2004 年开始试点性开展自办发行工作，即遂宁市城区由遂宁日报社组建队伍发行投递，其余地方仍委托邮局发行。1994 年期发行量 1 万余份，2005 年期发行量 2 万余份。

五、雅安日报

《雅安日报》是中共雅安市委机关报，由中共雅安市委主管主办。1959 年 5 月 1 日创刊时名为《雅安报》，由于历史原因停刊一段时间。1992 年 2 月 1 日复刊。1999 年 1 月 1 日改为周 5 刊，更名为《雅安日报》，仍为 4 开 4 版。2001 年 1 月 1 日改为每周 7 刊对开 4 版大报，2001 年 8 月 1 日恢复出版《周末版》（周五、周六），2002 年 1 月《周末版》扩为对开 8 版。报纸主要发行对象为全市各级机关、企事业单位和乡镇、村组。《雅安日报》秉承“宣传党的路线、方针和政策，传达市委、政府的工作思路、决策和部署，反映全市干部群众的愿望、建议和呼声，为读者提供信息、生活、知识等服务”的办报宗旨。

雅安日报社成立初期仅有员工 5 人，1999 年出周 5 刊时为 22 人，2001 年人员增加至 48 人。报社内设有记者通联部、编辑照排部、周末版编采部、广告发行部、总编办公室等 5 个部门。报社实行总编辑负责制，报社领导班子由总编辑、分管编采业务的副总编辑、分管行政后勤工作的副总编辑、报社党支部书记、调研员 5 人组成。中层干部 9 人，实行分级管理，层层负责制。1995—2005 年，报社领导有社长、总编辑王泽林，副总编辑杨光国、张天翼、寇青、黄昆、苟全品、舒新。

2004年设立总编办、正刊部、副刊部、专刊部、广告部、发行部，员工总数达60多人。

1994—2005年，《雅安日报》设置的版面有文学、茶之源、新农村、健康、法治、交通在线、工业、综合、时事文摘、财经、国际、国内、社会新闻、经济新闻、教育、健康、文体、工商指南、乡村天地、电子世界、投资理财、生活大观、文化广场、雅安房产、教科园地等。设置的栏目有“塑造雅安茶品牌推动雅安茶经济”“栽竹种树添绿致富”“站在新的起点谋划雅安新跨越”、今日特稿、文摘精萃、财经杂谈、经济观察、证券投资、青衣江、佳篇有约、情感实录、社会看台、日快讯、社会随笔、焦点纵论、县区之窗、眼光独到、读者来信、雅州论坛、市场消费、时事短波、婚姻家庭、经营诀窍、企业采风、七嘴八舌、生活百事、雨城小议等。

1994—2005年，《雅安日报》期发行量2万份。

六、甘孜日报

《甘孜日报》是中共甘孜藏族自治州委机关报，原名《甘孜报》，于1954年8月创刊，分别由藏、汉两种文字出版，均为4开4版，周3刊。1958—1961年改为《甘孜日报》，主管主办单位为中共甘孜州委，出版单位为甘孜日报社。办报宗旨是围绕中共中央和中共甘孜州委确定的各个时期的宣传方针，以“团结、稳定、鼓劲”为基调，以正面宣传为主，深入进行爱国主义、集体主义、社会主义教育，坚持反对“藏独”，积极促进改革开放，活跃理论研究，繁荣各项文化事业，广泛传播科技文化知识，始终不渝地坚持为人民服务、为社会主义事业服务的方向，为全州的政治稳定和经济发展创造良好的思想政治条件和社会舆论环境。

《甘孜日报》属财政拨款的全民所有制正县级事业单位，隶属州委宣传部管理。1991年州委决定甘孜报社管理体制为党委领导下的总编辑负责制，总编辑既是报社的行政领导也是业务领导。历任《甘孜日报》编委会总编辑为付强、郭昌平，副总编辑为当秋泽仁、赵蜀康、胡庆和、廖才贤、根秋多吉、田杰。

甘孜日报社汉文报和藏文报各设一个编辑部。甘孜日报社下设11个部、室、科，党委办公室同时挂甘孜日报社办公室牌子。2002年1月，成立“中国国情网甘孜之窗”网站，成为甘孜州最大的综合性宣传平台。2005年4月，“中国国情网甘孜之窗”与“雪域康巴”两网站合并，保留“雪域康巴”网站名。

汉文报1992年1版为要闻版，2版为经济综合版，3版为副刊版和社会文体新闻版。1999年开辟“社会新闻大赛”“旅游兴州大家谈”等栏目，从不同角度反映老百姓关注的社会热点和难点问题。2002年，报纸改为对开大报，在原《月末版》基础上，新开办康巴周末、新华看点、记者在基层等栏目，使汉文报在宣传的权威性、指导性、贴近性、服务性、可读性及编排艺术性上有了新的突破。2005年1版推出记者在基层、现场新闻等栏目。2版加大对视点新闻报道力度。3版取消读书、雪域人境专刊，将内容整合到五色海栏目中。4版保留要闻速递、天南地北栏目，周末版新增社会民生栏目。

藏文报1992年举办首届金色藏区全国征文活动，五省藏区120多名藏文爱好者参加活动，提高了藏文报的影响力和知名度。1996年新开辟五彩云霞、文化长廊专栏，受到基层农牧区群众普遍好评。1997年继续办好精神文明重在建设、新风赞等栏目，宣传精神文明建设中的典型人物、事迹经验。2002年藏文报鼓励编采人员深入基层，加强策划，报纸的新闻性增强，宣传效果有所提高。

2003 年 1 月藏文报创办《康巴月末》，在甘孜藏区和其他藏区拓展发行市场。2004 年藏文报正式由周 3 刊对开小报改为周 3 刊对开大报，1 版为要闻版，2 版以经济报道为重点，3 版为综合副刊版，4 版为时政新闻版。该报成为继《西藏藏文报》《青海藏文报》后全国第三张对开藏文大报。

1994 年，报社编辑部有在职员工 76 人，印刷厂 103 人。2005 年，报社编辑部有在职员工 71 人，印刷厂 56 人。1994 年，报社有州级拔尖人才 2 人、高级职称 4 人、中级职称 24 人、本科生 10 人、专科生 16 人、中专生 25 人。2005 年，报社有州级拔尖人才 1 人、副高以上职称 8 人、中级职称 26 人、初级职称 15 人，大专以上学历 50 人。

1994—2005 年，汉文报期发行量 8000 多份，藏文报期发行量 2000 余份。

七、阿坝日报

《阿坝日报》前身为《阿坝报》，1953 年 1 月 1 日创办，由中共阿坝州委主管主办。《阿坝日报》是覆盖阿坝州的主流媒体，全方位报道全州的政治、经济、社会、文化、体育等各个领域，被誉为“雪山草地的号角”。

1994—1995 年，报社实行总编辑负责制。1991 年 1 月至 1998 年 3 月，党组书记为廖邦翔，总编辑为多吉扎西，副总编辑为泽旺。1998 年 3 月至 2005 年 3 月，党组书记、总编辑为冯青龙，副总编辑为丹泊、周智泉。2005 年 3 月至 2005 年 12 月，党组书记、总编辑为泽旺，副总编辑为丹泊、周智泉、泽尔登。

1991—1997 年，报社内设机构有行政办公室、总编室、汉文编辑部、藏文编译部、美术摄影部、副刊部、广告部、印刷厂、保卫科、校对室 10 个科室。1998—2002 年，报社内设通采部、外宣部、网络部、理论评论部、财务部等 15 个科室。2000 年采编合一，取消通采部。2003 年汉文编辑部下设要闻版、经济新闻版、上层建筑版、时事新闻版、周末旅游版。2005 年设立记者部。

1993 年 7 月，《阿坝报》汉文版由周 3 刊改为周 4 刊，藏文版由周 2 刊改为周 3 刊，创办《阿坝报》“星期天”周末副刊。1999 年 7 月 12 日，《阿坝报》更名为《阿坝日报》，由周 3 刊改为周 5 刊。2001 年 6 月，《阿坝日报》正式告别纸和笔，实现采编业务微机化。2001 年 7 月 1 日，由 4 开 4 版改为对开 4 版，彩色印刷。2001 年 7 月 1 日，把《阿坝日报・周末版》从纯文学的副刊，办成为具有市场报特色的大众化副刊。2002 年 3 月，阿坝日报社建立电子信箱，大大提高来稿时效和质量。2002 年 6 月，《阿坝日报》进入新闻网。2002 年 7 月 1 日，《阿坝日报》成功改版。2004 年 9 月 3 日，在全省报业中率先正式开通《阿坝日报》网络报和电子仿真版。2005 年 8 月 1 日，《阿坝日报》藏文版正式由 4 开黑白小报扩版成对开彩色大报，结束全国藏区无藏文彩色对开大报的历史。

1991—2005 年，《阿坝日报》强化版面语言，努力美化版面。采编人员精编细改稿件，不断增大报纸信息容量。组版人员努力实践新版式和排版新思路，力求使版面形式更好地为版面内容服务，充分发挥图片新闻的作用。经营好国际国内新闻版，办好环球电讯、图看天下、国内电波等栏目。

1991—1997 年，阿坝日报社有正科级干部 10 人、副科级干部 9 人、采编人员 35 人、后勤人员 25 人、印刷工人 16 人、广告人员 5 人。1998 年，阿坝日报社有正科级干部 15 人、副科级干部 15 人、采编人员 56 人、后勤人员 26 人、印刷人员 15 人、广告人员 8 人。

1994—2005 年《阿坝日报》期发行量约 2 万份。

八、凉山日报

《凉山日报》是中共凉山彝族自治州州委机关报，有彝、汉两个文版。《凉山日报》汉文版1958年5月1日创刊，彝文版1978年1月1日创刊。《凉山日报》汉文版的前身是《凉山报》，创刊为周2刊，4开4版。

《凉山日报》的办报宗旨是准确、及时宣传贯彻中共的方针、政策；反映各族人民参与的重大活动，交流经验，鼓励先进；传播农业生产技术、科学文化卫生知识；在群众中进行国际主义、爱国主义、集体主义和各族人民团结友爱的社会主义教育；开展批评与自我批评，揭发和纠正工作中的偏差错误，达到密切党与群众的联系，促进群众自我教育，互相推动，共同提高，为凉山州的两个文明建设提供强有力的舆论支持。

《凉山报》1958年5月1日创刊，周2刊，4开4版。1958年10月1日改为周3刊，4开4版，每周二、四、六出报；同年12月5日，报社成立编辑委员会，实行编委会负责制。1959年9月26日改为4开2版，1960年5月1日更名为《凉山日报》，周6刊。

1977年3月29日，《凉山报》彝文版试刊。1978年1月1日，《凉山报》彝文版正式出版发行，旬刊，逢一出版。州委决定凉山报成立彝文版编译组，负责彝文版的编译工作。

1988年2月5日，《凉山日报》西昌记者站成立，至1990年全州已建记者站14个。1989年8月5日，《凉山日报》创办周末副刊试刊。1998年1月1日，《凉山日报》汉文版扩为对开4版，周一至周五为正刊，周六和周日为《周末版》和《星期刊》。1999年7月1日，《凉山日报》汉文版实行夜班发稿，实现真正意义上的日报。1999年8月，《凉山日报》汉文版出版电子版。2000年1月2日，《凉山日报》彝文版大副刊（星期刊）正式出版。2000年12月19日，《凉山日报》汉文版出版对开8版报纸。2001年7月3日起，《凉山日报》汉文版每周二出8版。2002年1月1日，《凉山日报》汉文版扩版，每周二、三、四出对开8版，广告密集时临时扩版。2004年7月4日，原《周末版》和《星期刊》合并为《凉山周末》，每周日出版，共8个版。2005年12月1日，汉文版改出彩色报，当日出版12个版。

1994—2005年，《凉山日报》实行党委领导下的总编辑负责制。1994—1995年，州委宣传部部长王万金兼总编辑，党委书记、副总编辑为马占高，党委副书记为沈才能，副总编辑为郭景祥、游乐业、果基木呷、马黑尔哈、龙德华，纪委书记为卢兴福。1996—1998年，党委书记、总编辑为王万金，党委副书记为沈才能，副总编辑为郭景祥、果基木呷、马黑尔哈、龙德华、王学仁，纪委书记为卢兴福。1999—2000年，党委书记、总编辑为龙德华，党委副书记为胡代忠，副总编辑为果基木呷、马黑尔哈，纪委书记为卢兴福。2001—2005年，党委书记、总编辑为龙德华，党委副书记为胡代忠，副总编辑为果基木呷、马黑尔哈、刘康梅、张瓦哈、何万敏，纪委书记为卢兴福。

1994—1996年，报社下设印刷厂、办公室、行财科、保卫科、总编室、要闻部、经济部、政治生活部、记者部、美影部、群工部、广告经营部、彝文版要闻部、彝文版经济部、彝文版政治生活部、彝文版出版部、彝文版采通部。2004—2005年，报社下设印刷厂、办公室、行财科、保卫科、总编室、要闻部、时事文体部、视点新闻部、专刊部、《凉山周末》编辑室、群工发行部、广告中心、新闻中心、彝文版新闻部、彝文版采通部、彝文版专刊部等部门。

1994年，《凉山日报》主要设置有凉山扶贫、市场、经济信息、政策信息、农家顾问、党的生活、理论与实践、彝海、团结、社会经纬、文化天地、民主与法制。2005 年，设有国际国内、今日视点、新闻聚焦、彝海、环保、房产、汽车、七日谈、教育、卫生、环球博览、体育、旅游、今天新闻、周末茶肆、凉山商界、三江评论等栏目。

1994 年，报社有员工 176 人，其中编辑部 91 人，印刷厂 85 人。专业技术人员 77 人，其中高级职称 11 人、中级职称 36 人、初级职称 30 人。2005 年，全社有员工 192 人，其中编辑部 122 人、印刷厂 70 人。专业技术人员 73 人，其中高级职称 10 人、中级职称 39 人、初级职称 24 人。

1994 年，《凉山日报》汉文版期发行量 2.2 万份，《凉山日报》彝文版期发行量 2400 份。2005 年，《凉山日报》汉文版期发行量 3.3 万份，《凉山日报》彝文版期发行量 5000 余份。

第三章　都市报、晚报

社会主义市场经济的多样化，催生人们精神需求的多样化。为适应这种需求，都市报、晚报应运而生。1994—2005 年，四川省有 12 家都市报、晚报，其中除《成都晚报》为 20 世纪 60 年代创办外，其余 11 家均为新创办。这些报纸全方位报道市民关心的政治、经济、社会、文化、体育等不同领域的新闻，受到市民的喜爱，成为新时期新闻界的新锐。

四川省都市报、晚报一览表

表 1 – 3

报　名	刊　号	创刊时间	社　址
华西都市报	CN51 – 0030	1995. 1. 1	成都市红星路二段 70 号
成都商报	CN51 – 0073	1994. 1. 1	成都市红星路二段 159 号
天府早报	CN51 – 0104	1999. 6. 1	成都市红星路二段 70 号
商务早报	CN51 – 0048	1998. 12. 18	成都市桂王桥西街 25 号
蜀报	CN51 – 118	1993. 1. 2.	成都市陕西街 34 号
成都晚报	CN51 – 0003	1956. 5. 1	成都市红星路二段 159 号
攀枝花晚报	CN51 – 0062	2001. 3. 4	攀枝花大道东段 867 号
泸州晚报	CN51 – 0059	2001. 9. 19	泸州市江阳南路 10 号楼
绵阳晚报	CN51 – 0006	2000. 8. 16	绵阳市建设街 8 号
南充晚报	CN51 – 0060	2001. 1. 1	南充市文化路 213 号
宜宾晚报	CN51 – 0061	2002. 2. 18	宜宾市南岸长江大道中段 27 号
达州晚报	CN51 – 0063	2001. 1. 1	达州市通川区通川中路 118 号

第一节　都市报

一、华西都市报

《华西都市报》1994 年试刊，1995 年 1 月 1 日正式创刊。1994—2004 年由四川日报社主管主办，2005 年开始由四川日报报业集团主管主办。1995 年创刊后，华西都市报率先提出“市民生活报”的定位，确定“全心全意为市民服务”的办报方向。2005 年，根据读者需求的变化，提出“新锐 · 责任 · 主流”办报理念。《华西都市报》是中国第一张以“都市报”命名并自办发行，全方位报道市民关心的政治、经济、社会、文化、体育等各个领域的市民报，被誉为“中国都市第一报”。自创“敲门发行学”，创刊3年发行量超过40万份，广告收入过亿元。

1994年下半年到2005年，《华西都市报》实行总编辑负责制。2005年改革领导体制，成立社务委员会，并实行社务委员会领导下的总编辑、总经理分工负责制。班子成员有总编辑席文举（1994.1—2002.7），刘为民（2002.7—2005.6），副总编辑戴善奎（1994—1995）、奉友湘（1994—2005）、赵坚（1994—2003）、谭晓春（1995—2003）、何开三（1995—2003）、龚建平（1996—1998）、孟勇（2000—2005）、黄远流（2001—2005）、李宇西（2003—2005）、李鹏（2004—2005）。2005年6月，社委会主任为余长久，副主任为刘为民，委员为李宇西、李鹏、奉友湘、周玄，总编辑为刘为民，总经理为李宇西，行政总监为李鹏，副总编辑为奉友湘、刘骞，副总经理为范波。

1995年，华西都市报社下设总编室、经济部、事业发展部、副刊部、新闻信息中心、文化新闻部、体育部、综合新闻部、社会新闻部、重庆记者站、广告部、发行部等部门。1996年增设特稿部、周末编辑室、记者部，1997年增设专刊部，1998年增设摄影部、经济中心、证券部、事业发展部，1999年增设人事部、采访中心、编辑中心、经营管理中心，2000年增设网络事业部、周末部，2001年增设专刊一部、专刊二部、华西广告公司、房地产编辑室，总编室和人事部合成一个部门。2002年增设科教部、策划部，2003年增设技术部、市场研究部，2005年增设信息中心、华西生活周刊、汽车工作室。2005年6月，根据《华西都市报体制改革机制创新总体方案》精神，机构设置按行政系统、编采系统、经营系统以及华西生活周报进行构架。

《华西都市报》创刊时为4开8版，有生活服务、体育新闻、社会新闻、文化娱乐、副刊、文摘、环球风云等栏目。1996年7月扩版成16个版，包括经济新闻、文化娱乐、体育新闻、环球风云、地方新闻、社会新闻、特别报道、生活服务、校园内外等栏目。1997年4月扩版为24版，增设国内新闻、重庆版、华西证券、人才劳务市场、连载精选、现代厨房、求职招聘、分类信息、摄影沙龙等版面或栏目。1997年11月，《华西都市报》改为对开大报（12版），1999年初增加要闻版、购物广场、环球焦点等版面或栏目。2000年初，推出彩市彩经、医疗保健、特别报道、综合新闻、社会经济、出国投资经商、热点新闻、人才专版等版面或栏目。2001年，对版面进行调整，形成包括要闻、国内、环球风云、体育、专题新闻、特别报道、文化娱乐、证券周刊、副刊、教育新闻、都市、巴蜀新闻、财经、汽车周刊、旅游视线、特别关注、特刊、餐饮娱乐、财经招商引资、房产置业服务、摩登家电等版面或栏目的新架构，开始推出“前程招聘”专版。2002年初增设足彩宝典、现场、社会、民生、专刊、国际教育、特稿、新通信、空间、文化特刊、传媒、人才金版、视点、阅读等栏目。2003年，推出成都新闻·现场、成都新闻·社会、成都新闻·民生、成都新闻·110，教育改为校园、招生专版或专栏。2004年，推出华西视点、理财周刊、成都快报、成都资讯、成都社会、成都社区。2005年5月21日“瘦身”改版，实现由4开报到对开报，再到国际流行“黄金报型”的3次历史性飞跃。

1994年，报社有员工100人，其中记者编辑岗位80人、经营与管理岗位10人、工人10人。2005年，报社有员工367人，其中聘用人员350人。员工中采编岗位233人、经营岗位87人、管理岗位47人。其中硕士20人、本科166人、大专114人、中专以下67人。

1994年，试刊期间印数为5000份，此后发行量一路攀升，到2005年达到日均征订发行量35.1万份，零售日发行量11.46万份，日均发行总量46.56万份。

二、成都商报

《成都商报》前身是成都市工商联主办的内部刊物。1995 年 2 月 6 日，经国家新闻出版署批准，与《生活科学报》合并，更名为《成都科技商报》，由成都市科学技术协会（以下简称市科协）主管，成都市财办、成都市科协主办，公开发行。1995 年 8 月 18 日，《成都科技商报》更名为《成都商报》，由成都市财办主管，成都市财办和成都市科协主办，2001 年 7 月 11 日起改由成都日报社主管主办，2002 年 9 月 26 日转由成都日报报业集团主管主办。

《成都商报》创刊时定位为综合性城市日报，以“创新、务实、理性、开朗”为办报理念，以“以市场为中心，全方位报道经济建设、市民生活和社会活动”为办报宗旨，以成都的经济新闻和信息为主要报道内容，致力于为成都“大商业、大市场、大流通、大开放”服务。1995 年公开发行后定位为大型综合性日报。1998 年提出“帮忙不添乱，办一流大报”的办报思路。2003 年底，进一步提出“办一张权威性、公信度、市场份额都最高的主流大报”的办报思路。2005 年，办报宗旨调整为“全面报道经济发展，反映积极的社会生活，传播先进的文化，提供丰富的实用资讯”。

在 2002 年 12 月之前，《成都商报》实行社长领导下的总编辑负责制，其后取消社长职务，实行总编辑负责制。1994—2005 年历任主要领导成员：总编辑侯雄飞（1994—1995）、陈舒平（2000. 12—2005. 12）等。历任副总编辑有陈舒平（1994. 1—2000. 12）、杨忠（1994. 11—1999. 10）、郭平（1996. 10—2001. 8）、吕文生（1999. 2—2003. 7）、杨力（1999. 2—2005. 12）、姜学芬（2001. 7—2004. 2）、庄光誉（2001. 12—2002. 12）、吴以荣（2001. 12—2005. 12）、刘学东（2003. 1—2005. 12）。历任副社长有刘白（1998. 1—2005. 12）、孙旭军（2003. 1—2005. 12）、庄光誉（2003. 1—2005. 4）。创办初期报社重大事项由社务会议决定，1996 年 9 月经社务会议决定成立编委会，1998 年分设编委会和社委会。

1994 年，成都商报社下设办公室（含财务人事部）、总编室（下设联络部）、第一编辑部、第二编辑部、第三编辑部、第四编辑部、记者部、广告部、出版部（下设计算机中心）、发行部。到 2005 年底，报社设有编辑部、美编工作室、要闻部、时政评论部、法制新闻部、社会新闻部、热线部、体育新闻部、文化新闻部、新闻中心、新闻摄影部、财经证券部、专刊部、房地产事业部、汽车工作室、视听工作室 16 个采编部门，以及编委办、法律工作室、人力资源部、社委办、财务部、出版部、广告部、市场部 8 个行政经营出版管理部门。

《成都商报》创刊初期为对开 4 版，每周一、三、五、六出版。1 版为经济要闻、2 版为蓉城市场、3 版为经济广角、4 版为都市转盘，周六出《太阳周刊》。1995 年改为日报，对开 4 版，1 版为要闻、2 版为市场·服务、3 版为经济·体育、4 版为社会新闻，周六出《太阳周刊》，周日出《服务周刊》。其后版面逐步更新与增加，到 2005 年已发展为要闻（含本地党政新闻、国际国内新闻）、体娱（含体育新闻、文娱新闻）、市民、财经（含证券新闻）、专刊（含房产、汽车、家电、求学、时尚等十几个行业）等五大板块，并形成一大批特色栏目如为您服务、城市热线、独家头条、“新闻发生了，商报在现场”、岷江评论、道达投资手记、交警权威发布、气象晴雨榜等。

《成都商报》最初日（出版日）均出 4 版，其后逐渐增加至 8 版、16 版、20 版、24 版乃至更多，2005 年日均出版 29. 64 版。截至 2005 年 12 月 31 日，《成都商报》公开发行 3936 期，内部发行 223 期。2005 年 5 月 21 日《成都商报》从对开大报改型为“黄金瘦报”，并取消中缝广告。

成都商报社实行全员聘用制，1994 年创刊时报社共有员工 119 人，其中采编人员 60 人。到 2005 年底，报社员工达 400 人，其中采编人员 285 人，平均年龄 29.4 岁，大多数具有大学本科以上学历。

1994 年《成都商报》日均发行量 2 万余份，2005 年达 60 多万份。

三、天府早报

《天府早报》1999 年 6 月 1 日创刊，由四川日报报业集团主管主办。《天府早报》创刊之初提出“为广大人民群众外出旅游、居家购物、运动休闲、文化娱乐服务，满足人们在吃住行旅购娱诸方面的信息需求”。2002 年 2 月调整为“关心生活状态，提供生活资讯，满足人们在旅游、购物、运动休闲、文化娱乐诸方面的信息要求，为提升生活品质服务”。

《天府早报》实行编委会领导下的总编辑负责制，历任班子成员有总编辑黄远流（1999.1—2001.7）、总编辑林卫（2001.7—2005.12），副总编辑、常务副总编辑、社长彭忠（2002.5—2005.12），副总编辑肖晓冬（1999.1—2002.4）、陈代阳（1999.1—2003.12）、钱国康（1999.1—2004.11）、陈欣（1999.12—2001.11）、蒋光明（2001.9—2003.3）、徐刊（2004.1—2005.12）、秦瑶（2004.1—2005.12）。

1999—2000 年，天府早报社下设总编室、社会生活部、经济新闻部、文化新闻部、体育新闻部、摄影部、新闻中心、广告策划部、专刊部、房产部、出版发行部。2001 年下设总编室、财务部、采访中心、新闻中心、体育部、文化部、摄影部、广告部、专刊部、房产部、发行部。2002 年撤广告部、专刊部，成立经济中心。2003 年设广告经营中心、发行部更名为发行中心。2004 年发行中心更名为发行部。2005 年，下设社委办、财务部、编辑出版中心、新闻采访中心、文体中心、广告部、专刊部、房产营运中心、发行部。

1999 年《天府早报》设有今日看台、百姓经济、社区生活、文娱在线、体育时空、九州传真、天府证券、早报连载、旅游、通信、家电、房产等栏目。此后几年根据经济发展、市场新热点等，不断推出新栏目、关注新动态。到 2005 年，设有成都、证券、财经、今日必读、今日关注、前沿新知、今日看台、体彩世界、天下周刊、竞周刊、娱周刊、家电周刊、黄金卖场、黄金楼市、黄金车市等栏目。

1999 年，报社有员工 143 人，其中高级职称 5 人、中级职称 6 人、初级职称 17 人。2005 年员工增加到 171 人，其中高级职称 5 人、中级职称 8 人、初级职称 31 人。

《天府早报》期发行量逐年增加，从 1999 年的 6 万份增加到 2005 年的 19 万份。

四、商务早报

经国家新闻出版总署批准，四川省外经贸委主管主办的《商务早报》于 1998 年 12 月 18 日正式创刊发行，对开 4 版日报。《商务早报》从创刊起一直由陈岚妮担任总编辑至 2001 年 5 月停刊。

《商务早报》定位于都市综合性日报，内容以经济、都市文化、时事及评论见长，创刊初期的地毯式低价发行在成都独树一帜。在营运方面，是成都、四川最早引入较规范的市场化股份制运作的报纸。

《商务早报》前身《华商讯报》（周报）创刊于 1994 年，是一份自收自支的行业管理报纸。《商务早报》是在华商讯报的基础上更改刊名，后进入报刊零售市场。2000 年初《商务早报》由四川省外经贸委主管主办转至成都市委宣传部主管主办。2001 年被并入成都日报报业集团。同年 5 月 19 日出版最后一期报纸后，根据四川省、成都市委宣传部关于报刊结构调整的意见，成都市委宣传部决定停刊。

五、蜀报

经新华社同意、国家新闻出版署审核、四川省新闻出版局批准，《蜀报》于 1993 年 1 月 2 日正式创刊。《蜀报》由新华社四川分社主管主办，对开 4 版，每周 2 刊。

蜀报社社长由新华社四川分社社长邓全施兼任，贺晓林任总编辑，杨力、徐波任副总编辑。1995 年金小明任总编辑，1996 年徐波任总编辑，1997 年唐林任总编辑。《蜀报》交四川省旅游局主管主办后，先后由龚建平、李宇西任总编辑。

《蜀报》主要通过宣传蜀文化，进而宣传发扬中华民族的传统文化，满足四川及海内外读者的需求，是一张以蜀文化为基础，主要反映社会大文化的文汇类报纸。该报充分发挥新华社信息资源丰富的优势，通过新闻的形式，针对四川的实际，向群众提供新鲜活泼的社会、历史、人文、风土人情以及与群众生活密切相关的消费文化等方面的新闻。

1998 年，新华社四川分社将《蜀报》交给四川省旅游局主管、主办。同年 7 月，四川省新闻出版局正式下发通知，同意《蜀报》主管、主办单位变更为四川省旅游局，新华社四川分社为该报联办单位。同意该报自 1998 年 9 月 1 日起，改办成为旅游产业服务的报纸。后因政府部门不准办面向社会的综合性报纸的规定，《蜀报》与四川省旅游局脱勾，于 2001 年 3 月并入四川日报报业集团。根据四川省委宣传部关于报刊结构调整意见，《蜀报》于 2001 年 5 月 20 日出最后一期后停刊。

第二节　晚　报

一、成都晚报

《成都晚报》是中共成都市委机关报，原名《成都日报》，创刊于 1956 年 5 月 1 日。从 1993 年 1 月 1 日起，正式起用中共中央总书记江泽民题写的新报头。2001 年 7 月 1 日，《成都晚报》将党报职能剥离出来，转变为社会生活类报纸。《成都晚报》的主管主办单位为成都日报社，2002 年 9 月 26 日后主管主办单位转为成都日报报业集团。新《成都晚报》采取“晚报早出”的出版方式，报纸从以前的对开报变为 4 开报。办报宗旨是坚持民生为本，突出都市特色和服务特色，以“内容都市化、读者大众化、视角平民化、版面时尚化”为办报理念，打造成具有鲜明个性的都市报。

《成都晚报》实行编委会领导下的总编辑负责制。总编辑、副总编辑和编委会成员由主管部门任命或聘任，其余人员均实行招聘。成都晚报社为事业单位，实行企业化管理，独立核算，自负盈亏。历任总编辑有佟小庆（2001. 6—2005. 4）、夏旗舰（2005. 4—），历任副总编辑有谢晓苏（2001. 6—2005. 4）、李少军（2001. 6—）、张光焰（2001. 6—）、傅有权（2004. 9—12）。

成都晚报社在编委会下设办公室、编辑部、出版部、成都生活编辑部、政教新闻部、政法新闻部、社会新闻部、经济新闻部、摄影部、文化新闻部、体育新闻部、证券部、广告部。2005 年 5 月，报社对机构进行调整，设有采访部（下含要闻部、政法新闻部、社会新闻部、热线新闻部、摄影新闻部、经济新闻部、证券部、文体新闻部）、编辑出版部、广告营销策划中心（下含策划部、市场部、广告部、房产事业部、健康事业一部、健康事业二部、数码事业部、汽车事业部、生活事业部、教育周刊、文化事业部）、行政部（下含编委办、财务部、行管办、劳资人事部）、发行部。

2001 年 7 月，成都晚报社有员工 316 人，其中编辑、记者 137 人。2005 年 12 月，报社有员工 330 人，其中编辑 168 人。获得中级以上职称的 88 人，其中副高级以上职称的 20 人。

报纸发行量由 2001 年 7 月的日发行 8 万份增加到 2005 年底的日发行 20 万份左右。

二、攀枝花晚报

《攀枝花晚报》2001 年 3 月 4 日创刊，4 开 16 版，周 7 刊，攀枝花日报社主管主办。办报宗旨是面向攀枝花市区城市居民，集导向性、知识性和趣味性为一体的市民生活报。2005 年 3 月 4 日，由黑白套红报变为彩报。

《攀枝花晚报》实行党委领导下的总编辑负责制，历任总编辑有张红（2001. 3—2003. 8）、焦崎（2003. 8—2005. 12）。历任副总编辑有杨玉茗（2001. 3—2002. 1）、张春（2001. 3—2004. 8）、唐明民（2001. 3—2003. 12）、曹习斌（2001. 3—2004. 11）、刘旭（2003. 12—2005. 12）。

攀枝花晚报下设办公室、采访中心、编辑策划中心、经济部、副刊部、摄影部、信息工作室。

《攀枝花晚报》版面分 A 版和 B 版两组，各 8 版。A 版 1 版为要闻、导读，2 版为综合新闻，3 版为金沙热线，4 版为社会新闻，5 版为国内新闻，6 版为国际新闻，7、8 版为体育新闻。B 版 1 版为娱乐空间，2 版为环球大观、大千世界，3 版为财经在线，4 版为市场（家电、购房、家装、餐饮、IT 动力），5 版为通信天地、时尚快递、都市生活、汽车世界、购物广场，6 版为百味人生、文化读书、金色校园、走进科学、银发一族、裂谷风情、史海泛舟，7 版为医疗保健，8 版为法制经纬、旅游休闲。

2001 年，报社有员工 61 人，其中有专业职称 10 人（副高级职称 4 人、中级职称 4 人、初级职称 2 人）。2005 年有员工 42 人，其中有专业职称 12 人（副高级职称 3 人、中级职称 2 人、初级职称 7 人）。

2001—2005 年，《攀枝花晚报》期发行量 1. 5 万份。

三、泸州晚报

《泸州晚报》创刊于 2001 年 9 月 19 日，由中共泸州市委主管、泸州日报社主办。《泸州晚报》为四开 12 版周七刊，2004 年 1 月 1 日以后报纸改为周六刊。前身为《泸州日报 · 酒城星期刊》，1994 年创刊。2003 年 1 月 1 日创刊《泸州晚报 · 广东版》，双面彩印，4 开 8 版，每周 1 期 6 刊，读者对象主要为泸州本市和在珠江三角洲工作的泸州人，2004 年 9 月休刊。

2001 年 9 月 28 日，中共泸州市委组织部任命泸州日报社党组书记、社长、总编辑田怀聪兼《泸州晚报》总编辑，刘军、赵晓东任副总编辑。2004 年 2 月 24 日胡波任《泸州晚报》副总编辑。

《泸州晚报》创刊时设置有要闻、综合新闻、法制聚焦、市民来电、倾诉、特稿连载、文摘、健康、体育新闻、文化娱乐、国内新闻、国际新闻等 12 个版，每周还包括官场、酒城麻辣烫、前卫导航、水井沟、经典档案、酒城丽人等穿插的版面，以后这些版面又有所调整和变化。到 2005 年底，

《泸州晚报》已达到4开16—24个版，内容包括要闻、民生、社会、经济、法制、文娱、体育、中国新闻、世界新闻、教育导刊、健康周刊、时尚生活周刊、城市像素、实用信息、情感迪吧、特稿连载、晚报关注、酒城星期刊等版块。

《泸州晚报》属独立核算、自收自支、自负盈亏经济实体。报社人员除社领导和几位《泸州日报》调过来的中层干部以外，其余员工主要来自公开招聘。

《泸州晚报》实行自发和邮发相结合，发行范围主要集中在市辖三区四县和贵州省赤水等地区。

四、绵阳晚报

《绵阳晚报》2000年8月16日创刊，由中共绵阳市委主管、中共绵阳市委宣传部代管、绵阳日报社主办。办报宗旨是坚持正确舆论导向，坚持以人为本，以大民生理念为指导，贴近实际、贴近生活、贴近群众，致力于反映百姓诉求，关心百姓疾苦，推动经济社会全面进步。

《绵阳晚报》实行党委领导下的社长（总编辑）负责制。2000年至2005年11月，党组书记、社长、总编辑王天柱，副总编辑余凡、赵维民，副社长叶华碧。2005年11月至2005年12月，总编辑余凡，副总编辑赵维民、叶华碧。

2000—2003年，绵阳晚报社设总编室、要闻部、综合新闻部、试验专刊部、文体新闻部、新闻周刊部、记者部、行政处、广告部、发行部、财务处。2004—2005年，设总编室、一编室、二编室、三编室、四编室、五编室、记者部、办公室、广告部、发行部、电子技术部。

《绵阳晚报》设有要闻、综合新闻、热线新闻、社会新闻、财经新闻、民生新闻、国内新闻、国际新闻、文化娱乐、体育、视觉新闻、法制纵横，新闻人物焦点特稿、时评、副刊和各类经营性服务性专刊。主要栏目有要闻快览、涪江评论、百姓夜话、新闻速递、新闻集装箱、夜间播报、记者直击、新闻调查、老记逛市、热线关注、热线反映、大案传真、天下一周、龚旭漫画、健康新知等。

2000年，绵阳晚报社有员工63人，2005年增加到82人。2000年12人有专业职称，其中正高职称1人、副高职称2人、中级职称5人、初级职称4人。2005年专业职称人数为30人，其中正高职称1人、副高职称5人、中级职称6人、初级职称18人。

《绵阳晚报》期发行量从创刊开始逐年递增，2000年为1.76万份，2005年达到4万份。

五、南充晚报

《南充晚报》2001年1月1日创刊，周5刊。2004年改为周7刊，每期最少8个版，最多32版，由南充日报社主管主办，南充晚报社出版。《南充晚报》是一张面向全国发行的综合性晚报都市类报纸。办报宗旨是坚持新闻党性原则，坚持实事求是，坚持舆论监督；在牢牢把握好政治导向的同时，认真把握好新闻的思想导向、价值导向、知识导向、行为导向和生活导向。编辑方针是面向市场、关注社会、服务大众。办报理念是大众化、平民化、都市化、时尚化。

《南充晚报》实行南充日报社党委领导下的社长负责制，社长由南充日报社社长兼任，总编辑由南充日报社党委委员兼任，主持晚报编辑出版和日常管理工作。2001—2005年，总编辑刘文逵（南充日报社党委委员）、副总编辑郭军、牟东明、徐继贤。

2001年创刊时报社下设总编室、新闻部、经济生活部、时政部、特稿部、科教部、广告发行部、财务室。2003年9月《南充晚报》由南充日报社统一核算，其财务由南充日报社财务部统管。2004

年初，南充日报社对“两报”广告实行广告公司代理制后，《南充晚报》撤销广告部。2005年南充晚报社下设总编办、时政新闻部、都市新闻部、文体副刊部、周末新闻部、记者部、摄影部。

《南充晚报》对开8版时1版为要闻版，主要栏目有今日新闻、今日视点、昨夜星辰、新闻现场等。2版为社会民生版，主要栏目有经济新闻、社会新闻、新闻聚焦等。3版为视野时事版，主要栏目有国际观察、昨夜央视焦点、南充人物、体育新闻、文娱快递等。4版为特稿版，主要刊登篇幅较长的新闻报道。5版为消费版。6版为教育文娱版。7版为财富版。8版为体育版。2005年4月1日改为瘦身版。

2001年创刊时报社有员工38人，其中在编职工23人，招聘员工15人。员工中有副高职称2人、中级职称3人、初级职称3人。2005年报社有员工57人，其中在编员工23人，招聘员工34人。员工中有副高职称3人、中级职称3人、初级职称3人。

2001—2005年，《南充晚报》日发行量4万余份。

六、宜宾晚报

《宜宾晚报》创刊于2002年2月18日，由宜宾日报社主管主办。办报宗旨是坚持党性原则，突出晚报风格，办出名城特色，立足宜宾，面向城镇，向周边地区和三江沿岸辐射，努力办成党委和政府满意、老百姓喜爱的报纸。

《宜宾晚报》从创刊至2002年10月是宜宾日报社下属的一个编辑部，只负责报纸采编工作。从2002年11月起宜宾日报社将广告、发行等经营工作交由宜宾晚报社自行管理负责。2003年6月25日《宜宾晚报》编辑部更名为宜宾晚报社，成为独立的法人单位。2005年5月报社编辑委员会成立。报社实行总编负责制。2001年12月余忠华任晚报总编辑，王明安任常务副总编辑。2002年5月王为被任命为副总编辑。

宜宾晚报创刊时，报社下设新闻部、专题特刊部、策划部、读者服务部、广告部、发行部等部室。以后报社对内设机构进行调整，增设办公室、总编室（两个部门一套人马），撤销宣传策划部，并将新闻部拆分为新闻部和记者部。

从创刊至2002年底，《宜宾晚报》报型为对开4版，开设有要闻、社会新闻、市场生活、体育文娱等常设栏目，并在宜宾率先开设家居、旅游、房产、健康等专版。2003年《宜宾晚报》改为4开12版，新开设经济、证券、国际国内、家电、新知、法治在线、茶坊、男男女女、文化、时尚、尘世等专栏，开办《阳光校园》《新视野周刊》两个周刊。2004年宜宾晚报又增设汽车、前沿等经济服务类专版，并在宜宾媒体中率先开设《房产周刊》。2005年宜宾晚报开设《民声》专版。

创刊时报社有员工22人，其中主任记者1人、记者3人、助理记者3人。到2005年底，报社有员工40人，其中主任记者2人、记者2人、助理记者5人。

《宜宾晚报》2002年创刊时，平均期发行量4000份，主要集中在宜宾主城区。2005年平均期发行量达到2万份，除宜宾主城区外，还覆盖宜宾各县县城和一部分乡镇。

七、达州晚报

《达州晚报》2001年1月1日创刊，由《达州日报》主管主办，4开12版，周4刊，从2005年起改为周6刊。《达州晚报》是《达州日报》的子报，读者对象主要是城镇居民。

《达州晚报》创刊时由达州日报副总编辑刘秀品兼任总编辑，先后由何南观、胡明惠、刘成娟、李斌、王承德任副总编辑。达州晚报社下设总编室、新闻中心、特稿中心、采访中心、市场部和城区发行中心。

《达州晚报》创刊时12个版面分为新闻和专刊两大版块。新闻版块占6个版，分别为要闻、达州新闻、市民热线·记者追踪、文体新闻、法制经纬、国际·国内。专刊版占6个版，分别为特稿·连载、医疗保健、衣食住行（老年世界、女性世界）、巴山夜雨、房产·家居（投资理财）、家电·电讯。

2005年1月1日《达州晚报》创刊新闻周刊，周一出版，4开12版。主要设置有新闻调查、财富资讯、心语心愿、倾诉、QQ留言版、达州情网、法制在线等栏目。

报社2001年有采编人员31人，2005年有采编人员38人。

《达州晚报》期发行量2001年3.2万份，2005年3.53万份。

第四章　部队、群团报

部队、群团报是由部队和群团党委、党组主管主办的报纸。四川有《战旗报》《国防时报》《四川政协报》《四川工人日报》《四川青年报》《晚霞报》6 家部队、群团报，分属于成都军区、四川省军区、四川省政协、四川省总工会、共青团四川省委、四川省老龄委。这些报纸的主要任务是宣传党的路线方针政策，报道各自领域的工作部署和决策，反映基层单位、群众的要求和呼声，做到下情上达，上情下达。

四川省部队、群团报一览表

表 1－4

报　名	刊　号	创刊时间	社　址
战旗报	CN81－0008（J）	1955. 10. 16	成都市江汉路 31 号
国防时报	CN51－0097	1989. 1. 5	成都市芳草街 45 号
四川政协报	CN51－0026	1987. 1. 1	成都市红照壁街 25 号
四川工人日报	CN51－0025	1950. 2. 7	成都市一环路东三段 31 号
四川青年报	CN51－1648/C	1994. 1. 1	成都市多子巷 2 号
晚霞报	CN51－0056	1985. 7. 1	成都市宁夏街锦兴大厦

第一节　部队报

一、战旗报

《战旗报》是成都军区党委机关报，由成都军区政治部主管并出版，军内发行。《战旗报》前身是晋冀鲁豫野战军机关报《人民战士》，报头为晋冀鲁豫野战军司令员刘伯承所题写。1955 年 10 月 15 日成都军区党委机关报《建军报》在《人民战士》报的基础上创刊。1965 年 10 月 16 日《建军报》更名为《战旗报》。1969 年 11 月西藏军区划归成都军区建制，西藏军区党委机关报《高原战士报》并入《战旗报》。1985 年 8 月成都军区与昆明军区合并，9 月 1 日昆明军区党委机关报《国防战士报》并入《战旗报》。《战旗报》原为四开小报，2001 年 1 月 1 日扩版为对开大报，所属子报《两用人才报》和军区政治部文化站主办的《军营银幕》同时并入该报。

2001 年 7 月，《战旗报》由周 3 刊改为周 4 刊。2003 年 12 月《战旗报》由黑白版改为彩色版。

2005 年初《战旗报》开办网络版，并在拉萨、重庆、贵阳完善和增设特约记者站。《战旗报》始终坚持“为保证党对军区部队的绝对领导服务，为提高军区部队战斗力服务，为广大基层官兵成才服务”的办报宗旨；以“围绕中心，服务大局，创新思路，丰富内容，活跃版面，改进文风”为办报理念。

《战旗报》实行党支部领导、社长兼总编辑负总责的领导体制，设有社长兼总编辑 1 人，副社长兼副总编辑 2 人。战旗报社下设 4 个编辑室和 1 个记者站。其中编辑一室负责行政和通联工作，下辖照排室、校对室、网络室、资料室、图片社和学员队。编辑 2 室负责军队政治工作的宣传报道。编辑 3 室负责军事、后勤、装备工作的宣传报道。编辑 4 室负责报纸一版的组版编辑工作。记者站常驻云南昆明，负责驻滇军区部队的新闻工作协调和报道。

《战旗报》设有要闻版、政治工作、军事工作、战旗视点、学习与实践、基层天地、西南后备军、军人健康、学法用法、西南边防、夕阳红、西南军网、编读往来等 13 个工作版面和文化大观园、七彩版、三味书屋、知识、美苑、金沙江、时事纵横、大西南、人物、军史、青春等 11 个副刊版面，开设栏目数十个。这些版面和栏目基本涵盖了部队工作的方方面面，能够全面反映军区党委首长机关的决策部署和指示精神、军区部队的要事动态，为基层官兵提供所需的相关信息和知识。

2005 年，报社有编辑兼记者 29 人，其中高级编辑 1 人、主任编辑 8 人、编辑 17 人，行政干部 3 人、士兵 6 人，排版打字员、校对等职工 12 人、审读 5 人，全社共 52 人。

《战旗报》属自办发行。读者群主要为成都军区官兵、外区部队部分官兵和民兵预备役人员等部分地方群众。报纸除在成都印刷外，还分别在拉萨、昆明设立分印点，使报纸当天就能与广大基层官兵见面。

1994—2005 年，《战旗报》期发行量 3 万余份。

二、国防时报

《国防时报》1989 年 1 月 5 日创刊，报头为杨尚昆题写，主办单位为中共四川省委武装委员会，主管单位为四川省军区政治部。1996 年 6 月，根据军队整顿报刊精神，主办单位改为中共四川省委武装委员会，主管单位改为中共四川省委宣传部。2004 年 6 月起主办主管单位改为四川省国防教育委员会，四川省军区政治部进行业务指导。

1994—1999 年，《国防时报》为周 1 刊，对开 4 版，2000 年起为周 2 刊（星期二、四出版）。办报宗旨是立足四川，面向全国，立足人武战线和民兵预备役人员，面向全民全社会，对当代国防和全民国防教育作多视角报道。以创新和求实为准则，锐意追求国防和社会经济透明度，立志成为国防风云的瞭望窗口，全民国防教育的向导，后备力量建设的参谋，增长知识的良师益友。

《国防时报》实行党支部领导下的总编辑负责制，历任总编辑有张元树（1994. 1—1999. 6）、廖明春（1999. 7—2004. 1）、袁永生（2004. 2—2005. 12），历任副总编辑或副社长有谢天喜（1994. 1—1999. 6）、袁永生（1999. 7—2004. 1）、李昶（2004. 2—2005. 12）。

1994 年 1 月报社下设办公室、总编室、编辑部、发行部。1999 年 7 月—2005 年 12 月，报社下设办公室、编辑 1 部、编辑 2 部、发行部。

1994—1999 年《国防时报》在周 1 刊对开 4 版时，A 版为新闻版，主要报道四川省军区系统的部队新闻、地方党政领导关心支持国防建设的先进事迹、世界军事动态、国防建设短讯等。开辟的主要栏目有党政干部与国防、国际军事瞭望、号角（短评）等。B 版为人武战线版，主要报道国防后备力量建设的新闻、典型和经验。辟有人武战线、告别军营后、基层人武干部风采、双拥工作以及读者、作者、编者等栏目。C 版为综合版，主要辟有理论与实践、人民防空、国防交通、国防与经济等栏目。D 版为副刊版，设有蜀剑（文艺副刊）和军事博览（军事文摘）栏目。2000 年扩版为周 2 刊后 4 版内容设置同上。

报社创建时有员工 5 人，包括现役军官和地方招聘人员。2005 年底，报社有员工 41 人，其中在编 17 人、招聘 24 人。

《国防时报》1994 年期发行量 3 万份，2005 年期发行量 6 万份。

第二节　群团报

一、四川政协报

《四川政协报》是中国人民政治协商会议四川省委员会主管主办的机关报，1987 年 1 月正式创刊。1986 年中共中央总书记胡耀邦到川视察时，为四川政协报题写报名。自创刊以来，在省政协的领导下，《四川政协报》遵循“立足政协，面向社会，服务大众”的办报方针，紧紧围绕中共四川省委和省政府的中心工作，围绕人民政协“政治协商、民主监督、参政议政”的主要职能，发挥优势，开拓创新，大力宣传中国共产党领导的多党合作和政治协商制度，宣传人民政协和统一战线，为促进四川省经济社会和谐发展、推进全省人民政协工作，发挥重要作用。《四川政协报》创刊至 1990 年 9 月 29 日为周 1 刊 4 开 4 版，1990 年 10 月 1 日改为周 1 刊对开 4 版，1994 年 1 月 1 日改为周 2 刊，1998 年 1 月 1 日改为周 3 刊，2002 年 12 月 28 日改为周 3 刊，对开 4 至 8 版（周二、周四 4 版，周六 8 版），2003 年 7 月 8 日开始陆续彩色印刷。

《四川政协报》实行党委领导下的总编辑负责制，历任主要领导有总编辑魏秋菊（1990. 10—1996. 6. 24）、陈宏志（1996. 6. 24—1996. 12. 25）、聂卉（1996. 12. 25—）。1994—2005 年，报社有 2 名副总编，分别为陈代俊、刘姝岚。报社设编委会，下设新闻部、美术摄影部、编辑部、记者部、通联部、经济部、总编室、办公室、管理处、编采中心、管理中心。

《四川政协报》版面设置有综合新闻、经济潮汐、巴蜀纵横、专题专刊、实践与思考、地方专题、会议专页、今日四川、祖国统一、天府广场、盆周纪行、地方新闻等。主要栏目有政协论坛、委员之声、委员谋略、主席访谈、党派园地、提案跟踪、代表建议、全会风景、党派之窗、地方政协、北京传真、民生博览等。

报社有员工 30 人。

1994—2005 年，《四川政协报》期发行量 3 万份。

二、四川工人日报

《四川工人日报》由四川省总工会主管主办，是一张面向全川职工及社会多层次读者的群众性综合日报。1954 年 10 月 1 日，《西南工人日报》更名为《四川工人日报》；1959 年 12 月 31 日，《四川工人日报》并入《四川日报》；1982 年 7 月 1 日，《四川工人日报》正式复刊，4 开 4 版，周 3 刊；1986 年 10 月 1 日起改为周 6 刊，更名为《四川工人日报》；1992 年 1 月 1 日起，由 4 开 4 版改为对开 4 版，仍为周 6 刊。办报宗旨是宣传党和政府的各项方针、政策，宣传工人阶级的历史使命和他们在社会主义建设中的地位和作用，宣传工会本身的工作，促使工业战线上的先进人物和工会工作积极分子不断涌现；反映工人群众的呼声、要求和意见，关心工人的疾苦，对损害国家和工人利益的行为开展批评。复刊后的《四川工人日报》把报道时代信息，表达职工心声，维护职工权益，服务社会读者作为办报的努力方向。

《四川工人日报》实行省总工会领导下的社长或总编辑负责制，1994—2005 年，《四川工人日报》历任领导有颜月皎（1994. 1—1995. 2）任社长、总编辑，张仕福（1995. 2—1996. 7）任社长、总编辑、党总支书记，胡发强（1994. 2—2002. 4）任副社长、总编辑、党总支书记，蔡虹（1996. 7—2005）任社长、总编辑、总经理、党总支书记，陈善祥（1994. 1—2002. 4）任副总编辑、副社长、总经理，傅洪清（1994. 1—1995. 2）任党总支书记，杨爱群（1994. 1—2005. ）任副社长、专职党总支副书记，王国庆（1996. 7—2005）任副社长、常务副总编辑，邱明斤（1996. 7—1999. 7）任副总经理，谭孝国（1998. 10—2005）任副社长、常务副总经理，王莉（1998. 1—2005）任副社长、副总编辑，许扬（2002. 4—2005）任副社长、副总经理，饶洁（2002. 4—2005）任副社长、副总编辑。

《四川工人日报》下设办公室、总编室、新闻部、专刊部、生活服务周刊部、记者部、周末部、通联发行部、财务部、广告部、后勤服务中心、印刷厂等。《四川工人日报》开辟有维权、工友、综合新闻、新闻视野、民生、企业、行业、职工文体、职工理财、一周体坛、文化、影音在线、职工旅游、生活百事通、职场、健康等专版和《安全生产周刊》《新周末》两个周刊。

截至 2005 年，报社有在编员工 185 人，其中高级职称 12 人、中级职称 39 人、初级职称 25 人。

报纸 1994 年期发行量 10 万份，2005 年期发行量 6. 4 万份。

三、四川青年报

《四川青年报》1956 年 2 月创办，主管单位为共青团四川省委。四川青年报社主办有《少年时代》杂志和《新生代》杂志，原《四川青年报》于 2003 年改报为刊。《四川青年报》由原西南团工委 1950 年 7 月创办的《西南青年》杂志（后曾改为《四川青年》杂志）改刊而来，朱德题写报名。当时发行量最高曾达到百万份。1961 年因自然灾害停刊，1964 年 7 月复刊为《四川青年》杂志（月刊），1966 年因“文化大革命”再度停刊，1973 年 7 月恢复出版为 16 开的月刊，1985 年 1 月更名为《青年世界》杂志，发行量达到 40 万份。1985 年在省委的关怀下，再次恢复组建四川青年报社，创办《青年晨报》周报，胡耀邦题写报名，1988 年更名为《晨报》。1989 年在全国报刊整顿中，团省委党组决定报刊合并共办《四川青年报》，1993 年 6 月报社创办四川省少先队队刊《少年时代》月刊。

1998 年 10 月《四川青年报》由周 2 刊改为日报，1999 年 2 月正式进入试刊，同年 7 月 19 日推出第一期日报。《四川青年报》日报出版到 2001 年 10 月 22 日休刊为止，共运行 3 年。3 年时间里平均期发行量 8 万左右，平均月广告收入 70 万左右。由于主客观因素的制约和政策的调整，2001 年 10 月 22 日《四川青年报》休刊，后报纸调整改成《新生代》杂志，报社的建制仍然保留。四川青年报社出版的《少年时代》杂志为半月刊，发行量为月 14 万册左右，系四川省少先队队刊，多次被评为全国和四川省的优秀期刊，为四川省影响较大的少儿刊物。四川青年报社出版的《新生代》杂志为旬刊，主要以青年读者关注的社会、文化、生活等方面的内容为主。四川青年报社为共青团四川省委下属事业单位，其与《新生代》杂志社实行团省委领导下的社长负责制。四川青年报社社长刘勇、常务副总编辑兼副社长陈明、副社长副总编辑张亚红、副总编辑史梅。《新生代》杂志总编辑陈明（兼），《少年时代》杂志主编史梅（兼）。报社设《新生代》和《少年时代》编辑部两处办公。两个编辑部下设编辑室6个，经营部和发行部4个。

四、晚霞报

1985年7月1日由四川省老龄问题委员会主办的全国第三家老年报即《晚霞报》创刊，报纸为4开4版的旬报。办报宗旨是宣传党和政府有关老年人的政策方针，言老人之事、传老人之声、解老人之忧、抒老人之情，围绕老有所养、所医、所学、所为、所乐做文章。以一身正气、两袖清风，艰苦创业、铁肩担道义、妙手著文章为办报理念。

《晚霞报》为总编辑负责制，1994—2003年总编辑赵振贵，副总编辑万世祥、朱景尧、骆德凯、高蜀平。2004年以后实行社长负责制，社长骆德凯、总编辑高蜀平、副社长任纯荣。员工有28人。

1986年7月1日，《晚霞报》将旬报改为周报，由四川省老龄问题委员会单独主办，4开4版。其中1版为要闻、2版为综合新闻、3版为康乐园（健康版）、4版为艺苑（副刊）。1993年改为周2刊，1997年扩为周3刊，4开4版。1997—1998年期间，出过以文摘为主的月中版和以社会纪实及重大题材为主的月末版。此后还出过周末版（开始为4开4版，后扩为4开8版）。2000年扩为周4刊，4开4版，2005年全面扩为4开8版，每周二、三、四、五出版。其中1版为要闻、2版为综合新闻、3版为休闲服务、4版为晚春苑（副刊）、5版为国内国际、6版为养生园地、7版为长寿工程、8版为文史精华。

1994—2000年，晚霞报社均全权委托邮局发行。1994年—1996年《晚霞报》每周二、五出版，4开4版，每周出2期，其中1996年逢月末为4开8版。1997—1999年《晚霞报》每周二、四、六出版，4开4版，每周出3期。从2001年开始晚霞报社发行部组建自己的发行队伍，在成都市二环路以内进行征订和投递，同时在一些大中城市设立自己的发行站。2000—2005年《晚霞报》主要以邮局为主、自办为辅的方式发行。2000—2001年《晚霞报》每周二、四、六、日出版，4开4版，周出4期，周日为文摘。2002—2003年《晚霞报》每周二、三、四、五出版，4开4版，周出4期，周五为文摘。2004年《晚霞报》每周二、三、四、五出版，周二、三、四为4开4版，周五为文摘，4开8版。2005年《晚霞报》改版，升级为4开8版，周出4期，周二、三、四、五出版，期发行量16.5万份。

第五章　专业报

专业报是为适应不同人群对专业知识的需求而创办的。1994—2005 年，四川省共有 25 家专业报，涵盖政治、经济、科技、文化、教育、法制、健康、消费等各个领域。这些报纸向人们传递国民经济运行的基本情况，行业发展的基本态势，社会生活的重大事件，科技发展的最新成果，消费领域的潮流动向，成为人们了解国情社情、学习科技知识的窗口。

四川省专业报一览表

表 1 - 5

报　名	刊　号	创刊时间	社　址
四川经济日报	CN51 - 0044	1984. 8	成都市通锦桥路 93 号
四川质量报	CN51 - 0035	1985. 7	成都市下东大街 328 号
金融投资报	CN51 - 0043	1992. 8	成都市红星路二段 70 号
人力资源报	CN51 - 0066	2003. 10	成都市高新区肖家河沿街 138 号
西南商报	CN51 - 0072	1993. 10	成都市锣锅巷 122 号
经理日报	CN51 - 0098	1988. 3	成都市二环路西二段 121 号
安防市场报	CN51 - 0081	2005. 12	成都市桂花巷 21 号
装饰市场报	CN51 - 0082	2001. 4	成都市二环路东四段 412 号
出版商务周报	CN51 - 0057	1985. 4	成都市东玉龙街 52 号
汽车时尚报	CN51 - 0042	2002. 2	成都市乡农寺街 59 号
市场与消费报	CN51 - 0038	1984. 4	成都市玉沙路 118 号
四川科技报	CN51 - 0046	1956	成都市人民南路四段 11 号
电脑商情报	CN51 - 0078	1993. 12	成都市营门口路民光商厦
软件报	CN51 - 0106	1984. 8	成都市浣花滨河路 55 号
电子报	CN51 - 0091	1977. 6	成都市浣花滨河路 55 号
少年百科知识报	CN51 - 0058	1985. 1	成都市上南大街 49 号
教育导报	CN51 - 0052	1988. 1	成都市陕西街 26 号
招生考试报	CN51 - 0053	1979. 5	成都市学道街 42 号
四川民族教育报	CN51 - 0077	1984. 10	马尔康县达尔玛街 5 号
精神文明报	CN51 - 0055	1985. 11	成都市西安南路 124 号托福大楼
四川法制报	CN - 0054	1985. 1	成都市建设南一路
大众健康报	CN51 - 0075	1989. 9	成都市文庙西街 80 号
城市购物导报	CN51 - 0100	2002. 4	成都市红星路二段 70 号
家庭与生活报	CN51 - 0085	1980. 2	成都市东胜街 2 号
文摘周报	CN51 - 0087	1980. 10	成都市红星路二段 70 号
读者报	CN51 - 0045	1994. 1	成都市一环路南四段 10 号

第一节 经济类报

一、四川经济日报

《四川经济日报》于1984年8月创刊，原名为《四川经济信息报》，周2刊，4开4版。1985年1月更名为《信息报》，周3刊，对开四版。1989年11月更名为《四川经济报》，周3刊，对开4版。1992年6月更名为《四川经济日报》，改为周7刊，对开4版。《四川经济日报》坚持立足四川，辐射西部，关注全国，以权威、准确、新锐的理念，及时传递党和国家及省委、省政府关于经济工作的方针、政策和决策，反映经济生活的最新动向。

《四川经济日报》实行总编辑负责制，设正、副总编辑。历任总编辑有李中璞（1985—1986）、马维金（1986—1989）、刘开文（1989—1993）、丁念国（1993—1995）、黄基秉（1995—2001）、陈宇保（2001—2003）、潘晓铭（2003—2005）。报社下设总编室、要闻部、综合新闻部、副刊部、编辑部、记者部、摄影部、出版部、广告部、发行部、办公室、财务室、工会等部门。

《四川经济日报》坚持做好四川经济战线的正面宣传工作，深入挖掘各市州、各行业、各企业全力投身发展过程中的感人事迹和经验亮点，展现全省各地全力以赴抓好工作发展的精气神与实际行动。《四川经济日报》坚持“政治家办报”的宗旨，报社从记者采访、编辑、组版、校对、审读等各个环节，严格执行“三审三校”的业务流程，力争每期报纸精益求精。报纸以版式新颖、主题鲜明、重点策划、密集发力等特点，借助对地方经济的出色报道，得到各市（州）党委、政府的认可和信任。《四川经济日报》在全省21个市（州）设有记者站。

报社创刊初期有企业编制25人，1984年新增企业编制30人。1989年改为事业编制，新增事业编制10人。1992年新增事业编制35人，事业编制数共计100人。到2005年，报社共有在编及聘用员工109人，其中采编部门67人，35岁以下35人，大专以上学历67人，记者以上职称30人（其中正高级职称1人，副高级职称8人）。

《四川经济日报》周一至周七出版，每日8个版。主要版面有要闻版、综合新闻版、区域新闻版、财经新闻版、民生公告版、最经济版、焦点版、人物版、四川电力版、工商税务版；文化版面有评论理论版、悦读版、副刊版、地理版、专题报道版。

《四川经济日报》1994年期发行量5万份，2005年期发行量5.5万份。

二、四川质量报

《四川质量报》1985年7月10日创刊，创刊时报名为《四川标准与计量报》，半月刊，4开4版，由四川省标准计量局主管主办。1988年更名为《技术监督报》，周1刊，4开4版，公开发行，由四川省质量技术监督局主管主办。1992年更名为《四川质量报》，周2刊，对开4版。2000年划归四川日报报业集团主管主办，周3刊，对开4版。办报宗旨是以质量、计量、标准相关法规和质量技术监督领域为依托，以产品质量为报道中心，以质量监督、质量经济、质量管理、质量信息服务、打假扶优为基本支撑点。同时，以质量技术监督和大质量的视角关注国民经济和社会生活中的重大事件及相关议题，以期成为宣传普及质量法规和提高全社会质量意识的专业媒体，技术监督工作的新闻助手，质量信息的权威平台，市场生产、销售、消费的质量参谋，打假扶优的有效阵地。

《四川质量报》创刊初期实行社长负责制，设正、副社长。1997年起实行社长、总编辑负责制。历任领导班子成员有社长杨孚久（1986—1990）、向仲群（1989—1997），社长兼总编辑陈巴东（1997—2005），副社长杨孚久（1990—2002）、张鸿棣（1985—1990），副总编辑陈新民（1997—）、边宇平（1997—2005）、王清洪（2001—2003）、杨柳（2005—）。下设总编室、编辑部、记者部、质量宣传部。2005年，除保留总编室、编辑部、记者部、质量宣传部外，新增专题部、发行部、成都发行总站等部门。

报社创刊时编制为21人，实际人数21人。1994年编制未变，实际人数仍然为21人。2005年编制未变，实际人数为126人，编制外人员为招聘人员。其中，高级职称3人、中级职称6人。

《四川质量报》1994年期发行量6000多份，1997年开始自办发行，2005年期发行量达到5万余份。

三、金融投资报

《金融投资报》1992年8月创刊，报名为《四川证券投资报》，1995年10月与《西南物资商业报》合并，更名为《四川金融投资报》，2001年11月更名为《金融投资报》。1995—2000年《四川金融投资报》由四川日报社主管主办，2000年之后由四川日报报业集团主管主办。办报理念是敏锐、透彻、专业、理性。依托金融、证券市场资源，面向社会各界读者，指导投资理财，服务投资者。金融投资报为全国性的大型投资理财日报，每期对开8版至16版，周6刊。经过多年发展，形成丰富、权威、准确、及时、实用的鲜明风格。

《金融投资报》实行编委会领导下的总编辑负责制。历任总编辑有高键（2000—2005）等，历任副总编辑有陈伟平（1995—2005）、向新元（1995—2003）、孟其兰（1995—2005）、孔南（1995—2001）、叶强毅（1998—2005）、陈欣（2001—2005）。报社下设总编室、财务室、编辑中心、专刊部、证券新闻部、财经新闻部、经济宣传中心、广告部、房地产事业部、发行部、上海市场部。

《金融投资报》1995年为对开4版，设有市场新闻、行情博览、经济纵横、当家理财、金融天地等栏目。1996年增设证券市场、经济广场、生活服务栏目。1997年增设股海淘金、集邮天地、经济广场、金融·保险等栏目。1997年在上海设立市场部，同时在成都、上海推出《周末证券》。1998年5月扩为对开8版，增设市场透视、股市沙龙、市场研究、特别报道、公司研究、参考资料等栏目。1999年6月周二至周五对开8版不变，周六增为对开16版，设有名家看市、股市沙龙、股民学校、公司研究、热点透视、实用资料、全景图等栏目。2002年3月增加周一财经，对开8版，设有财经报道、保险市场、天府股企、成都房产报道、投资顾问等栏目。

1995年，报社有员工29人，其中编辑出版18人、经营人员6人、管理人员5人。2005年，报社有员工70人，其中川报编制6人、金融投资报编制24人、聘用人员40人。员工中采编岗位49人，经营岗位11人，管理岗位10人。员工中大学本科25人，大专32人，中专以下13人。员工中高级职称5人，中级职称16人，初级职称8人。

1995年《四川证券投资报》与《西南物资商业报》整合后期发行量为5000份。2005年《周末证券》在全国20多个中心城市及周边地区期发行量达20多万份。

四、人力资源报

《人力资源报》2003 年 10 月 22 日创刊，由四川日报报业集团主管主办。2002 年 3 月 11 日四川日报报业集团金融投资报信息中心以承包经营的方式，正式创刊《人力资源报》，作为《金融投资报》专刊部分，周一至周六每天对开 4 版刊登招聘、招生信息等。2002 年 12 月经川报集团党委同意，开始筹建人力资源报社。2003 年 10 月 8 日川报集团与成都市新财商传媒投资有限公司签署《代理经营协议》，将《人力资源报》三年的全部广告发行经营权以授权代理经营的方式委托新财商公司代理经营（三年期满后又顺延一年）。《人力资源报》由金融投资报社代管，新财商公司每年固定向川报集团和金融投资报社缴纳一定的管理费。2003 年 10 月 22 日《人力资源报》创刊，2005 年 10 月 18 日《人力资源报》经营代理公司在上海推出《人力资源报》核心周刊，使《人力资源报》由一份招聘类媒体向一份真正意义上的人力资源专业媒体转变，同时与《人力资源报》配套的人力资源报网开始打造，《人力资源报》与人力资源报网紧密结合，推出数码电子版。

《人力资源报》创刊后，总编辑由《金融投资报》总编辑高健兼任，委托金融投资报社副总编辑陈欣全面负责《人力资源报》的创办事宜并任《人力资源报》执行副总编辑。下设总编室、财务室、新闻出版中心、经营中心、发行部、客户服务部。

《人力资源报》创办初期开设有新闻版和招聘求职版。其中新闻版以国内外人力资源最新资讯为主，开设栏目有新闻速递、创业、HR 沙龙、管理宝典、英才推荐和职业指导等。招聘求职版以四川省内尤其是以成都市为重点的各类企业事业单位招聘为主，并辅之以个人求职。

创办初期报社有员工 50 人，其中大学本科以上员工 28 人、大学专科 18 人、专科以下 4 人，有专业技术职称的 10 人。2005 年有员工 35 人。

《人力资源报》创刊初期期发行量 5000 份，2005 年期发行量上升到 3 万余份。

五、西南商报

《西南商报》创刊于 1993 年 10 月 10 日，由四川省供销合作社联合社主管主办。办报宗旨是为西南地区扩大商品流通、提供商品信息、繁荣城乡市场服务，为供销、工商企业服务，为商业系统服务，为西部大开发服务，为市场经济服务。经过发展，该报由周 1 刊增加到周 3 刊，由黑白套红版发展到双面彩版，由 4 个版有时增加到 12 个版，最多时达 20 个版。

1994—2000 年，由四川省供销社主任黄忠鑫兼任西南商报社社长，1997—2000 年，由四川省供销社副主任蔡应俭协助黄忠鑫分管报社工作，2001—2002 年，由四川省供销社副主任王小刚任社长。报社成立以来，第一任总编辑易伯蓉。第二任法人代表、副总编辑鲍庆军，副总编辑游火清。2002 年以后由胡明贵任西南商报社社长、总编辑，庞吉风任副总编辑。报社下设办公室、采编部、广告部、财务科。

《西南商报》设有市场广角、商品视野、财经金融、市场大观、城乡市场、供求信息、商旅风情、区域经济、市场商情、西部之窗、都市看台、文化娱乐、时尚生活、市县扫描等栏目。

1994—2005 年，报社员工由创办时的 10 人增加到 45 人。同一时期，《西南商报》期发行量 5 万份。

六、经理日报

《经理日报》原名为《厂长经理报》，于1988年3月在重庆创刊，1989年5月出版发行，对开4版周2刊。1992年3月从重庆迁至成都，1993年更名为《厂长经理日报》，对开4版，周7刊，1994年扩版为对开12版，2002年6月1日更名为《经理日报》，是面向企业管理层和决策层的经济类报纸。经理日报社的主办主管单位是四川省社会科学院。《经理日报》以服务于培养和造就一支善于经营、精通管理、富有开拓精神的企业家和企业经营管理者队伍为办报宗旨，以敞开大门办报，依靠厂长经理办报为办报方针，以体现企业家意志、颂扬企业家业绩、反映企业家呼声、保护企业家权益为办报原则，以新、精、趣、雅为办报风格。

报社实行总编辑负责制，行政决策机构是报社编委会。1994—2005年期间，总编辑、法定代表人为龙良贤。在总编辑领导下，实行编委分工负责制，下设报社管理中心负责报社宏观管理，编采中心负责报社编采业务，实业中心负责报社三产经营，经营中心负责报纸版面经营。

《经理日报》周一至周六每天12版，周日每天16版。版面设置主要有两大类。一是围绕“三者三人”（即管理者、经营者、资产者，经理人、生意人，创业人），设置版面主要有董事长，总经理、经理人、创业人、生意人等。二是根据报纸的资源优势、传统特色和市场需求开设周刊，包括中国糖酒周刊、金叶周刊、中国安全生产周刊、售后服务周刊、财富情报文摘周刊等。

1994年，报社有员工250余人，其中编采人员近180人，中级以上职称12人、初级职称50余人。2005年，报社有员工160余人，其中编采人员近120人、中级以上职称5人、初级职称35人。

《经理日报》通过邮局征订发行。1994年期发行量27万份，2005年期发行量近9万份。

七、安防市场报

《安防市场报》创办于2005年12月，原名《通信世界报》，周1刊，4开16版，由四川省报刊发展中心主管主办。办报宗旨是报道民用安防行业市场动态，传播民用安防产品生产流通领域信息，是增进民用安防行业交流的行业专业类报纸。

王家勤担任社长、总编辑。报社有员工31人，其中中级职称3人。

报纸主要栏目有新闻热点、新闻关注、技防管理、市场动态、市场透视、质检扫描、维权、监控等。

2005年《安防市场报》期发行量6000份。

八、装饰市场报

《装饰市场报》于2001年4月创刊，周6刊，对开8版，由四川省报刊发展中心主管、四川省报刊发展中心与厂长经理日报社联合主办。办报宗旨是报道建筑装饰行业发展态势，为企业商家提供政策资讯和各类信息，介绍国外建筑装饰业发展现状，正确引导装饰消费潮流，推动装饰行业健康发展。2005年1月四川省报刊发展中心与经理日报社签订终止联办协议，经理日报社不再作为报纸的联办单位。

《装饰市场报》的领导体制为社务委员会，2001年由四川省报刊发展中心主任陶健担任社务委员会主任，龙良贤任总编辑、法人代表。2005年3月由唐家申任社长，刘文越任总编辑。2005年8

月报社领导班子再次进行调整，由侯渝梅任社长、朱长川任总编辑。

《装饰市场报》主要栏目有“行业新闻事件”，系针对全国建材行业新闻事件的报道。“行业焦点”针对整个建材行业近期焦点性事件的深入探讨及分析。“专题报道”对于行业性的事件给以剖析和解释。“高端访谈”是建材行业的企业老总间的对话、营销与管理的学习和交流。“新闻直播间”用新的视角对建材行业新闻事件的直击。“品牌动态”是建材行业品牌运作的一些最新动作的报道。“电子商务讲堂”以小故事和营销管理的专业性知识告诉人们如何运作电子商务和网络。

2001—2005 年，报社有员工 30 人，其中具有中高级技术职称的 6 人。

2001—2005 年《装饰市场报》期发行量 2 万份。

九、出版商务周报

《出版商务周报》前身为四川省新华书店主办、四川省新闻出版局主管的内部报刊《四川新书目报》，创刊于 1985 年 4 月 5 日，4 开 4 版半月刊，另副刊 16 开，为单页宣传征订单，主要提供四川出版信息，宣传、征订四川出版的新书，主编仰国伦。

1994 年 3 月国家新闻出版署批准《四川新书目报》为全国公开发行，4 开 4 版，周报，由四川省新华书店主办。总编辑程小鹏，专职编采人员 6 人。分新闻版、书目版轮流出版发行。主要宣传党和政府关于出版发行的政策，反映四川出版发行战线的改革与发展，报道出版信息和图书市场动态，引导读者购买好书。1994 年 6 月 5 日《四川新书目报》更名为《四川新书报》。

1998 年 4 月《四川新书报》更名为《新书报》，社长为戴川平。1998 年 10 月《新书报》扩为对开 4 版并进行改版，由原来主要介绍四川出版发行动态，转向面向全国出版发行界，强化出版、发行、读者之间信息沟通的桥梁与纽带的作用。同时《新书报》利用全国书市，现场办报，提升《新书报》在全国出版界的知名度。2005 年 9 月《新书报》获准更名为《出版商务周报》，办报宗旨和业务范围调整为“报道出版业动态，反映出版业趋势，推动出版业发展，为出版产业提供服务的行业类报纸。”主管主办单位为四川新华发行集团有限公司，社长王庆，总编辑欧宏。除总编辑由主办单位选聘外，其他人员实行社会公开招聘。报社总人数 22 人，其中高级记者、编辑 2 人，主任记者、编辑 2 人，记者、编辑 5 人，助理记者、编辑 2 人。

更名后的《出版商务周报》以“产业、商业、专业”为立足点，旨在打造中国的出版产经媒体，为国际国内出版产业提供信息、培训、咨询、营销策划、媒体代理等服务。

1994—2005 年，《新书报》期发行量 1.5 万份。

十、汽车时尚报

《汽车时尚报》于 2002 年 2 月创办，周 1 刊，4 开 48 版，四川省报刊发展中心主管主办。办报宗旨是宣传国家汽车工业政策，及时介绍国内外汽车最新发展动态，为民族汽车工业鼓与呼。

报社由李延军任社长、总编辑、法人代表。《汽车时尚报》设有汽车新闻、车市、行情、声音、专题、试车手记、每周新闻、车主生活、购车指南、修车 110 等栏目。

2005 年，报社有员工 40 人，其中中级职称 10 人、初级职称 5 人。

2002—2005 年，《汽车时尚报》期发行量 10 万份。

十一、市场与消费报

1984 年 4 月 1 日四川省工商行政管理局开办内部小报《四川市场管理》，其后先后更名为《四川工商行政管理报》《四川工商行政管理》，内部发行。1986 年更名为《四川工商报》，1993 年更名为《市场与消费报》。1984—2000 年由四川省工商行政管理局主管主办，2001 年 1 月至 2004 年 4 月由四川省保护消费者权益委员会主管主办，2004 年 5 月至 2005 年底由四川日报报业集团主管主办。办报宗旨从“宣传工商政策法规，传递实用经济信息，服务各类工商企业，指导个体私营经济，维护消费者的权益，丰富读者精神生活”，调整为“紧贴市场、引导消费、服务百姓、宣传工商”，再调整为“服务大市场、维护消费者”。

《市场与消费报》实行党组（党委）领导下的总编辑负责制，1993—1999 年张泽荣任总编辑，谢文三、戴祥云任副总编辑。2000 年赵志刚任总编辑，谢文三、黄风兴任副总编辑。2001—2003 年谢文三任总编辑，黄风兴、唐杰孝任副总编辑。2004—2005 年谢文三任总编辑，唐杰孝任副总编辑。下设办公室、编辑部、记者部、经营管理中心、公告部、通联部等。

《市场与消费报》的版面先为 4 开，后为对开，主要栏目有工商传真、经济广角、依法维权、商务资讯、个私调查、都市消费等。

1994 年，报社有在编员工 25 人，非编员工 30 余人，其中副高职称 3 人、中级职称 4 人。2005 年，有在编员工 4 人，非编员工 31 人，其中副高职称 2 人、中级职称 1 人。

《市场与消费报》1994 年期发行量 10 万份，2005 年期发行量 1. 8 万份。

第二节　科教类报

一、四川科技报

《四川科技报》原名为《科普报》，创刊于 1956 年，1958 年更名为《科学与技术》报，是省科委、省科协共同主管主办的以普及科学技术知识为主要内容的报纸。1977 年 6 月这张停办多年的科技小报得以恢复，并定名为《四川科技报》，报名由郭沫若题写。

《四川科技报》复刊初期由省科委党组领导，1979 年改为由省科协党组领导。1994 年 6 月至 1998 年 12 月，社长兼总编辑张天俊，副社长兼副总编辑徐元弟。1998 年 12 月至 2000 年 12 月，社长兼总编辑张天俊，副社长兼副总编辑李昶。2000 年 12 月至 2001 年 10 月，社长兼总编辑李昶，副社长兼副总编辑朗伯涛、李芳。2001 年 10 月至 2002 年 6 月，社长兼总编辑李昶，副社长兼副总编辑李芳。2002 年 6 月至 2003 年 1 月，社长杨小万，总编辑阿来，副社长秦莉，副总编辑谭楷。2003 年 1 月至 2005 年 7 月，社长兼总编辑阿来，副社长兼副总编辑秦莉。2005 年 7 月至 2005 年 12 月，社长兼总编辑秦莉。

《四川科技报》创刊以来，刊载科技新闻、种植业、养殖业、农副产品加工业、乡镇企业、农业机械、建筑建材、医药卫生、生活科学等方面的知识、技术，宣传范围由主要面向农村扩展到农、林、牧、副、渔、工、商、建、运、服等国民经济各个行业。报纸主要栏目设置有现代农业、科学生活、科技创新、科普之窗等。报纸版面、刊期由旬刊、周刊、周2刊4开小报发展到周五对开大报。

1977—2005年报社员工由最初的3人增加到30多人，绝大多数具有大专以上学历，1/3具有中、高级以上职称。同一时期，《四川科技报》期发行量1万余份。

二、电脑商情报

1993年12月29日《电脑商情报》经国家新闻出版署批准为正式报纸，由四川省科学技术协会主管主办。创刊时为8开8版，到1994年每周出版200版。1995年8月推出游戏天地，9月推出家用电脑，2001年9月推出中小企业IT采购。

《电脑商情报》实行总编辑负责制，总编辑牛泊。面向IT渠道的版块，《电脑商情报》编辑方针为“聚焦渠道进化，关注方案集成”，主要包括新闻分析、渠道曝料、封面调查、渠道大学、行业透视、SI&ISV、CBI白盒、渠道观点、市场前沿等。面向中小企业的版块，《电脑商情报》编辑方针为“方案创造效益，技术提升品质”，主要栏目有热点聚焦、封面报道、中小企业调研、产业集群、波澜CIO、白盒方案、有问必答、区域观察、采购风向标等。面向终端用户的版块，《电脑商情报》编辑方针为“传递科技资讯，提高生存技能”，主要有硬件广场、软件网络、数码娱乐。面向游戏天地的板块，《电脑商情报》的编辑方针为“携手中国游戏产业，聚焦专业玩家族群”，主要栏目包括绝密档案、专题企划、游戏评测、网游百晓堂、游民部落、江湖夜雨、硬派升级版等。

报社用工方式为全员合同制。1994年报社有员工60人，其中记者编辑岗位35人、经营与管理岗位25人。2005年，报社有员工455人，其中采编岗位60人、经营岗位351人、管理岗位44人。在学历方面，有硕士5人，本科192人，大专177人，中专以下81人。

《电脑商情报》采用自办发行和邮局订阅相结合。1994年试刊期间印数为5万份，2005年每周印数为20万份。

三、软件报

《软件报》1984年8月创刊，月刊内刊，4开4版，由成都电子仪表工业局主管、中国软件技术公司主办，成都软件技术公司、成都电子研究所协办。办报宗旨是普及软件知识，交流软件技术，开发软件资源，培养软件人才。1992年1月公开发行，周刊，4开4版。1995年1月扩为4开8版，1998年1月扩为4开16版，2000年1月扩为4开24版，成都电子研究所主管主办。

《软件报》实行社长领导下的总编辑负责制，1994年1月社长黄治宜、总编辑王炫华、主编刘锦德、副主编唐敏。1995年11月社长黄治宜、总编辑王文高、副总编辑张兴秀、主编刘锦德、副主编唐敏。1998年1月社长黄治宜、总编辑王文高、常务副总编辑张宏兵、副总编辑张兴秀。2000年8月社长黄治宜、总编辑陈乃勤、副总编辑张兴秀。2005年5月社长陈乃勤、总编辑唐凯、社长冯丽君、副总编辑卢军。1994年1月至1998年12月报社下设编辑部、出版部、发行部、广告部、通联部。1999年1月至2005年12月报社下设编辑部、发行部、广告部。

《软件报》在1994年4开4版时主要栏目有业界动态、计算机语言、程序开发等。2002—2005年4开24版时主要栏目有软件天地、编程学苑、网络世界、硬件广场等。

1994年报社有员工14人，其中高级职称3名、中级职称6名、初级职称5名。2005年报社有员工17人，其中高级职称5名、中级职称8名、初级职称4名。

1994 年《软件报》平均期发行量 2 万份，1999 年期发行量达到 9 万份，2005 年平均期发行量 4.3 万份。

四、电子报

《电子报》创刊于 1977 年，由成都电子研究所主管、主办。向全国业余和专业电子爱好者、电子技术人员提供维修、产品开发和消费方面的实用电子技术、信息和资料服务，是《电子报》的办报宗旨。在《电子报》“实用性、资料性、适用性、信息性”的“四性”特点中，“实用性”强是其最大特点，在国内电子业界和电子爱好者中，拥有忠实而稳定的读者群。

电子报社为成都电子研究所下属非独立核算的科室，实行社长（由成都电子研究所所长兼任）管理下的总编辑负责制。1994 年至 2005 年 4 月黄治宜所长兼任社长，2005 年 5 月后余前军所长兼任社长，1994—1997 年王有春任总编辑，1998—2003 年杨长春任总编辑，2004 年至 2005 年 4 月陈实任总编辑，1994—1997 年张重荣任副社长，1998—2004 年杨德秀任副社长，2004 年董明任副社长，2005 年 6 月董柱任副社长。报社下设编辑部、出版部、发行部、广告部、咨询部、办公室。

《电子报》为 4 开小报，每周日出版。1994 年为每期 8 版，1997 年扩为 16 版，一直到 2005 年。《电子报》是一个以“实用维修、开发技术”和“适用消费知识”为内容主体，新闻性相对较弱的电子技术专业类报纸。《电子报》的各个版面都分别设置有 5—10 个栏目，其中热点透析、编读往来、曝光台、精讲精修、维修实例、百字经验、职业技能、电路集锦、产品剖析、消费指南、电脑 DIY、网上行、玩机心得、音响发烧等栏目都具有一定特色。

1994 年，报社有员工 31 人，其中高级工程师职称 4 人、工程师职称 6 人。2005 年，报社有员工 35 人，其中高级工程师和副编审职称各 1 人、工程师和编辑职称共 7 人。

1994 年《电子报》期发行量 75 万份（含合订本折算），2005 年期发行量 40 万份（含合订本折算）。

五、少年百科知识报

《少年百科知识报》创办于 1985 年 1 月，四川教育报刊社主管主办。《少年百科知识报》办报宗旨是“贴近时代，贴近少年儿童学习、思想和生活，提供各种知识和信息，开阔少年儿童眼界，引导少年儿童健康成长”。《少年百科知识报》为周 2 刊，彩色印刷，每周一、周六在成都出版。

《少年百科知识报》为四川教育报刊社下属子报刊，由报刊社统一管理。报社实行社长负责制，由程微梦副社长分管。班子成员有副社长程微梦，主编汤炽林。该报全部为专职采编人员。

《少年百科知识报》分为中高年级版和低年级版。中高年级版面向小学中高年级和初中学生，主要栏目有读一周、亮眼看世界、星星点灯、我行我秀、大嘴情报站、大嘴图片站、法制课堂、心灵花园、科学家故事、望星空等。低年级版面向小学一、二年级小朋友，卡通注拼音，主要栏目有童话城堡、主题碰碰车、梅子姐姐信箱、时尚泡泡、开动脑筋、漫画成语、笑笑虫、童心园、小画家等。

1994 年，报社有员工 12 人，其中在编 8 人、聘用 4 人。在 8 名采编人员中，高级职称 3 人、中级职称 2 人、初级职称 3 人。2005 年，有员工 13 人，其中在编 6 人、聘用 7 人。在 8 名采编人员中，高级职称 2 人、中级职称 6 人。

《少年百科知识报》发行方式以邮局发行为主自办发行为辅。1994 年期发行量 41 万份，2005 年期发行量 26.1 万份。

六、教育导报

《教育导报》创刊于 1988 年 1 月 5 日，对开 4 版，四川省教育厅主管主办，1993 年由四川教育报刊社主办主管。办报宗旨是“服务学校，服务教师，服务教育”。1994 年 5 月为周 2 刊，1998 年 7 月扩为周 3 刊，1999 年 6 月扩为周 4 刊。

报社实行总编辑负责制，历任总编辑有程永宁（1988—2001）、杨钢（2001—），历任副总编辑有王建贵（1988.2—12）、张旭农（1988—1992）、魏翔宇（1989—1996）、罗大宪（1989—1996）、何智新（1996—1998）、杨钢（1998—2001）、叶懋良（1998—2004）、潘渝（1998—）、陈军（2002—）。报社下设总编室、新闻部、副刊部、广告部、财务室、办公室。

《教育导报》为对开 4 版，其中 1 版为教育要闻、2 版为地方教育新闻、3 版为教育研究、4 为版综合版。主要栏目有工作研究、政策解读、新闻调查、教育时评、人物彩照等。

1994 年，报社有员工 13 人，其中中级职称 5 人、副高职称 3 人。2005 年，报社有员工 25 人，其中中级职称 5 人、副高职称 4 人、正高职称 1 人。

1994 年期发行量 6 万份，2005 年期发行量 4 万份。

七、招生考试报

《招生考试报》由四川省招生办公室于 1979 年 5 月创办。办报宗旨是宣传招生考试政策，指导招生考试业务工作，服务于广大考生、家长、各类院校及社会各界，推进招生选才事业的改革与发展。1979—1990 年《招生考试报》为四川省大学中专招生委员会主管、四川省大学中专招生办公室主办的机关报。1991 年主管单位调整为四川省教育委员会，主办单位为四川省大学中专招生委员会办公室。2000 年全国报刊治理整顿后，划转为四川教育报刊社主管、主办。报纸为 4 开 8 版，周 2 刊。

《招生考试报》1979 年刊名为《招生工作通讯》，1980 年更名为《四川招生通讯》，1984 年更名为《招生自考通讯》，1985 年恢复为《四川招生通讯》，1993 年更名为《招生考试报》。其间，1985 年将《招生自考通讯》调整恢复为《四川招生通讯》的同时，将自学考试的内容整合，创刊《四川自考》杂志。《四川自考》经发展衍生为多个刊号、多版本发行。1992 年以《四川招生通讯》为基础，受教育部高校学生司委托，中国高等学校招生研究会会同四川省招办创办《中国高校招生》杂志。2001 年杂志获批公开出版刊号，更名为《高校招生》杂志，公开发行，并于 2002 年单独设立杂志社。

《招生考试报》开办初期设在四川省大学中专招生委员会办公室宣传科内。为适应改革发展需要，省招生办公室、省教育委员会于 1993 年将省招办内设科室体制的办报转制为设立自主独立办报的法人实体——四川省招生考试报刊社。1994 年 12 月 10 日经四川省机构编制委员会批准，正式成立四川省招生考试报刊社，成为四川省教育委员会领导的、由四川省招生委员会办公室管理的副县级独立法人事业单位。报刊社实行独立核算、自主经营、自收自支、自负盈亏的管理体制。

1993 年成立四川省招生考试报刊社前，《招生考试报》的主编由四川省大学中专招生委员会办公室时任主任兼职，执行主编由四川省大学中专招生委员会办公室宣传科时任科长担任。1993 年四川省招生考试报刊社试运行期间，四川省教育委员会聘任何智新为四川省招生考试报刊社社长、法人代表。1997 年省教委聘任侯建宁为四川省招生考试报刊社社长、法人代表。

《招生考试报》分《高考周刊》和《中考周刊》两部分，内容有四大版块。一为招生考试政策新闻版，主要栏目有高考、中考招生政策关键词解读、招考动态、热点解读。二为学科教学、复习辅导版，主要栏目有专题讲座、解题技巧、复习要领、高考导航、中考精练等。三为专刊版，主要栏目有报考指南、成长坐标、育人成才、高校瞭望，升学就业风向标等。四为副刊版，主要栏目有花信风、青春在线、书香萦怀、诗林漫步、青春风铃、成长手记、自然悠情等。

1994 年四川省招生考试报刊社成立后，人员构成分为四川省招办编制人员、报刊社自收自支事业编制人员、由报刊社向社会招聘的人员、借调人员四类。1994 年，员工总数为 14 人，2005 年员工总数为 40 人。其中中级职称 17 人、初级职称 9 人。

《招生考试报》1979—1983 年为自办发行，1984 年交邮局发行，1984 年以后为自办发行。1994 年《招生考试报》期发行量为 7. 8 万份，2005 年期发行量 20 万份。

八、四川民族教育报

《四川民族教育报》1990 年 1 月至 1996 年 5 月由阿坝州教育局主管主办，1996 年 5 月由阿坝报社主管主办。办报宗旨是宣传党的教育方针、政策，交流四川省民族地区教育与教学改革的经验，传递信息，深化教育改革，宣传民族教育战线上涌现的先进人物与先进事迹，维护教师与学生的合法权益。

报纸主要专栏有要闻、教学、教育理论、十年行动计划、班队工作、教学研究、校园等。1990 年 1 月至 1996 年 5 月为旬刊，每期发行 6500 份。

1996 年 5 月《四川民族教育报》由旬刊改为周刊，由 4 开 4 版扩版为 4 开 12 版，彩色印刷。《四川民族教育报》根据读者对象，重新定位版面和设置栏目。改版后的主要栏目有民族教育教学探索、特刊、热点、习作、新闻、校园内外、教育动态等。

1997 年州委调整充实阿坝报社领导班子，阿坝报社总编辑兼任四川民族教育报总编辑。

《四川民族教育报》年期发行量 5000 份。

第三节　社会生活类报

一、精神文明报

《精神文明报》1985 年 11 月创刊，全国发行，由当时四川省“五讲四美三热爱活动委员会”主管主办。此后作为中共四川省委宣传部直属事业单位，由四川省精神文明建设办公室主管主办，2003 年 12 月划转四川出版集团主管主办。该报以宣传报道社会主义精神文明建设特别是群众性精神文明创建活动为办报宗旨，以立足四川、面向全国、服务精神文明创建工作为宣传报道和报业发展理念。《精神文明报》从创刊时的旬刊小报、4 开 4 版周 2 刊到 4 开 4 版周 3 刊（1994 年以前），再发展到对开4版周3刊（1994—2005年）。《精神文明报》发行范围覆盖除中国台湾，中国香港特别行政区、中国澳门特别行政区之外的全国所有省（市）、自治区以及全国各市、州、县，成为全国精神文明建设战线唯一公开发行，在中央文明办指导下以宣传报道社会主义精神文明建设为主要内容，并在全国精神文明建设战线发挥重要舆论引导作用的综合性大报。

报社实行总编辑负责制，1994—1998年总编辑赖干生，副总编辑贺信夫。1998—1999年总编辑孟勇，副总编辑贺信夫。1999—2003年总编辑张元树，副总编辑程健生、贺信夫。2003年11—12月王春良作为临时负责人，主持报社工作。2003年12月至2005年总编辑为傅兆勤，副总编辑为程健生、盛飞。报社总编辑兼任党支部书记、社长。编务工作实行编委会领导下的三审制。报社下设总编室、通联发行部、编辑部、专刊部、事业发展部、文化传播部、专题策划部、精瑞文化发展有限公司。

《精神文明报》1版为时政要闻版，刊登时政要闻、重要言论及全国各地精神文明建设重要动态新闻。2版为文明建设版，刊登全国各地精神文明创建活动的工作动态、深度透视、经验推介、人物专访等。3版为综合新闻版，刊登科、教、文、体、卫新闻。4版为专题报道版，精神文明创建活动中涌现出来的文明城市、文明村镇、文明行业、文明单位、文明风景旅游区等典型经验的宣传和文明形象的展示。另辟《精神文明报·假日文化》专刊，每周六出刊1期。还辟有《精神文明报·校园文化》专刊（2005年8月改为《精神文明报·未成年人思想道德建设》专刊），每月出刊1期。

《精神文明报》1994年有员工24人，其中主任编辑（记者）1人、编辑（记者）4人。2005年，有员工41人，其中高级编辑（记者）2人、主任编辑（记者）3人、编辑（记者）6人。

《精神文明报》1994年期发行量4.8万份，2005年期发行量3.5万份。

二、四川法制报

1985年1月1日《四川法制报》正式创刊，四川省司法厅主管主办。创刊时为周1刊，后渐次发展为周2刊、周3刊、周4刊。

《四川法制报》1993年由省司法厅傅智朴任报社总编辑，曾庆余、杨大志任副总编辑。1995年省司法厅调整报社领导班子，曾庆余任总编辑，杨大志、贾璋岷任副总编辑。1997年《四川法制报》整体划归省委政法委主管主办。报社设社长一职由省委政法委秘书长李如林兼任。其间报纸改版，由4开4版改为对开4版。2000年6月报社领导班子调整，省委政法委秘书长邢泸生继任社长，杨立建、贾璋岷任副社长，贾璋岷主持报社工作，杨大志任副总编辑。2001年1月贾璋岷任总编辑，纪红任副总编辑。邢泸生继任社长，杨立建、贾璋岷继任副社长，杨大志任社务委员。报社实行社务委员会领导下的总编辑负责制，报社各项业务由编委会负责组织实施。2004年9月报社整体划转到四川日报报业集团，报社社委会领导架构取消，贾璋岷、纪红分别继任正副总编辑，报社人员实行分流。2005年底，经竞聘，贾璋岷任总编辑，何健任副总编辑。

《四川法制报》设要闻版、业务版、理论版、副刊版4个版面。

1993年，报社有员工31人，在21名编采人员中，有16人先后获得高、中、初级专业技术职称。到2005年底，报社有员工88人，其中本部人员35人、市州记者站人员31人、工作室人员20人。编采人员中，有18人具有高、中、初级专业技术职称。

《四川法制报》1994年期发行量近10万份，2005年期发行量（含周刊及零售）近8万份。

三、大众健康报

1989 年 9 月四川省卫生厅主办的《健康生活报》与成都市卫生局主办的《大众健康报》合并，四川省卫生厅主管主办，报纸为 4 开 8 版单彩。《大众健康报》的办报宗旨是报道卫生行业动态，促进卫生事业发展，构建卫生产业平台，服务卫生健康消费，关注、促进、服务大众健康。

《大众健康报》总编辑沈成金，副总编辑白国志。下设办公室、编辑部、广告部、发行部。

《大众健康报》版面设置有医卫新闻、新闻热点、医药新知、医与法、政策解读、寻医问药、家庭医生、每周一方、传统医药、生活之友、老年之友等栏目。

1994—2002 年，报社有员工 13 人，均有编辑职称。2003 年以后报社有员工 25 人，其中中级职称 7 人，高级职称 1 人。

《大众健康报》1994 年期发行量约 17 万份，2005 年期发行量约 5 万份。

四、城市购物导报

《城市购物导报》创办于 2002 年 4 月 18 日，4 开 48 版，四川日报报业集团主管主办。办报宗旨是引导市场有序发展，服务大众消费生活，立足成都，面向巴蜀，提升品位，以社会效益带动经济效益，促进两个文明建设。

2002—2003 年《城市购物导报》法人代表、总编辑赵仁贵，副总编辑陈裕丰、寇晓琴、向军。2004 年 4—5 月总编辑李宇西，执行主编梁耀文。2004 年 5—8 月总编辑李宇西，执行主编达海。2004 年 11 月至 2005 年 6 月总编辑刘为民（兼），执行主编王志明。2005 年 7—12 月总编辑刘为民（兼），副总编辑肖伟义。2002 年下设总编室、车队、财务室、采编中心、广告信息部、事业发展部、发行部、经管中心。2005 年下设总编室、财务室、发行部、广告部、采编部、出版部项目策划部、魅力事业部、房车部、时尚消费部、享乐事业部、综合部。

《城市购物导报》2002 年设报道（红版）、购物（绿版）、生活（蓝版）、信息（橙版）等栏目。2005 年设封面话题、健康性福、靓车风情、我爱我家等栏目。

2002 年，报社有员工 55 人，其中在编 11 人、聘用 44 人。有硕士 1 人、本科 23 人、大专 28 人、中专及以下 3 人。2005 年底，报社有员工 54 人，其中在编 3 人、聘用 51 人。有硕士 1 人，本科 24 人、大专 29 人。

2002 年《城市购物导报》平均期发行量 2.8 万份，2005 年平均期发行量 8.5 万份。

五、家庭与生活报

《家庭与生活报》前身是《四川计划生育报》，1980 年 2 月 13 日在成都创刊，1985 年改名为《家庭与生活报》，4 开 4 版，周刊，1996 年 1 月起扩为 4 开 8 版，月末 16 版，2003 年 1 月起为 4 开 16 版。1999 年 12 月 31 日前由四川省计划生育委员会主管，2000 年 1 月 1 日起由四川日报报业集团主管。

1985 年至 1994 年 4 月王骏华任报社总编辑。1993 年 12 月至 2001 年 7 月夏晴任副总编辑。1994 年 5 月张桂滢任副总编辑，主持工作。1996 年 5 月至 2001 年 7 月张桂滢任总编辑。1994 年 8 月至 2001 年 7 月李树森任副总编辑。2001 年 8 月孔南任总编辑。2003 年 8 月郭晓建任副总编辑。2003 年

12 月陈红梅任副总编辑。该报编辑室同时负责《人口杂志》编辑，历任负责人为谭书顺、万长文、王骏华。

《四川计划生育报》办报时期，报纸主要宣传国家计划生育方针、政策，反映省内各地计划生育工作动态。《家庭与生活报》时期，开始拓展宣传视野，主要宣传国家“控制人口数量，提高人口素质”基本国策；介绍优生优育、避孕节育、生殖健康、医疗保健、子女教育及衣、食、住、行等知识；宣传科学、文明的道德、伦理观念；引导建立正确的恋爱、婚姻观。

1994 年，报社有员工 11 人，其中 2 人有高级职称、7 人有中级职称。2005 年，报社有员工 25 人，其中 2 人有高级职称、7 人有中级职称。

1994—2005 年，《四川计划生育报》期发行量 10 万份以上。

第四节　文摘类报

一、文摘周报

《文摘周报》于 1980 年 10 月 3 日创刊，四川日报社主管主办。1989 年 4 月至 1996 年 3 月甘茂因任总编辑，1996 年 3 月至 2003 年 12 月廉正祥任总编辑，2004 年以后赵坚任总编辑。

《文摘周报》创办后，以新颖的内容吸引众多读者。1982 年 9 月期发行量突破 100 万份。1988 年 6 月期发行量高达 256 万份，居四川省报纸发行量之冠。从 1990 年开始，先后设立东北（沈阳）、中南（武汉）分印点，华东（先济南后上海）、西北（兰州）、华南（南宁）、西南（昆明）分印点。1994 年 1 月报纸扩为 4 开 8 版，发行量稳定在 100 万份左右。2000 年 1 月增出月末版。除正报外，自 1985 年起报纸还陆续编辑出版《生活之友》《科海浪花》《文摘周报精选本》等 7 本书。

2003 年底，文摘周报提出“贴近时代，贴近思想，贴近读者”的编辑思想，从内容到形式进行一系列改革。2004 年 7 月报纸率先推出加长报。2005 年改为周 2 刊，新辟人物、财富、地理、军事、养生等版面，更多地向读者提供各类有价值的新闻和知识信息。

《文摘周报》创刊时为 4 开 4 版，1994 年扩大为 4 开 8 版，推出经济生活、文化长廊，为您服务、古今大观、人在旅途、环球体育、社会与法。2000 年 1 月推出月末版，增设时事要闻、体育看台、书林漫步、科海浪花、教育园地、休闲时空、军事视窗、影视追踪等栏目。2004 年将版名改为两个字，分别为观点、解密、记忆、阅读、探索、风情、逍遥、服务、文化、世界、人生、社会、法制。2005 年由周 1 刊扩为周 2 刊。其后成功推出 16 版周末版，新辟人物、财富、地理、军事、养生等版面。

1994 年报社有员工 14 人，2005 年有员工 15 人，其中高级记者 1 人、主任编辑 3 人、编辑 5 人。

二、读者报

《读者报》1994 年 1 月 1 日创刊，1994 年 1 月至 2000 年 11 月由四川省新闻出版局主管主办，2000 年 11 月由四川人民出版社主管主办，2004 年 6 月由四川出版集团主管主办。读者报发行覆盖北京、上海、广东、四川、广西、陕西、山西、湖南、湖北及东北地区等 40 多个大中城市。

1994—2005 年，《读者报》实行总编辑负责制。1998 年 7 月根据四川省新闻出版局《关于读者报社全面转制的通知》，《读者报》实行全面转制，转制后成立编委会，并实行编委会领导下的总编辑负责制。主要负责人有常务副社长、常务副总编辑金沙（1994. 8—1998. 5），常务副总编辑、法人代表何中原（1998. 5—）。1994 年 1 月至 1998 年 6 月下设办公室、编辑部、财务室、广告部、发行部。1998 年 7 月下设办公室、企业管理部、编辑部、出版部、摄影部、读者服务部、市场发行部、策划部、照排中心、广告设计室。2000 年 8 月下设编辑出版中心、总编辑办公室、发行部、广告部。

《读者报》创刊时每周 1 刊，1997 年 10 月至 1999 年 9 月每周 2 刊，1999 年 10 月至 2003 年 3 月每周 3 刊，2000 年 4 月每周 5 刊。主要有一周时事报道、红色记忆、炫周刊、大学生周刊、娱乐周刊等栏目。读者报分为四个专题：一是新知奥秘（实用新知、档案新知、神奇自然、未解之谜、新闻幽默）；二是探索发现（发现之旅、传奇故事、动物世界、谈古论今、一周闲情）；三是历史新读（记忆、精彩连载、人物）；四是看世界（奇人志、天下奇闻、奇趣图片）。

转制后，报社实行全员聘用制，双向选择，竞争上岗，原有正式在编职工工资待遇一律保留档案，按转制后重新确定的分配待遇标准执行。

1994 年报社有员工 12 人。2005 年报社有员工 47 人，其中在编 10 人、聘用人员 37 人。员工中采编岗位 36 人，经营岗位 1 人，管理岗位 10 人。员工中有硕士 1 人、本科 9 人、大专 26 人、中专以下 11 人。

1994 年试刊期间印数为 5000 份，2005 年出版 206 期，期印数 5 万份。

第六章　企业报

企业报是由国有企业党委主管主办的报纸。2005年，四川有《西南铁道报》《铁道建设报》《四川通信报》《西南电力报》《四川石油报》《攀钢日报》等6家企业报，分属于成都铁路局、中铁二局、四川省邮电管理局、西南电业管理局、四川石油管理局和攀钢集团。主要任务是宣传党的有关路线、方针、政策，报道各企业的工作部署、改革发展、生产经营、企业文化、员工动态等，为企业的全面发展提供舆论支持。

四川省企业报一览表

表1-6

报　名	刊　号	创刊时间	社　址
西南铁道报	CN51-0067	1953.7	成都市二环路北三段394号
铁道建设报	CN51-0040	1950.7	成都市马家花园路10号
四川通信报	CN51-0031	1950.2	成都市文庙前街90号
西南电力报	CN51-0041	1984.1	成都市东风路二段17号
四川石油报	CN51-0029	1956.7	成都市新鸿路48号
攀钢日报	CN51-0117	1982.4	攀枝花市东区大渡口街

第一节　交通通信类报

一、西南铁道报

《西南铁道报》由成都铁路局党委主管主办。1953年7月1日重庆铁路局创刊《重庆铁道》报，4开4版，周2刊。1957年6月重庆铁路局迁至成都，更名为成都铁路局，《重庆铁道》亦更名为《成都铁道报》，4开4版，周2刊，报头为郭沫若题写。“文化大革命”期间停刊10年，1978年7月1日复刊，改名为《成铁工人》报，4开4版，周2刊。1979年7月1日恢复《成都铁道报》报名，翌年改为周3刊，1986年7月1日改名为《西南铁道报》，报头为张爱萍题写。2001年7月1日改为对开4版，周3刊。2003年7月1日改为双面彩色印刷。

《西南铁道报》的办报宗旨是坚持“三贴近”（贴近实际、贴近生活、贴近群众），融入中心，服务铁路，努力创办“领导满意、读者欢迎、专家认可”，具有西南地区铁路特色的一流企业报。

《西南铁道报》实行路局党委领导下的总编辑负责制，历任总编辑有雷亚君（1990.3—1998.2）、于振国（1998.3—），历任副总编辑有于振国（1990.3—1998.2）、罗祖祥（1996.5—2004.10）、曾从技（2001.3—）、党培林（2004.4—2004.6）。报社在20世纪90年代设有编辑一科（新闻）、编辑二科（副刊）、记者科、群工科、办公室。进入21世纪，报社设有新闻部、专刊部、记者部、群工部、广告部、网络出版部、办公室。

《西南铁道报》栏目有要闻版，报道铁路局大事、要事，主要领导的工作部署、要求，重点工作动态、重点工程进展。运营新闻版报道基层站段、车间班组在运输生产等方面的动态，先进集体、好的经验和好人好事。综合新闻版报道全局党建、共青团、工会、公检法、铁路建设工作等综合性报道。副刊版辟有笛声、文化、生活等专版。

2005年报社定编35人，实有员工29人。其中副高职称3人、中级职称11人、初级职称15人。

《西南铁道报》1994年期发行量2.35万份，2005年期发行量2.1万份。

二、铁道建设报

《铁道建设报》由中铁二局集团公司党委主管主办。1950年7月《西南铁道》创刊，即《铁道建设报》前身。1971年1月定名为《铁道建设报》。1983年5月《铁道建设报》获四川省颁发的正式报刊登记证，1987年9月由中共四川省委宣传部和四川省新闻出版局正式颁发全国统一刊号。

《铁道建设报》为周2刊，4开4版，黑白印刷。《铁道建设报》是中铁二局集团有限公司党委机关报，办报宗旨是坚持党的路线、方针、政策，坚持团结、稳定、鼓劲和正面宣传为主的原则，以报道铁路建设、城市建设和大中型基础设施综合建设为主，以企业发展为中心，以正确的舆论导向弘扬企业精神，促进企业的改革与发展，促进企业文化建设，为党的工作大局服务、为社会主义服务。

铁道建设报社设有总编室、编辑部、记者部。编辑部专职负责报纸编辑，总编室兼管电视业务，记者部增加电视新闻拍摄。1994年至2004年11月总编辑王义旭，2004年11月至2009年总编辑任天泽。截至2005年，报社有员工23人。

1994年《铁道建设报》按铁二局要求重新定编定员定职责，实行全员劳动合同制，按照双向选择和竞争上岗的要求，对20名职工进行聘任。2004年10月中铁二局本部实行机构改革，合并报社和电视中心，内部成立文化传播中心，对外仍以铁道建设报和电视中心开展工作，实行全员竞聘上岗。

1994—2005年《铁道建设报》期发行量1.2万份。

三、四川通信报

《四川通信报》是以报道和传递邮政通信信息为主要内容，全国公开发行，2005年为周刊，对开4版，每周三出版。

《四川通信报》原名为《四川邮电报》，于1984年5月复刊。1989年《四川邮电报》更名为《四川通信报》，由四川省邮电管理局主办。邮电分营后，《四川通信报》于1999年由四川省邮政局主管，并与四川省电信公司、四川移动分公司、四川联通分公司联合主办。以报道和传递国内外各类通信信息为主，覆盖电信、移动、联通、网通、邮政等通信企业和各大通信产品制造销售商，是西南地区通信行业中具有权威性的新闻媒体。

2005年《四川通信报》由四川省邮政局主管主办，主要为四川邮政企业和职工服务，刊登国家邮政局和中国邮政集团公司在行业管理、经营管理、邮票发行、集邮管理等方面的政策、信息和动态，报道四川邮政在改革和发展方面的最新动态和发展趋势，介绍邮政开办的各项业务，以及新技术、新设备的应用情况。

第二节　资源类报

一、西南电力报

《西南电力报》先后由西南电业管理局、四川省电力工业局、四川省电力公司主管、主办，是西南电力系统唯一在国内公开发行的企业报。1984 年 1 月 1 日《西南电力报》正式创刊，为半月刊、旬报、周报，在西南电力系统内部发行，4 开 4 版。1988 年 1 月，报纸面向全国公开发行，1995 年 1 月改版为对开周 2 大报。1996 年 6 月和 1997 年 7 月，西藏自治区电力工业厅、重庆市电力局先后加盟主办。2000 年 5 月，随着电力体制改革，报纸由川、云、贵、藏、渝 5 家联办改由四川省电力工业局（公司）一家主管主办。

《西南电力报》实行社长（总编）负责制，历任社长或总编辑姚国寿、肖保国、孔林泉、江宇西、何学民、金富怀。历任副总编辑或副社长谢仁贵、谭光远、肖保国、姚国寿、何学民、金富怀、梁建任。从 1993 年起报社下设办公室、总编室、政教新闻部、经济新闻部、文艺副刊部、记者通联部等部门。2003 年改设办公室、采编中心、网络部、专题部等部门。

《西南电力报》办报宗旨是坚持四项基本原则，服务西南电力生产、经营、改革和发展，传达党和国家有关电力的方针政策，提供用电信息和用电咨询，探索电力工业改革，促进两个文明建设。报纸 1 版为电力要闻版、2 版为经济新闻版、3 版为综合新闻版、4 版为副刊版、5 版为深度报道版、6 版为《电力纵横》版、7 版为《客户专刊》版、8 版为特稿专版。

1992 年 10 月报社员工实行双向选择、竞争上岗的全员劳动合同聘任制。1995 年 1 月报社首次向社会公开招聘编采人员。报社先后在四川、云南、贵州、重庆、西藏设立记者站，通讯员最多时达 1000 多人。1992 年 6 月成立乐山、自贡、南充、德阳和攀枝花 5 个地区记者站。2005 年有持证记者 34 人、通讯员 680 人。

《西南电力报》1994 年期发行量 5 万份，2005 年期发行量 9.5 万份。

二、四川石油报

《四川石油报》创刊于 1956 年 7 月 1 日，是四川石油管理局党委、西南油气田公司党委的机关报，由西南油气田公司党委主管，四川石油报社主办。《四川石油报》紧紧围绕企业的中心工作，发挥新闻宣传引导舆论、传递信息、传播知识的作用，积极为企业的改革、发展和生产经营服务，为企业两个文明建设服务，为四川油气田广大职工服务。

《四川石油报》为周 3 刊，对开全彩大报，其发展经历四个阶段。第一阶段是 20 世纪 50 年代创刊后的探索阶段。第二个阶段即 20 世纪 60 年代四川石油大会战时期，是《四川石油报》的大发展阶段。第三个阶段是中共十一届三中全会后，《四川石油报》逐步形成自身的风格。第四个阶段是进入21世纪后，《四川石油报》坚持与时俱进、不断创新的阶段。

四川石油管理局党委一直分工一名副书记分管报纸工作，报纸实行总编辑负责制，人员属局党委宣传部编制。20世纪80年代中期以后报社先后实行社长负责制、总编辑负责制，人员属局机关编制。从90年代起报社建有党委，实行社长负责制，人员属局机关直属单位编制。2000年以后报社成为局直属二级单位，建有党委，实行社长负责制。2004年四川石油新闻中心成立后，四川油气田报纸、电视两个媒体实现资源整合。历任总编辑王旭、陈启森、赵永生，历任社长陈启森，历任党委书记刘伯晨，历任副总编辑王旭、赵永生、冷春放、陈宁阳，历任副社长杨华民、段淑兰、胡德沛。报社下设党政办公室、总编室、编采一部、编采二部、油气市场导刊部、财务资产部、经营开发部、广告发行部和图片社。1996年7月在重庆、长寿、泸州、自贡、江油、遂宁、南充、内江等八地建有记者站。

《四川石油报》设有要闻、生产经营、企业民生、文学四个版和企业·市场·经济、科技兴气田、一线写真、市场经纬、石油科普等栏目。

2005年底，报社有员工26人，其中高级职称2人、中级职称12人。

1994—2005年，《四川石油报》期发行量2.5万份。

三、攀钢日报

《攀钢日报》前身为《攀钢通讯》，创刊于1982年4月，1984年7月6日更名为《攀钢报》，1991年4月10日更名为《攀钢日报》，4开4版，周一至周五出版发行，由攀钢党委主管主办。办报宗旨为“立足攀钢，面向基层，扩大信息，服务读者，提高质量”。

1994年攀钢日报社总编辑为韩安荣，副总编辑李其明、张安友。1999年刘永瑞任总编辑，张万奎、黄昆任副总编辑。

1995年1月1日创办周末版，每周五出版。1998年11月28日《攀钢日报·时事生活周刊》出版。1999年报社对内部机构及其职能作出调整，撤销经济部、政文部、副刊部，设立总编室、编辑部、特刊部、激光照排室、群工部、广告部，保留矿山记者站。2000年10月8日全面实现新闻采编的网络化和数字化。2001年9月1日开通远程传稿系统，实现采编网络与攀钢各厂矿二级单位的连接。2003年1月1日报纸扩为4开8版，确立新的办报宗旨为“立足攀钢，面向社会，扩大信息，提高质量，服务读者”。2004年1月1日起改版为对开大报，彩色印刷。

1994年，报社有员工59人，其中中级职称35人、初级职称24人。报纸期发行量1.8万份。2005年，报社有员工为56人，其中高级职称8人、中级职称26人、初级职称11人。

1994—2005年，《攀钢日报》期发行量2.8万份。

第七章　广播电视报

1994—2005年，四川省有16家广播电视报，分别由成都、绵阳、德阳、攀枝花、泸州、内江、南充、乐山、眉山、达州、巴中、资阳、广元、遂宁、雅安等15个市的广播电视局以及四川省广播电视局主办。主要任务是宣传党和政府在广电事业方面的政策法规，报道本地重大新闻，引导收听、收视，预告、介绍广播电视台节目，为活跃人民群众生活提供服务。

四川省广播电视报一览表

表1-7

报　名	刊号	创刊时间	社　址
攀枝花广播电视报	CN51-0079	1985.6	攀枝花大道东段867号
泸州广播电视报	CN51-0064	1988.9	泸州市三星街广播电视大楼
内江广播电视报	CN51-0126	1987.4	内江市中区翔龙路一巷33号
南充广播电视报	CN51-0124	1992.7	南充市丝绸路6号
乐山广播电视报	CN51-0095-07	1993.6	乐山市春华路300号
眉山广播电视报	CN51-0095/03	1998.3	眉山市眉州大道东2段7号
通川广播电视报	CN51-0123	1992.12	达州市通川区通川中路108号
巴中广播电视报	CN51-0095/05	1994.1	巴中市江北新区龙泉街1号
资阳广播电视报	CN51-0095/09	1998.1	资阳市娇子大道广电大楼7楼
四川广播电视报	CN51-0049	1978.12	成都市红星路二段119号
蓉城周报	CN51-0101	1987	成都市顺城大街341号6楼
德阳广播电视报	CN51-0095/01	1992.12	德阳市绵远街一段79号
绵阳广播电视报	CN51-0122	1988.7	绵阳市涪城区一环路南段232号
广元广播电视报	CN51-0095102	1991	广元市利州区建设路105号
遂宁广播电视报	CN51-0095/10	1993.4	遂宁市船山区遂州中路686号
雅安广播电视报	CN51-0095/11	1993.12	雅安市人民路185号

第一节　川东南片区广电报

一、攀枝花广播电视报

《攀枝花广播电视报》创刊于1985年6月28日，时名《渡口广播电视报》，8开2版。1987年3月4日更名为《攀枝花广播电视报》，1994年1月改为4开8版，1999年1月改为4开16版，2001年1月1日由黑白套红报变为彩报。创办时由攀枝花市广播电视局主管主办，2005年6月1日起，由攀枝花日报社主管主办。办报宗旨是增强报纸思想性、知识性、趣味性和新闻性，为两个文明建设服务，为读者服务，为改革开放服务。

报社实行党委领导下的总编辑负责制，历任总编辑有杜宁（1994—2002）、韦光海（2002—2005. 5），历任副总编辑有潘普洲（1996—2005）、李健（1996—2005）、王可（2005. 6—）。

《攀枝花广播电视报》版面分为都市、文化、休闲、娱乐4大版块。主要栏目有广播电视一周要闻、新电视剧剧情简介、声屏信息、都市·新闻、文化·品味、百姓故事、星河、声屏杂谈、读者点登、休闲·康乐、保健箱、休闲·旅游、娱乐·导视及中央电视台、市电视台、市有线电视及攀钢电视台节目预告。

1994—2002年，报社有员工10人，其中副高级职称1人、中级职称2人、初级职称2人。2002年至2005年5月，报社有员工33人，其中中级职称2人、初级职称2人。2005年6月到年底，报社有职工6人，其中中级职称1人、初级职称2人。

1994—2002年，《攀枝花广播电视报》期发行量3万至5万份。2002—2005年，期发行量5000至3万份。

二、泸州广播电视报

《泸州广播电视报》于1988年9月29日创刊，4开4版，1993年10月公开发行，同年扩为4开8版。1995年3月报纸由泸州广播电视局主管主办。1997年1月扩版为4开12版。1995年3月29日出彩版，1997年1月扩为4开12版，11月25日首创随有线电视光纤网入户获得成功。1999年6月扩为4开16版。办报宗旨是宣传党在广电事业方面的政策法规，报道本地重大新闻，引导收听、收视、预告、介绍广播电视台节目，面向社会，贴近生活，提供有效服务，促进两个文明建设。

《泸州广播电视报》由泸州市广播电视局局长廖学文兼报社总编辑、副局长万登其为社长，李力凌、陈学杰任副总编辑。2001年7月报社成立泸州先行广告有限公司，代理户外、媒体等广告设计、发布。

《泸州广播电视报》有员工22人。《泸州广播电视报》1994—2005年期间平均期发行量8万份。

三、内江广播电视报

《内江广播电视报》1987年4月创刊，由内江市广播电视局主管主办，2000年1月改由内江市人民广播电台主管主办。办报宗旨是坚持为人民服务，为社会主义服务的方向，坚持为内江广播电视事业服务，为内江人民的文化生活服务，为内江两个文明建设服务。

1995 年 6 月至 1999 年 12 月魏承柏兼社长。1996 年 1 月至 1999 年 3 月刘世平任总编辑。2000 年 1 月至 2005 年 12 月刘世平兼社长。1999 年 4 月至 2005 年 12 月周琪任总编辑。1996 年 1 月至 2002 年 12 月朱仕彬任副总编辑。

《内江广播电视报》创刊初期为 4 开 2 版，1990 年改为 4 开 4 版。主要报道内江广播电视、文化等方面和市民关心的重要新闻，介绍市电台、电视台的主要栏目内容，预告中央及部分省市电视台节目。另外，还辟有文艺副刊“百草园”，主要登载本土作者的作品。1993 年内江广播电视报扩为 4 开 8 版，增设影视人物介绍、声屏内外、影视文摘等栏目。1999 年 8 月内江广播电视报扩为 4 开 16 版，增加和充实一周要闻、环球时讯、生活常识、法制园地、往事、花季飘香、沱江文苑等栏目和内容。

1994 年，报社有员工 7 人，其中中级职称 2 人、初级职称 3 人。2005 年，报社有员工 15 人，其中高级职称 1 人、中级职称 5 人、初级职称 2 人。

《内江广播电视报》1994 年期发行量 4. 9 万份，2005 年报纸期发行量 2. 8 万份。

四、南充广播电视报

《南充广播电视报》1992 年 7 月创刊，内部刊号，总编辑由市广电局长王正忠担任。1995 年 7 月《南充广播电视报》正式创刊，报纸版面由 4 开 4 版增至 4 开 8 版。1999 年 1 月报纸增加到 4 开 16 版，同年 7 月扩为 4 开 24 版。

《南充广播电视报》实行总编辑负责制，总编辑及法人代表由广电局长兼任，副总编辑由分管副局长兼任。历任社长唐明元（1995. 7—2000）、马赵碚（2001—2004）、龙星辰（2005. 6—）。历任副社长文畋（2001—2005）、王钟泉（2001—2005）。

《南充广播电视报》分为 A、B、C 三叠，每叠 2 张 8 版。A 叠以刊登新闻、时事为主。B 叠以文艺、生活、娱乐为主。C 叠以介绍和预告各台的电视节目为主。报纸的品牌专栏版面有头版新闻、视听互动（联版）、点评影视、娱乐八卦、娱乐速递、衣食住行、健康指南、秘闻珍闻、奇闻趣闻、央视剧情、南视剧情、一周看点、情感故事、百姓纪事、警案实录等栏目以及 6 个专门登载本地电视节目和中央、各省卫星电视节目预告的版面。2005 年下半年报纸全面改印彩版。

创办初期报社有员工 3 名，1994 年增加到 10 人，其中中级职称 1 人、初级职称 3 人。2005 年有员工 15 人，其中副高职称 1 人、中级职称 3 人、初级职称 5 人。

《南充广播电视报》期发行量 1994 年 5 万份，2005 年 2. 5 万份。

五、乐山广播电视报

《乐山广播电视报》创刊于 1993 年 6 月 17 日，4 开 4 版，1993 年 11 月 18 日乐山广播电视报社成立，核定编制 6 人。报社内设编辑部，工作人员 3 至 4 人，负责报纸的编排、校对和发行工作。1994 年 1 月 1 日起《乐山广播电视报》由邮局统一发行。1998 年 6 月乐山广播电视报社增设发行部，负责报纸的发行工作。1998 年 7 月 1 日《乐山广播电视报》公开发行，广告由委托代理改为自主经营，并新设广告部。还增设报社办公室，报社工作人员增至 14 人。2001 年 12 月 26 日起《乐山广播电视报》实行彩印。2004 年 1 月《乐山广播电视报》扩版为 4 开 32 版。整张报纸整合成新闻、文化、城市、服务、影视5大周刊，报社成立记者部，实行编采分离，工作人员增至16人，报社内设编辑部、发行部、广告部、办公室。

报社实行总编辑负责制，1993年11月乐山市广播电视局局长刘长明兼任乐山广播电视报总编辑。1998年7月乐山市广播电视局副局长胡淑林兼任总编辑，乐山人民广播电台副台长李承茂兼任副总编辑。1999年1月市广电局党组决定市局领导不再兼任报社总编辑。2000年6月李承茂任报社总编辑。2005年8月李承茂任社长，徐燕平任总编辑。

《乐山广播电视报》主要内容是刊载中央电视台、四川电视台和乐山市人民广播电台、乐山市电视台播出的节目信息以及影视动态，为广播电视的收听、收看提供服务。同时还刊登一些广播电视工作的方针政策，市、区（市）县广播电视事业发展的情况。1999年《乐山广播电视报》进行重大改版，实行开放式办报，报纸开始由影视文化报向市民报转移。2002年报纸提出“以深度报道为主”，将报纸整合为地方新闻、生活服务、影视综艺三大周刊。新设视点新闻、百姓记事、医疗保健、旅游、茶坊（杂文）和市民热线等专版，并以“话题报道”的形式，推出月末版、节日版和重大新闻事件（人物）的特别报道。由此，报纸奠定以新闻为主，以地方新闻为主，以深度报道为主的“三为主”办报格局，形成“城市周报”的风格。

报社1993年核定编制6人，2005年有员工16人。

1994—2005年底，《乐山广播电视报》期发行数2万份。

六、眉山广播电视报

《眉山广播电视报》创刊于1998年3月18日，主管单位为眉山市广播电视局。办报宗旨是宣传党的方针政策，服务广大广播电视听众、观众和广大读者。报纸创刊时为12个版，2005年为16版。版面设置有央视、省、市电视台节目预告，以及介绍当地文人、地理、生活等综合类版面栏目。

1998年3月18日起分别由徐明利、朱建文、王澄琳、周小川等任《眉山广播电视报》总编辑，王宏任执行总编辑。

《眉山广播电视报》有员工15人。1998—2005年，《眉山广播电视报》期发行量1万份。

七、达州广播电视报

《通川广播电视报》于1992年12月3日创刊，1993年12月2日更名为《达川广播电视报》，1994年12月更名为《达州广播电视报》，达州市电视台、达州市人民广播电台共同主管主办。《达州广播电视报》办报宗旨是“引导视听、服务生活”，编辑方针是“同步声屏、贴近家庭、面向市场、扩大参与、突出特色”。

《达州广播电视报》实行局党组（委）领导下的总编辑负责制，孙渝生任总编辑（兼），程世碧任副总编辑（兼），刘世安任副总编辑主持报社全面工作。2000—2002年增补谢乃恒、杜焱为副总编辑。报社下设编辑部、广告部、发行部。

《达州广播电视报》创刊之初有视听点评、节目预告、视听聚焦等栏目，后来逐渐增设社会广角、法制园地、特别关注、百姓热线等栏目。

1994年，报社有员工6人，2005年报社员工增加到23人，其中在编人员13人、招聘人员10人。有高级职称1人，中级职称5人，初级职称5人。

1994 年报纸期发行量 3.8 万份，2005 年期发行量 6.1 万份。

八、巴中广播电视报

《巴中广播电视报》创刊于 1994 年 10 月，省新闻出版局报刊发展中心主管、巴中市广播电视总台主办。《巴中广播电视报》以“关切民生、倡导时尚、贴近生活、服务大众”为宗旨，始终秉承“小报大气、小报大办”的办报理念，融影视性、地方性、文化性、服务性于一体，以贴近性和可读性为内在质量标准，着力打造特色版面和精品栏目，形成独具一格的版式和文风特色，报纸由创办时的 4 开 4 版发展为 4 开 24 版，实现彩色印刷。

1994 年报纸创刊时有 4 名工作人员。1994—2005 年期间高隆才任总编辑。1999 年巴中广播电视报社成立，隶属于巴中地区广播电视局，下设办公室、总编室、新闻部、影视节目部、发行部、广告部 6 个科室，有员工 28 人。

《巴中广播电视报》努力做到时政新闻平民化、民生新闻深度化、经济新闻通俗化，设有以影视名星大图为主的封面和记者调查、巴山风、三县连线、话语空间、传媒链接、史海泛舟等版面，设有张二火轶事、非常故事、历史揭密等栏目。

1994 年报纸采用自办发行，依托全地区各乡镇广播电视站订阅及零售，邮局邮寄。1999 年采取以邮发为主与自办发行相结合的发行新形式。到 2005 年底报纸的期发行量达 2.8 万份。

九、资阳广播电视报

《资阳广播电视报》于 1998 年 1 月 1 日创刊，资阳广播电视局主办、资阳市电视台承办。办报宗旨是贴近民众，关注民生，倡导时尚，服务读者。报纸创刊时为 4 开 16 版，2004 年 1 月扩为 24 版。

1998 年 3 月刘元华为总编辑，王利为社长，李奉武为副总编辑。报社下设编辑部、广告部、记者部等。

《资阳广播电视报》版面设置有城市男女、娱乐八卦、广电之声、生活时尚、资阳民生、情感话题、电视节目预告、城事等栏目。

1994 年报社有 9 人，其中正式人员 7 人、聘用 2 人。有编辑人员 4 人、经营人员 2 人、管理人员 3 人。2005 年员工数与 1994 年相同。

1994—2005 年，《资阳广播电视报》期发行量 5000 至 1 万份。

第二节　川西北片区广电报

一、四川广播电视报

《四川广播电视报》于 1978 年 12 月 30 日创办，由四川省广播局总编室承办，以四川人民广播电台、四川电视台名义公开出版。2004 年四川省广播电视集团成立，报社划归集团，由四川电视台主办，四川人民广播电台联办。《四川广播电视报》是为广大听众、观众和读者服务，宣传四川电视台、电台的节目，在编辑工作上力求通俗化、大众化。《四川广播电视报》初创时为 4 开 12 版，从

1994年起增加到4开16版。从1998年10月1日起报纸实现部分彩色印刷。2005年1月1日报社与成都网盾文化传播有限公司签定经营性合作协议，7月报纸改版推出《家》周刊，每期28至36版，内容以关注家庭，关注生活为重点。

1994年，陈祖继任社长、总编辑。2005年8月报社进行人事制度改革，通过竞聘，舒华任报社社长、总编辑，林英、张树正任副社长。2005年，报社下设办公室、财务部、采编中心、发行部、广告部、经营办。

1994年报社有员工35人，2005年报社有员工26人，其中高级职称5人。

1994年期发行量为89万份，至2005年期发行量为5万份。

二、蓉城周报

《蓉城周报》原名《视听周报》，1987年创刊，1989年11月更名为《蓉城周报》。1994—2005年主管单位为成都市广播电视局，后改为成都电视台。

1990—2005年，蓉城周报社总编辑先后由易冰兰、黄泗元、肖禧、高文澄兼任。常务副总编辑先后为罗文勃、邱远应、谭平、苟新成。报社在“局台社合一”体制下，实行党组（党委）领导下的社长、总编辑负责制，同时委派常务副总编辑主持工作。编制为自收自支事业单位，企业化运作。设置有编辑部、广告发行部、办公室等部门。

《蓉城周报》内容集视听动态要闻，汇文化信息精华，多说成都事，讲究成都味，具有新闻性、知识性、趣味性和地方性。1990—1991年年均发行量在25万份以上。报纸从1992年起扩版，由4开4版扩为4开8版，1995年扩为4开16版，增加成都有线电视台、成都经济电视台的节目预告信息。1997年在成都报界首辟“收藏之友”专栏，着重推介成都民间所收藏的文物精品，报道的领域向生活服务方面扩展。1999年扩为4开20版。由于成都报业市场的激烈竞争，蓉城周报的发行量逐年减少，2000年最低期发行量已降至3.5万份。2001年采用电脑采编系统，实行独立的无纸化办公。2002年建立蓉城周报网站，报纸重新形成以时尚影视为特色的定位，开辟“洁尘影评”“文刀砍球”等专栏。2003年2月18日报纸定位为“媒体的媒介，家庭的家园”，面向蓉城众多家庭，着眼于家庭的传阅力度，并扩版至24版彩印。2005年进一步设置婚庆、交友、婚介等专版，刊载个人婚庆寿喜广告，打造蓉城的福喜文化。

1994年，报社有员工16人，其中初级、中级职称16人。2005年，报社有员工20人，其中初级、中级、高级职称18人。

三、德阳广播电视报

《德阳广播电视报》于1992年12月试刊，1998年公开发行。办报宗旨是围绕市委、市政府中心工作，宣传党的方针政策，延伸和补充广播电视宣传，发挥广播电视和广播电视报的整体优势，促进社会主义物质文明和精神文明建设。

报社隶属德阳广播电视局管理，设主编、副主编各一人。副局长周晋安兼主编。1999—2001年邓雨梅任德阳广播电视报总编辑。2000年1月张世娟任值班副总编。2001年11月德阳人民广播电台副台长徐安富兼任德阳广播电视报总编，张世娟任执行副总编辑。2005年钟利群任副总编辑。

1994年《德阳广播电视报》1版为要闻版，2、3、7版为电视节目预告版，其他各版为影视演员、歌星和剧情介绍、社会奇闻、名胜古迹、名人轶事、社会风尚、风土人情、科学知识版。1996年推出法制园地、社会广角、大观园、大看台、报刊博览等栏目。1999年以介绍近期广播电视节目为主，附带本地及广电行业新闻。2000年9月6日开始德阳广播电视报和周末特刊合并为4开16版，每周三出版。A叠延续德阳广播电视报的特色，B叠延续周末特刊风格。2003年初将24版分成休闲娱乐、社会生活、精彩视听三大板块。2005年电视版再次改版，努力推进图片化和杂志化变革，打造出图片故事、情景剧场等精品栏目。同时，结合市场需求，打造出置业周刊、消费周刊、新理财周刊和IT数码周刊四大消费周刊。

1999—2001年，报社编辑队伍向专业化发展，编辑学历全部达到大专以上。2001—2005年，报社记者编辑共11人，平均年龄不到30岁，均为大学学历。

1994—2005年，《德阳广播电视报》期发行量为3.8万份。

四、绵阳广播电视报

《绵阳广播电视报》创刊于1988年7月1日，由绵阳市广播电视台主管主办，绵阳广播电视报社出版发行。《绵阳广播电视报》几经改扩版，已从创刊初期的4开8版黑白印刷小报扩大至4开36版彩印装订报纸。社长为林国富，总编辑为王渡生。

《绵阳广播电视报》汇广播影视之精华、集文化艺术之珍闻、扬报纸之长、补声屏之短，通过多年的精心办报，形成了自己的风格和特色，主要栏目有新闻资讯、经济专刊、娱乐休闲等。

1998—2005年，《绵阳广播电视报》期发行数近5万份，员工人数25人。

五、广元广播电视报

《广元广播电视报》创办于1991年，由四川省报刊发展中心主管，广元市广播电视局主办。广元广播电视报社前身是四川广播电视报广元发行站，1993年7月12日李秀鸾任社长，1998年4月6日李秀鸾任总编辑、朱玺德为社长，1999年7月8日李雪飞任社长，2000年4月10日邓颖全、贺国伟任报社负责人，邓颖全主持工作，年底由贺国伟主持工作。2001年5月贺国伟任社长、陈维广任总编辑，2004年3月李瑞卿任社长，2005年5月杨亚鹏任副总编辑。报社下设通联部（兼办公室工作）、发行部、广告部、编辑部、栏目部等部门。

《广元广播电视报》创办初期，主要内容是向听众、观众介绍广播电视节目。1994年10月第1版为要闻版，2、6、7版为节目预告，3、4版为剧情介绍，第5版为家庭生活，第8版为综合副刊。从1999年元旦起改为4开16版，除节目预告、剧情介绍以外，主要以家庭、生活内容为主，总体仍以影视文化为侧重点，又融入晚报风格。2000年第1期开始版面设置作了较大调整。第1版仍为要闻版，2、3、12版为剧情介绍，4至11版为节目预告，13至16版为自办版面教育副刊。2000年5月29日报社再次对版面设置作出调整，增加自办版面的数量和反映广元本地群众生活和人民群众所关心的内容。从2004年7月起《广元广播电视报》由16版改为24版，版面做了重大调整。2005年1月5日起报社再次对版面做出调整，仍为24版，分为A、B、C三叠，每叠各8版。2005年10月报纸再次改版扩版，由24版改为A、B两叠各16版共计32版，并正式更名为《新广元·广元广播电视报》。

1991—1997年报纸自办发行。1998年开始部分报纸通过邮局征订发行。从2003年初起，报纸每期的发行量为7000份。2004年7月报纸的年期发行量为1.2万份。

六、遂宁广播电视报

《遂宁广播电视报》创刊于1993年4月22日，主管单位为四川省报刊发展中心，主办单位为遂宁市广播电视台。《遂宁广播电视报》办报宗旨是坚持党的路线、方针、政策，严守党的宣传纪律，全心全意为广播电视宣传工作服务，为广播电视听众、观众服务，为实现全面建设小康社会的宏伟目标服务。《遂宁广播电视报》最初为4开4版的节目单，每周一期。1998年充实声屏娱乐内容，首次改扩为4开8版。2002年立足走专刊化、都市化的办报之路，再次改扩为4开16版。2005年注重从内容到形式的品牌建设全新改版办成杂志化彩报，并改扩为4开24版以上。

《遂宁广播电视报》一直由遂宁市广播电视局局长担任报社社长，由分管宣传工作的副局长担任报社总编辑，配备一名常务副总编辑负责日常工作。报社属自收自支、自负盈亏的事业单位。历届负责人有社长文福华（1993.4—2000.12）、刘文书（2000.12—2003.3）、罗崇兰（2003.3—2005.12），总编辑刘文书（1993.4—2000.12）、周正尧（2000.12—2005.12）。副总编辑李世的（1993.4—1998.12）、田勇（1993.4—1994.4），常务副总编辑张建军（1999.1—2000.12）、伍贤琼（2001.1—2001.12）、张先明（2002.1—2002.12）、张建军（2003.1—2004.12）、张先明（2005.1—2005.12）。报社下设采编部、广告部、发行部。

《遂宁广播电视报》封1版主要刊登本地封面之星、热度新闻人物、国际国内影视名星靓照，并配上当期导读。第2版为版权页，刊发报社针对本土热点新闻事件发表的观点锐评。从第3版起，开辟遂宁一周、关注、城事、情感、法制、视觉、理财、养生、健康、宜居、旅游、教育、餐饮、汽车、通信、家装、数码、文化、热播、剧情、娱乐、资讯等版面。

1994年，报社有员工8人，其中大专以上有5人、中级职称3人、初级职称2人。2005年，报社有员工15人，其中大专以上10人、高级职称1人、中级职称4人、初级职称2人。

1994年报纸平均期发行量2.35万份，2005年报纸平均期发行量1.85万份。

七、雅安广播电视报

1993年上半年，雅安地区广播电视局以“提供影视资讯，细说百姓情感，展示本地风采”为指导思想，试行出版《雅安广播电视报》。1993年12月15日，由雅安地区广播电视局主办的《雅安广播电视报》以4开4版的报型正式出版发行。1996年6月由四川省报刊发展中心主管，雅安地区广播电视局主办。时任领导成员有杨学武、席汝松、舒新、谢鸣。2003年11月24日，该报改由雅安市电视台主办。

报纸主要栏目有浪漫之星、社会经纬、雅州行歌、体坛大观、节目预告、节目导读、精彩剧集、城市周刊、影视娱乐、消费前沿、生活百事、都市尘缘。

1994—2005年期间，从业人员10人左右。

1996年8月《雅安广播电视报》改为8开16版发行，期发行量3000份左右，2005年5000份左右。

第八章　高校校报

1994—2005年，四川省有32家高校校报，分别由四川大学、电子科技大学、西南财经大学、四川农业大学等32所大学党委主管主办。主要任务是宣传党的路线方针政策，传递学校教学、科研、管理、建设、改革、发展等方面的信息，反映师生员工的诉求，为促进教育事业发展、构建和谐校园服务。

四川省高校校报一览表

表1－8

报　名	刊　号	创刊时间	社　址
四川大学报	CN51－0801/G	1926.12	成都市望江路29号
电子科大报	CN51－0806/G	1956.9	成都市建设北路二段4号
西南财大报	CN51－0805（G）	1953.11	成都温江柳台大道555号
西南民族大学报	CN51－0803（/G）	1952.7	成都市一环路南四段西南民族学院（西南民族大学）办公大楼三楼
成都理工大学报	CN51－0804（/G）	1957.1	成都市成华区二仙桥东三路1号
西华大学报	CN51－0810（G）	1987.9	成都市郫县西华大学行政办公楼
西南科技大学报	CN51－0826（/G）	1981.4	绵阳市青龙大道中段59号
四川农业大学报	CN51－0840/G	1956.10	雅安市新康路37号四川农业大学内
四川师大报	CN51－0809/G	1951.6	成都市锦江区静安路5号
西华师大报	CN51－08221（G）	1985.1	南充市育英路44号
西南石油学院报	CN51－0821/（G）	1958.	成都市新都区新都大道8号
四川理工学院报	CN51－0833/（G）	2004.4	自贡市汇东校区汇兴路180号
成都信息工程学院报	CN51－0812/（G）	1984.2	成都市西南航空港经济开发区学府路一段24号
泸州医学院报	CN51－0830（/G）	1953.8	泸州市忠山医学院内
川北医学院报	CN51－0819/（G）	1980.11	南充市高坪区学院大道川北医学院东区行政楼5楼
内江师院报	CN51－0839（/G）	1980.10	内江师范学院校内
乐山师院报	CN51－0828（/G）	1981.11	乐山市李码头校内
四川教育学院报	CN51－0833/G	1985.1	成都市温江区海科路东段99号
攀枝花学院报	CN51－0824/G）	1988.	攀枝花市机场路10号攀枝花学院内

续表 1－8

报　名	刊　号	创刊时间	社　址
宜宾学院报	CN51－0823（/G）	1991.7	宜宾学院
绵阳师范学院报	CN51－0817/G	2004.6	绵阳市仙人路一段30号
四川文理学院报	CN51－0825/G	1984.6	达州市南坝路400号
四川民族学院报	CN51－0827/G	1988.	马尔康县达尔玛街5号
四川警察学院报	CN51－0835（/G）	1985.10	泸州市江阳西路34号
成都大学报	CN51－0818/G	1985.1	成都外东十陵镇本校内
成都电大报	CN51－0836/G	1988.1	成都市建设北路一段7号本校内
成都纺专报	CN51－0814/G	1994.9	成都市高新区三瓦窑街206号成都纺织高等专科学校内
电子高专报	CN51－0816/（C）	1998.1	成都市花牌坊街2号成都电子高专宣传部办公室
阿坝师专报	CN51－0820（/G）	1977.4	汶川县威州镇阿坝师专内
四川交通职业技术学院报	CN51－0829/G	2004.4	成都市温江区柳台大道东段208号
四川党校报	CN51－0834（/G）	1999.5	成都市光华村街43号
成都党校报	CN51－0837/G	1999.4	成都市一环路北四段106号

第一节　部属院校报

一、四川大学报

《四川大学报》是四川大学党委机关报，由原《四川大学报》、原《成都科技大学报》、原《华西医科大学报》先后在1994年4月和2000年9月两次高校合并后组建而成，四川大学宣传部主管主办。

1926年底，国立成都大学（四川大学前身）成立，《国立成都大学校报》创刊。1932年9月20日《国立四川大学周刊》出版。1936年时任中央研究院院士、数理系教授吴大猷担任主编。1950年《人民川大》正式创刊，半月刊，4开4版。“文化大革命”期间曾停刊，1973年复刊，其间曾名为《四川大学校刊》，1986年正式更名为《四川大学报》。

1954年1月，作为《成都科技大学报》前身的《成都工学院报》创刊，半月刊，4开4版。“文化大革命”中曾停刊，1975年1月复刊，1979年1月《成都工学院报》更名为《成都科技大学报》。

1911年，作为《华西医科大学报》前身的《华西协合大学校刊》创刊（一说为1927年4月17日创刊），月出1到2期，8开本，每期10—60页。1951年4月改名为《新华大》，4开4版，不定期，一般为半月1期。在《新华大》上学校的各类新闻增多，公文、布告、会议记录减少。1953年10月6日《新华大》改名为《四川医学院》，4开4版，不定期。“文化大革命”期间停刊，出过几期《川医简讯》。1979年9月15日《四川医学院》复刊，半月刊，4开4版，1985年随校改称为

《华西医科大学》。

1994年，原四川大学与原成都科技大学合并组建四川联合大学，两校校报合并为《四川联合大学报》。1996年10月24日总第294期出版四川联合大学百年校庆专刊。1998年12月25日四川联合大学经教育部批准改名为四川大学，《四川联合大学报》随之改名为《四川大学报》。1999年4月29日《四川大学报》编入国内统一刊号高校校报系统。

2000年10月18日，四川大学与华西医科大学合并组建新四川大学，《四川大学报》与《华西医科大学报》合并为新《四川大学报》。新《四川大学报》为半月刊，4开4版。围绕学校中心工作，《四川大学报》保质保量完成学校重大活动的宣传报道工作，及时向全校师生传达学校党政声音，积极促进学校各项工作的开展。2001年1月6日在出版总第374期之际，由原来的4开4版，改版为对开4版。2001年9月29日在出版总第390期之际，由黑白印刷成为全彩版印刷。2002年4月16日《四川大学报》复刊400期，随后《四川大学报》电子版正式开通。报纸1版为综合要闻版，2版、3版主要刊登教学、科研、学生工作、学生活动等内容，4版为副刊版。

1994年1—4月校刊编辑部主任为李荫华，成都科技大学报编辑部主任为孙思涛。1994年至1998年7月华西医科大学报编辑部主任为唐元信。1998年7月至2000年校刊编辑部主任为曹淑玉。1994年4月至1998年底四川联合大学报（四川大学成都科技大学）编辑部主任为孙思涛。1998—2000年校刊编辑部主任为舒宁。2000年至2001年底《四川大学报》编辑部主任为曹淑玉，2001年底起设总编辑，2001—2005年总编辑为蒋晓丽。

1994—2000年，川大报有员工4人，华西医大报有员工4人。2000—2005年，合并后的《四川大学报》有员工5人。

报纸印数为2000年前每期6000份，2000年后每期1.5万份。

二、电子科大报

《电子科大报》是电子科技大学党委机关报，由中共电子科技大学党委主管主办。办报宗旨是宣传党的方针政策，报道学校各方面工作的成绩，以及在工作中涌现的先进个人，弘扬先进文化，对大学生进行“四有”教育。

1956年9月25日《成都电讯工程学院院刊》正式出版，报头为郭沫若手书。《成都电讯工程学院院刊》为铅印，4开4版或两版，每月出版两期。1957年校报划归党委宣传部，在党委副书记黄艾民的主持下，校报成立编委会。编委会主任为黄艾民，吕发粹为校报负责人。1958年7月3日第75期报头改为《电讯》。“文化大革命”开始，学校停课，校报停刊。1982年10月30日校报恢复出刊206期，报头为《成电》，李家才担任主编。1988年5月14日校名更改为“电子科技大学”，1989年1月25日301期校报刊头改为“电子科大报”，1992年校报开始采用激光照排。1999年4月28日，《电子科大报》获得国家统一的高校校报刊号，5月12日第480期《电子科大报》采用高校校报刊号。

2002年2月28日第530期徐守仁担任主编，同期《电子科大报》改版，出4开4版单面彩色周报。头版为要闻，2版为教研风采，3版为学生生活，4版为副刊。2002年11月副刊定名为“银杏海”。2002年9月9日屠火明任主编。2003年1月《电子科大报》再次改版，出对开4版彩报，期印数增至1万份。2005年4月11日徐守仁任总编辑，设专职编辑4人。报纸出对开4版单面彩报，期印数增至1.2万份。

三、西南财大报

《西南财大报》是西南财大党委主办主管的机关报，半月刊，从2004年开始由4开4版黑白变为对开4版彩报。《西南财大报》认真贯彻执行党和国家的方针、政策，坚持正确的出版方向和舆论导向，坚持办报育人，坚持为学校的改革与发展服务，坚持用“两个精品”（文章精品、人才精品）意识，培养一批又一批高素质学生记者，在构建和谐校园，促进高水平财经大学建设方面起到重要作用。

《西南财大报》前身创刊于1953年，当时取名《新教学》，报刊合一，随后又申请更名为《教学改革》。1956年9月30日更名为4开4版的《四川财经学院》报，1966年“文化大革命”停刊，1984年3月5日复刊。主要任务是以全院的教学、科研为中心，始终不渝地宣传贯彻党的教育方针和政策，推动教学质量和科研水平的提高；坚持四项基本原则，加强以共产主义思想为核心的社会主义精神文明建设，切实有力地开展经常性的思想政治工作，促进全院师生员工的政治思想觉悟的提高；以勇于开创新局面的精神，积极推动学院各方面的改革，动员和组织全院的力量，同心同德，为加速智力开发，培育建设人才，实现经济振兴做出贡献。1986年四川财经学院更名为西南财经大学，当年4月10日校报更名为《西南财经大学》，1988年1月使用《西南财大报》报名，1999年4月校报公开发行。2004年为适应学校建设事业发展，从2月20日第295期开始扩版为彩印对开大报，扩版后的校报信息量加大，深度报道增多，服务意识增强，尤其为学生服务的内容增多，财经特色突显。

报纸总编辑魏祥杰，专职校报工作者3人。

1994—2005年，《西南财大报》每期发行量为1万份。

四、西南民族大学报

1951年6月1日西南民族学院成立，同年7月创刊《学习通讯》，不定期刊出。1952年7月10日创刊《西南民院》，内部刊物，半月刊，小4开。《西南民院》20世纪60—70年代停刊，1985年7月1日复刊，改名为《西南民族学院》（月刊），1995年9月改为半月刊（内部报纸），1997年7月改为旬刊。从1999年5月8日（总第257期）开始，更名为《西南民族学院报》，由西南民族学院党委主管主办。2003年6月1日《西南民族学院报》更名为《西南民族大学报》，同年9月1日由4开4版小报改版为对开4版大报，旬刊，印数达到8500份。2004年4月推出电子版。

1952年学院成立院报室和院报编辑委员会，1994年陈康任总编辑，1997年方晨曦任总编辑，2000年11月吴传一任总编辑，2003年12月至2005年12月张立辉任总编辑、王刚任副总编辑。

20世纪80年代中期至90年代初，院报形成要闻（1版）、教学科研（2版）、校园生活（3版）、副刊（4版）四大版块的格局，并逐渐形成相对固定的办报风格。栏目主要有校园春秋（2版）、民院人物风景线（2版）、学习与思考（3版）、三言二语（3版）等。1995年9月院报由月刊改为半月刊，仍为4开4版。新增栏目有就业指导（1版）、教学与科研（2版）、系科短笛（3版）、学生论坛（4版）等。1999—2005年间院报进入快速发展时期，并在专业化、规范化、制度化建设上取得了显著成效。

1994 年，院报编辑部有人员 1 至 2 人，2005 年编辑部有人员 4 名（其中副高职称 1 人、中级职称 3 人），分别负责四个版面。编辑部下设学生记者团，采编人员常年基本保持在 30 人左右。

1994 年期印数 2000 份，2005 年期印数近 1 万份。

第二节　省属院校报

一、成都理工大学报

《成都理工大学报》原名《成都地质勘探学院报》，创刊于 1957 年 1 月 16 日，由中共成都理工大学委员会主管主办。该报为半月报，对开 4 版。办报宗旨是传达党中央精神，反映师生业绩，展示校园风貌，探讨学校工作。1959 年 1 月 1 日《成都地质勘探学院报》更名为《成都地质学院报》，1993 年 6 月 10 日更名为《成都理工学院报》，2001 年 9 月 16 日更名为《成都理工大学报》。

校报编辑部隶属于校党委宣传部，设主任 1 人，编辑 3 人，宣传部副部长兼任总编，主任兼任常务副总编。1994 年 1 月至 2005 年，校报主管主办单位负责人为校党委副书记罗映光。1994 年 2 月至 1996 年 10 月校报负责人为杨正贵、何玉明，1996 年 11 月至 2002 年 3 月校报负责人为陈俊明、何玉明、周同文、杜春华，2002 年 4 月至 2004 年 1 月校报负责人为何玉明、周同文、黄寰，2004 年 2 月至 2005 年 12 月校报负责人为陈俊明、周同文、黄寰。

《成都理工大学报》对开 4 版，1 版为要闻、2 版为综合新闻、3 版为校园文化、4 版为砚湖副刊。主要栏目有就事论事、群英谱、新风录、党的生活等。该报电子版于 2004 年 1 月 1 日在学校校园网主页上开通。

1994 年，校报编辑部有专职编辑人员 3 人，其中高级职称 2 人、中级职称 1 人。2005 年，编辑部有专职编辑人员 4 人，其中高级职称 1 人、中级职称 3 人。

1994—2004 年，《成都理工大学报》期发行量 1500 份。2005 年期发行量 5000 份。

二、西华大学报

《西华大学报》原名为《四川工业学院报》，1987 年 9 月 10 日创刊，由校党委主管，宣传部主办。《西华大学报》办报宗旨是党政喉舌，师生之音，为校志史，校社桥梁。1987 年创刊时为月刊，印数 2000 份，限内部发行。1993 年 9 月改月刊为半月刊，每期印数为 4000 份。1997 年 9 月创刊 10 周年时每期印数 6000 份。2000 年院报每期印数为 20000 份。2001 年 6 月改为旬刊。2003 年 4 月 16 日四川工业学院和成都高等师范专科学校合并组建西华大学，同年 9 月《四川工业学院报》更名为《西华大学报》。

1987 年 9 月创刊时设有院报编委会和编辑部，编委会主任简嘉逵（党委副书记、副教授），副主任张友仁、李永志。编辑部主编李永志任至 1999 年 3 月。1999 年 4 月叶耀培任总编辑至 2005 年 5 月。2000 年 6 月成立新一届院报编辑委员会，编委会主任、总编辑叶耀培，副主任王代言，副总编辑高倩。2005 年 6 月学校调整校报编辑委员会，编委会主任、总编辑曾德祥，副主任王代言，副主任、副总编辑高倩。

《西华大学报》1 版为新闻版，2 版为综合版，3 版为学生版，4 版为文艺版。主要栏目有言论、校园时评、西华视点、教授剪影、院系来风、走进实验室、走近辅导员、校园公德、放飞心灵等。

1994 年，报社有采编人员 4 名，其中 1 名副教授、3 名助教。2005 年，报社有编辑人员 5 名，其中 1 名副教授、2 名讲师、2 名助教。报社建有一支约 50 名相对稳定的师生兼职评论员、通讯员队伍。

1994—2005 年，报纸期发行量 5000 份。

三、西南科技大学报

《西南科技大学报》是西南科技大学党委机关报，由中共西南科技大学委员会主管主办。办报宗旨是宣传党的路线、方针、政策，提供学校改革发展、教学、科研、管理等各方面的信息，使之成为联系学校与社会各界的桥梁和纽带。

1981 年 4 月西南科技大学的前身四川建材学院的《四川建材学院》报创刊，月报，4 开 4 版，发行数 1500 份。1987 年 9 月更名为《四川建材学院报》，1993 年 9 月更名为《西南工学院报》，2000 年 12 月西南工学院与绵阳经济技术高等专科学校合并组建成立西南科技大学，校报更名为《西南科技大学报》。《西南科技大学报》前身的另一张《绵阳经专报》，创刊于 1978 年 12 月，刊名《新苗》。

1994 年校报主办单位为中共西南工学院委员会，宣传部部长秦元林兼任总编辑。1999—2004 年宣传部部长秦金保兼任总编辑。2005 年费文晓任总编辑。校报编辑 3 至 4 人。

1994 年以来院报 1 版为政治生活版，2 版为教学科研版，3 版为校园生活版，4 版为文艺副刊版。设有校园时事报道、标题新闻、求实论坛、教师信息、校园短波、兄弟院校、校外之音、大学生信箱、大学春秋、校园文学等主要栏目和“广厦”副刊。2000 年相继开设迎评创优、天下大事、教学良师、科大学子、求职路上等栏目。

1994 年《西南科技大学报》期印数 5000 份，2003—2005 年期印数 1.4 万份。

四、四川农业大学报

《四川农业大学报》是四川农业大学的党委机关报，由中共四川农业大学党委主管主办。1956 年四川大学农学院根据上级部署从成都迁往雅安市独立建院，出版院刊《四川农学院》，作为学院党委和行政领导下的全院性的内部刊物和师生员工自己的园地。并对院刊的办报方针、原则等作了界定，成立了直属于党委的院刊编辑委员会和院刊编辑室，明确了其任务和职责。1956 年 10 月 27 日院刊创刊号出版，4 开 8 版。1960 年初停刊，1984 年复刊，杨昌明任校刊室主任。1985 年学校改名为四川农业大学，同年 9 月 10 日出版复刊后的第 9 期校报，亦随校名改为《四川农业大学》，仍为 4 开 4 版。1987 年，杨昌明任宣传部副部长兼校刊室主任，1995 年 5 月 4 日江英飒任校刊室主任，报纸专职编辑 3 人。1997 年 9 月起校报改为半月刊，1999 年报名改为《四川农业大学报》，获得国内统一刊号，管理体制进一步规范化，2001 年开始试办网络版，2003 年杨志钢任校刊室副主任。2004 年起校报改为对开 4 版，从 2005 年的第 279 期起改为对开 4 版彩报，期发行量为 1 万份。

报纸头版主要为学校党政要闻。2 版为教学科研相关报道，常设学术动态连连看、科技新鲜报、教师风采等。3 版为学生版，常设优标风采、身边人物等栏目，每期有对近期同学热点话题的讨论。

4 版为文艺版，常设行游天下、文艺走廊栏目。图片栏目“桂花雨”主要展示师生摄影、书法、篆刻等作品。

五、四川师大报

1951 年 6 月 5 日川北大学创立校报《川北大学》。1952 年川北大学正式命名为“四川师范学院”，1953 年 8 月师大校报正式创刊。从创刊之日起师大校报就作为校党委的机关报，是学校对内对外舆论宣传的喉舌。

1953 年初创之时，《四川师范学院》基本以月刊形式出版，院党总支副书记、副院长吉喆分管校报工作，设置有院刊室，由校长办公室所辖，由党委办公室管理业务。报纸总编辑段永清，工作人员最多时有 5 人。1985 年 6 月 28 日四川师范学院正式更名为四川师范大学，院刊也于同年 12 月改名为《四川师大》。

1986 年 3 月《四川师大》改称《四川师大报》。师大校报为 4 开 4 版小报，第 1 版报道学校重大新闻，第 2 版开辟有教授星座、校园视点、实话实说等栏目，第 3 版理论·教育专版探讨教学科研等有关问题，第 4 版副刊名为“狮山”，主要刊载学生文章。2002 年 3 月 25 日师大校报出版到第 365 期扩版为对开 4 版大报，全彩版印刷。除形式上的变化，在内容上，师大校报也力求丰富多彩。4 版副刊改名为“文化·生活”，并开设“剑走偏锋”栏目。

《四川师大报》一直重视学生记者的培养，自创刊之时起，成立“院刊通讯社”，后更名为“新闻中心通讯社”，每年录取大约 30 名学生记者。

六、西华师大报

《西华师大报》复刊于 1985 年 1 月 1 日，在 1994—2005 年间先后经历了《四川师院报》《西华师大报》的发展阶段，在版面设置、人事制度、印刷发行等方面进行了一系列改革。1994—1995 年《西华师大报》校报按照四川省内部准印证号进行出版，1999 年下半年取得国内统一刊号并出版至 2005 年底。1994—1999 年校报由《四川师院报》编辑部出版，2000—2003 年上半年由中共四川师范学院委员会主办、《四川师院报》社编辑部出版，2003 年下半年至 2005 年由中共西华师范大学委员会主办、《西华师大报》编辑部出版。

《四川师院报》和《西华师大报》以宣传贯彻执行党的路线方针政策，弘扬时代主旋律为宗旨。坚持理论联系实际、实事求是，奉行为全校师生服务的理念，宣传学校的工作部署，反映群众呼声。坚持贴近教育、贴近生活、贴近学校的办报方针，发扬办报育人的优良传统。

《西华师大报》在校党委宣传统战部领导下进行工作，2000—2005 年佘正松担任总编辑，李新泉担任副主编。学生通讯员队伍的发展壮大是《西华师大报》发展的一大亮点，校报学生通讯社设置记者部、办公室、策划部、摄影部、文学部，先后培养通讯员几百人。

《四川师院报》为 4 开 4 版。1 版为要闻，主要刊登校内重大新闻事件。2 版为综合报道，主要刊登各学院各社团的活动、学术报告等新闻。3 版为思想言论版，主要刊登师生对国际国内热点问题以及日常生活问题等的评论看法。4 版为副刊版，主要刊登文学稿件。设有师生论坛、报刊选粹、经验谈、校园热线、女性风采、大学生论坛、科研信息、新闻特写、学海探秘等专栏，大大活跃了报纸内容。《西华师大报》1998 年改为对开 4 版。

七、西南石油学院报

《西南石油学院报》原名《四川石油学院报》，创刊于1958年，与四川石油学院同年诞生。1995年5月起《西南石油学院报》取得国内统一刊号。2005年因学校迁址，报社编辑部由南充市油院路30号迁往成都市新都区新都大道8号。

办报宗旨是围绕学院各个时期的中心工作，进行正确的思想教育和舆论导向，宣传学院在两个文明建设中的成绩和经验，宣传师生员工中的优秀人物、先进事迹、积极向上的精神风貌，为促进石油高等教育的改革，发展和优化育人环境，培养合格的社会主义事业接班人服务。

《西南石油学院报》设有编辑部，编辑部隶属于党委宣传统战部。1994年1月至1995年12月总编辑张应光，执行副总编辑郑祥辉。1996年1月至1999年12月总编辑曾宪平，执行副总编辑郑祥辉。2000年1至9月总编辑曾宪平，执行副总编辑李成富。2000年9月至2003年总编辑高卫东，执行副总编辑先后为李成富、侯永刚、姚明淑。2003年12月至2004年12月总编辑高卫东。2005年1—12月总编辑唐礼寿，编辑部有员工6人。

《西南石油学院报》的编辑方针是以正面宣传为主，及时宣传党和政府的有关方针、政策。组稿、编辑力求文章短小、观点鲜明、形式多样、文图并茂。主要内容有传递思想、政治、教育、科技的新信息，交流教学、科研、管理、后勤等方面的经验，报道师生员工的学习、生活、工作、思想等方面的动态，宣传学院各个方面的先进人物事迹，反映读者的意见和建议，适当开展揭露与批评。同时刊登有石油特色的知识性、文艺性作品，逐步形成了自己的特色。设有院内要闻、校园短波、学术研究、校园人物、菁菁校园等主要栏目和《龙井湖》文艺副刊。

截至2005年底，《西南石油学院报》共出版451期，期发行量6000份。

八、四川理工学院报

《四川理工学院报》对开4版彩版，创刊于2004年4月，由中共四川理工学院党委主管主办。《四川理工学院报》前身是由《四川轻化工学院报》《自贡高专报》《自贡师专报》三校报合并而成。办报宗旨和理念是坚持党的路线、方针、政策，坚持“三贴近”，服务学院，引导舆论，传播学院思想政治、教学科研、后勤服务、校园建设、学生生活等多方面的信息，促进学院党政、师生及社会的沟通交流，宣传学院党政重大决策、反映学院改革发展的新气象、新经验，宣传典型，弘扬正气，鞭挞丑恶，树立学院的形象，提高知名度和美誉度。

《四川理工学院报》总编辑、副总编辑分别由院领导或宣传部领导担任。1994—2003年赖廷谦任总编辑，吴斌、张国成任副总编辑。2004—2005年游建军任总编辑，唐健禾、吴斌任副总编辑，执行副总编辑张国成。2004年设立编辑委员会，编辑委员会主任游建军，副主任曾黄麟、唐健禾、李开世。下设编辑部。

《四川理工学院报》1版为校内重大新闻、社论、时事评论等。2版为《综合新闻》，栏目有平凡理工人、校园动态、新闻故事、理工学子、教苑掇英等。3版为《校园表情》，栏目有专题、记者观察、热点透视、社团名片、丫丫上大学、大学论坛、校友飞鸿、创业故事汇、心理咨询等。4版为《百草园文艺副刊》，栏目有心香一瓣（纪实散文）、读书随笔、报告文学、诗歌、影评、小小说、摄影、书画等。

《四川理工学院报》主要针对本校师生员工、学生家长、高校管理部门及全国高校校报编辑部发行。1994—2005 年，期发行总量 27 万份。

九、成都信息工程学院报

《成都信息工程学院报》原名《成都气象学院》，1984 年 2 月 13 日创刊，后更名为《成气院报》《成都气象学院报》，2000 年随学院更名改为《成都信息工程学院报》。1999 年 4 月获国内统一刊号，由成都信息工程学院党委主管主办。办报宗旨是在学院党委和行政的领导下，在编委会的指导下，围绕学校发展目标的中心工作，引领学校思想和文化的发展，宣传学校，凝聚人心，促进学校发展。报纸刊期从 1984 年的不定期、1985 年的月刊增加到 2002 年的半月刊。截至 2005 年底，共出 208 期。4 开 4 版，套红。

院报实行党委领导下的总编辑负责制，在编委会指导下开展工作。院报编辑部为学院党委宣传部下属独立科室，主要依托学生记者团和教工通讯网开展工作。院报历任主（总）编有阚孔璧（1984—1987）、陆上均（1987—1994）、陈景林（1994—1998）、高永华（1998—2001）、刘松涛（2001—2003）、邓丽琴（2003—2005）、戴丽红（2005—）。

《成都信息工程学院报》1 版为学校新闻，主要栏目有鼓角、回音壁、啄木鸟等。2 版为教学科研，主要栏目有谈教谈学、科研动态等。3 版为学生工作、社团活动，主要栏目有学工信息、社团之窗。4 版为综合性副刊，主要栏目有新人新作、萤火虫、百叶窗等。

《成都信息工程学院报》编辑部设编辑 3 人，含编辑室主任 1 人。

十、泸州医学院报

《泸州医学院报》是泸州医学院党委机关报，1953 年 8 月 1 日创刊，原名为《院校生活》，1959 年 10 月 1 日更名《泸州医专》，1963 年 1 月 19 日更名为《医专通讯》。“文化大革命”期间停刊，1979 年 5 月 1 日复刊，更名《泸州医学院报》，主管主办单位为中共泸州医学院委员会。1999 年 6 月正式启用国内统一刊号，主管主办单位均变更为中共泸州医学院委员会。院报创刊以来，认真宣传党的路线、方针、政策，紧密结合校情开展宣传教育，在传播先进文化、推动学院改革、促进人才培养、维护学院稳定、扩大学院影响等方面发挥重要作用。院报出版周期为半月报，1990 年之前刊期不固定，从 1990 年 3 月 1 日（总第 220 期）起刊期基本固定下来，每月 1 日、20 日出报。自 1991 年 3 月 10 日（总第 242 期）起，刊期改为每月 10 日、25 日出报。

《泸州医学院报》总编辑、副总编辑由学院党委宣传统战部部长或副部长兼任，1983 年杨绍浦任学院宣传统战部副部长兼任院报总编辑，1992 年由林普担任主编，2002 年林普任该报总编辑，2005 年曾宪利担任宣传统战部副部长兼任该报副总编辑。院报下设有编辑部。

十一、川北医学院报

《川北医学院报》创刊于 1980 年 11 月 22 日，由中共川北医学院委员会主管主办，是学院党委机关报。《川北医学院报》一直致力于宣传党的方针、路线、政策，配合学院中心工作，及时报道学院新闻，反映师生员工心声，沟通校内外，扩大学院影响，促进学院发展，使报纸成为沟通院内信息的主要新闻阵地。创刊至今，《川北医学院报》先后经历《南充医专》报时期（1980—1985）、

《川北医学院》月报时期（1985—1995）、《川北医学院报》半月报时期（1995—2003）和《川北医学院报》旬报时期（2003.9—）四个历史时期。

《川北医学院报》由学院党委分管领导担任总编辑，由《川北医学院报》编辑部编辑出版。编辑部下设《川北医学院报》大学生通讯社，在全院范围内选拔优秀学生担任学生记者。

《川北医学院报》4 开 4 版。1 版为校园要闻版，主要登载学院重大新闻事件、时评等，开设有校园短波、半月谈。2 版为综合新闻版，开设有学院发展论坛、理论园地、人物专访、综合新闻等栏目。3 版为校园生活版，开设有校园星座、学生论坛、社团生活、实习点上、天下任我行、黄金书苑、网络时空、就业视窗、心海导航等栏目。4 版为文艺版，刊载师生文学、艺术作品。

1994 年，报社有专职编辑 4 人。院党委副书记、副教授杨士中担任主编，郭小川担任执行主编。编辑人员均为中级职称。2005 年，报社有专职编辑人员 1 人，兼职 3 人。杨士中担任总编辑，毛立新担任院报编辑部主任。

《川北医学院报》1994 年期发行量 4500 份，2005 年期发行量 7000 份。主要用于校内赠阅、家长订阅，并与全国部分高校交流。

十二、内江师院报

《内江师院报》前身是《内江师专》《内江师专报》，1980 年开办，中共内江师范学院党委主管、主办。办报宗旨是“传播教育信息，反映学校工作，指导学生学习”。1999 年 4 月《内江师院报》取得国内统一刊号。1994—2005 年间共出版 90 期，累计发行 20 万余份，发表文章 100 万余字、图片 600 余张。

《内江师院报》由院党委宣传部管理，校报编辑部编辑出版。历任主编或总编辑有何斯宣（1994）、张祖福（1995.12—1999.12）、刘东（2000.3—2000.6）、彭家理（2000.8—）。历任副主编或副总编辑有祝文盛（1994）、黄刚（1995）、杨梅（1995.12—2003.6）、曾白康（1995.12—2001.4）、邓小明（2003.9—2004.11）、钟建明（2003.9—）、王昌祥（2003.9—）、张建华（2005.3—）。2005 年有编辑 4 人和一定数量的学生通讯社（记者团）成员。

《内江师院报》为 4 开 4 版。1 版为要闻版，主要报道学校在改革与发展过程的重大决策、工作重点、重要会议精神等，及时做好上情下传，宣传学校的中心工作，设有他山之石、聚焦等栏目。2 版为综合新闻版，主要报道学校在教学、科研、管理、党建、思想政治工作、精神文明建设等各方面采取的新措施、取得的新进展、获得的新成就，设有内师学人、回音壁、今日内师、那时花开（校友专栏）、记者观察、家校虹桥等栏目。3 版为理论与实践版，主要反映广大师生关于思想政治工作、人才培养、教育教学管理等的理论思考，交流传播实践经验。4 版为沱江潮文艺副刊版，主要刊登老师和学生的文学作品，设有园丁小语、经典演绎、诗情碧宵等栏目。

1994—2005 年间主编（总编辑）、副主编（副总编辑）中正高职称 5 人、副高职称 5 人。

《内江师院报》是内江师范学院党委全额拨款自办发行的报纸，发行对象为全校师生与校际交流，每期发行量 0.1 万—0.5 万份，全年发行 8 期。

十三、乐山师院报

《乐山师院报》由中共乐山师范学院委员会主管主办，办报宗旨是坚持正确舆论导向，积极为学校的思想政治工作服务，沟通校内信息，活跃师生学习、工作、生活。

1978 年乐山高师班成立，1981 年 11 月编辑出版第一期《乐山高师》，1984 年 5 月编辑出版第一期《乐山师专》，1988 年 1 月编辑出版第一期《乐山师专报》，1993 年学校更名为乐山师范高等专科学校，1995 年 1 月刊号变更为四川省内部报刊准印证，1999 年 5 月编辑出版第一期国内统一刊号的《乐山师专报》。2000 年 6 月乐山师范高等专科学校批准为本科院校——乐山师范学院，2000 年 9 月《乐山师专报》更名为《乐山师院报》，以半月刊出版发行。

《乐山师院报》由校党委宣传部管理、院报编辑部编辑出版，主编、副主编都由学校领导或宣传部长担任。历任总编辑或主任有李代泌（1990—1992. 6）、罗建安（1992. 9—1995. 12）、杨建民（1996. —1996. 11）、邓刚（1996. 12—2000. 6）、唐淮（2000. 9—）。历任副主编有罗建安（1991. 9—1992. 6）、杨建民（1992. 9—1995. 12）。历任副总编辑有古诚（2000. 9—2003）、邹大勇（2003—）、罗松乔（2005. 7—）。截至 2005 年，报社有编辑 5 人，通讯员 40 多人。

《乐山师院报》为 4 开 4 版。1 版为时事要闻，主要报道学校在改革与发展过程中的重大决策、工作重点、重要会议精神等，及时做好上情下传，宣传学校的中心工作；2 版、3 版为校园生活，主要栏目有教师风采、校园之星、教学质量与改革、学风建设、师德建设、社会实践、校园真情、校园小议。4 版为绿影副刊（文艺副刊），主要刊登老师和学生的文学作品。

《乐山师院报》为全额拨款自办发行，发行对象为全校师生与校际交流，每期发行量近万份，全年发行 20 期左右。

十四、四川教育学院报

《四川教育学院报》创刊于 1985 年。第 1 期到 68 期为四川教育学院院报编辑部主办，第 69 期以后为中共四川教育学院委员会主办。办报宗旨是党的喉舌，时代的号角，校园生活的荧光屏，师生员工的习作园地。《四川教育学院报》创刊时为 4 开 4 版，2002 年 4 月 30 日第 132 期起改为对开 4 版，采用套红，其中专刊、特刊为彩版。《四川教育学院报》为月报，寒暑假除外，每月 1 期。《四川教育学院报》原为校内出版，1987 年底取得省新闻出版局的刊号批文，1999 年初获国内统一刊号。

《四川教育学院报》从诞生起就在院党委的领导下，并由党委书记或副书记分管，隶属于党委宣传统战部，由部领导兼任主编。历届编委会主要领导人有向国灵兼主任（1985. 1—1986. 8），原钧兼主任（1986. 9—1992. 9），张俊明兼主任（1992. 10—1999. 9），黄克艰兼主任（1999. 10—）。历届副主任有杨韬、李越江、张欲玉、钟治先、孙康。编辑部历任主（总）编有李越江、张欲玉、赵伯勤。副主（总）编有山林、张惠群、张欲玉、赖朝云、杨帆。《四川教育学院报》还有一批通讯员、学生记者和学生编辑，其中历届学生记者共有 500 余人，有 50 余名学生先后参加院报编辑实践。

1994—2005 年，《四川教育学院报》每期发行量 1 万份。

十五、攀枝花学院报

《攀枝花学院报》由攀枝花学院党委主管主办，办报宗旨是宣传党的教育方针，教育师生树立正确的世界观、人生观、价值观，用马克思主义作为办报的指导思想，始终用正确的舆论引导师生，及时报道学校教学、科研、精神文明诸方面的情况，服务于学校的改革和发展事业。

《攀枝花学院报》于1988年创刊，当时为攀枝花市内部报刊，1990年11月更名为《攀大报》。1999年4月获国内统一刊号，同时更名为《攀枝花大学报》。2002年1月攀枝花大学更名为攀枝花学院，报名随之更名为《攀枝花学院报》。2005年5月院报由月刊变更为半月刊，同时变为彩印。

《攀枝花学院报》2000年前期发行量2万份，2005年期发行量8000份。

十六、宜宾学院报

《宜宾学院报》的前身是《宜宾师专报》，创刊于1991年7月，1998年底《宜宾师专报》获得国内统一刊号。《宜宾学院报》由中共宜宾学院委员会主管、主办，办报宗旨是“坚持正确的舆论导向，贴近师生、贴近校园、贴近生活实际，围绕学院中心工作，宣传学院改革发展，加强师生思想政治教育，丰富校园文化生活”。

2001年5月11日宜宾师范高等专科学校和四川教育学院宜宾分院合并组建的省属全日制综合性普通本科院校。同年9月《宜宾师专报》更名为《宜宾学院报》。2002年9月《宜宾学院报》缩短出版周期，由月报改为半月报。2005年，《宜宾学院报》为4开4版套红报，全年共出版20期。

《宜宾学院报》由党委宣传部校报编辑部管理和编辑出版，周正汉1991年任总编辑，李国选任副总编辑，吴开祥1994年任总编辑，梁多亮1999年任总编辑，顾晓明2000年任总编辑。

《宜宾学院报》第1版为要闻，宣传党的路线、方针、政策，宣传学院党委、院行政对党和国家大政方针的执行情况，报道学院发展建设中的重要活动、事件等。第2版为校园新闻，深入学院各级党团组织、各系、各部门，报道党团建设、活动以及学院教学、科研等新闻事件，反映校园生活，为全院师生服务。第3版为理论实践，主要反映广大师生关于思想政治工作、人才培养、教育教学管理等的理论思考，交流传播实践经验。发表有一定深度和较强说服力的教学理论、教学体会、学校管理、育人经验等文章。第4版为文艺副刊，发表优秀的散文、诗歌、杂文、文学评论、摄影书法绘画作品等。《宜宾学院报》以“贴近师生、贴近校园、贴近生活实际”为原则，结合学院中心工作开辟了若干专栏。

《宜宾学院报》有2名专职编辑。1994—2005年间主编（总编辑）、副主编（副总编辑）均是副高以上职称。此外，还有一批数量不等的学生记者队伍。

《宜宾学院报》是全额拨款自办发行的报纸，发行对象为全校师生与全国部分高校校报工作者，每期发行量为7000份，全年发行20期。1994—2005年间共出版88期，累计发行20万余份。

十七、绵阳师范学院报

《绵阳师范学院报》创刊于2004年6月18日，由学院党委主管主办，4开4版半月报。办报宗旨是“坚持宣传党的路线、方针、政策，交流学校改革发展信息，为教学科研服务的办报宗旨，不断提高报纸的质量”。2002年3月成立省属全日制普通高等师范本科院校绵阳师范学院，次年初学院正式挂牌，2003年2月11日学校创办《绵阳师范学院报》，2004年4月14日《绵阳师范学院报》列入国内统一刊号，同年6月18日《绵阳师范学院报》创刊出版。

《绵阳师范学院报》从第一期开始由院党委书记、院长担任总编辑，分管宣传工作的学院党委副书记王海滨和学院正院级调研员袁应柏担任副总编辑。党委宣传部部长杨祖恩担任责任编辑，全面履行学院党委在办报中的责任。有专职编辑6人。

《绵阳师范学院报》1 版固定为要闻要事版，专门报道学院半个月以来出台的重大措施、发生的重大事件。2 版为综合新闻版，突出反映各二级单位教学、科研、管理工作。3 版为校园生活版，从多角度反映师生校园生活情况。4 版为教学研一线，报道学院教、学、研工作的重大活动和动向。

《绵阳师范学院报》每期发行量 6000 份。

十八、四川文理学院报

《四川文理学院报》创刊于 1984 年 6 月，原名为《舟河》，1986 年更名为《达县师专报》，主管单位为四川省教委政教处，主办单位是中共达县师范专科学校委员会。1999 年 4 月取得国内统一刊号，由中共达县师范高等专科学校委员会主管主办。2006 年 3 月更名为《四川文理学院报》，主办单位为中共四川文理学院委员会。《四川文理学院报》的办报宗旨是交流办学经验，繁荣校园文化，推动教学科研，促进改革发展。

《四川文理学院报》实行主编负责制，主编由学校党委书记兼任，1989—1993 年设置校报编辑室，1993 年后改名为校报编辑部。后因机构改革，校报编辑部撤销。1994—2005 年主编王绍琪（1994—2002. 4）、孟兆怀（2002. 5—2005）。校报编辑部有专职编辑 1 人，其间在本校教师中聘用了兼职编辑。

《四川文理学院报》1 版为要闻版，主要刊登国内、校内的重大新闻事件和典型报道。2 版为校园生活版，主要报道校园内的文明新风以及热点、难点问题，开辟有大学生论坛、大学春秋、师专学人、实习基地巡礼、深度报道等。3 版为理论版（后改为理论 · 综合版），主要刊登学校教育教学改革中的经验或理论文章，开辟有教与学、观察与思考、基教园地等。4 版为州河文艺副刊，主要刊登学校师生、校友的文学艺术作品，有栏目光与影、书坛画苑、巴山夜语等。

1994 年前，《四川文理学院报》仅在校内师生、达川地区、巴中地区所辖各县教育行政部门、中小学免费赠阅。1994 年后发行范围扩大到学生家长。1994 年平均期发行量 1000 份，此后逐年上升，至 2005 年平均期发行量达到 5000 份。

十九、四川民族学院报

《四川民族学院报》原名为《康定民族师专报》，院党委主管、宣传部主办。办报宗旨是宣传党的方针政策、学校的改革发展，加强理论学习、研讨，繁荣校园文化，加强校内信息交流、院校交流，向社会宣传学校，加强与学生家长的联系，促进学校、社会、家庭共同育人。

《康定民族师专报》于 1988 年创刊，1992 年复刊，为省内期刊，每月出版一期。1998 年起每月出版一期，国内公开发行。

1992 年 9 月《康定民族师专报》恢复出刊后，成立编辑部，由主审 1 人、主编 1 人、编辑 5 人及校报记者团构成。历任主审、主编有黄正刚（1992. 1—）、陈召平（1992. 1—1999. 3）、阿连（1997. 6—2001. 1）、何泓（2001. 1—2004. 3）、王波（2004. 3—）。

《四川民族学院报》前身《康定民族师专报》设有时事新闻版、校园风景线、综合版、文艺副刊版等。

2005 年前校报发行量每期 5000 份，2005 年增至每期 8000 份。

二十、四川警察学院报

《四川警察学院报》由四川警察学院党委主管主办。办报宗旨是团结、稳定、鼓劲，正面宣传为主，坚持正确的舆论导向，发挥宣传教育、指导工作、传播信息、普及知识、文化娱乐和批评监督功能，活跃校园文化生活，促进大学生思想政治教育和学校精神文明建设。

《四川警察学院报》经历《四川公安干部学院报》和《警官高专报》，再到《四川警察学院报》三个阶段。

1985 年 6 月，四川省公安管理干部学院在原四川省公安校（中专）的基础上，建立四川省公安管理干部学院，10 月 11 日创办《四川公安干部学院报》，11 月 14 日院报第一期出刊，四开四版，此后为双月刊。院报的主要内容是报道学院各项党务、行政、教学活动及学校生活，刊载师生文学爱好者的优秀作品。辟有教学研究、简讯、法律知识、警风（文学作品）等栏目。1987 年四川省公安管理干部学院成立《学报》编辑部，院报划归《学报》一并管理，院报出版周期从过去的双月刊缩短为月刊。1991 年后改用激光照排技术，图文搭配，版面质量得到提高。同时院报开始以专栏划分内容，分为头版、新闻．专稿、理论．研究和副刊。

1987 年冉启本任学报院报主编、赵心廉任学报院报副主编，1995 年李忠侯任学报院报副主编分管院报，1997 年副院长吴启孝分管院报工作任院报主编。

1999 年 10 月学院正式将具有新闻宣传性质的院报从学报院报编辑部分离出来，由学院党委副书记陈立川兼任总编辑，政治部副主任李华文兼任副总编辑，原学报院报编辑部副主任李佩凌任常务副总编辑兼编辑部主任。为使院报更加贴近校园生活，院报正式成立学生编辑部、记者团。版面调整划分为综合新闻、校园生活、教学科研和文艺副刊。其中校园生活版和文艺副刊由学生组版编辑。开辟一系列贴近学校中心工作和师生的栏目。院报还以副刊为阵地，帮助学生建立了橄榄绿文学中心，并担负指导义务。

2000 年 6 月 11 日《四川公安干部学院报》更名为《警官高专报》并创建网络版。校党委副书记陈立川任总编辑，政治部副主任李华文任副总编辑，李佩凌任常务副总编辑兼编辑部主任。

2005 年，《四川警察学院报》有员工 5 人，其中在编 2 人，聘用 3 人。有硕士 3 人，本科 2 人。

1994—2005 年，《四川警察学院报》平均期发行量 8000 份。

二十一、成都大学报

1985 年 1 月 1 日《成都大学》校刊试刊出版，2 月 5 日校刊创刊号正式出版。在 1985 年 1 月 1 日出版的试刊号上，报纸以编辑部“致读者”的形式，明确了办报宗旨和编辑风格，即以全校师生员工为对象，力求纯朴的文风，新颖的形式，精练的文字，美的版面和实的内容。1999 年 4 月 28 日《成都大学报》获得国内统一刊号。

创刊初期《成都大学》校刊主要由朱方荣牵头负责，报纸法人代表为周激流（成都大学校党委副书记、校长），总编辑为张其佐（成都大学校党委副书记），主编为徐涛（成都大学党委宣传部部长）。报社下设新闻部、评论部、摄影部等 6 部门。创刊初期，《成都大学》校刊编辑由校内各部门抽调人员兼职组成。

《成都大学》校刊为 4 开 4 版，辟有校园动态、前进中的成大、读者来信、学术信息等栏目。其间，还出版校刊荟萃、高教之窗等增刊。从2005年3月25日总第171期，《成都大学》校刊扩为8版，分别设有要闻版、综合新闻版、理论实践版、专题版、科研/图书馆专版、成教之窗、校园内外和文艺副刊。

2005年，《成都大学报》有行政人员2名，采编人员7名，其中高级职称3人、中级职称5人、初级职称1人。另组建有学生记者团，有近100位学生通讯员、记者、编辑。

《成都大学报》面向校内师生自办发行，1994—2005年，单期发行5000份。

二十二、成都电大报

1988年1月26日成都广播电视大学校刊《成都电视大学》创刊，1999年4月5日纳入高校校报系列，报名《成都电大报》，月刊，4开4版，由中共成都广播电视大学委员会主管主办。《成都电大报》的办报宗旨是宣传党的教育方针，传递中央电大及学校教学、教务、管理等方面的有关精神、信息、动态和要求，传播当代远程教育的新知识和新动向，以提高学校学生的综合素质，促进学校教育事业的不断发展。

《成都电大报》实行党委领导下的编辑部负责制。截至2005年，历任总编辑有曾宪吉（1988.01—1996.12）、孙国林（1996.12—2004.03）、扬伟（2004.03—2005.03）、黄世宪（2005.03—）。在编在岗5人，其中高级职称2人、中级职称1人，采编部门2人、非采编部门3人。

《成都电大报》1版为要闻版，2、3版为教学版，4版为副刊。

1994—2005年，《成都电大报》每期发行4000份。

二十三、成都纺专报

《成都纺专报》创办于1994年9月10日，1999年4月获国内统一刊号，成都纺织高等专科学校党委主管主办。办报宗旨是坚持服从和服务于学校中心工作，实事求是、客观公正地报道学校改革、发展中的重大事件，贴近师生、贴近生活、贴近实际。《成都纺专报》发挥宣传教育、指导工作、弘扬正气、传播信息、普及知识、文化娱乐的功能，成为校园文化中不可或缺的组成部分。

校报实行党委领导下的总编辑负责制，总编辑由校党委书记兼任。1994年10月至1997年12月总编辑陈文明，1997年12月至2005年12月总编辑王允昌。总编辑下设主编，由校党委宣传部主要负责人担任，负责报社日常管理工作。主编下设常务编辑和校报学生记者团。

《成都纺专报》1、2版为新闻版，3版为综合版，4版为副刊版。设有就业瞭望台、走街串巷、音乐书屋、心灵瑜伽、体坛沙龙、情感氧吧、传承中华美德等栏目。

《成都纺专报》为4开4版月报，每年发行10期，每期印数为2000份。截至2005年12月，共出版112期。

二十四、电子高专报

《电子高专报》由中共成都电子机械高等专科学校党委主管主办，党委宣传部编辑出版。1998年10月创刊，1999年4月获国内统一刊号。《电子高专报》从创刊至2000年6月为每月15日出版，每期4版，全年10期。从2000年7月1日开始出版时间更改为每月1日。2000年4月4月起第4、6、10、12月加出增刊，扩至8个版，其余月份为4开4版，每期印数为3500份。扩版后信息量加大，深度报道增多，开辟更多的专栏，制作了更多的专版。

报纸历任总编辑有门从国（1998—2002.5）、吴亚梅（2002.6—）。未设专职编辑，由学校宣传部人员兼职编辑报纸。

二十五、阿坝师专报

《阿坝师专报》由中共阿坝师专委员会主管主办。《阿坝师专报》坚持党的办报方针，积极宣传党的路线、方针、政策，围绕学校党委的中心工作，坚持正确的舆论导向，按新闻工作的客观规律进行正面的宣传报道，成为宣传教育的阵地，信息沟通的桥梁，培养人才的摇篮，活跃校园文化的舞台，在学校的改革发展中发挥着重要作用。

阿坝师专是1978年12月在四川省威州民族师范学校高师班的基础上建立起来的省属全日制普通高等专科学校，1977年4月威州民族师范学校创办4开4版刻印小报《校刊》。阿坝师专与威州民族师范学校共同办学时，把《校刊》改为4开4版铅印小报《学习》，不定期出版，主要面向校内发行。随着阿坝师专的建立和发展，由中共阿坝师专委员会主管、主办的《阿坝师专报》于1985年5月10日创刊，1999年4月28日获得国内统一刊号。

《阿坝师专报》总编辑由校党委书记景亚新兼任，任职时间2001年9月。校宣传统战部副部长宋明兼任副总编辑，任职时间2001年9月。《阿坝师专报》先后成立七届编委会。

《阿坝师专报》为4开月刊，全年共编辑出版8期。1版为要闻版，2版为学术版，3版为校园生活版，4版为文艺副刊版。开设有教改探索、校园论坛、校园短波、理论学习、心理健康、新生指南、就业指南等栏目。

1994年，报社设主编1人，副主编1人。编委会组成人员5人，编辑4人。其中副高职称2人、中级职称4人。牟乃尧任主编，周体俊、柳祖元任副主编。2005年，报社设主编1人，副主编1人，编委会组成人员6人，编辑4人。其中副高职称4人、中级职称3人。

《阿坝师专报》1994年期发行量3000份，2005年期发行量5000份。

二十六、四川交通职业技术学院报

《四川交通职业技术学院报》于2004年4月创办，由中共四川交通职业技术学院委员会主管主办。

《四川交通职业技术学院报》设有编委会，主任由院党委书记侯钫担任，副主任由院党委副书记、院长魏庆曜和院党委副书记、副院长王东平担任。学院党委办公室主任和副主任分别担任主编和副主编。院报下设采编部门和非采编部门。

《四川交通职业技术学院报》为月刊，4开4版，版面分别设置有校园要闻、教学纵横、校园生活、文学副刊4个版。要闻版主要记载和宣传学院当月的核心新闻事件，教学纵横版主要记录学院当月关于教育教学和招生就业工作方面的中心工作，校园生活版主要展现校内学生丰富多彩的校园文化生活和各类志愿者活动，文学副刊版主要是为学生搭建文学创作的平台。

《四川交通职业技术学院报》采编部门总人数为19人，其中研究生及以上1人、本科4人、大专14人、教授1人、副教授2人。非采编部门总人数为16人，其中研究生以上6人、本科10人、教授1人、副教授2人、讲师2人。

《四川交通职业技术学院报》从2004年4月创刊以来每年发行1.6万份，截至2005年12月期发行量2.4万份。

第三节 党校报

一、四川党校报

《四川党校报》由中共四川省委党校、四川行政学院主管主办，是为全川党校、行政学院工作和干部培训工作服务并给予业务指导的综合性报纸，1999年5月1日全国公开出版发行。办报宗旨是及时、认真、准确地报道中央和省委的重大方针政策，传递党校干部教育、科研、管理方面的信息、经验、动态，为加强和发展党的教育事业服务，为中国特色社会主义建设服务。

四川省委党校校委委员、教育长吴志强担任《四川党校报》总编辑，编辑部下设编辑部主任、责任编辑、编务等，主编、责任编辑职称都是副高以上。

《四川党校报》为全彩4开4版。1版为要闻版，主要报道省委重要的方针政策，省委党校干部教育的信息及四川省党校系统和干训工作的动态、经验。2版为理论学习版，主要反映社会科学理论研究的新成果、新观点，并根据形势需要，及时刊登一些理论辅导文章。3版为教学培训版，主要反映党校干部培训教育教学研究的经验和成果。4版为综合文化版，主要反映党校新风新貌、学习心得、诗歌散文等。

《四川党校报》半月1期，全年共20期（寒暑假停刊），每期印数1500份。

二、成都党校报

《成都党校报》创办于1999年4月28日，6月出版，4开4版。《成都党校报》原名为《成都干部学院报》，2003年9月成都干部学院建制撤销，2004年4月《成都干部学院报》更名为《成都党校报》，由中共成都市委党校主管主办。《成都党校报》坚持理论联系实际，牢牢把握新闻报道规律，坚持正确的办报宗旨和理念，紧紧围绕中央、省市委各个时期的路线、方针、政策和本校的中心工作开展理论宣传工作；坚持为学校中心工作服务、为教学科研服务、为基层党校建设发展服务、为成都市干部培训工作服务。

《成都党校报》历任主编有康超光、程显煜、李奇。到2005年，主编由副校长邵昱兼任，副主编有梁吉充、赵汝周、何周富。

《成都党校报》1版为信息，2版为理论，3版为综合，4版为综合与文化。

《成都党校报》共有2名专职人员、1名副主编、1名专职人员负责采编工作，均为编辑专业职称。

《成都党校报》每期印刷1000份。

第九章　新闻期刊、网络新闻

1994—2005 年，四川省有 3 家新闻期刊、3 个网络媒体平台。分别由中共四川省委、四川省监察厅、四川日报报业集团、四川省委宣传部、四川在线新闻网有限公司、华西都市报和四川移动通信有限责任公司主管主办。《四川党的建设》的报道重点是全面准确及时地宣传党在新时期的路线方针政策和四川省委的重要工作部署，为四川省全面建设小康社会提供舆论支持。《廉政瞭望》的宣传重点是报道国内外反腐倡廉经验信息、正反典型、业务知识、政策条规等。《新闻界》主要是报道国内外新闻传播信息，荟萃新闻传播理论及业务实践成果。《四川新闻网》《四川在线》《华西手机报》主要是利用新的传播手段编发传播国内外政治、经济、文化、娱乐、社会生活等方面的信息。

四川省新闻期刊、网络新闻一览表

表 1－9

报　名	刊　号	创办时间	社　址
四川党的建设	CN51－1417/DCN51－1377/D	1958. 1	成都市青羊区商业街 16 号
廉政瞭望	CN51－1338/D ISSN1007－4317	1989. 1	成都市青羊区商业街 16 号
新闻界	CN51－1046/G2 ISSN1007－2438	1985. 3	成都市红星路二段 70 号
四川新闻网	域名：www. newssc. org	1999. 1	成都市高新区高朋大道 3 号东方希望 A 座 1008 室
四川在线	域名：www. sconline. com	2000. 9	成都市红星路二段 70 号
华西手机报		2005. 9	成都市红星路二段 70 号

第一节　新闻期刊

一、四川党的建设杂志

《四川党的建设》由中共四川省委主管主办，其前身是 1958 年 1 月 1 日起于《四川农民报》出版的“周日专刊”——《支部生活》。1959 年 1 月改为月刊，由《支部生活》编辑部编辑出版，成都市邮局发行。其后刊名作了 4 次调整，1991 年 7 月改名为《四川党的建设》，1993 年 1 月分为《四川党的建设·城市版》和《四川党的建设·农村版》两个版本同时出版。同时，四川党的建设杂志社在1993年、1994年还相继编辑出版内部刊物《干部文摘》和《党建内参》。1994年四川党的建设杂志社出版发行《四川党的建设·城市版》《四川党的建设·农村版》《干部文摘》《党建内参》4种刊物。

四川党的建设杂志社为省委序列二级局（副厅级）建制的自收自支事业单位，日常工作由省委宣传部管理。1993年9月至2001年7月，历任总编辑吕红文（兼社长）、朱启渝，历任副总编辑尹邦良、左绍和、张执让、李多能，历任副社长张泽刚。2001年4月16日省委决定以省委机关刊《四川党的建设》为核心组建四川党建期刊集团，从2001年8月至2005年底，历任党委书记、管理委员会主任罗鸣、何志勇，总编辑何志文，总经理张泽刚，副总编辑张执让。四川党的建设杂志社设有办公室（总编室）、农村版编辑部、城市版编辑部、发行部、广告部等机构。

《四川党的建设·城市版》主要栏目设置有卷首语、速览四川、速览中国、本刊特稿、党刊时评、天府新论、高端访谈、国际观察、经济视点、热点关注、文化看台、天府英才、多彩人生、党建纵横、借鉴交流、大浪淘沙、党史回眸等。

《四川党的建设·农村版》主要栏目设置有本刊评论、“三农”资讯、政策解读、书记访谈、本期关注、一线报告、党建视点、战斗堡垒、借鉴交流、部长论坛、封面人物等。

1994年，党建杂志社有员工45人（在编员工33人，聘用制职工8人，离休人员4人），其中中级职称以上10人。2005年，有员工54人（在编员工28人，聘用制员工12人，离退休人员14人），其中中级职称以上18人。

《四川党的建设》发行分为自办发行和邮局订阅两种，以自办发行为主。1994年《四川党的建设·城市版》期发行量19万余份，《四川党的建设·农村版》期发行量56万余份，《干部文摘》期发行量5万余份，《党建内参》期发行量3万余份。2005年《四川党的建设·城市版》期发行量12万余份，《四川党的建设·农村版》期发行量31万余份，《生活之友》（原《干部文摘》）期发行量3万余份。

二、廉政瞭望杂志

《廉政瞭望》前身是《四川监察》，创刊于1989年1月，是四川省监察厅的机关刊物，由四川省监察厅主管主办。月刊，出版日期为每月1日。《廉政瞭望》的办刊宗旨是坚持正确的舆论导向，高举反腐倡廉的旗帜，为广大读者提供反腐倡廉经验信息、正反典型、业务知识、政策条规等内容；介绍世界各国（地区）反腐败的信息，为推动廉政建设和反腐败斗争服务，为经济建设服务。

1993年省纪委、省监察厅合署办公，《四川监察》与原省纪委主管的刊物《党风党纪月刊》也合署办公。《党风党纪月刊》1989年创刊，曾用名《四川纪检》《四川纪检工作》，主管单位是中共四川省纪委。合署办公后《四川监察》的主管单位仍为四川省监察厅，由省纪委杂志社具体主办，统一管理，实行一套机构、两块牌子。1998年6月，《四川监察》改版为以党风廉政文摘为主要内容的刊物，成为全国唯一以反映党风廉政建设和反腐败斗争信息动态、成果为主要内容的文摘期刊。2002年5月《四川监察》更名为《廉政瞭望》。2002年9月《四川监察》启用《廉政瞭望》新刊名，2003年12月划转到四川日报报业集团。划转后，《廉政瞭望》一月两刊同时出版，分市场版、赠阅版。办刊原则是读者至上，“不媚俗邀宠，不粉饰太平”，奋斗目标是打造中国最具吸引力的反腐杂志。

《党风党纪月刊》属自收自支事业单位，《四川监察》属财政拨款机关刊物。1993 年合署后两刊皆属自收自支事业单位，2003 年划转后仍属自收自支事业单位。1993 年合署后总编辑为廖军武，《党风党纪月刊》主编为吴光镭，副主编为陈中华、王玉生、廖翥。《四川监察》社长为王玉生，主编为陈中华、秦明。2001 年欧可智兼社长、总编辑，廖翥为常务副社长兼副总编辑，田玮任《党风党纪月刊》主编，徐青山任《四川监察》主编。2003 划转后，省纪委常委欧可智兼社长、总编辑，廖翥为常务副社长兼副总编辑。2004 年欧可智任顾问，廖翥任总编辑，胡桂林任副总编辑。

《党风党纪月刊》1989—1997 年为 32 开 48 页，1998—2003 年为 16 开 48 页。《四川监察》1989—2002 年为大 16 开 48 页。《廉政瞭望》（市场版）2003—2004 年为大 16 开 56 页，2005 年后为大 16 开 60 页。主要栏目有卷首、特别策划、时政观察、反腐特别报道、新视点、世相、视野、悦读。

《党风党纪月刊》1989 年创刊时发行量 12 万册/月，1992 年顶峰时期达到 52 万册/月。2003 年划转时《党风党纪月刊》13 万册/月，《廉政瞭望》7 万余册/月。2003—2005 年《廉政瞭望》市场版平均月发行量 16 万册，赠阅版免费赠阅。1994—2003 年员工人数 16 人，2004—2005 年员工人数 7 人。

三、新闻界杂志

《新闻界》创刊于 1985 年 3 月。1994—2000 年，主管单位为四川日报社，2001—2005 年主管单位为四川日报报业集团。1994—2000 年主办单位为四川日报、四川省记协、四川省新闻学会，2001—2005 年主办单位为四川日报报业集团、四川省记协、四川省新闻学会。办刊宗旨是提供国内外新闻传播发展信息，荟萃新闻传播理论及业务实践研究成果，促进新闻传播实践和理论研究发展。

1994—2000 年实行四川日报社党组领导下的主编负责制，2001—2005 年实行四川日报报业集团党委领导下的主编负责制。1994 年 1—12 月艾风任主编，1995 年 1 月至 2001 年 10 月何光珽任主编，2002 年 1 月至 2003 年 12 月黄晓钟任主编。历任副主编有廉正祥（1995. 6—1996. 6）、肖晓东（1996. 6—1998. 10）、赖新蜀（2001. 10—2001. 12）、沈淮（2004. 1—2005. 12）。下设编辑部负责编辑出版和发行工作。

《新闻界》开设有本刊专稿、理论探讨、业务研究、在地市州报战线上、传播学研究、新闻改革、好稿探源、媒介经济、广电时空、新闻教育等专栏。

1994 年，有员工 11 人，其中高级编辑 2 人、主任编辑 2 人、编辑（中级职称）2 人。2005 年，有员工 3 人，其中主任编辑 1 人、编辑（中级职称）1 人。

1994 年期发行量 8000 份，2005 年期发行量 4000 份。

第二节　网络新闻

一、四川新闻网

四川新闻网（www. newssc. org）于 1999 年 1 月开通，为中共四川省委宣传部主管主办的直属事业单位，是四川省最大的综合性门户网站和重点新闻门户网站，被国务院新闻办列为全国六大地方重点新闻网站之一。该网“传输速度快捷，覆盖面广、可容量大”。四川新闻网的职责是按照省委、省政府领导的要求，做好互联网上四川省情的宣传工作。按照省委宣传部要求，负责全省报纸、广播电台、电视台、期刊上互联网宣传的具体实施工作，对上网信息进行把关。及时采写、编发宣传四川政治、经济、文化等方面的新闻，以中英文两种文字上互联网，向国内外宣传四川。

《四川新闻网》成立初期，总编辑兼任四川新闻中心主任，全面负责人事、财务、行政、宣传思想政治工作，常务副总编辑协助总编辑工作。1999 年 1 月至 005 年 4 月，第一届法人代表张声远任总编辑，万世红任常务副总编辑。2004 年 2 月至 05 年 4 月万世红主持工作。2004 年 4 月底，四川新闻网为确保网络信息安全，成立以张丹宁为组长的网上信息安全领导小组。2004 年 4 月是新闻网发展历程的转折点，进一步明确了网站的权威会议（总编辑办公会）和领导体制（党委领导下的总编辑负责制）。2005 年 4—12 月由总编辑张丹宁主持网站全面工作。从 2005 年 4 月起由副总编辑郑鸿负责网站新闻宣传工作，副总编辑魏翔宇负责网站经营及技术工作。

《四川新闻网》成立初期有 7 个部门：办公室负责行政、文秘、内务工作，编辑部负责本地新闻编发工作，记者部负责省内重大时事的采写工作，夜班部负责编发更新稿件，技术部负责设备的维修，电视部和信息中心负责经营创收。2004 年 3 月底根据发展需要，对网站内部机构进行调整，在原有 7 个部门的基础上增设评论部、广告策划部、财务部，合计 10 个部门。

四川新闻网站主要是以时政新闻为主资讯为辅的综合性地方门户网站，自开通以来从最初的 30 余个频道发展到 70 个频道，包括 11 个时政频道，20 个资讯频道，29 个地方频道，7 家系列网，24 家电子媒体。网站开设有 62 个频道，形成覆盖时政、经济、社会、教育、生活等各个领域的完整内容链，拥有四川文明网、四川警察网、四川三农新闻网、中国川剧网等多个系列网，具有网络电视、手机报等互联网新业务资质，开办有四川手机报、四川网络电视等新媒体业务。自办出版刊物有《品牌时代》杂志。同时拥有全国第一家跨省际的网络媒体——中国西部网，四川新闻网是中国互联网对外宣传西部联盟执行主席单位。

《四川新闻网》1999 年有员工 30 人，2005 年有员工 72 人。其中高级记者 1 名，主任编辑、主任记者 2 名，会计师、工程师、中级翻译 4 名，助理会计师、助理编辑、助理工程师 7 名。

四川新闻网日更新稿量几千条，日均页面流量 60 多万，社区每天页面浏览量 60 多万，论坛开办数量 200 多个，每天发贴数量上万条。麻辣社区是川网知名品牌栏目，注册会员达 50 多万名。

二、四川在线

2000 年 5 月 8 日四川日报成立四川在线编辑部，2000 年 9 月 16 日四川在线使用独立域名（www. sconline. com）开通上线，2000 年 11 月 16 日四川日报报业集团与中国电信四川公用信息产业有限公司共同出资组建四川在线新闻网有限公司（2002 年 8 月 4 日更名为四川日报网络传媒发展有限公司），四川在线定位为综合性专业新闻网站。

作为四川日报报业集团的网上形象代表，四川在线全权负责报业集团各报（刊）网络版的制作、发布及对外信息交换、交流业务，并以其发布新闻的“权威、即时、全面、准确、客观、专业、原创”的品牌形象，被公认为四川新闻在网络上最权威的声音。

四川在线采用公司化运作，最高决策机构为董事长领导下的总经理办公会。2000 年 11 月至 2003 年

12 月董事长、总经理、总编辑刘传建，2000 年 11 月至 2005 年 5 月副董事长苗伟，2000 年 11 月至 2003 年 12 月副总经理李守卫，2002 年至 2003 年 2 月副总经理余震，2003 年 10 月至 2005 年 12 月董事长高崇智（兼），总经理、总编辑李守卫，副总经理刘卫、柯纯。下设新闻部、资讯部、技术部、短信增值业务部等业务部门。四川在线成立之初设有 6 大类 15 个频道 70 多个栏目。四川在线成立初有员工 16 人，2005 年末有员工 59 人。2005 年末网站日均 IP 访问量达 20 余万人次。

三、华西手机报

2005 年 9 月 1 日华西都市报社与四川移动通信有限责任公司在成都郑重宣布双方强强联手推出的中国西部第一家手机报——《华西手机报》正式启动。《华西手机报》是一项基于移动通信的新闻、信息资讯类短信、彩信增值电信业务，读者必须是四川移动用户，要自备一部开通 GPRS 功能且支持彩信的手机。《华西手机报》与纸介媒体《华西都市报》同步发行，提供包括新闻、体育、娱乐、文化、财经、生活在内的多个信息产品，用户可根据自身偏好自主选择信息产品。《华西手机报》以“个性化资讯提供商”为己任，并着力倡导“我的新闻我掌握”这一现代阅读理念，充分尊重读者的阅读习惯，将阅读的主动权交给读者，赢得读者的信任与尊重。

彩信版《华西手机报》包含《华西都市报》当天的要闻、国内、国际、成都、体育、娱乐板块的精彩新闻内容。手机上网版《华西手机报》则包含《华西都市报》每天的今日焦点、精彩导读、要闻、国内、国际、成都、巴蜀、财经、体育、娱乐、影视板块的主要新闻内容。

《华西手机报》在运营初期采取比较明确的定位与营销策略，使得项目运营平稳有序。一是因地制宜与强强合作，谋求地域化的数字媒体定位。二是在内容方面，连续策划独特的新闻看点。推出“黄金周特别报道”；开通短信互动通道；在“神舟六号”载人飞船发射之际，开通手机报直播报道；推出全国第一份手机报号外。

《华西手机报》自 2005 年 9 月 1 日创刊以来，先后推出彩信版、WAP 版以及电信声讯版，以满足各个层面读者的不同需要。在为期两个月的免费体验期中，阅读体验的读者已逾 8 万人。截至 2005 年 12 月 31 日收费订户月均达到近 1 万人，其中 8 元包月的精华版订户占 90%。

第二篇　新闻业务

新闻业务是新闻宣传工作的重要方面。新闻业务水平高低决定着新闻宣传的成效。1994—2005年期间的四川报业在新闻类别、采编业务和新闻创新等方面大胆探索，取得明显成效。

在新闻创新上，四川报业坚持正确舆论导向，不断加强和改进舆论监督，努力践行贴近实际、贴近生活、贴近群众的“三贴近”原则，着力改进会议和领导人活动报道，不断提高新闻宣传艺术。正确的舆论导向是新闻宣传工作的首要任务。各报坚持政治家办报，紧紧围绕党委和政府的中心工作进行宣传报道，为四川的改革发展稳定营造了良好舆论氛围。在坚持正面宣传为主的同时，各报以批评报道和内参等多种方式进行舆论监督，把舆论监督的落脚点放在党和政府意志与人民群众呼声的结合点上，做到帮忙不添乱，把握好时机和分寸，在政策法规的范围内开展监督，注重监督的社会效果。“三贴近”不仅是马克思主义新闻观的体现，也是增强报纸吸引力的重要途径。各报通过建立一系列规章制度和改版等多种方式实现新闻宣传的“三贴近”。改进会议与领导人活动报道是“三贴近”的重要实现路径。各报纷纷压缩一般性会议与领导人活动报道，把更多的版面和镜头让给基层干部群众。同时，注重从百姓关心的角度报道会议和活动，跳出会议和活动本身抓取鲜活新闻。在报道的内容和形式上不断创新，坚持办出特色，提高引导水平，涌现了一批导向正确、质量稳定、个性鲜明、群众喜爱的报纸和名牌栏目。在采编业务管理上，各报不断完善编务程序和管理制度，在各个采编环节进行创新优化，形成有机整体，运转高效。在新闻采写上，规范新闻采访和写作流程，创新采访和写作方法。在新闻编辑上，运用多种编辑手段，强化策划意识，使报纸的内容和形式得到有机统一。与此同时，各报还完善和充实了专门从事群众工作的部门，大力发展通讯员队伍，认真处理好人民群众来信来访，将报纸的群众工作作为党和政府联系人民群众的重要桥梁和纽带。

在新闻类别上，四川报业完善发展了政治经济、文化体育、社会民生、评论理论、专刊副刊、美术摄影等新闻报道体裁。时政报道将党务政务信息作为独特新闻资源做深做透做活，着力增强报道的可读性和服务性。经济报道随着党的工作转向以经济建设为中心而大幅增加，报道内容从过去的地方、部门经济成就、一厂一店报道，转向经济分析、经济解读、经济人物、经济事件等深度报道、系列报道、解读报道。文化报道从传统的以文艺作品为主发展到综合的文化报道，满足人民群众日益增长的文化需求。体育报道从体育赛事的报道向体育比赛、体育明星、全民体育等多个领域拓展，报道的表现形式越来越丰富精彩。社会民生的报道充分体现了以人为本的理念，成为这一时期新闻报道的亮点。各报紧紧围绕与百姓生活息息相关的就业、居住、医疗、教育等方面设置栏目，推出专版，从内容到形式呈现出明显的亲民化趋向。评论理论作为报纸的灵魂和旗帜，为党委政府的宏观决策建言立论，引导读者的思想观点，回答群众关心的热点问题，增强报纸的吸引力和影响力。专刊副刊在这一时期得到了大发展，从纯粹的文学副刊逐渐发展到新闻类、文艺类、社会类、法制类、经济类、教育类、生活类等各种专刊副刊，内容和形式不断得到拓展。美术摄影经历了从美化报纸的从属地位到与新闻文字报道同等重要的转变，各报纷纷开设各种美术摄影栏目，美术摄影报道与文字报道密切配合，提高了报纸的可读性。

第一章　新闻创新

1994—2005年间，四川报业坚持正确的舆论导向，坚持新闻的党性原则和正面宣传为主的方针，传播信息，凝聚力量，鼓舞斗志；坚持处理好正面宣传为主和适度进行舆论监督；坚持处理好新闻宣传与增强新闻可读性、感染力的关系，努力践行“贴近实际、贴近生活、贴近群众”的“三贴近”原则；坚持改进会议与领导人活动报道，压缩一般性会议与领导人活动报道，把更多的版面让给基层干部群众；坚持把提高新闻质量和把握时代脉搏统一起来，不断提高新闻宣传艺术和舆论引导水平，出现了一批导向正确、质量稳定、个性鲜明、群众喜爱的报纸名牌栏目。

第一节　舆论导向

“舆论导向正确，是党和人民之福；舆论导向错误，是党和人民之祸。”这一时期的四川报业，特别是各级党报，把坚持正确的舆论导向放在新闻宣传工作的首位，坚持政治家办报，牢固树立政治意识、大局意识、责任意识、阵地意识，坚持团结稳定鼓劲、正面宣传为主的方针，坚持为人民服务、为社会主义服务、为党委政府工作大局服务的方向，认真宣传好党的路线、方针、政策，积极引导社会热点，在牢牢把握好政治导向的同时，认真把握好思想导向、价值导向、知识导向、行为导向、生活导向，为四川的发展稳定营造了良好的舆论氛围。

一、党报及新闻网站

1994—2005年，《四川日报》紧紧围绕中国共产党的十四大、十五大、十六大以及全国全省“两会”、香港澳门回归、中华人民共和国成立50周年、西部大开发、抗击“非典”等不同时期中央和省委中心工作，国际国内关注的大事要事和省委、省政府的重大决策部署开展宣传报道，从服从服务于改革发展稳定大局出发，精心策划，把权威性、指导性与群众性、贴近性更好地结合起来；把抓好战役性宣传与提高日常报道质量更好地结合起来；把物质文明建设的宣传与精神文明建设的宣传更好地结合起来，不断加强重大主题、重大活动、重大典型、重大战役性报道和重要评论、言论的宣传，唱响主旋律。

《四川新闻网》始终坚持正确的舆论导向，增强新闻宣传的针对性、实效性和吸引力、感染力。2003年着力打造了《麻辣社区》品牌栏目，2005年又推出了《太阳鸟》时评栏目。为确保新闻网的导向正确，2004年8月，《麻辣社区》有了第一位专职管理员。2004年11月8日，为保证网上信息安全，新闻网取消了所有版主的审核权限，所有内容由专职管理员进行审核，专职管理员增至3人，实行24小时值班制。通过这些栏目和专门的活动，四川新闻网加强了对网发舆论的引导能力，增强了网站的公信度。

《成都日报》恢复出刊后，提出创办“新型城市党报”的办报目标和“面向全市广大干部群众，准确、鲜明、生动地宣传中央和省、市委的方针政策，及时、如实、充分地反映人民群众的意愿，宣传成都的两个文明建设，坚持正确舆论导向，在成都市的舆论宣传中发挥主渠道作用”的报纸定位，先后策划推出了市委、市政府加快投资体制改革、城市环境综合整治、东郊工业结构调整、高新西区建设、沙河整治工程、为民办实事等重大题材报道，以及“我眼中的文明市民”大型推荐策划活动，发挥了正确的舆论导向作用。2001年成都市政府颁布《关于加快成都市投资体制改革的决定》后，《成都日报》在报道消息的同时，用多种直观表达形式对该决定内容进行详尽而贴近读者的生动表达。2005年7月1日《成都日报》改版后，确定了“办中国西部最好的城市党报”的办报目标和“权威、深度、责任”的办报新理念。2005年，《见证成都——建设者丰碑》聚焦首届建设成都杰出贡献奖评选活动的报道，以及成都争创全国文明城市、项目年等重要党务政务活动的报道，充分体现了党报在重大党务政务活动和重大经济活动中的舆论引导主渠道作用。在报道好全省、全市重大新闻的同时，《成都日报》围绕市委市政府的重大决策和热点话题不断推出有影响的社论和评论员文章，从共享的党政信息资源中整合出独家视点。2005年成都市召开“三个集中工作现场会”期间，《成都日报》刊发《一个必须正确认识的问题》等评论，确立正确的舆论导向，澄清当时干部中存在的一些困惑和疑虑，同时刊发《“真有点坐不住了”》等现场新闻稿件，鲜明地再现了成都市领导干部迸发出的创业激情。同年推出的《拟任县处级干部政考系列报道》《干部用人学唐僧善用差异出动力》等深度报道，生动诠释了党政具体工作的内涵；配合市委市政府及相关部门开设的《12345市长公开电话市长信箱回音》《成都人事任免》等专栏，拓宽和丰富了要闻报道的内容；与纪委联办的《党风廉政》专栏，以创新性的深度报道形式，在中纪委举办的“首届全国省级媒体反腐倡廉优秀栏目”评选中获得报纸类优秀栏目一等奖。

《攀枝花日报》坚持以市委、市政府的工作部署为主题，从市委、市政府的决策、举措和具体项目着手，为维护全市人民的根本利益和社会稳定营造良好的舆论氛围。1996年，围绕攀枝花市实现“经济体制从传统的计划经济向社会主义市场经济体制转变，经济增长方式从粗放型向集约型转变”，《攀枝花日报》连续发表6篇评论员文章，刊发市委政策研究室、市计委等单位负责人7篇体会文章；同时报道攀钢等大型企业抓住两个突破口，实现“两个根本转变”的做法和体会，为引导和推动全市各行各业转变观念，实现“两个根本转变”发挥了重要的舆论引导作用。

《南充日报》在舆论导向上着重把好三个关口。一是大政方针知晓关。坚持每周一次政治业务学习制度，总编辑定期向编采人员推荐必读的时政文章和新政策法规，让大家“紧跟形势”；二是政策法规审查关。每天的编前会，对第二天见报稿进行集体把关。对重大新闻和突出事件的报道坚持向市委、市政府或上级主管部门送审；三是强化监督追究关。制定了差错处罚制度，凡发生重大导向性差错的，在编人员待岗，招聘人员辞退。

《遂宁日报》强化编采人员三个意识。一是党性意识。每周编务会、每天编前会以此为准绳，进行稿件的把握和筛选。二是政治意识。严格按照记者——编辑——责任编辑——值班副总编——总编辑的审稿程序，严把稿件导向关。对重要领导、重大政治活动的稿件，坚持向上级部门或主要领导汇报并送审。三是责任意识。从稿件形成到报纸出版，各采编流程都有记录，各流程环节对本流程工作负责。

《雅安日报》从三个方面做好舆论导向的把关。一是全面。时政新闻、经济新闻、社会新闻、文化新闻等都要全面把握导向。二是全程。从新闻素材选择、加工、写作，到编辑、审稿、组版，都要用政治眼光来处理和把握。三是全员。要做到全员讲导向，人人心中有导向。

二、都市报及晚报行业报

都市报、晚报和行业报在坚持正确舆论导向前提下，更加注重民生视角，注重可读性。

《华西都市报》提出"让党和人民都满意"的办报理念，努力把宣传党和政府的方针政策与市场化的办报风格紧密结合，成为引导人民积极投身改革开放和全面小康社会建设的有力阵地。1995年8月，《华西都市报》策划了"府南河大合唱"报道方案，向群众宣传政府拆迁、安置、补偿等政策，同时把群众的呼声和建议向政府反映，在政府与百姓之间搭建起了一座沟通的桥梁。

《成都商报》坚持"政治家办报，企业化管理"运作模式，将舆论导向置于市场竞争之上。建立了值班总编辑把关责任制和稿件"四审制"。1998 年 4 月制定了《关于办报思想和版面内容的若干规定》。2003 年增设专职"第一读者"，在报纸付印前把关审读，发现问题及时修改，重新出片，以确保版面无重大政治差错。

《成都晚报》调整为社会生活类报纸后，进一步突出"民生为本"的办报宗旨，在舆论导向上以平民化的姿态贴近老百姓的现实生活。2005 年 6 月 10 日，《成都晚报》推出《妈妈我不回家我要医病》的报道，3 岁白血病患儿对生命渴望的哀求声紧紧揪住了读者的心。6 月 22 日，又报道了另一名同样患了白血病的 8 岁女孩在医院里代替不识字的养父，用所学的为数不多的文字，在病历本上写下了"自愿放弃对余艳的治疗"。此报道立即引起轰动，国内各大门户网站新浪、网易、中华网、四川新闻网等和十余家报纸，以及中央电视台均转载转播了此消息，新一轮"医疗救助"报道的序幕由此拉开。此次报道历时近 3 个月，为建立儿童医疗保障体系营造了强烈的舆论氛围。在媒体的舆论引导下，2005 年 9 月，成都市建立了"少儿住院互助金"，成为全国第三个为儿童建立基本医疗保障体系的城市，许多学校将其列入了学生德育教育课内容。在随后的时间里，有 1 万名左右的儿童以这种"互助共济"的方式，得到了一定程度的救助。

《南充晚报》在坚持正确舆论导向上，切实处理好三个关系。一是指导性与娱乐性的关系。建立了记者漏采、编辑漏编重要时政新闻责任追究制。从 2001 年创刊到 2005 年底出版的 1200 多期报纸中，时政新闻占头条发稿数的 60% 以上。二是思想性与可读性的关系。从标题到正文处理，克服一味猎奇的观念。尤其在编发案例稿件时，不渲染气氛，不刻画细节，并配发言论进行正面引导。三是学政治与学业务的关系。对职工进行培训时，都要组织政治理论学习，理解"政治家办报"的含义。在每周一次的学习中，把党和政府各个时期的方针政策、中心工作作为主要学习内容。从 2001 年创刊以来，《南充晚报》没有发生舆论导向的问题，采编人员也未发生重大违纪行为。

《攀枝花晚报》围绕市委、市政府工作大局，贴近市民日常生活进行宣传报道和正确引导。2001 年 3 月，在 A1 版开设《三个代表落实处百姓事儿记心间》栏目，对省、市领导下基层调研、解决问题，各行各业学习实践"三个代表"重要思想的好典型大力宣传报道。2002 年，A1、A2 版同时开设《喜迎十六大辉煌献给党》栏目，A4、A6、A7 版分别开设《盼盛会办实事》《颂歌献给十六大》栏目，共发稿 423 篇。

《绵阳晚报》紧扣党委政府中心工作，重大主题报道声势大效果好。2001 年，配合绵阳市创建环保模范城市，记者深入涪江全线实地考察，对涪江沿线的环保状况、民俗风情、人文历史以及两岸人民发展经济的事迹进行连续报道。为纪念中国共产党成立 80 周年，记者分兵 6 路，行万里，访圣地，一系列报道凸显“天大地大不如党的恩情大，千好万好不如改革开放好”的主题。

《泸州晚报》2001 年创刊之际，派出记者到珠江三角洲采访在那里打拼的泸州人，推出《在珠江三角洲寻梦的泸州人》大型系列报道。与泸州电视台共同举办“让泸州走向大海，让大海拥抱泸州”跨省采访活动，派出记者行程 1300 多公里，沿西南大通道经过川黔桂三省区采访报道沿途的风情民俗。举办“一条路与一座城市”座谈会，市政府领导和交通、旅游、新闻等方面和部门负责人参加会议，到会人员听取了跨省采访记者的汇报，并就如何发挥西南大通道的优势，把泸州推向世界，促进泸州经济进一步发展进行了讨论，为泸州如何依托西南出海大通道，促进泸州经济的跨越式发展提供了可资借鉴的参考素材。

《精神文明报》将积极促进和推进全国精神文明建设特别是群众性精神文明创建活动作为自己的办报宗旨。12 年来，先后推出《张家港经验》《达川贫困山区精神文明建设》《世纪回眸·20 世纪精神文明建设》《西部大开发与精神文明》《抗击非典与三个文明》等高质量的专题报道。

第二节　舆论监督

在把握好正确舆论导向的前提下，媒体通过舆论监督可以弘扬正气，服务民生。四川报业不断加强和改进舆论监督，把舆论监督的落脚点放在党和政府的意志与人民群众呼声的结合点上，坚持有利于推动工作，做到帮忙不添乱，注重舆论监督的社会效果。坚持实事求是，选题注重典型性，注重那些党和政府重视、群众关心并普遍存在、且通过努力可以解决的问题。在舆论监督报道中做到持之有据、言之有理，让事实说话，不以偏概全，不先入为主，不带个人主观色彩，把握好时机和分寸，在法律、法规允许的范围内进行舆论监督。

一、党报及新闻网站

《四川日报》于 1980 年 1 月起推出了《读者来信》专栏，被称之为“读者喉舌、政府镜鉴、监督园地”，后改为《读者来信》专版（每半个月一个版）。1995 年 1 月起改为《读者天地》专刊（每周一个版）。2000 年 5 月又改为《焦点调查》与《读者热线》，2004 年起，舆论监督稿件刊登在社会新闻版或其他新闻版中。

1995 年，《四川日报》先后刊登了《依法治路刻不容缓》《好心没办好事》《愿这样的事情不再重演》《这样的住宅令人深思》《不能让封建迷信死灰复燃》等文章，引起较大的社会反响。当年 10 月 3 日，《四川日报》第三版刊登的短文《“牛×”与“□□”》，对北京某报发表的专访《王朔论文坛风云》的错误用语提出了批评，指出“时下，‘牛×’、‘特牛×’这类市井痞子们的‘专业用语’”，都在不文明之列。

1996 年，《四川日报》在刊出《5·18 公车大迎亲》的批评报道后，以《科学精神与精神文明建设》为栏题进行了连续报道，社会反响强烈。针对成都市府南河工程中公共设施被破坏的现象，推出了《树立文明新风，做文明公民》的连续报道。围绕成都街头一孕妇当街临产，几位出租车司机截然不同的举动这一事件，连续发稿8篇，在社会上产生积极的反响。川报的“社会随笔”专栏，经常对社会上一些不良倾向、不良现象开展抨击。如《五花八门的“高教自考班”》批评了办教育中的商业行为。《当代校园忧思录》揭露了校园内的若干不良现象。

2000年，川报先后刊登了《计生费不是“唐僧肉”》《碧山乡：怎能如此收费》《天然林响起斧锯声》《威远县高考加分有舞弊》《“超级大班”令人忧》《大佛脚下污水横流》等引起极大社会反响的舆论监督文章。3月4日，川报二版刊载了《无形障碍为啥这么多——一位来蓉投资的台商的遭遇》一文。见报当天，省台办就责成四川省台商投诉中心有关人员前往处理。新都县委、县政府也立即召集有关部门负责人研究解决台商陈先生遇到的问题，并很快有了结果，问题得到圆满解决，在台商中产生了良好影响。

1994—2005年，四川日报共刊发2500多篇舆论监督稿件，其中大多数反映的问题得到切实解决。

“四川新闻网”在实践过程中形成了调查事件、采访专家、配发编后语、追踪事件进程和邀请受众评论等形式，丰富并完善了舆论监督机制。2004年起连续推出了《成都大医院开药无标价，药单到底有多“黑”》《凭啥不让住户自由选择电话运营商?》《四川省大竹民警擅自滞留导致重大案犯脱逃》《四川企业缺位红十字会爱心榜，拷问富豪们的善心》《是谁想逼“黑”泸州网吧》《成都新都为避开高额收费站花1亿元修建绕行路》等舆论监督稿件，对医疗、通信、文化、交通等多种社会现象进行调查和反思。具有显著成效的是《民怨沸腾：国道108线三河场收费站真相调查》，点击近30万人次，回复发帖超过1万条，创下当年四川新闻网同类贴文之最。四川新闻网在舆论监督上力求做到三点：一是舆论监督要形成合力，主要是加强与其他监督形式的配合与协调合作，争取纪委等专门监督机关的重视与支持；二是重视法律规范在舆论监督中的作用，不搞“媒体审判”，处理好舆论监督与司法公正的关系；三是实行新闻宣传和经营活动严格分开，确保正确舆论导向。新闻主业要保持客观公正，记者、编辑不得从事广告经营活动，以有效排除各种干扰，公正实施舆论监督。

《四川农村日报》舆论监督报道的重点，主要是各地各部门在执行中央和省委有关农村重大政策上不到位或走样的问题。例如1998年6月推出的连续追踪报道《江油市小溪坝镇出现严重违反国家粮食收购政策问题》，1998年7月推出的系列报道《百万资产在何处——村组巨额资产流失的思考》等。开设每周一期的舆论监督专版《视野》，有针对性地刊发一些深度报道。2005年，该报借全方位改版的契机，对舆论监督进行强化改进。在机制上，开通读者热线，专人8小时接听读者报料和反映问题；在版面上，在1版培育品牌栏目《乡村热线》，集中刊发重头舆论监督报道；在方法上，构建起“公开见报＋内参＋清样”三级舆论监督立体实施模式。通过运用综合手段，灵活机动地打好舆论监督“组合拳”。

《成都日报》（以及20世纪90年代的《成都晚报》）秉承党报的优良传统，在积极贯彻正面宣传为主方针的同时，对官僚主义、丑陋现象，以及有悖精神文明建设的思想和行为进行舆论监督。舆论监督工作主要以批评报道和内参、信息传递两种方式进行。1995年，处理读者来信9365件次，编发内参72期，其中37件得到市委、市政府主要领导的批示。2003年9月，《成都日报》开设《日报信息专递》，以全新的方式向市委、市政府相关部门报送信息。2004年，成都日报社成立日报调查工作部，开设了舆论监督栏目《日报调查》。是年，《成都日报》共发内参40篇、《日报信息专递》49期。第37期内参《盖不严窨井盖》得到市委领导重要批示，要求“有关部门配合，从制造、采购、销售等环节入手，该市场禁入的就禁入，该追究纪律或法律责任的也不要放过”。2005 年，《成都日报》对《市长公开热线回音》进行强势包装，帮助党委政府推进工作。同时，继续办好内参，发挥舆论监督作用。这一年共刊发内参 30 篇。

《南充日报》开辟有今日关注、党报记者在现场、读者之声、回音壁、读者热线、暗访机关作风等栏目。在对机关干部不在状态和机关作风的监督中，《南充日报》记者与市纪检监察、目标考核部门一起进行，使监督行为更具权威性，查出的问题能得到及时处理。1994—2005 年，通过新闻舆论监督被查处的干部有 100 多人次。1995 年 5 月 10 日，《南充日报》刊登了《哪家结婚这么气派，9 辆小车为其迎亲》，见报后市纪委立即进行了查处。2005 年起，《南充日报》对舆论监督突出重点，围绕市委、市政府的中心工作和阻碍发展的典型事件、重大问题开展监督。相继对项目转移协调、居民安置房建设进度、环境卫生整治等进行监督。《南充日报》在舆论监督中始终把握建设性原则，帮忙不添乱。在 2000—2005 年间，相继推出《顺庆千余小学生入学难》《暗访机关作风》《东观问题猪肉》《南图小学乱收费》等报道，引起领导重视，问题很快得到解决。为确保舆论监督的准确性，《南充日报》规定，要求严格新闻事实审核程序，未经审核造成严重失实带来不良影响和经济损失的，有关责任人将受到严肃处理。对一些敏感问题和不宜公开见报的问题，通过《内部参考》报送领导，使问题得到及时解决。为鼓励记者采写监督稿件，先后实行“双稿酬”和增加考核分的办法。

《乐山日报》在舆论监督中，首先把好事实关，对有疑问的批评稿件，多找有关部门核实，避免失实失误；第二敢碰硬，又讲究策略；第三努力克服负面效应，对一些好心而未办成好事的基层干部多些正面引导，减少抵触情绪。报社总编辑据此撰写的《正确行使舆论监督充分发挥纽带作用》一文，获 2000 年四川省新闻奖论文一等奖。对一些不宜公开报道，又值得重视的问题，报社编成《内参》送领导参阅。据统计，1994—2004 年，共编发《内参》120 多期。1999 年第 11 期《内参》，反映井研县外贸公司转制拍卖门市 85 万被县上否决，结果暗箱操作以 60 万元卖给私人一事。《内参》发出后，乐山市政府领导派人查实后公开拍卖，最终卖得 130 万元。

《攀枝花日报》重视舆论监督。2001 年处理群众来信 600 多件，4 月开通热线电话，接听 1000 多人次，处理解决 80% 以上。从读者来信来电中，记者及时抓住较为典型的问题跟踪报道，配发评论，达到监督效果。2001 年 5 月 18 日，1 版头条发表通讯《在攀枝花干点事为何这么难?》，并配发评论员文章《一个令人深思的问题》，披露仁和区兴隆生猪屠宰场瘫痪一年多问题得不到解决，对有关部门扯皮推诿作风和令人失望的投资环境进行尖锐批评，见报后引起市委领导重视，问题很快得到解决。

《宜宾日报》以“对上增强信任感，对外提高知名度，对内增强凝聚力”为己任，在为全市经济增长目标发挥积极舆论引导的同时，努力做到舆论监督的客观公正。例如，1998 年针对宜（宾）南（溪）公路质量问题、长宁某些学校向学生推销所谓“千字文”、宜宾 30 多家牛奶场的歪牛奶问题等进行曝光和追踪报道，在社会上引起强烈反响，引起了市委、市政府的高度重视，并妥善地解决和处理了问题。

《达州日报》都市版的“市民热线”栏目，成为报纸和市民互动的平台。栏目每天安排两名记者值班，从早上 8 时至晚上零时，不间断接听读者热线，件件有记录，事事有反馈。2000 年初“市民热线”刊登达县碑庙区一位学生家长反映学校乱收费问题，引起有关职能部门重视，在春季开学连续发出 3 个通知，有力制止了学校乱收费。

《绵阳日报》充分利用党报权威性开展舆论监督。一方面紧紧围绕市委、市政府的中心工作，批评落后，弘扬正气；一方面倾情为普通老百姓鼓与呼，针砭时弊，鞭挞丑恶，监督成效显著。这一时期比较有影响、且反映问题解决比较好的报道有：《不满店主多收饭费，外地夫妇挨打罚跪》《异乡种瓜，横遭践踏》《丰谷古渡停摆，群众没法过河》《“豆腐渣”工程危及学生，有关责任人将受查处》《绝不能让地痞流氓无法无天》《这个女司机出口成“脏”》《仙人掌“刺伤”百姓心》等。

《遂宁日报》充分发挥党报舆论监督的职能作用，除单发对典型事件进行舆论监督的稿件外，还开辟了今日关注、党报热线、读者热线、回音壁等栏目。不宜公开报道的，以“内参”的方式上报市委及其主要领导。1994 年以来，刊发舆论监督的稿件2000 多件，以“内参”方式进行舆论监督的稿件 500 多件。特别是遂宁整顿机关作风期间，《遂宁日报》充分发挥舆论监督作用，收到很好效果。

《广安日报》不断创新舆论监督形式，通过读者来信、热线电话、现场新闻等，切实加强舆论监督。2002 年 5 月 14 日刊发读者来信《阅报栏不应该变成“历史博物馆”》后，广安邮政局回应《诚恳接受批评，认真落实整改》。同年 6 月 5 日 2 版推出“曝光台”，当日刊出《不容给“双创”工作抹黑——广安市部分区域“脏、乱、差”现象依然存在》的 4 幅曝光图片后，有关单位立即整改。2004 年 10 月起，除办好已有栏目，还办好《内部参考》，既反映各级各部门工作中的问题和不足，反映个别地方、个别部门和个别人员在工作中违纪违规行为以及由此产生的不良后果，反映群众的意见和呼声；也反映各级各部门在工作中创造的新鲜经验和取得的最新成效。

《眉山日报》充分发挥报纸的舆论监督作用，对有损发展环境的典型事例公开曝光。2003 年 9 月 14 日，刊发了记者来信《别给三苏祠抹黑》，对三苏祠公用洗手间价值 50 元一个的延时阀被人“洗劫”予以批评。2005 年，该市开展创建“三优一学”文明城市、创建省级园林城市和省级卫生城市活动，《眉山日报》通过正面报道和舆论监督，为眉山市三项创建活动目标提前实现起到了坚强的舆论保障作用。

二、都市报及晚报

《华西都市报》以“市民新闻”立报，以“舆论监督”闻名。20 世纪 90 年代中后期，《华西都市报》推出《大音棚打人事件》《上海轻博会打假》《假郭燕事件》《陈道蓉之死》等曝光性舆论监督报道。21 世纪初，相继推出《沱江水污染》《层层蚕食，青城山‘世遗’喊痛》《官场地震不在状态者下课》《交通局长暴力抗法》《成都火车北站警匪勾结案》等报道，忠实地履行了社会责任和媒体使命。《华西都市报》在舆论监督中坚持“帮忙不添乱”的原则，体现了建设性的舆论监督。2005 年 9 月，成都在全国文明城市评选中落选，对于这一政府和普通市民都十分关注的话题，《华西都市报》通过暗访调查，让市民认识自身存在的不文明行为，从而进行反思，起到正面宣传的效果。2005 年，在一片狂热的“超级女声”炒作中，《华西都市报》推出《超女将去何方?》与《超女究竟引发了什么?》等具有独立思考的报道，对超女所引发的“万人逃学排队报名”等社会现象进行比较尖锐的评论。

《天府早报》舆论监督敢碰硬、敢较真。1999 年 12 月 30 日至 2000 年 1 月 10 日，推出《有人要炸“世界遗产”葛仙山》系列报道，引起央视关注，最终成功制止这一破坏性开采。2001 年 4 月，派出记者卧底新都县大丰区“黑心棉”生产窝点，推出《我在黑窝点卧底72小时》报道，引发成都多个部门联合整治。2003年6月16日，成都市金牛区政府办公室综合科科长牛某某酒后驾车并辱骂行人，《天府早报》次日以《撞人耍横，牛科长好牛!》为题报道后，在成都引起震动，牛某某被给予党内警告，免去行政职务。2005年9月20日、21日，连续推出报道曝光成都城管野蛮执法行径，并就如何规范城管执法提出建议。《天府早报》舆论监督讲究准确，力求帮忙不添乱，2001年制定了《关于批评（纠纷）类稿件的发稿规定》。

《成都商报》通过舆论监督弘扬正义，服务民生。1994年8月，《成都商报》曝光“注水猪”，使坑害市民的“注水猪肉”受到打击。1995年7—12月，曝光非法传销，让很多市民远离上当受骗。1995年10月，通过记者卧底曝光成都火车北站抢劫帮，引起警方重视并加强该地区的治安管理。1997年5—6月，曝光“潲水油”，致使一批黑心火锅店被查封，净化蓉城火锅市场。1999年，在全国最先报道影星刘晓庆涉嫌偷税漏税事件。2000年曝光成都市交通稽征处城南征费中心部分工作人员侵吞车船税，引起有关部门高度重视并查处，为国家挽回巨额税款。2002年8月，推出《暗访周五“空城计”》大型监督报道，首次对市政府100多个部门的工作状态进行监督，受到中宣部、中共成都市委的高度肯定，市委随后开展“第一要务大讨论”。2004年，以“纠正少数干部不在状态”为契机，启动了更高层面的舆论监督。《成都商报》一直强调舆论监督报道要注重建设性，不简单地为监督而监督，强调大局意识和全局观念，强调把好度。2002年3月，曝光全味轩酱油含致癌物质引发对方诉讼，但因证据确凿赢得官司。受此启发，《成都商报》实行敏感报道由律师或法律顾问进行法律审查的新制度，使监督报道经得起法律检验。2003年设立法律工作室，专职指导、处理舆论监督报道的涉法事项。

《成都晚报》新闻舆论监督采用报纸新闻和内参报送相结合的方式，配合地方政府的中心工作，适时反映民生民意，坚持客观公正地进行新闻舆论监督，写出了一系列有广泛影响的报道。例如，2005年4月晚报热线接到新都一对夫妇的投诉，称他们在成都某医院治性病竟花了7万元。晚报记者做了十几天的深入调查后，于2005年5月16日在《成都晚报》刊发了《“性病”弄伤夫妇俩》，引起人大代表、政协委员和社会公众的高度关注，卫生、工商、物价、药监等有关部门十分重视，全面介入调查，相关医生被责令停职。《成都晚报》确定了舆论监督的六项原则。一是配合市委市政府的中心工作，树立政治意识、大局意识、责任意识、预测意识；二是保证导向正确，选题时要严守新闻纪律，要有政治敏锐性和鉴别力，要站在党和人民的立场，以维护人民群众的根本利益为出发点，着眼于帮助党委和政府改进工作；三是采访时要有全面意识、现场意识和证据意识，写作时要有把关意识、平等意识和中立意识，摈弃法官意识和裁判意识；四是报道发表时要有时机意识，特别是重大题材的舆论监督报道更要注重见报的适宜性；五是树立追踪意识和合作联动意识；六是报道出问题后要有主动意识，及时更正和道歉。

《宜宾晚报》把加强舆论监督作为自己的使命之一，做到舆论监督经常化、深度化。2005年11月，在接到多次热线反映后，宜宾晚报派出多组记者，对市政服务中心、交警支队缴费大厅、社会保障局窗口进行暗访，发表了题为《公务员，你能对我笑笑吗》的批评稿件，被暗访部门积极整改。在宜宾创建文明城市、卫生城市、优秀旅游城市等活动中，《宜宾晚报》的舆论监督功能进一步彰显出来。

《泸州晚报》将舆论监督和舆论引导相结合，起到积极的正面影响。2002年7月22—26日，针对市场上和各餐饮店普遍捕杀、贩卖、食用青蛙的现象，《泸州晚报》以《酒城食客一天吃掉万只青蛙》为题连续推出全市捕杀、贩卖、食用青蛙的系列报道，引起市领导高度重视。7月25日，市领导召集有关部门专题研究整治方案，并于次日以泸州市府名义发出《关于开展整治非法捕捉贩运经营青蛙专项行动的通知》，决定在全市范围内开展一次集中整治非法捕捉贩运经营食用青蛙的专项行动。

《南充晚报》总编办协调整个舆论监督工作，设立了专门的“新闻热线”，记者24小时轮流值守热线，每年开展重点舆论监督活动20多次。2004年，由一名副总编辑带领新闻部主任对“嘉陵春”游船顶风超载87人一事进行报道后，有关部门迅速进行查处，全市开展了水上安全大检查。晚报注重引导社会各界参与到舆论监督中来。一是通讯员队伍掌握舆论监督信息；二是有奖征集舆论监督线索；三是通过与市长热线联手扩大与群众的接触面。2001年3月，《南充晚报》报道了一家食品加工企业从西充内部转运生猪，沿线多次遭受检查，130公里走了10个小时，造成15头生猪死亡的消息，市委书记、市长在报纸上作了批示，当事人很快受到查处。2005年，《南充晚报》接待来访群众1000余人次，对群众反映的问题，通过今日关注、读者来信等栏目进行报道。

第三节　“三贴近”原则

2002年，中共中央提出了新闻宣传工作要坚持贴近实际、贴近生活、贴近群众的“三贴近”要求。这一时期的四川报业，通过建立各种规章制度、改版等多种方式，努力践行“三贴近”原则。

一、党报

《四川日报》2000年5月10日改版。改版在坚持正确舆论导向的前提下，力求在增强新闻性、贴近性、服务性方面有新突破。这次改版的重头戏是增设《视点新闻》版和《市场新闻》版。《视点新闻》版开设“读者热线”，《市场新闻》版开设“市场新闻热线”，加强与读者的联系。2002年，《四川日报》进一步把“三贴近”作为改进和加强自身工作的一条重要指导原则，不论是栏目设置，还是稿件采编，都强调要更多地反映广大群众的意愿，报道方式要考虑群众的接受习惯，做到好看易看。2002年、2004年《四川日报》又两次改版，明确提出党报宣传的改革和创新必须坚持“三贴近”原则，切实解决以人为本这个根本问题，使报纸宣传更受读者欢迎。2005年，《四川日报》加大“三贴近”力度，注重从群众角度思考和报道与群众利益相关的问题，刊发大量受到好评的稿件，如有关房地产价格攀升、节能推广艰难推行、农产品加工业面对四大难题等稿件，进一步凸显新闻报道与社会现实更加贴近的特色。

《四川农村日报》2005年对报纸版面进行了大刀阔斧的改革调整。一是及时发布涉农政策。第一时间将中央和省委的各项涉农政策传递到千家万户，同时采取专家分析、读者评议的方式对政策进行解读，先后在1版头条推出《十件实事惠农益农》《你的学费减免了吗》等系列报道。二是强化各专版的服务性、实用性。除1版要闻外，2版突出“市场行情”，3版突出“农业科技”，4版突出“生活服务”，各版分工明确、特色鲜明，从不同的角度和领域切实为读者服务、为农民说话。三是抓好深度报道。先后推出《农业税免征之后看乡镇》《走马我省农村文化年》等读者好评、决策层关注、在省内引起重大影响的系列报道。四是加强报纸与读者互动。报纸每月推出一期《读者评报》专版，认真倾听农村读者意见，回复农民群众来信来电，拉近报纸与读者距离。《四川农村日报》与中国联通四川分公司合作推出手机农业短信业务，读者可通过手机短信进行新闻报料和短信评报，了解各方面的“三农”信息，实现了传统媒体与新媒体互动。

《成都日报》2001 年开辟了日报观察、日报会所、日报半月谈、权威发布、开门见山、采访手记、党报新闻热线等栏目。着力办好党报新闻热线栏目，明确提出“释疑解惑、排忧解难、反映民意，架起党心民心的桥梁”的栏目宗旨。热线开通当年，100 多家市级职能部门和相关单位成为热线联络单位，轮流到报社值守热线。

《南充日报》践行“三贴近”，着力抓记者采访要深入实际、编辑发稿要关注民生。在紧密联系实际上，坚持记者每周提供一个在基层采访时发掘的新闻点子，编辑部门负责人每周到一个市级单位了解行业动向和宣传意见。其间，与有关部门配合，相继推出了《我为工业兴市献计策》《“三百工程”巡礼》《创满》系列报道，受到市委领导好评。在切实关注民生上，一是办好《读者来信》专版，畅通言路；二是与有关部门配合，帮到实处；三是通过维权行动，保护群众利益。2002 年，《南充日报》派出记者与市相关部门配合，开展了为农民工追讨工资的行动，并在报上开辟了《关注农民工工资》专栏，在新闻舆论的支持下，当年全市为农民工讨回拖欠工资 400 多万元。

《乐山日报》1994 年至 2005 年围绕“三贴近”进行了 5 次改版。1995 年增设《市场与消费》专版，引导消费，服务读者。同年 5 月将《星期刊》改为《三江周末》，增加可读性、趣味性强的社会新闻。1998 年星期天出晚报型《星期刊》，新增旅游、法制、生活服务、卫生保健等专刊，增强贴近性、服务性。2001 年新设新农村、教育纵横、财经广角、科技经纬等专版。2002 年新设社会新闻专版，开设人生百态、政策咨询等贴近生活、服务读者的栏目 10 多个。

《遂宁日报》从制度建设入手确保“三贴近”的实现。1994 年起，对记者到区县、农村采访，在差费报销、稿费评定上给予支持，让记者感觉深入一线不吃亏；版面安排上给予优先考虑，开办了《民生热线》专版，1994 年起将《民生热线》由一个小专栏扩大为半个版，天天出刊。2000 年起，又与《市长热线》对接，争取到《市长热线》的支持。同时，开通《民情直通车》50 班，一周一班，开到部门、区、县、乡镇，受到省、市有关单位充分肯定。

《达州日报》在践行“三贴近”中，强调要念活“八字经”：内容要“实”、信息量要“大”、版面要“活”、风格要“新”、标题要“雅”、文字要“精”、栏目要“巧”、图片要“俏”。2003 年，经济新闻版开设《小康之路》专栏，陆续刊登一系列稿件，选材从小处着手，从与人们生活息息相关的具体问题入手，从广大群众关注的热点、难点问题入手，很有贴近性。2003 年，二版新开设《权威发布》栏目，很合大众口味；新增的《经济周刊》《生活周刊》也符合不同读者群的要求。

二、都市报及晚报行业报

《华西都市报》根据“市民生活报”的定位，新闻报道“想市民之所想，急市场之所急”，版面和栏目设置加大本土新闻的份量，1996 年，相继设立市民版、民生版、街坊版、成都版等板块，表现手法上以生动活泼的文风和轻松明白的语言，报道老百姓身边的新闻，讲述百姓的生活百态。

《天府早报》把关注点下伸到社区，2001 年将成都新闻细化为《民生》《社会》《街区》三个版；2002 年 9 月，将《热线特快》开进社区，独创《社区新闻版》。2003 年改版，推出“七大社区”新闻周刊，把社区新闻作为报纸的主攻方向。

《成都商报》创刊当日即推出为市民服务的栏目“为你服务”并一直坚持。1995 年开通热线传呼，1996 年又在蓉城媒体中首家开通“城市热线”。2001 年，在全国媒体中率先开通“成都商报城市热线公众服务网”，66 家与市民生活密切相关的政府部门先后成为成员单位，当年即为市民解决实际困难和问题上万个（次）；2005 年 6 月，该公众服务网全面升级，成员单位增至 200 多个，服务范围由市民日常生活扩展到市政道路建设、就业环境与状况、政府最新政策法规等。

《南充晚报》在栏目设置上着重体现大众化。2001—2005 年，先后开辟了记者下县、百姓生活、关注困难学生等栏目，及时反映群众的生产生活情况。言论专栏“我来说两句”用老百姓的话说老百姓的事。2005 年 6 月 25 日，开展了“为贫困大学生暑期送岗位”活动，使不少贫困大学生暑期获得临时就业机会。《南充晚报》要求从总编辑到一般工作人员都要身体力行“三贴近”。2002 年 12 月 16 日，《南充晚报》和共青团南充市委联合发起向南充市五中白血病患者献爱心行动，先后组织社会捐款 20 万元，晚报员工捐款 3550 元。每到新年春节前后，《南充晚报》都要加大扶贫济困的宣传力度，采编人员积极参与捐钱物献爱心活动，为弱势群体提供帮助。

《宜宾晚报》强化记者“三贴近”意识，从上稿、考核等方面给予激励，凡是深入基层采访的的稿件，考核分加倍。从创刊起就开设了百姓故事、百姓关注等栏目。从 2003 年开始，专门设置了《民声》版（后更名《民生》）。

《泸州晚报》2004 年 6 月推出新闻面对面栏目，该栏目每周一个主题，邀请各界嘉宾共同开展讨论。同年 7 月，《泸州晚报》推出“送你一缕清凉”活动，向社会各界倡议，捐助最贫困人家近 100 台电风扇，并征集一批“爱心天使”，把电风扇送到贫困人家手中。推出的《真情绝活劳动最美》系列报道，反映基层老百姓、普通劳动者精妙的绝活，对推广泸州民间工艺，保护非物质文化遗产起到良好舆论宣传作用。

《经理日报》从 2002 年以来，贴近企业、服务企业，根据版面定位，围绕企业经营管理大做文章。一是确保一定的版面刊发企业通讯员来稿。二是主动跟踪发生在企业的新闻事件，将活跃在中国经济大舞台的企业家始终作为自己最重要的报道对象。《让诬告者成为改革者身后打不响的哑弹》《维护厂长尊严、保护企业改革》《优秀企业家缘何遭暗算》《“婆婆”横行何时休?》《企业告政府赢了官司输了“钱”》《政府违规操作破产，骨干企业含冤升天》《隆隆机声为谁鸣》等大量为企业家维权的文章，为企业家撑腰壮胆。

《巴中广播电视报》《乡村》版自 2002 年起，围绕“面向农村、服务农业、情系农民”，开设了乡村视线、种养技术、乡村老照片、气象服务、农村政策等栏目，为老百姓提供实用可行的生活信息。2004 年，该报从关注民生、关注弱势群体等方面切入，相继推出《数十家庭遭骗婚》《向违法砖厂开刀》等稿件，产生较好社会影响。《凡人相册》版面以百姓视角“讲述老百姓自己的故事”，推出了一系列主题人物，如《不一样的教师》《热爱收藏的老人们》《与高考冠军面对面》等，受到读者好评。

第四节 改进会议与领导人活动报道

会议报道一直是党报等时政类报纸改进和创新的一个难点。为此，2003 年，中共中央办公厅、中央宣传部分别下发了《关于进一步改进会议和领导同志活动新闻报道的意见》和《关于进一步改进会议和领导同志活动新闻报道的实施办法》。这一时期的四川报业不断改进会议与领导人活动报道，压缩一般性的会议与领导人活动报道，跳出对会议和领导人活动本身的报道，注重从中抓取鲜活的新闻，会议和领导人活动报道的数量有所减少，报道质量有所提升，报道角度更加贴近民生。在报纸编排上，严格控制会议与领导人活动报道的版面和字数，把笔墨对准基层，把版面让给群众；内容上，在会议和领导人活动中寻找与群众关系最密切的内容，突出报道的新闻性；形式上，力求减少会议新闻报道的“八股味”，使报纸的服务性和可读性大大增强。

一、党报

《四川日报》作为省委机关报，会议和领导人活动报道任务繁重，为此，川报这一时期就此进行了多次改进。1995 年 8 月 24 日，根据省委领导就改进领导人活动及会议报道提出的 9 点意见，四川日报社出台《关于改进领导活动及会议报道的规定（试行）》，规定省级主要领导活动报道登 1 版，其他省级领导的活动按活动内容分别在 2 版或 3 版刊登，一般只发消息。在 3 版出《外事往来》栏目，刊登其他省级领导的外事活动；1 版、3 版刊登的外事活动消息均控制在 200 字以内。各级各部门召开的会议，只作一次性报道。报道领导的活动用词要恰当，要掌握好分寸，“重要讲话”的提法除省委主要领导外，一般不要用。以省委、省政府名义召开的综合性会议，一般只报道一次，最多报道两次。除省级主要领导外，其他领导下去不带记者，确需报道的，由四川日报驻当地记者报道。部门的周年活动，一般不发领导的署名文章。1998 年 7 月 25 日，四川日报社编委会出台《关于领导同志活动及会议的报道规定》，与 1995 年出台的规定相比，这次进一步细化了各种会议和领导活动报道刊发的版面、次数和字数。2003 年，根据中共中央办公厅以及中共四川省委办公厅《关于进一步改进会议和领导同志活动新闻报道的意见》，四川日报社再次出台贯彻实施办法，对会议和领导活动的报道形式、内容、字数、版面再次进行细化，并对会议和领导活动报道中的用词进行规范。随后几年，报社又多次改进和精简会议及领导活动报道，要求会议和领导活动报道要贴近读者需求，把握会议和领导活动反映的新信息、新精神、新经验，从会议和领导活动中挖掘相关新闻，提高报道质量，突出党报的针对性、实效性和吸引力、感染力，力戒空泛和一般化，让领导和群众“两满意”。

《南充日报》在改进会议和领导活动报道上从四个方面着力。一是主动争取领导对改进领导活动报道的支持。1994 年以来，就改进领导活动报道先后三次向市委写出专题报告，有 3 届市委领导对改进领导活动报道作出批示，推动领导活动报道的改进。2004 年 11 月，《南充日报》出台《改进会议和领导同志活动报道实施细则》。二是为会议报道定“配额”。在改进会议报道中，首先是定额。为改变会议报道充斥版面的现象，定下一条铁规：除市四大机构换届和年度会议外，每天要闻版见报的会议报道不得超过 2 件，非发不可的会议报道，需经总编辑审定或向其他版分流。其次是预定。是否需要报道、报道的规模都由总编办确定，记者亦由总编办统一派遣，总编办主任对会议报道进行总体协调。由于采取了这两条措施，控制会议报道取得明显效果。2004 年以来，《南充日报》在时政新闻版上的会议报道比原来减少 20% 左右。三是下达“禁长令”。《南充日报》对会议报道和领导活动报道的版面位置和见报字数都进行统一规定。市委、市政府正职参加的重要会议，不超过 800 字，一般性会议不超过 500 字；副职参加的全局性会议不超过 500 字，一般性会议不超过 300 字。同时，严禁记者将会议与领导活动的稿件先交领导签字再送编辑部的做法。四是跳出会议写会议，把会议报道写活做深。对一些行业性、专业性较强的会议，总编办也派出记者参加，虽不作会议报道，但要求记者到会深入采访，做好非事件新闻的采写，在深度报道上做文章。对一些不宜公开报道的问题，通过《内参》向领导提供信息，促使问题解决。

《雅安日报》坚持精简务实的原则，对改进会议报道做出六项规定。对市党代会、市人代会、市政协会等具有全局性的重要会议，报道大会的主要议程、配发社论，对会议的工作报告、决议及选举、任免人员名单全文刊发；对市委全委会、市纪委全委会、市人大常委会和市政协常委会、市政府全体会、市人大常委会主任会议、市政协主席会议和可以公开报道的市委常委会议、市政府常务会议等，按照会议安排认真报道；对市委、市政府召开的劳动模范、先进集体、先进个人表彰会及市级领导参加的重大节日、纪念日等重要活动，作一次性报道，字数控制在800字以内；市级部门承办的以市委市政府名义召开的重要会议，发一条综合消息，字数控制在600字以内；民革、民盟、民建等市级各民主党派，工商联、市工青妇等群众团体及文联、科协、社科联等社团组织召开的代表大会，在结束时作一次性报道；市级各部门和区县召开的工作会议，市级部门、单位及群众组织主办的年会、论坛、座谈会、联谊会、纪念会、研讨会、表彰会、颁奖会等，不作报道。对改进领导活动报道作出四项规定。市委书记、市人大常委会主任、市长、市政协主席到基层考察工作、调查研究和出席重要活动，在活动结束后作一次性报道，市委书记、市长配发一幅单独照片，字数控制在800字以内；市委副书记到基层考察工作、调查研究和出席重要活动，作一次性报道，字数控制在500字以内，不配发照片；市委常委、副市长到基层考察工作、调查研究和出席重要活动，在2、3版刊发400字以内消息；市领导题词、作序、写贺信、发贺电，不作报道。

《自贡日报》对重要会议的报道，如一年一度的全国人大、政协会议和自贡市“两会”的报道，从2001年以来，形成了“提前准备、精心策划、集中力量、全力以赴”的报道规范。一般性会议，彻底摒弃有会必报的作法。对领导活动，只编发有新意有新闻价值的部分。与此同时，在1版推出一句话新闻、盐都快讯、会议消息、会议简报、要闻快报、要闻速递、政务要情等专栏，从形式上改变新闻报道冗长、枯燥的作法。

2003年，《乐山日报》制定了改进会议和领导活动报道方案，对版面、篇目数量、字数等作出了具体规定，即市委书记、市人大常委会主任、市长、市政协主席和市委常委的活动上一版，其余领导活动上二版，特殊情况由值班副总编辑决定；全市重大会议上一版，部分会议上二版，字数一版1000字以内，二版600字以内。

《达州日报》从2002年以来，改进会议新闻的报道从老百姓关注的话题入手，即使1版对会议新闻的报道，也要求着重捕捉有关国计民生的重大方针政策的信息资源，诸如取消了哪些行政事业性收费项目、有线电视收费上涨问题、垃圾处理费即将开征等，符合广大群众的阅读兴趣，快速、准确、翔实地为老百姓提供了灵敏、开放、多样、有效的政策信息，把宣传报道做到了群众心坎上。

二、都市报及晚报

《华西都市报》1995年创刊以来，严格按照“市民生活报”的标准，改进会议与领导人活动报道，注重从“会议通报和文件”中筛选出与读者相关度高、贴近性强的民生类题材，从小角度切入，用事实说话，用平实的语言直白、准确、生动地加以报道。努力寻找会议新闻与领导人活动中的

“第二落点”新闻，表现“以人为本，执政为民”内容。认真加强策划，推出立意高、切口小、与市民联系密切的会议报道和领导人活动报道。

《天府早报》强调从会议上找新闻。把党和国家的大政方针政策与市民的生活需求联系起来，把时政报道的宏观目标与老百姓喜闻乐见的表现形式联系起来。在宣传中共十六大的报道中，先后突出人在新时代、瞬间看巨变、辉煌十三年·二十个激情时刻等专栏专版。

《成都商报》注重会议报道和领导人活动报道的生动性、贴近性。2005 年 3 月，在报道全国“两会”时与央视经济频道联手，在四川媒体中独家推出市民可以参与的特别报道《小丫跑两会》，不少市民通过《小丫信箱》反映愿望和诉求，并通过记者的传递，得到与会全国人大代表、政协委员的回应，实现了普通市民与全国“两会”的互动。

《南充晚报》对会议和领导人活动报道，努力体现晚报风格。一是文字力求“短”。凡必须报道的会议与领导人活动，一般控制在 300—500 字之间，最长不超过 800 字。2005 年 6 月 2 日，报道四川省副省长到南充考察工业经济的新闻，放在 2 版，字数 560 字。二是数量力求“少”。《南充晚报》规定，会议与领导人活动的新闻一般不安排在头条，比较重要的可以在 1 版发提示性的新闻标题，内容在其他版安排。2001 年 11 月，《南充晚报》刊载会议与领导人活动的仅 2 件，而社会新闻、法制新闻和民生新闻 15 件。三是报道力求“精”。南充晚报要求采编人员不得就会议写会议，报道领导人活动不得过多报道行程，要把群众最关心、对全局有指导意义的东西提炼出来做新闻。2005 年 6 月，在报道市委、市政府主要领导人活动的新闻中，在 1 版只发了醒目的标题，正文转至其他版。

《宜宾晚报》注意从群众关注的角度切入，把会议中与群众生活生产活动紧密相关的信息提取出来，使会议报道更加精炼、更加可读。比如在每年的“两会”报道时，该报并不全文刊登各种报告全文，而是对报告进行拆分，突出一些主要内容，淡化一些非主要内容。

《绵阳晚报》大力改进会议及领导人活动报道，跳开会议写新闻，以新闻价值大小而非领导职务高低决定版面安排。报道市委书记出席的一般性会议的稿件，一两百字，有时甚至几十个字，放在 1 版上部非头条位置。而当天报纸上，市长研究涉农民生的重大事项则放头条，篇幅也比书记的报道长。

第五节　提高新闻宣传艺术

1994—2005 年间的报纸特别是党报，把体现党的主张和反映人民心声统一起来，把坚持正确导向和办出报纸特色统一起来，把提高新闻质量和把握时代脉搏统一起来，不断提高新闻宣传艺术和舆论引导水平，出现了一批导向正确、质量稳定、个性鲜明、群众喜爱的报纸和名牌栏目。不少报纸在切实做到舆论引导正确的同时，着力提高舆论引导的针对性和实效性，坚持按新闻规律办事，大胆改革创新，做到“好看”和“有用”的有机统一，新闻宣传艺术取得新突破。

一、党报

《四川日报》在 1994—2005 年间进行了多次改扩版，在保持报纸整体风格和质量的同时，根据不同时期的报道思想进行版面和栏目改进。1998 年，遵照中共十五大精神和江泽民同志视察人民日报时的重要讲话精神，按照省委省政府领导对报纸宣传工作的要求，四川日报编委会决定对原来的有关规定进行修改补充，制定了《关于四川日报见报稿应做到“短、新、快”的规定》，要求记者多写短新闻，写好短新闻，力求多出精品；要多采写时效性强的新闻；要多采编现场短新闻、独家新闻。这一年，《四川日报》在1版开设《现场短新闻》栏目，不定期刊出来自基层、来自群众的现场新闻报道，增强了1版的新闻性。与此同时，在5版创办加报头的《省内综合新闻版》，作为1版的延伸，刊登的稿件大都从政策出发，从工作实际出发，注重体现党报的思想性和指导性，为推动四川的改革与发展发挥了较强的指导作用。2000年1月川报改版，用A、B版将报纸进行了分工。中央、省、市、州、县中心工作的报道，国内要闻报道，全省宏观新闻和深度报道，省级部门重要工作报道集中到前4个版，即A版；后4个版为B版，更多反映全省干部群众爱看的省内新闻和国际新闻，以及反映改革开放以来人民生活不断改善的各类新闻。2000年5月10日，川报再次改版，改版后的报纸每天有6个新闻版，信息量大增，新闻时效性也大大增强。重头是增设《视点新闻》版，这个版在坚持正确舆论导向的前提下，力求在增强新闻性、贴近性、服务性上有新突破。2005年1月，川报启动新一轮改版，紧紧围绕传统党报向新型党报转型、占领阵地与占领市场相统一的主旨，提出“权威政经大报，出色主流新闻”的办报理念。通过对目标读者的调查细分，对各版定位和内容进行了重新划分。配合这一改版，川报在办报模式上改“编采合一”为“采编分离”。广大编采人员积极转变思维方式、活动方式、采编方式，努力研究和把握读者的需求变化，努力寻求领导和群众“两满意”的契合点，强化了党报的社会影响力和核心竞争力。

《四川农村日报》先后经历了1994年、1998年、2001年和2005年4次改版，以改革版面内容为契机，推进新闻宣传创新和提高舆论引导水平。1994年为适应从周报到日报的变化，着力强化真实性、实用性、可读性，重点抓典型、策划、深度，提出“不拘一格选头条”“开门见山、直现主题”等要求。1998年明确新的报纸定位——“党报性质，晚报风格”，全力打造要闻版，大幅度减少一般性、工作性、会议性报道，大幅度增加来自基层读者喜闻乐见的经济、文化和社会新闻，打破过去工作类稿件上头条为主的格局。同时，新开设了服务性和可读性较强的专版，报纸从内容到形式焕然一新。

《成都日报》2005年7月1日改版，以加强要闻深度报道为突破，提出了差异竞争的思路。报道方式不再是信息的简单传递，而是通过对政策的解读，努力帮助读者探求重大新闻的背景和对新政策新法规出台前后以及未来影响的解读分析，充分体现“权威、深度、责任”的报纸定位。2005年推出的《用活连环套统筹推进“三个集中”——成都市推进城乡一体化系列深度述评》《成都方式：一种构建和谐社会的探索》《大思路、大气魄、大视角、大手笔、大统筹——新起点上看成都实践》等深度报道和《突破——2005成都故事》等系列报道，准确传递了市委市政府的声音，集中展现了市委、市政府推进城乡一体化中的战略思路、方法步骤和成功经验，再现了基层工作者深入推进城乡一体化工作的思考和实践，体现了党报在引导舆论、凝聚人心中的高度和水平。同时，在涉及民生的党政信息题材的报道上，提出了“同样的新闻，不一样的表达”的要求，强调报道的差异性和自我观点，2005年推出的《打造城市失物招领网》《成都走向国际航线第四城》《李伯清为什么没有被产业化》《中国足坛之怪现状》等系列报道，都是对同样新闻题材用不同视角进行解读的报道，突出了个性化，增强了生动性。

《南充日报》力求做到指导性与可读性的统一，提出了“做出色新闻，办一流党报”的办报理念，从稿件采写、编排到标题制作都吸取了新的表现形式。在报道贯彻南充市委全会精神时，标题没有使用政治术语，而是用形象生动的《瞄准靶心拉满弓》。在报道一年一度的市人大、市政协会议时，“代表为我捎句话”“我为两会说句话”“代表委员心声”等栏目很受读者欢迎。《南充日报》通过抓好4个节点来提高舆论引导水平。一是围绕党政机关各个时期的中心工作，掌握舆论引导的方向性；二是配合各个党政职能部门工作特点，做好舆论引导的接近性；三是了解读者的思想动态，做好舆论引导的针对性；四是做好形势分析工作，做好舆论引导的前瞻性。2004年10月，《南充日报》开展了“读者有奖问卷调查”活动，收到9个方面的意见、建议上千条，对提高新闻宣传艺术和舆论引导水平发挥了积极作用。

《甘孜报》2004年改为《甘孜日报》，随着容量扩大，报社突出新闻策划和扩大报道面，首次实现当天新闻当天发稿、次日见报的历史性跨越，报道数量和质量明显提高。2005年，《甘孜日报》以“新闻立报”为办报理念，强化信息意识，开发主流新闻；增强策划意识，做深主流新闻；提高贴近意识，做活主流新闻；树立品牌意识，包装主流新闻；整合新闻资源，提高办报质量。

《绵阳日报》遵循“保住一头，放活一片”的思路，大力推进版面改革和新闻改革，实现了领导满意这“一头”，放活群众这“一片”。从创刊之初的《百村纪实》小试身手开始，到《百年回眸话沧桑》，再到这期间的《年终特稿》，各种战役性报道、深度报道、系列报道层出不穷。

《自贡日报》坚持创新，1996年提出“讲政治、上质量”的工作方针，要求从内容上精选，从领域上拓宽，搞好新闻宣传报道。1997年提出“苦心经营版面，提高宣传水平”的主攻方向。继后，2000年确定为“精品年”，2001年为“改革年”，2002年为“创新年”，通过开展主题年活动，报纸宣传水平得到进一步提高。

不少市州党报将党报性质和晚报风格相结合，提出了许多具有创新性的办报理念。《资阳日报》坚持“党报性质、晚报风格”，内容丰富、信息量大、版面新颖、可读性强。《甘孜日报》提出“党报的原则，晚报的风格，甘孜的窗口，群众的朋友”办报方针，增加信息量，增强指导性，提高可读性，改进了宣传艺术。《阿坝日报》确立了“党报性质、晚报风格、阿坝特色”的办报思路，一个时期一个宣传重点，一个时期一个宣传主题，一个时期一个新闻策划，增强舆论的引导力，提高宣传的艺术水平。《凉山日报》提出“政治家办报，企业化管理，市场化运作”的工作思路，既围绕党委、政府的中心工作创造性地开展新闻宣传，又围绕读者和市场需求，增强报纸的读者认可度和市场竞争力。《遂宁日报》确立编采新观念，注重学习都市类报纸的经验，适度把握政经新闻的表现手法和版面编排，从新闻制作和版式美化上做文章。

二、新闻网站

“四川新闻网”努力提高新闻宣传艺术，提高舆论引导吸引力和感染力。2004年11月22日，四川新闻网邀请中国著名歌唱家廖昌永在线与网友交流，开始了聊天室和视频相结合的嘉宾访谈。四川新闻网同年正式开办向公众传播广播电视类节目的业务，将四川省各市、州外宣形象宣传片和有特色的旅游宣传片传到网上，并申领了影视制作机构许可证，自编自拍市（州）委书记访谈录、旅游风景区专题片，推出了嘉宾访谈等视频节目，成为西部第一家拥有拍摄和传播新闻类、社教类、综艺类、军事类等电视节目的新闻网站。“红星妹妹”是四川新闻网《麻辣社区》造就的网络红人。2005年10月27日，网友在《麻辣社区》警民交流栏目写了一首诗赞美成都市红星路立交桥下执勤的美女交警，引爆了网友的热情，短短数天便创下高达20384点击率。经过记者的探访和策划助推，网上的相关报道几十万条，“红星妹妹”迅速走红。

《四川在线》是这一时期出现的新兴媒体，实现了从普通网站到独立媒体、再到主流媒体的变革。2004 年 5 月，借助成都市大力打造“东方伊甸园”的时机，《四川在线》积极介入对活动重要节点进行网上直播，开创了新闻报道文、图、视频同步进行的新形态。随后组建了视频工作室，创造了多媒体直播、网络访谈等新的表现形式。2004 年 9 月 3 日，达州发生特大洪灾，《四川在线》第一时间联系事件现场，呈现新闻事实，让洪灾信息迅速传播到全国各地。2005 年 2 月，《四川在线》在新闻部内正式成立记者采访组，以独立媒体的姿态亮相，并在随后的重大事件报道、舆论监督中崭露头角，逐渐确立了《四川在线》主流媒体的形象地位。2005 年 7 月，为纪念红军长征 70 周年，《四川在线》推出了首个大型网络多媒体专题“网上重走长征路”，突破了单一的新闻报道形式，通过多媒体技术将图片、文字、视频、动画融为一体，对新闻事件和历史事件进行全方位、多角度的透视展现，将网上虚拟游览和线下实地游览结合起来，将新闻报道和活动事件结合起来，将游戏娱乐和知识教育结合起来，实现了互动参与、寓教于乐、反响热烈的良好效果。

三、都市报及晚报

《成都商报》勇于探索提高新闻宣传艺术和舆论引导水平的方式方法。一是坚持百姓视角。2004 年，配合成都市整治“歪三轮”工作，策划了“告别歪三轮，帮你找工作”系列报道及专场招聘会，在助力中心工作、关心百姓生活方面取得良好效果。二是追求独家创意。2000 年 2 月，该报提出举办《西部论坛》的创意，引起国家、省、市党委政府高度重视，使其最终成为由国务院西部开发办公室、国务院新闻办、四川省委、四川省政府主办，成都市委、市政府承办的国际性高端论坛。2005 年，在成都市创建国家环境保护模范城市的报道中，推出“市民共绘创模全景图”“市民创模验收团”两大独家策划，搭建了政府工作与市民参与的桥梁。三是借助先进手段。1995 年 9 月 25 日，四川省科技情报研究所开通四川第一个互联网省级节点后，商报抓住机遇开通中国西部第一条新闻媒体上网专线，由此打开了联通世界的快速通道。1995 年 11 月，以色列总理拉宾意外遇刺，商报通过当时尚未成熟和普及的互联网，花费几个小时，点对点下载了一张拉宾追悼会的图片刊发见报，这是中国报媒最先应用互联网的例证之一。

《成都晚报》调整为社会生活类报纸后，进一步突出“民生为本”的办报宗旨。在选题把握上，不仅把视角放在百姓日常生活上，而且尽力从时政、经济等社会发展的主流问题中找到与百姓生活相关的切入点，把比较“硬”的时政和经济新闻转变成比较“软”的民生新闻，形成有主流新闻意识的民生新闻的表达特色。2001 年 7 月 1 日改版第一天，晚报就以大篇幅推出独家报道《我要活下去，骨髓在哪里》，由此展开了以推动建立四川骨髓库为目的的系列报道序幕。这也是省内媒体首次倡议建立四川自己的骨髓库。2001 年 11 月底，四川骨髓库正式成立，成为全国首批启动这项民心工程的 11 个省份之一。从 2001 年 7 月到 2005 年 12 月，《成都晚报》相继报道了数百篇与骨髓库有关的新闻，共 10 余万字。

《绵阳晚报》配合重大时政活动和重要节点，浓墨重彩推出特刊，形成宣传强势，提升报纸主流地位。2001 年，中共中央政治局常委、国务院副总理李岚清到绵阳考察科技城建设期间，绵阳晚报编辑的《绵阳科技城特刊》，用磅礴的气势，新颖的报道手法报道绵阳建设科技城的历程、思路和成就，获中国新闻奖好版面奖。绵阳晚报社承办的第四届全国农民运动会导刊共出 10 期，为宣传农运会、宣传绵阳发挥了积极作用。为此，新华社发表了《农运会导刊善导农运会》通稿。2003 年配合抗击“非典”，出版《防治非典健康指南》彩色增刊，向市民免费赠送 5 万份。2004 年，全省农村经济合作会议期间，以“提升农业、繁荣农村、富裕农民”为主题，增出彩色特刊，用 4 个整版以《市长书记倾情问“三农”》《组织起来闯市场》《无限希望在田野》《好政策助农增收》为栏题，全面展示现代化农业等情况，受到省市领导和广大读者一致好评。2004 年 8 月 22 日，小平同志诞辰百年之际，推出《纪念特刊珍藏版》共 16 个版，表达“绵阳人民再道一声：小平你好”的情感。2005 年绵阳建市 20 周年，绵阳晚报推出《20 年，绵阳印象》特刊共 12 个版，集中展示绵阳建市以来的历年大事。十三届世界拳击赛在绵阳举办期间，出版《13 届世界拳击赛特刊》，发稿上千篇，受到国内外读者好评。

《泸州晚报》遵循“好看、有用”办报理念，以鲜明的城市特色，强烈的时代特色，体现“新闻、新知、新潮、新锐”的全新个性。好看，就是坚持新闻的党性原则，用老百姓喜闻乐见的形式宣传党的主张，通达社情民意，引导社会热点，疏导公众情绪，搞好舆论监督；有用，就是给老百姓提供尽可能多的生活工作中需要了解掌握的实用信息，满足读者物质和精神文化生活方面的各种需求。2002 年 2 月 27 日，《泸州晚报》一篇《守护“桃花水母”最后的家园》，报道张坝水母湖的世界濒危珍稀生物“桃花水母”生存状况堪忧的消息，市委书记、市长高度重视，亲往现场办公，并提出保护措施。该报道还引起中国科学院院士宋大祥，教授张树义、马杰等专家高度重视，并亲到现场考察。

第二章　采编业务

采编业务工作是报纸的核心工作，直接关系到报纸的办报水平。四川报业着力提高办报质量，各报社不断完善编务程序和管理制度，增添有效措施，加强采、编、录、校、审、印诸环节的管理，增强各环节人员的政治意识、大局意识和责任意识，防止一般性差错，杜绝重大差错的发生。采编各环节积极探索宣传方式的改进，从写稿、编稿、标题制作、版面制作、版面美化、图片采用等方面坚持大胆创新，在创新中注意编采互动，防止“两张皮”现象。坚持“全党办报、群众办报”的优良传统，报纸的群众工作不断完善和加强。

第一节　新闻采写

新闻采写是报纸主要和基础性的工作之一，形成了较为完备的独立体系。四川报业自觉运用宣传规律、新闻规律、市场规律和“三贴近”原则，去指导新闻采写实践。各报社加强制度建设，规范新闻采访和写作流程，创新采访和写作方法，在实践“三贴近”原则中形成与运用各种特定的样式和话语方式，客观公正全方位多角度地表达全省各行各业广大干部群众在改革开放和科学发展中的生动实践，为全省跨越式发展提供有力的精神动力和舆论支持。

一、党报

《四川日报》非常重视记者队伍、采访、写作这些关键环节的建设。

记者队伍建设　四川日报内设11个编采部门，实行“编采合一”的运行模式。在采编部门中，除总编室、出版中心、发行部外，其他采编人员既是编辑，也是记者。对记者的管理分三种情况，川报主要发稿部门记者归部门管理，编委会直接指挥；记者部管理21个市（州）记者站（至2005年已建立成都、德阳、绵阳、达州、资阳5个分社）；川报与市（州）联办记者站接受编辑部领导及当地党委宣传部的指导。绝大多数记者站是川报派驻市州的长驻代表，是编辑部联系基层的纽带和桥梁。为提高记者队伍素质，规范编辑部采编人员和记者站记者行为，四川日报社采取了指导记者的采访活动、规范采访工作的一系列措施。一是制定记者守则，要求全体记者模范遵守。二是指导记者在调查研究的基础上，制定一个时期或某件大事的报道计划，并检查督促记者完成计划规定的和临时发生事件的报道任务。为了保证报道计划按时按质完成，从1999年后，实行以稿件质量评定稿分等次的绩效考核办法，根据记者所驻地区、人员（负责记者或一般记者）不同，应完成的发稿数量、品种、质量，包括必须完成的组稿任务和情况反映，也不相同。每月分等升级或降级，计分考核，有错扣分；按月或按季小结，如果连续3月累计完不成任务，说明该工作人员不适合做记者工作，退回集团人力资源部学习培训，合格后做适合的工作。三是每年召开几次记者工作会，及时编发内部刊物，传达中共中央、中共四川省委有关政策信息、领导意图，交流采访写作经验以及解决一些具体问题。四是抓新闻队伍的思想建设。

采写的成功实践 精心策划认真做好全省全国“两会”报道。由总编辑负总责，副总编辑带队组成采访组上会采访，夜班值班副总编辑、编委密切配合，共同完成报道任务，受到省委、省人大、省政府、省政协领导和广大读者的好评。突出重大活动和全省重点工作，有的放矢地作好系列报道。1994年推出“龙腾虎跃一条线”大型系列报道，向中华人民共和国成立45周年献礼。总编辑和其他编委会成员以及部分部主任带领数十名记者、编辑组成16个小分队，分赴江油至峨眉山市的川西“一条线”各县（市、区）采写报道。这组报道被评为四川新闻奖特等奖。1995年推出《95蜀乡现场短新闻》系列专栏，川报记者以脚板底下出新闻为鞭策，在刊登的40多篇稿件中，力图给广大读者展现一幅真实的乡村小景，使人呼吸到蜀乡大地上的清新气息。1999年推出《纪念党的十一届三中全会20周年》系列报道。从7月7日起，川报在一版推出《我看这20年》征文，拉开了纪念中共十一届三中全会20周年宣传报道活动的序幕。第一阶段，开展《我看这20年》征文活动，文章通过现身说法，反映20年来的巨大变化。第二阶段，开展《四川改革开放20年20件大事》评选活动。第三阶段，10月12日推出《辉煌的20年》，用新闻图片揭示蜀中大地变迁。10月20日还推出了《纪念十一届三中全会20周年》专栏，发表纪念文章，从理论与实践结合上赞颂十一届三中全会的历史地位、现实意义以及20年来的经验与成就。第四阶段，12月8日推出《四川改革开放20年特稿》重大战役报道。由于编委会高度重视，采编人员动手早，准备充分，做到系统、全面、深入，使整个纪念中共十一届三中全会20周年新闻宣传工作取得圆满成功。2001年推出《追赶型、跨越式发展》系列报道，受到中宣部新闻阅评组好评。《四川在西部大开发中的历史方位》三部曲（《天府三问》《跨越三特》《魂系三新》），从重点中再抓重点系列《决策篇》《优势篇》《市场篇》《人才篇》，高屋建瓴，分析透辟，具有很强的指导性。2004年推出《阐释科学发展观、推进发展新跨越》系列评论：《发展的先导在理念》《发展的关键在统筹》《发展的动力在市场》《发展的活力在机制》《发展的支点在资本》《发展的重心在三农》《发展的根本在人才》《发展的机遇在开放》《发展的环境在政府》《发展的力量在群众》，以及评论员文章《弘扬求真务实精神，全面落实科学发展观》。省委书记张学忠和省委副书记陶武先对此充分肯定。陶武先3月29日批示：“这组系列评论，从发表时间看，属及时跟进；从内容分解看，称精心设计。这种‘用心谋事，勤奋干事’的态度和作法，应当在我省新闻媒体中发扬、光大。”突出作好突发事件报道，引导舒缓公众情绪。2003年春夏，“非典”疫情发生后，集团党委和川报编委会立即组织以科教部为主的川报“抗非”报道小组，从4月开始到6月采编组织了50个专版，1200多篇稿件，全面反映了全省抗击“非典”的情况，受到省委、省政府和省委宣传部领导的充分肯定。

《成都日报》坚持新闻采写创新，倡导新文风、短稿件，努力探索生动活泼、贴近群众的表现手法和报道形式。2000年，为配合国家西部大开发战略，《成都晚报》组织实施了“新西行漫记”大型采访活动，派出27名记者分兵9路，采访东西部20多个省市自治区，刊发新闻稿200余篇、图片50余幅、专版14个，全面介绍西部省市区实施大开发战略的实际举措。

《南充日报》把新闻采访作为提高报纸质量的源头工作来抓。切实转变采访作风。1994年以来，报社规定记者采访要亲临其境，无特殊情况不得单纯使用电话采访；不得在通讯员稿件上搭名字；不得与同级媒体串通一稿多用；不得在新闻稿件的数字、情节上弄虚作假；总编办定期或不定期对记者采访行为进行追踪查访。1996 年 8 月，报社再次做出规定，记者每年必须有三分之一的时间深入乡镇工厂采访，凡未深入第一线或未进行现场采访的稿件，一律不允许署本报采编人员姓名。从 2003 年起，报社建立独立采访制度，记者不准与通讯员搭名发稿，促使记者养成深入采访的作风。加强记者队伍管理。一是记者分级管理，记者部设主任、副主任，管理日常采访工作，记者分首席记者、一级记者、二级记者；二是下达目标任务，从主任到不同级别的记者都下达了每月目标任务和年创好稿、发表论文数；三是稿件初编制度，记者部主任副主任要对记者采写的稿件进行初审、初编，然后发往相关编辑科室；四是实行优胜劣汰，每个季度记者完成刊稿任务倒数第一位的列入淘汰，降格使用，直到完成任务经考核合格后才可恢复原岗位。

《泸州日报》对灾情等突发事件的采访报道，做到全面、具体、客观、真实、及时。1995 年 5 月，特大暴风雨袭击古蔺、叙永、合江、纳溪 4 个县区，42 个乡镇受灾，48 万亩作物受损。报社闻讯派出 4 个采访组连夜赶赴灾区，投入抗灾采访报道。3 天时间，采写出消息 25 篇、通讯 80 余篇。

《达州日报》新闻采访的方式多种多样，主要有会议采访、现场采访、跟踪采访、热点采访、徒步采访（步行深入边远山区）、联合采访、专题采访、突发事件采访、易地采访、重点采访、特约采访等 11 种。这些采访写出来的新闻稿件，大多质量高、影响大、效果好。比如 2004 年 9 月和 2005 年 7 月，达州市遭受连续两次百年不遇大洪灾的袭击，报社派出多名记者赶赴灾区第一线跟踪采访，发稿数百篇，对抗洪抢险起到了极大的鼓舞和推动作用。

《广安日报》新闻采编机构经历了由分离到合一的实践发展过程。从试刊创刊之时起，报社设置了专门采访写稿的记者部、摄影部。在后来相当长的时期内，各县（市）委报道组和通讯员来稿不多，选择稿件难以从优的情况下，除记者部的记者采写地委、行署的重要会议和重大活动等要闻稿件外，包括总编室在内的要闻部、经济部、政文部等部门的编辑人员，都必须挤出时间承担一些采写任务。1998 年 4 月 1 日起，报社中止了采编分离体制。2005 年 7 月，广安日报社拟订《深化内部改革方案》，成立日报编采中心和川东周末编采中心。两个中心的编辑记者，转事新闻采写。

二、都市报及晚报

《华西都市报》自创刊以来，新闻采写工作主要经历了以下几个重要阶段。一是从“单一新闻”为主的采写向“综合性新闻”采写转变；二是从一般的社会新闻向重大的政治、经济新闻转变；三是从依靠热线的被动采访到依靠策划的主动出击转变；四是从“单兵作战”式的采写向“团队合作”式的采写转变。新闻采写的逐渐改进，使报纸品质不断提升。

《天府早报》2000 年提出独家新闻、独家策划、独家视角的“三独”方针。要求做到人无我有、人有我新。将独家策划与采访中心负责人的薪酬挂钩，与记者稿分挂钩，对独家新闻给予 2 倍稿分的奖励。2003 年，达到每个月都有 3 篇以上的重要独家新闻报道。如《邀你过盘空姐瘾》《破解泡沫亿万富翁悬疑》《超 7 首飞》《冬眠女孩睡半月醒半月》《麻省博士身份悬疑》等独家新闻。在采访管理上，2001 年，《天府早报》撤销经济新闻部、社会生活部、政法部，成立采访中心，实行扁平化管理，统一调配原 3 个部门的记者，保证在重大新闻发生时，能够集中报社最优秀的记者采访。2003 年开始推行“采访受控制”，对于重大报道，记者必须随时向分管主任汇报进展情况，以便得到及时指导；对于常规报道，记者必须随时报告线索、选题。2003 年，对重要突发新闻实行项目负责制，确定 1 名编委或采访中心副主任为项目责任人，统筹指挥。

《宜宾晚报》强调新闻的时效性，对当日新闻和两日新闻在考核上给予倾斜，记者的新闻时效意识不断增强。另外，努力拓宽新闻来源。报社从 2003 年 4 月起实行驻县记者制度，最多时，除临近的翠屏区和宜宾县外，其他 8 个县都有驻县记者。

《南充晚报》着重抓好采访质量、采访策划等工作。一是狠抓采访时效。《南充晚报》对采访记者实行漏报与迟报责任追究制，要求记者电话 24 小时开机，如有采访任务必须在规定时间到达采访现场和第一时间发回稿件，如有延误要追究责任。《南充晚报》见报的事件新闻 90% 以上是“昨日新闻”。在 2003 年抗击“非典”的采访中，记者冒着被感染的危险多次深入防控第一线采访，并及时发回稿件。《南充晚报》发表的《市卫生防疫站站长被撤职》等 4 篇新闻稿被评为四川省抗击“非典”好新闻作品。二是策划采访活动。2001 年 8 月策划了《聚焦嘉陵江·关爱母亲河》的《生态纪行》，记者沿嘉陵江南充段自上而下采访，先后刊稿 20 余篇，产生较好社会影响。2003 年 4 月策划的《单车西部万里行》，派出摄影记者历时 26 天，跨越川甘青藏滇 5 省区 60 余个县市，行程 7630 公里，先后发回系列报道 20 篇，新闻图片 32 幅，在读者中引起轰动。这样的策划采访活动，每年都有 3 至 5 次。

第二节　新闻编辑

编辑是提高报纸质量的关键环节。1994—2005 年，四川报业坚持守土有责的基本原则，坚持正确的舆论导向，不断优化编辑流程，综合运用多种编辑手段，强化策划意识，发挥编辑在新闻采编中的主导作用，使报纸版面内容不断丰富，版面语言不断创新，报纸的内容和形式得到有机统一。

一、党报

《四川日报》从 1994 年到 2005 年一直沿用采编合一的体制，各发稿部门负责对应的版面，部门内设编辑。记者采写的稿件由部门编辑先行编辑，然后由主任签发到相应的版面，再由夜班责任编辑安排使用。尽管在 2003 年开始的机构改革和改版中，成立了编辑中心，但实际仍然实行采编合一体制。各版编辑分散在相关部门，由部门主任统一策划指挥该版的采编业务；而分散隶属于各部门的版面主编，既服从部门主任的指挥，又在夜班接受编辑出版中心的协调，实现夜班和白班的沟通。在这一阶段，编辑出版中心在夜班对要闻版和国际国内版进行编辑和整合。2005 年报社进行新一轮改版，在采编体制上进行了改革，实行采编分开，成立编辑中心，提出“编主导采”的要求。部门不再直接负责版面，除文体新闻版、专刊外，所有新闻版面均由编辑中心统筹，相应的编辑由各发稿部门集中到编辑中心。编辑中心设首席编辑（享受中层副职待遇），负责相应版面，拥有发稿权，并指挥编辑工作，对版面质量负责。首席编辑在完成稿件编辑工作后，交由编辑中心值班主任签发。首席编辑在夜班指挥组版编辑完成大样后下班。这一改革，使版面质量有了更为明确的责任人，有利于新闻质量提高，同时较好地解决了新闻报道活动和经营活动、新闻采编队伍和经营队伍的“两分开”问题。

《成都日报》将创新党政新闻版面表现形式作为报纸新闻编辑的主攻方向。2001 年恢复出刊后，坚持报纸版面的不断创新，最终确定了“以版面为中心”的采编运行体系，用版面引导采访，以报道充实版面。为统一报纸版面风格，设置了美术编辑和美术总监岗位，尽可能以现代版面语言和方便读者阅读的版式风格来更好地表达中心工作，力图改变以前那种老套、沉闷、“板起脸说话”的版面设计，形成大气、稳重、现代、清新的版式风格。2002 年刊发的《难忘十三年重大历史事件》系列报道，不仅内容翔实可读，而且形式有所创新。

《南充日报》在 2003 年前，以版面设编辑科室。2004 年起，设立编辑中心，统揽整个编辑事务。对具体版面的编务实行责任编辑制，责任编辑一般由科室负责人担任。在报纸稿件“三审制”中，编辑为一审，责任编辑为二审，所有稿件由责任编辑统一发往编辑中心发排组版，责任编辑是分管版面质量的第一责任人。《南充日报》采编流程强化发稿时效和差错追究，从 2003 年下半年起，改变过去提前几天甚至一周发预备版的做法，凡事件新闻必须在事发当天采访，第二天见报，漏报当天发生的新闻事件，追究相关人员责任；校对查出未见报差错、各级评报发现见报差错、读者发现差错，都要进行差错追究，错别字、标题差错、失实、领导职务和姓名差错等，将视情节轻重处罚，政治性技术性差错造成严重影响的，要对当事人进行组织处理，或待岗或辞退。

《自贡日报》记者为正刊提供新闻稿件，由总编室分发给新闻部进行编辑，专刊、副刊则实行采编合一。到 2005 年，报社编辑业务部门有总编室、新闻部和《区县新闻》《周末》《经济周刊》等编辑部。各编辑部门实行版面分工负责制，各版设责任编辑、编辑、组版编辑。

《宜宾日报》1997 年严格编审制度，坚持执行每期报纸 1、2、3 版头条稿件由编务会议定；超长通讯、消息由总编辑和值班副总编辑把关；重大稿件均送市委、市委宣传部以及有关主管部门把关。

《达州日报》编辑部门有合理的分工和明确的责任制，2000 年后制定了《达州日报社工作人员岗位责任制》和《达州日报社新闻专业人员岗位职责》。制定切合实际的宣传报道计划，使新闻编辑工作有序进行。报社不但有月报道计划、专题报道计划、重大事件报道计划，还有年度报道计划。报社加强稿件编辑的流程管理，保证高质量地完成新闻报道任务。2002 年，为了使新闻稿件流程更加畅通和规范，达州日报社总结经验、增添措施，制定了《加强稿件编辑流程管理办法》，对稿件签发制度、稿件送审制度、稿件终审权限、新闻阅评制度等，提出了严格要求和进一步完善的措施。

《广安日报》创刊时，内设机构有总编室、要闻部、经济部、政文部，专门从事新闻编辑工作。1998 年 4 月 1 日起，报社实行采编合一体制。在每个部室内，既有编辑又有记者，分工明确。编辑负责浏览本版所有来稿，从中选优、精编，还要与本部记者沟通、互动。2005 年 7 月，组建了日报编采中心和川东周末编采中心，使采编合一的管理体制更加密切。编辑除精选、精编通讯员来稿外，还要组织策划记者采写主题宣传稿件。

《巴中日报》编辑审稿过程主要通过几个程序来实现，首先是来稿登记，初选分类，然后进入编辑程序。编辑部主任根据版面要求和编前会选稿标准进行选稿，分发给版面编辑进行编辑，再由编辑部主任初审，送值班编辑排版。由此形成的初样返回编辑部主任二次审定，再由各编辑部执行编辑负责校稿后出报纸小样，送值班副总编辑审稿。值班副总编辑从版式到文章进行初审和调整后，签署审稿意见，送给总编辑最后审定。特定情况和特殊时期，重要文章和重要社论，要送市委宣传部或市委分管领导，甚至市委书记审定批准，报纸才能出版。报纸编审过程，最重要的是开好组稿会，精选精编稿件，创新版面，写好言论和选好头条，三审把关。

《雅安日报》值班领导负责签发（终审）大样、付印，负责整个报纸的政治、政策把关，对所有编采部门进行调度指挥。总编室根据市委宣传部和编委会要求负责拟定重大策划报道方案，并督促各编采部门主任细化实施。各编采部门负责人负责策划本部门报道方案，审签本部门稿件，指导本部门编辑精心处理稿件和版面，审看（二审）大样，督促本部门编辑遵守《编审出版运行时刻表》。编辑对稿件进行把关、筛选、加工、组合、制作标题，并负责审签（一审）大样，协同组版人员工作，及时处理版面上的具体问题，最后打出清样并认真检查清样。

《凉山日报》1994—1996年期间，设置有要闻部、经济部、政治生活部和彝文版要闻部等进行日常的编辑工作。1997—1998年，将汉文版的政治生活部改为副刊部，负责副刊编辑工作，其余编辑部门职能未变。1999—2003年增加了社会新闻一部和社会新闻二部，分别负责《周末》和《星期刊》的编辑工作。2004—2005年报社实行机构改革，要闻部、时事文体部、视点新闻部、专刊部、《凉山周末》编辑室，彝文版新闻部、彝文版专刊部7个部门，从事《凉山日报》彝汉两个文版的编辑工作。

二、都市报及晚报

《华西都市报》实行采编分离，新闻编辑独立为一个部门，开始称综合新闻部，后来改名为编辑中心。编辑中心是报社新闻编辑的“总装车间”，承担着日常的报纸新闻编辑与出版工作，它下辖要闻、成都、国内、国际、美编、校对、信息等编辑室，分工合作，共同负责报纸的编辑出版工作。

《天府早报》在选稿方面，以“重要、有用、好看”作为评价标准，有所为，有所不为。实行采编分离，要求编辑提前介入采访，参与策划。采编配合密切，成功掌控运作过程，避免编采各行其是的种种缺失和弊端。2003年12月策划的“5元钱挑战都市生存”活动报道，2003年4月13日刊登的《破解泡沫亿万富翁悬疑》的报道等，由于编采配合策划默契，均产生很大反响。2001年制定《天府早报编辑大纲》，提出一系列导向性的办报目标和操作办法。2003年制定《采编校对质量管理办法》，对编辑制作标题、版面包装提出具体要求。同时建立每日及月度、年度好标题、好版面的评选机制。

《攀枝花晚报》新闻编辑与新闻采写密切配合，对重点专题报道，都开设醒目的专栏，配上醒目的图片进行集中报道。2005年，A1版开设《迎冬旅创国优行动起来共建和谐》专栏，同时设置《四川省首届冬季旅游发展大会倒计时》，用大块版面大力宣传攀枝花，为促进攀枝花经济发展提供了强有力的舆论支持。冬旅会期间，推出全彩《冬旅特刊》，全方位、多角度连续多日报道攀枝花旅游发展、风土人情和冬旅盛况。据统计，冬旅会期间，平均每天到攀枝花的外地游客达2万多人。

《绵阳晚报》实行以编辑为主导的编采分离机制。根据形势变化和读者需求，适时改扩版，增强市场竞争力和报纸影响力。由2000年创刊之初日出8个基本版，到2005年日出12个基本版，报纸内容不断丰富，版面设置更加合理。2001年1月起，《绵阳晚报》全新改版，推出《新闻周刊》，综合新闻素材，深化报道内容；增出《生活》《房地产》彩色专刊。2005年10月12日将对开版改为国际流行的对开瘦身版。改版后，本地都市新闻、重要时政、社会新闻、社区新闻、热线民生新闻、焦点新闻、财经新闻、国际国内新闻、文体新闻的报道量有所增加。尤其强化本地都市新闻，更关注都市人们的生存状态，反映社情民意。在信息量增加的同时，加大深度报道和多种题材新闻评论的力度，为读者献上一份既有广度又有深度的新闻大餐。

《南充晚报》在报纸编辑环节实行责任编辑制、编辑轮岗制和审读评报制。一是责任编辑制。各职能部门的负责人担任所管版面的责任编辑，总体协调记者与编辑的工作，责任编辑对所管版面的发稿时效与稿件质量负责，对发生的差错也承担相应责任。在2001年至2003年间，有3个责任编辑因不能胜任工作而未被聘用，有10多人次因差错受到处罚。二是编辑轮岗制。时政新闻部、都市新闻部、文体副刊部、周末新闻部除进行板块量化考核外，还实行编辑人员整体逐月轮岗制，对编辑人员进行多岗锻炼。经轮岗锻炼，使所有编辑人员都能胜任各个版面的编务工作。三是审读评报制。从2003年1月1日创刊起，南充晚报专门聘请了3名具有副高以上职称的老新闻工作者开展报纸审读与评报工作，坚持天天审读报纸、评好版面、评好新闻，提高了报纸质量。

三、新闻网站

“四川新闻网”建网之初，按照中共四川省委“归口管理，集中上网”的原则，承担了全省新闻媒体电子版新闻网页集中上网的工作，形成了各具特色的四川网上新闻信息，在2000年底整合全省102家媒体上网。2001年9月依托四川新闻网平台开通的中国西部网，整合西部10家新闻网站及上百家报纸的新闻，其拥有的信息量优势在全国名列前茅。四川新闻网2001年6月15日开通了“理论在线”频道，发表了理论文章10余万篇。

第三节　群众工作

“全党办报、群众办报”是社会主义新闻事业的优良传统。这一时期，全省报纸普遍设立了专门部门，积极做好群众工作，大力发展通讯员队伍，认真处理好人民群众来信来访，反映群众意见和呼声，将报纸的群众工作作为党和政府联系人民群众的重要桥梁和纽带。

一、党报

《四川日报》2000年4月25日撤销群工部，将其舆论监督职能划归评论理论部，通联职能划归记者部。为了提高全省通讯员的业务水平，让他们尽快适应改版后川报的采编要求，《四川日报》记者部于2002年、2003年、2004年、2005年连续举办了4届全省骨干通讯员培训班，聘请专家、《四川日报》有关部主任、主编讲课。全省广大新闻干事、骨干通讯员及爱好新闻事业的同志积极参加培训学习，学员人数每年递增，4届参培人员超过600余人次。

《四川农村日报》成立有专门的通联及社会策划部，落实岗位和人员。这一时期的通联工作重点在三个方面。一是坚持办好全省通讯员新闻培训班。2000—2004年连续5年举办了5期全省通讯员新闻培训班，共培训学员800人次。二是实施社会策划活动。通过举办“农民最喜爱的饲料产品调查”“全省农村百万家庭读书活动”“《种子法》知识大赛”“全省农村十佳媳妇评选活动”等，有力地扩大了报纸的影响力，让更多的农村群众知晓并喜爱上了《四川农村日报》。三是搭建报纸与读者的互动平台。1999—2002年，通联及社会策划部编辑出版了10期内刊《通讯园地》，加强对基层通讯员的业务指导；推出《读者评报》专版，收到不少好的办报意见和建议。

《成都日报》20世纪90年代（当时的市委机关报为《成都晚报》）组建了读者来信部，主要任务是受理群众来信来访和通联工作。同时，在报纸上开辟《读者来信》专版。该部还承担报社大部分《内参》的采编任务。2001年《成都日报》恢复出版，强化了“党报热线”功能，其定位是释疑解惑、排忧解难、反映民意，架起党心民心的桥梁。2001年以来，该报通过《党报热线》组织开展了“圆梦行动”，让36位成绩优异的寒门学子圆了大学梦；与《成都商报》的《城市公众服务网》联合开展的“重阳节爱心特别行动”，让128位孤寡老人和热心人结成了关爱对子。2003年，《成都日报》和市教育局联合发起了为农村、山区孩子送书捐书的“同在蓝天下捐书献真情”大型社会公益活动，将57车书籍送到成都郊县的孩子手中。

《达州日报》在各县设有驻县记者站，各县县委报道组同时也是驻县记者站。同时，报社还建立了专门的机构抓通联工作，这既是发展和培养通讯员的组织保证，也是贯彻“群众办报”方针的具体体现。据2005年统计，达州日报社在册的业余通讯员在1000人以上，骨干通讯员保持在300人左右，全年来稿27945件。达州日报社信访机构健全，设有专人负责处理来信和接待来访，并提出“件件有交待，案案有着落”的要求。2005年，《达州日报》和《达州晚报》分别开辟的读者来信、帮你问、记者热线、律师解答等专栏中，刊发读者来信和相关稿件1732件，督促有关单位及时纠正整改回复，受到各方的广泛关注，当年接待来访103人（次）。报社主要负责人阅批重要来信67件，6位副总编辑、副社长坚持轮流值班接待来访群众，并对重要来信来访督促处理。

《乐山日报》群工部专门负责通联工作，处理和接待群众来信来访，同时编发《内参》及每周半版的《读者来信》。1994年，报社收到通讯员来稿2万多件，刊用5400件，占报社用稿量的70%。群工部每月编发《通讯员之友》，及时向通讯员提供报道信息和点子，传授新闻基础知识，交流写作经验，对通讯员起到较好的指导作用。2002年下半年，群工部收到群众来信42件，接待来访72人次，集中反映企业转制遗留、社会治安、“三农”等问题，群工部将问题归纳编发一期题为《透过窗口看苗头》的内参送领导参阅，促进了问题的解决。

《南充日报》长期设立群众工作部，一是为报纸组织稿源。1994年前后，通讯员多达2000多人，月来稿数量4000多件，群工部组织的稿源成为报社的主要稿源。二是培养骨干通讯员。定期组织骨干通讯员培训班，1995年曾发出《通讯员证》600多个。三是联系报道组（记者站），包括约稿和一般记者来信的处理。四是调查读者来信。1999年开始设立读者来信调查专职记者，处理群众来信反映的重要问题。五是处理读者来访。2002年前后，群工部每年接待上访群众800多人次。2004年南充日报社进行机构改革时，撤销群工部，职能归入总编办。

《攀枝花日报》设置了群众工作部，设专职人员处理读者来信，接待群众来访。报社党委书记亲自抓群工部工作，报社群工部多次被市委、市政府评为信访先进单位。报社对群众反映的问题高度重视，按照有关规定，该见报的及时见报，不能见报的及时转交有关部门解决。每周至少出一期“百姓心声”专栏，刊登读者来信，对群众提出的问题、有关单位处理的结果及时公布于众。2005年7月19日，6版头条刊登一位戒毒者母亲面对儿子误入歧途吸毒，盼望其新生戒毒的报道，呼吁全社会拉他们一把，给他们一份宽容、一份希望，见报后引起强烈反响。

《甘孜日报》重视建设发展通讯员队伍。1994年，为全州529名通讯员颁发了“通讯员证”。1998年再次对全州通讯员队伍进行了清理登记和队伍结构调整，调整后的特约记者、特约通讯员成为报社骨干通讯员，为他们办理了统一的“通讯员证”。通讯员队伍从甘孜州扩大到西藏、青海、甘肃、云南、北京、上海、广州、成都等地。到2005年，有通讯员198人，其中特约记者21人、特约通讯员 56 人；汉文报通讯员 138 人、藏文报通讯员 60 人。甘孜日报社建立了通联部，专门负责藏、汉文报通讯员队伍工作和处理读者来信、来稿登记等。甘孜日报社通讯员队伍建设比较规范，包括通讯员队伍登记、清理；通讯员来稿登记、稿费送达；通讯员培训、表彰等。1996 年下半年，停办 4 年的《甘孜报通讯》恢复出版，分别出汉文版和藏文版。2002 年下半年改为《读编往来》。

《自贡日报》的群众工作遵循与时俱进、开拓创新的原则，在原先群众来信登记、来访接待和领导阅处制度的基础上，构建大信访机制。建立了信访工作首问制、群工信访工作人员挂牌值班制；为群工部配置了信访专用工作电脑，与市里 30 个部委局的信访部门连成信访网络；建立了来信来访数据库，下载了有关信访文件、法律、法规，提高了信访工作的效率和质量。

二、都市报及晚报

《华西都市报》创刊之初就开通了《新闻热线》，强化热线服务功能，负责接听和解答百姓关心的问题，成为老百姓解决日常生活问题的帮手。设立《明星热线》，架起市民读者与明星沟通的桥梁。安排专人拆阅读者来信，并针对读者来信内容，编辑出版《华西内参》（2006 年停办），向党委和上级部门反映百姓生活中的难点问题，并对重要来信进行回复。

《成都商报》坚持开门办报，注意听取群众意见和呼声。1995 年开通《新闻热线传呼》，1996 年开通《城市热线》，2002 年开通《总编辑公开电话》，2005 年开通《纠错热线》，建立了与读者沟通的桥梁。

《攀枝花晚报》经常开展一些群众喜闻乐见的活动。2001 年 6 月 7 日，牵头与市委宣传部、团市委、市妇联等单位联合开展评选全市“十大孝顺儿（媳）女（婿）”活动。

《绵阳晚报》常年开设热线版面，开通新闻热线，实行 24 小时热线值班，不定期邀请燃气、电力、物价、教育、卫生、公安等职能部门领导值守，现场回答市民提问，及时为群众排忧解难。2003 年 3 月起，联系工商局等开通倾情下岗工热线，开辟打工求职、热线提醒、热线行动、热线解答、今日焦点等栏目，刊发有实用性和指导性的稿件 200 余篇，当年为读者解决各类问题 7860 多件。

《南充晚报》的群众工作，由过去传统的组织通讯员来稿、稿件分发，转移到主要接待群众来信来访的工作上来，工作职能由总编办履行。一是开办“南充晚报热线”；二是接待群众来访；三是处理读者来信；四是对特约记者、特约通讯员、特约评论员联系约稿；五是计发稿酬。2004 年 11 月到 2005 年底，南充晚报总编办负责群众工作的人员接待群众来访 1000 多人次。2005 年，《南充晚报热线》与《市长热线》联合，给市民搭建反映诉求的平台，受到国家信访局表扬。

第三章　新闻类别

1994—2005年间的四川报纸，在经济、时政、民生、文化、体育、言论、专（副）刊、美术摄影等主要新闻类别上都取得了不菲的成绩。按照党中央以经济建设为中心的指导思想，四川报业把经济报道作为新闻宣传的重要任务。在时政报道上，着力增强报道的可读性和服务性，使“硬”新闻“软”起来。民生报道在“以人为本”理念的深入中，快速发展成为主要的新闻类别。文化报道从传统的以文艺作品为主发展到综合的文化报道，满足人们群众日益增长的多样化文化需求。体育报道从体育赛事的报道向体育比赛、体育明星、全民体育、体育活动等多个领域拓展，报道的表现形式越来越丰富多彩。评论理论得到进一步重视和加强，成为报纸的灵魂和旗帜。专副刊得到大发展，涌现出各种类型的专副刊。美术摄影经历了从美化报纸的从属地位到与新闻文字报道同等重要的转变，提高了报纸的办报质量。

第一节　时政新闻

时政类新闻历来备受关注。读者从中了解国内外大事、国家大政方针和各级党委政府的中心工作。这一时期的四川报纸尤其是党报，紧扣党委政府中心工作和各地工作大局，将时政新闻作为引导舆论的主载体，将党务政务信息作为独特新闻资源做深做透做活，使之成为舆论热点、群众关注焦点和新闻亮点。

一、党报

《四川日报》20世纪90年代组建政法部，在2003年底改建为时政新闻·评论理论部，负责四川日报的时政新闻和评论理论报道工作。这一时期，《四川日报》时政新闻宣传的最大特点就是创新会议新闻报道和领导人活动报道。2001年全省“两会”推出的报道特刊，以及后来借鉴特刊模式不断发展完善的重大活动报道，成为“川报品牌”。从2004年开始，《四川日报》立足规范和改进会议报道，出台了一系列指导文件，力倡“跳出会议抓新闻”，写活、写新会议报道。当年，该报记者从一次普通会议中挖出一则消息《公安厅长直击四大顽症四条规定规范交警执法》，获得中国新闻奖。此后，对会议报道的探索创新没有停步，对重要会议基本形成“会议消息+第二看点”的报道模式，提升了会议报道的广度、深度和读者的阅读兴趣。

《成都日报》恢复出刊之前，成都市委机关报是《成都晚报》。20世纪90年代后期，《成都晚报》时政新闻报道由要闻（时政）新闻部负责，时政新闻报道占据了报纸的重要版面。1999年6月改版后的《成都晚报》，1 版体现“宣传政策、指导工作”“传播新闻、满足读者需求”的职能，2 版设置为要闻版。2001 年 7 月 1 日，《成都日报》恢复出刊，围绕“新型城市党报”的全新办报理念，对党政新闻报道进行全面改革。编委会认为党政要闻报道是引导舆论的主载体，提出了将党务政务信息作为一种独特新闻资源，“独家、优先、深入”进行发掘的党政新闻报道思路，并创造性地探索出“解读式”的党务政务工作报道方式，使时政要闻宣传面貌一新。2005 年 7 月 1 日，《成都日报》改版后，围绕“权威、深度、责任”的办报新理念，新开辟了要闻纵深、日报半月谈、权威发布、日报观察等深度报道栏目，打造党报核心竞争力。

《南充日报》时政报道有三个特点。一是国内外大事漏报追究。《南充日报》开辟有《国际新闻》《国际国内》专版和《东西南北中》《国际传真》等国内外时政栏目，制定了漏报国内外重要时政新闻责任追究制。1994—2005 年，《南充日报》在 1 版头条刊发国内外重要时政新闻占到 15% 左右。二是建立地方时政新闻采编机制。首先是定点联系，总编办与市四大机构建立了专门联系机制，确保重要时政新闻不漏报；其次是编辑协调机制，统一由总编办安排地方时政新闻采编，做到采访不撞车、报道有计划；再次是专人采访，在记者部落实了专门从事主要负责人活动和重大工作的采访记者，确保采访连续性。三是改进时政宣传。从 2003 年起，《南充日报》对时政新闻报道进行改版，既注重信息量的“大”，更注重形式上的“活”，力戒时政新闻的刻板现象，增强了时政新闻的可读性。

《遂宁日报》时政新闻包括国内外大事、地方时政要闻。国内外大事方面，开辟有《国际国内》专版等栏目，重大时政新闻在 1 版显著位置安排。地方时政要闻方面，建立了地方时政要闻采编机制，即时政新闻中心的记者分战线与机关单位建立专门的联系机制，确保重大时政新闻不漏报。同时对市上主要领导的采访活动定专人负责，人大常委会、政协机关的新闻定专人负责。从 2003 年起，《遂宁日报》对时政新闻报道进行了改版，开辟了《今日关注》等栏目。

《绵阳日报》注重时政新闻报道的深度和广度，时政要闻报道成为《绵阳日报》的拳头产品。“创建文明城市”是贯穿绵阳发展的主线，有关报道体现出时间跨度大、宣传内容多的特点。从 1988 年 6 月 18 日刊登头条稿件《深入开展三优一学创建文明城市竞赛》开始，到 1996 年 3 月 6 日 1 版开设《弘扬绵阳精神，创建文明卫生城市》专栏，《绵阳日报》致力于通过新闻报道的方式，在全市营造良好的创建氛围。

《乐山日报》对市党代会、人代会、政协会，提前做好宣传策划方案，组建报道组，记者编辑配合作战，确保不漏发一条重要新闻。全市重大时政活动，派出精兵强将进行集中宣传。1996 年，乐山创建全国卫生城市，报纸推出《“三优一学”创建卫生文明城市》等 3 个栏目，刊发各类稿件 60 多篇。

《攀枝花日报》对国际、国内和该市有重大影响的事件，按轻重缓急在各版进行报道。2000 年 7 月 24 日在 1 版发表《要把“三个代表”的要求落到实处》的本报评论员文章，次日开始，开设《“三个代表”的要求怎样落实》的套红栏目，先后在 1、4、5 版刊登来自市级各部门、区县和企业的消息、通讯、照片 80 多篇（幅），对全市各单位加深认识、深入落实“三个代表”重要思想发挥了良好的引导作用。

《泸州日报》把精神文明建设的宣传抓好抓实。1994 年泸州获得“全国双拥模范城”桂冠后，该报连续发表《军民如何巩固双拥成果》等言论文章，刊发了多批“军民共建文明城市”的文章和图片，对泸州市在2000年、2003年连续获得此项殊荣做出了贡献。1995年12月，泸州市创建“国家卫生城市”成功后，该报继续在此后4次“迎复检、保金牌”和巩固“创卫”成果的宣传中加大力度和深度，刊登了《保持“国卫”荣誉的思考》《坚持开展“爱卫月”活动，巩固“创卫”成果》等一批言论和文章，给人留下深刻印象。

1996年6月，泸州市召开创全省“三优一学”文明城市动员大会后，《泸州日报》以《深入开展精神文明创建活动》为主题目，刊发15篇评论对活动进行指导。1997年2月，中共泸州市三届四次全委会要求，在全市开展“创文明单位、做合格市民”活动，《泸州日报》迅速以《开创精神文明建设新局面》为总题目，刊发18篇评论文章，开设《精神文明》专版，辟《精神文明建设巡礼》专栏。《泸州日报》还在《精神文明》专版增辟《四五普法》专栏，宣传普及各项法律知识；增辟《寻常百姓》专栏，专发尊老爱幼、救危助残、扶贫济困、奉献爱心的报道。

《达州日报》先后在时事版开辟了《东西南北中》《他山石》《科技信息桥》《时事点评》等10多个栏目。关于“三个代表”重要思想的宣传，《达州日报》编辑部制定了报道计划，采取评论、专题、专栏等多种形式进行宣传。2001年开辟了《实践“三个代表”》专栏，2002年开辟了《农村基层学“三个代表”》等专栏。2005年1月以后，《达州日报》加强对科学发展观的宣传，从典型报道入手，宣传了《科学发展观生机盎然——开江县以科学发展观指导经济社会建设纪实》《让决策更科学——渠县政研工作纪实》等。

二、都市报及晚报

《华西都市报》创刊后一度没有专门报道时政新闻的部门。2004年从社会、财经、教育等各新闻部门抽调主力记者，成立了时政新闻部，定位为“拓展高端市场，营造深度影响”的综合性部门。时政新闻部成立之初，相继开设了华西时政会客厅、华西时政报道、华西时评、亲民热线等新栏目。之后，策划推出的《两会议案提案全接触》《水环境整治》《成都为何被文明城市抛弃?》等重头报道，使华西时政新闻逐渐成为了报纸的拳头产品。从2000年开始，每年的全国“两会”和省“两会”，华西都市报社都派出记者到现场采访。

《成都商报》1998年提出“帮忙不添乱，办一流大报”的办报新思路，确定专门的记者，从事市委、市政府中心工作的报道。同年，派出记者采访全国“两会”。由于主动跟进，积极策划，时政报道稳步发展成为《成都商报》的“龙头品牌”。

《天府早报》2000年对时政新闻提出要有所为、有所不为的理念，对普通的时政新闻一般不登，但对时政新闻的重大节点要不惜版面。如中华人民共和国成立50周年的宣传，《天府早报》用24个版讲述新中国50周年的沧桑巨变。2001年6月29日推出中国共产党80周年诞辰珍藏特刊——《八十年红旗飘飘》，共16个版。

《宜宾晚报》在采编时政新闻时，注重从民生的角度进行考量，强化、突出稿件的民生成分。比如2003年3月22日1版《保护好城市的肺》，反映的是宜宾市经营城市及建设工作会议情况，但记者没有就会写会，而是从与群众生活直接相关的保护翠屏山、保护城市“绿肺”的角度做了重点报道。

《南充晚报》除在1版宣传重要时政新闻外，还把2版辟为时政新闻版。宣传中及时报道党和国家的重要方针政策、党和国家领导人的重要活动，报道读者关注度高的新闻。2001年7月13日，北京获得2008年奥运会主办权，《南充晚报》采编人员经过一个通宵奋战，赶印了一期奥运专刊，于次日一早发行到读者手中，并加印报纸7000份。2001年10月8日，《南充晚报》集中报道《美国对阿富汗正式宣战》和《中国足球首次挺进世界杯》两条重大新闻，当天报纸发行量再创新高，市区零售即突破4万份。时政新闻宣传还注重报道中的引导性。对群众陌生的新闻事件，辅以延伸阅读、新闻链接小专栏，引导读者正确理解时政新闻的全貌。对连续报道的时政新闻，辅以新闻回放、背景链接栏目，交代背景材料。

第二节 经济新闻

按照党中央以经济建设为中心的指导思想，这一时期的四川报业把经济报道列为首要的任务。各报创新经济新闻报道，从过去的地方、部门经济成就、一厂一店等报道，转向经济分析、经济解读、经济人物、经济事件等深度报道、系列报道、解读报道，经济报道的表现形式也进行大胆创新，将枯燥的经济数据进行生动解读，站在更高层面理性分析数据所传递的信息。各报从最具共性的话题，最能引起共鸣的角度，最能吸引人的切入口，有针对性地为读者解疑释惑，提出独到而准确的见解。从对关系普通老百姓切身利益的物价高低、楼市涨跌、就业机会等角度去写经济报道，拉近经济报道与读者的距离，增加经济报道的亲切感。

一、党报

《四川日报》这一时期的经济宣传和经济报道，充分体现政经大报的定位。在宣传上，经济新闻服务于由计划经济转型为市场经济的过程，全方位、多角度地唱响时代主弦律。首先，注重抓重大活动的报道。2000年10月，首届西博会“2000中国西部论坛”在成都召开。会前、会中和会后的报道浓墨重彩，得到省委、省政府主要领导好评。2005年6月，第二次泛珠三角区域“9＋2”论坛与经贸洽谈会在四川举行，川报牵头策划并实施推出“9＋2”特刊，无论是其架构还是采访各方首脑、国家部委主要负责人方面，都创下了该报历史之最。其次，抓好重大主题的报道。围绕国企改革、三农问题、市场经济体制、西部大开发、三峡移民等重大主题，适时采用专栏、专题、系列报道等形式，先后推出黔江精神、巴中经验、长虹之路、彩虹之路、五粮液启示录、希望启示录等一大批具有时代影响力的报道，挖掘创新了经济新闻，发挥了党报权威、服务、贴近的长处。第三，对经济新闻版进行一系列改革，推出了《大市场》等贴近市场、贴近生活，与市场互动的版面和专栏。

《成都日报》在不同时期有不同的报道重点。2000年，以该市各区（市）、县及各条战线改革、发展的成果为报道主线，更加关注国企改革的进程和新经验；2002年，财经报道向“大财经”思路转型，力争多用浅显、叙事和细节手法表现主题财经新闻；2003年，着力报道非公有制经济发展，推出了《民间资金向民间资本转变》等一系列策划；2004年，开设《创富周刊》，立足于解决问题，提出建议，对各类经济现象进行深入剖析和舆论引导。

《泸州日报》开设经济专版（刊）。1995年9月在经济版开辟消费大观园专栏，设商品信息、市场扫描、监督岗等栏目。1996年1月报纸扩容，消费大观园改为专版，增设消费天地、回音壁、指南针等栏目。2004年，消费大观园改为维权“3·15”专版，增设消费时尚等栏目。从消费大观园作为专栏设置到维权“3·15”专版的确立与发展，《泸州日报》对消费市场的宣传不断成熟完善。除了宣传商品，引导消费外，还不断揭露打击假冒伪劣，维护消费者权益。2001年9月，创立农村大市场专版，开初设有7个栏目，2002年后逐渐增设18个专栏。农村大市场连续3年突出宣传中央和省委关于农业和农村工作1号文件，通过《让农民尽快走上产业化致富路》《农民增收靠什么?》等一批言论引路，大力宣传“公司+基地+农户”和发展“三高”农业的先进经验，推出《支部+协会农民得实惠》和农村致富带头人典型报道。泸州日报社还派出记者赴省内“建设社会主义新农村”先进县区采访，这批“样板经验”文章的发表，对全市新农村建设起了推波助澜的作用。2001年9月创设酒城商界专刊，先后设置10多个栏目。2004年7月增辟工业大世界专版，在承接此前工业报道所有栏目的同时，2004年开展的《创佳绩求跨越》和《推进泸州新型工业化进程》的系列报道，2005年开展的《泸州经济发展巡礼》系列报道，以及对即将在“十一五”期间“建好泸州港、建成四座桥、铺好六条路、带动四个区”的重点工程的前瞻性报道，对该市经济发展起到了添砖加瓦的作用。4个经济专版的逐渐推出，标志着《泸州日报》完成了对开四版报纸对经济宣传这个重点进行分类重组的进程。

《南充日报》经济宣传包括三个方面。一是及时宣传党和国家的大政方针。对党和国家的重大经济策，比如中央经济工作会议和每年的“一号文件”，《南充日报》都要全文刊发新华社通稿，并按照党和国家发展经济的大政方针拟定报道计划，组织采编人员学习，列出专题进行讨论和组织宣传。2000年，中央提出农业要走产业化发展道路的要求，《南充日报》发表了《向传统农业挑战》的社论和《走产业化经营之路》《大胆创新农业运行机制》等系列评论员文章。二是紧紧围绕地方党委政府经济建设中心工作开展宣传。经济宣传一直是《南充日报》的重头戏，1994年以来，经济宣传占报纸总发稿量的50%以上。2002年，《南充日报》与市委相关部门联合发起了“我为工业兴市献计策”大讨论，发稿160余篇、图片30多幅，被评为“我为工业兴市献计策先进集体”。三是拓展经济宣传覆盖面。《南充日报》在经济报道中，力求多层面、多角度、全方位，内容涉及工业、农业、旅游、交通运输、民营经济等。

《自贡日报》经济新闻走出了在计划经济体制下形成的单一化、表面化和“一厂一店一村”的微观经济报道模式，使经济新闻报道凸现先进生产力的发展方向，更具前瞻性和引导力；更多关注可持续发展及城乡一体化建设进程，挖掘经济新闻报道的理论深度。1994年刊登了《三百万盐都人民的期盼》《敢问路在何方》等一组6篇《自贡公路建设纪实》的深度报道。2001年2月推出的《奏响经济结构调整交响曲》和2004年8月推出的《构筑五大产业集群》等系列报道，克服了简单枯燥、堆砌概念的弊端，生动活泼地引导人鼓舞人。

《乐山日报》每年都要制定经济报道年度和阶段性报道计划，针对全市经济工作重点，适时开设栏目，组织系列报道。2000年，一版开设《西部大开发乐山怎么办》专栏，先后刊发各类稿件150多篇。2003—2005年，《乐山日报》《乐山晚报》围绕“建设中国第一山”，打造国际旅游城市这一政府系统重点工程，先后推出专版专刊80多个，刊发消息、通讯、图片1450篇（件），评论员文章40多篇、理论文章120多篇。

《攀枝花日报》针对攀枝花是大企业集中的工业城市的特点，把经济宣传列为首要的任务，对国家重点建设项目、重大经济成果都用显著的版面，设置相应的栏目进行充分报道。2005年7月26

日，1 版头条《家电巨头何以青睐攀钢》的通讯，报道四川长虹、广东美的、珠海格力这些家电巨头，纷纷找上门来与攀钢结盟，对攀枝花和攀钢起到了很好的宣传推广作用。2005 年 12 月 14 日，四川省攀西地区资源开发工作会在攀枝花召开。《攀枝花日报》在 1 版以通栏标题报道了会议开幕消息，同时发表题为《加快建设中国的工业天府》的社论；2 版和 4 版《以特色工业强市实现发展新跨越》的通栏标题，整版刊登彩色图片，强势宣传。对于“三个转变”（加快推进土地资源向土地资本转变，民间资金向民间资本转变，人力资源向人才资本转变）的宣传，《攀枝花日报》围绕市委、市政府认真贯彻攀西会议精神，加快矿业秩序和城市环境整治力度，加快推进“三个转变”的步伐，在 1 版开设《抓政治促发展谋升位》等套红栏目，派出记者深入全市各行业、各片区采访，采写了发挥区位优势、推进“三个转变”、实现富民升位的专稿，同时配发《整治是为了更快发展》等 4 篇评论员文章。

《达州日报》把经济宣传的重点放在围绕市委市政府重大战略决策上。2002 年，达州市委提出“特色立市、工业强市、流通兴市”的战略方针，《达州日报》便把全年的经济宣传的重点放在“工业强市”上，开辟了《工业强市振兴达州》《工业挑重担实现新跨越》《实施工业强市战略喜迎党的十六大召开》《工业经济月评》和《特色立市工业强市流通兴市》栏目，采写了《我市采用先进技术提升支柱产业竞争力》《六个品牌争创省名牌》《华川汽车厂产销两旺》等稿件。

《内江日报》常年开设的经济宣传栏目近 30 个，经济报道发稿量占总发稿量 60% 以上。内容上宽视野，既有宏观的经济理论和政策引导，也有内江经济建设的措施和成就；形式上多体裁，既有消息、通讯、图片、言论，又有精心策划的连续报道、组稿等；角度上多视点、多层次、全方位报道内江经济建设的进程。

二、都市报及晚报

《华西都市报》创刊时没有专门的经济新闻版块，经济新闻分散于头版和生活服务版。1997 年，报纸增设经济新闻版。1997 年的《四川名牌黄金之路》经济报道轰动京城；2000 年推出的《碧峰峡模式》等报道，直击四川旅游业的体制性变革；2001 年推出的《四川十大财经风云人物》评选，开创全国财经风云人物评选先河；2002 年推出的《倾力打造“川菜王国”》，为川菜产业发展摇旗呐喊；2003 年推出《四川首届十大创业英才暨优秀创业方案评选》活动。通过这些报道，《华西都市报》的财经新闻逐渐走向成熟。

《成都商报》创刊初期即以“综合性城市经济报”为定位，将成都的经济新闻和信息作为报道的主要内容，设有《经济要闻》《蓉城市场》《经济广角》等专版和专栏。尽管随着报纸定位的调整，《成都商报》新闻题材逐步多样化，但经济新闻始终是报纸的主打内容之一。2005 年，经济新闻（含证券）已成为《成都商报》五大版块中不可或缺的一部分，并陆续推出了道达投资手记、理财俱乐部等经典栏目及品牌策划。

《天府早报》创刊之初的经济新闻分为商业新闻和证券新闻两大块，日常版面各为 1 个。2001 年，增加每周一的《一周经济》，对一周以来国内外重大财经事件、财经新闻人物进行梳理。针对市场经济热点的变化，适时调整领域报道，每周一期的财富周刊曾经达到 5 个版。

《南充晚报》经济报道主要有三个方面的内容。一是传播经济政策。在经济报道中，《南充晚报》把传播党和国家经济建设的大政方针放在首位，每年全国经济工作会议和农村工作会议的报道都及时刊登。2001 年 11 月 12 日以《东方雄狮入世了》为题，报道中国加入 WTO 的新闻；2004 年 3 月 8 日以《温家宝：五年内取消农业税》为题，报道了国务院总理温家宝在《政府工作报告》中的要点，及时向读者传递了经济新闻资讯。天天财经、商情周刊围绕党和国家对经济建设的要求组织新闻宣传。二是服务地方经济。先后开辟了招商引资、工业兴市、重点工程建设、农业产业化等方面的专版专栏。2003 年 11 月，南充市招商团到中国香港招商，《南充晚报》相继发表了《南充 6 企业 9 项目香港“招亲”》《南充招商团香港抱得“金娃娃”》，扩大了招商引资活动的影响。三是参与经济活动。2002 年 10 月与南充市房地产管理局联合主办《南充花园城市与生态住区》高峰论坛。2004 年 3 月组织评选《2004 年最值得期待的楼盘》和《2003—2004 年度最具影响力的楼盘》活动，推动南充楼市的健康发展。2004 年 3 月与顺庆区委宣传部、新复乡政府联合主办的新复“梨花节”摄影大赛，推动了乡镇观光农业发展。

《攀枝花晚报》侧重报道市民关心的当地市场经济，如餐饮、住房、家电、购物等行情变化。同时，及时报道国际、国内有重大影响的经济新闻。对市内的攀钢二期、三期工程，二滩水电站建设及市政重点工程建设等由记者采访，作重点深度报道，引导读者关注和支持当地的重点建设。

第三节 民生新闻

以人为本、情系民生，民生报道最能体现媒体的民生情怀。1994—2005 年，四川报业紧紧围绕与百姓生活息息相关的就业、居住、医疗、教育等方方面面设置民生栏目，推出民生专版。报道注重接近性、可读性、服务性和时效性。从内容到形式都有明显的平民化趋向：走进寻常人家，倾听百姓心声，关注热点难点问题，用平民意识、平民视角来挖掘平民题材，并用平民语言来写报道。

一、党报

《四川日报》2004 年进行机构调整并实施改版，新设社会新闻部，进一步加大、加深、加重对民生新闻的关注和报道。每周有 4 天用一个整版篇幅刊登各类民生新闻，设立了言论、以案说法、舆论监督等栏目。每逢高考之时，专门设立高考热线，为考生和家长释疑解惑。对涉及教育、卫生、环保、民政、工商、质监等民生话题给予充分、及时、全面报道。《四川日报》民生新闻报道充分体现了对群众关注热点的追踪、重点的深入、报道的持续，并力求有始有终，让群众能够看到事情的结果。此间，一大批报道受到领导和群众的好评，比如成都宽窄巷子拆迁问题、农民工子女入学问题、成都街道绿化树木问题，以及为农民工撑起“维权伞”、打击“医串串”等系列报道。

《遂宁日报》把民生宣传作为报纸的一个重点，1994 年以来，把民生新闻散发稿件变成固定专栏。2004 年开始，民生宣传进一步加大，发稿量由原来的每周 1 个版逐步扩大为每天 2 个版。在民生宣传中，《遂宁日报》侧重于群众关心的热点难点问题，从入学难、就医难、就业难到食品质量问题、居民衣食住行问题等都给予极大的关注。每年都有一些引起市民关注的重大新闻事件报道出来。2000 年，《追踪遂宁潲水油》《追踪遂宁注水猪肉》等见报后，收到很好社会效果。《遂宁日报》发挥媒体的组织号召作用，积极帮助弱势群体。每到新生入学和新年春节前后，都要将需要帮助的特困家庭学生情况进行介绍，每年都有学生得到救助。2000 年发表的《盲女路路的故事》引起了医院、学校关注，最终解决了路路的读书、生存问题。

《自贡日报》对社会热点问题给予密切关注，先后创办了就业之友、劳动就业专版，开辟了下岗职工创业曲、下岗职工创业谱等专栏。再就业工程宣传力度大、时间长、效果好，1997 年受到省委宣传部通报表扬；下岗职工创业曲专栏获 1997 年度四川省新闻奖一等奖。帮助贫困大学新生入学的新闻报道逐渐演绎成一年一度的专题报道，成为《自贡日报》极具影响的栏目。2002 年《我们帮你放飞梦想》，2003 年《众手托起明天的太阳》，2004 年《爱心圆你大学梦》，2005 年《真情伴你去远航》，这些报道牵动全社会，引发无数热心人士慷慨解囊。仅在 2005 年被各高校录取的自贡 9000 名新生中，有 1692 人次因报纸的报道而获得总额 170 万元的捐助。2002 年 5 月 28 日，《自贡日报》在 1 版推出一档旨在体现“立足民生、倾听民言、反映民苦、解决民难”的盐都民情专栏，设有市民呼声、市长热线回音壁、民意传声办理视窗等 24 个小栏目，每周二出一期，4 年坚持不断，至 2005 年，共刊登稿件 1279 篇，新闻图片 70 张。盐都民情栏目获得 2004 年度四川省新闻奖一等奖。

《乐山日报》根据自身优势，关注民生。2003 年春节前后，《乐山日报》（包括《乐山晚报》）开设确保农民工工资兑现等栏目，刊发消息、图片、专访等 20 余篇，引起市领导和有关部门高度重视，共为 3000 多名民工追回拖欠工资 350 多万元。2004 年，《乐山日报》（包括《乐山晚报》）对违规建筑、噪音扰民、环境污染等问题进行曝光，全年刊发消息、图片、言论 500 多篇，使群众反映强烈的问题得到解决。

《凉山日报》关注普通百姓的生产生活，推出农家顾问、家庭与生活、日子、消费·生活、市井、民生等版面和栏目，对普通人民群众关心的热点、焦点、难点问题释疑解惑，提供帮助。

二、都市报及晚报

《华西都市报》成立之初就成立了社会新闻部，民生新闻成为社会新闻中最为重要的一块。随着社会发展，社会新闻部不断拓展民生新闻的视野和题材，角度日益更新，新闻品质逐渐提高。截至 2005 年，《华西都市报》形成了以热线服务、天气播报、市井新闻、市民指南等为主体的民生新闻版块，全心全意为老百姓服务。

《天府早报》以贴近性、生活化和实用性为市民服务，推出了服务 777、商品调查、百姓经济、购物选择等版面。2000 年提出对与市民生活密切相关的新闻要做深、做透、做全的观念，强力启动生活新闻、服务新闻。2001 年起，开设专门的民生版，民生报道成了报纸的主要内容。据初步统计，2001 年 11 月 1 版头条稿件中，民生报道占 60% 左右。8 月、9 月，在 1 版显著位置推出的服务市民生活、传递老百姓迫切需要了解的重大信息、沟通政府与市民之间联系的报道占头条的 41%。

《成都商报》一直关注民生，自创刊起即在国内媒体中率先开设为你服务栏目。1995 年 2 月 6 日，开设第一个社会新闻版，宗旨为“记录大众生活、捕捉社会焦点、表达市民心声、呼唤社会良心”。1996 年，《成都商报》逐渐摸索出都市报的办报思路，构建了一整套包括追踪报道、暗访报道、新闻连载、新闻策划在内的成熟的都市新闻操作模式。随后陆续推出《处方价差 16 倍，我该去吃谁的药》《王海蓉城打假》《潲水油入侵我们餐桌》，以及出租车改表等关系百姓生活的重磅独家报道。

《成都晚报》的民生报道有四个特点。一是专门设置了“民生叠”共 8 个版；二是多报道具有服务性质的新闻，主要体现在经济、教育、卫生等领域；三是阶段性的服务性专版；四是重要的民生新闻的策划报道。“高举慈善大旗”是《成都晚报》深化民生特色的一个重要举措。2005年7月11日，《成都晚报》与成都市民政局、成都慈善会联合开展的“一个都不能少·不让低保家庭孩子被学费挡在大学门外”大型慈善活动拉开帷幕，此次活动的目的是为成都市低保家庭上线考生募集100万元学费。寓知识性于民生宣传之中，是《成都晚报》民生报道的一个特点。2003年11月24日，在第十六个“世界艾滋病日”到来前夕，《成都晚报》推出《“爱滋剧团”期待来蓉公演》的报道。为实现组建“艾滋剧团”的愿望，晚报做了大量的工作。连续9天刊发的以“相互关爱，共享生命”为主要内容的《世界艾滋病日》特别报道，从人性化的角度，用平等尊重的口气，摒弃猎奇与“偷窥”式的报道方式，大大方方地写这群不幸遭遇艾滋病毒感染的人，整个报道自始至终都贯穿着科普宣传知识。12月1日下午2时，“艾滋剧团”公演在成都娇子剧场拉开帷幕，800多名观众报以30多次热烈掌声。2004年9月，《成都晚报》以《防艾拒毒，让孩子告诉孩子》长篇系列报道，强调“让孩子主动参与开展同伴教育”。该报道被中国关工委及相关部门采纳，作为附件正式收入《青少年预防艾滋病拒绝毒品》教材中。

《宜宾晚报》从创刊起就设立热线电话，开设热线出击、新闻调查等栏目，始终以“倾听群众心声，服务市民生活”为版面意图。2005年专门设立了民声版，成立了民生工作室。热线电话每天接听100多个。同时，利用帮打听栏目，及时回答读者的提问。

《绵阳晚报》突出亲民特色，情系百姓，服务万家，同时利用媒体优势帮助弱势群体。2004年10月，《绵阳晚报》又与新开通的市长公开电话联合，关注民情民生，为市民解决上千件具体难题。如《市委书记批示悉心呵护医院免费手术穷孩子获得二次生命》《公交车改道偏离实际开元场3000居民被遗忘》等报道，搭起了党委政府与人民群众间的桥梁。《绵阳晚报》还倾情帮助弱势群体，2001年通过报道和活动，呼吁社会救助患心脏病的贫困少年吴晓东，为其募捐近2万元。绵阳404医院通过《绵阳晚报》了解这一情况后，免费为他做手术，使其康复。2003年与团市委联办救助贫困大学生热线和专栏，积极为贫困大学生牵线搭桥，共救助大学生76人。

《泸州晚报》2001年9月19日创刊当天就刊发了该市江阳区通滩镇代课老师雷英病重得到社会关注的报道。11月7日，以《乡情洒满回家路》为题报道了江安孕妇王德群在从成都回乡经过泸州途中，得到车上驾驶员、乘客、车主通力合作，顺利产下一女婴的感人事迹。2002年5月，《泸州晚报》与泰康人寿保险公司联合推出《晚报，泰康人寿联合助学行动》的报道，这次行动共出资近4万元，帮助20名贫困大学生圆了自己的大学梦。这些报道，激起了较强的社会反响，为动员社会各方面力量关注和救助社会弱势群体，构建泸州和谐社会起到了积极作用。

《南充晚报》的民生宣传主要抓好反映群众诉求和倡导关注民生的社会风气。一是反映群众诉求。以新闻热线、市民热线为窗口，充分反映群众的诉求，响亮提出“有事找晚报，晚报服务快”。还开设了热线拷贝、热线回应、热线呼吁，为群众搭起一个反映诉求的平台。2004年11月统计，《南充晚报》协调有关部门为市民解决急难事400多件，做到热线反映的问题件件落实。二是扶助弱势群体。《南充晚报》充分利用媒体的宣传作用，倡导全社会关注民生、扶助贫弱的良好风气。2002年春节前后，南充市中心血站有三种稀有血型告急，《南充晚报》及时发布新闻，每天义务献血人数增长30%，解决了血荒。2004年3月，《南充晚报》与《成都商报》、南充市人事局、南充市就业局联合开展的“本报领着你全川找工作”活动，吸引了近千家企业加盟，8万多求职者热情参与，5轮招聘会共签订意向性用工协议3万余份，成功应聘者达6000多人。

第四节　文化新闻

1994—2005 年间的四川报纸，尤其是各级党报，在都市报、晚报的影响下，都经历了文艺副刊以发表文艺作品为主，向发表综合类文艺作品转变的过程，并发展到文娱类专刊，拓宽了文化宣传的空间。这些文化报道以传递文化信息、服务读者为宗旨，着力营造和培养健康有益、轻松活泼的文化氛围，陶冶大众情操，提升文化品位，满足人民群众日益增长的文化娱乐需求。

一、党报

《四川日报》在 1997 年 2 月 19 日邓小平逝世后，发表了《牌坊村的留言簿——来自小平故居的报道》特稿，在全国最早披露广安小平故居情形。1997 年 10 月 26 日至 11 月 6 日，第五届中国艺术节在成都举办，川报组织策划共计 19 个专版连续报道《艺术节特辑》，刊发各类稿件 25 万字，图片 80 余张。《艺术节特辑》和其中 3 件作品获文化部文化新闻奖。2001 年，长江上游远古文明成都金沙遗址的发现，引起海内外关注，川报文化新闻重点予以报道。2001 年 4 月 3 日，川报专门的文化新闻版问世，每周 4 个半版。2003 年 1 月，推出与省文化厅合作的《巴蜀文化千里迎春》大型文化采访活动，之后数年延续，成为川报春节前夕实录四川各地特色文化的一项重大活动。2003 年 11 月 25 日，文坛巨匠巴金百岁华诞，川报参与四川慰问团赴上海华东医院看望巴老并报道。

《成都日报》2001 年恢复出版后，文化新闻部改为文化娱乐新闻部。这一时期的文化新闻报道重点是对重大文娱新闻事件进行报道，2004 年初开展的《2003 成都十大文化标志性事件评选》系列报道，站在党报视角全面报道 2003 年成都文化活动的大事，因为有较强的贴近性和可读性，在市民中引起强烈反响。文娱新闻版开设了《开门见山》娱乐评论专栏，并逐渐成为该报的一个主要栏目。仅 2002 年该栏目就刊发各种娱乐评论 52 篇，其中针对刘晓庆因逃税被捕的评论《做一个依法纳税的名女人，难道最难?》，被中央电视台《东方时空》栏目引用。2003 年，《成都日报》文化新闻在贴近性、可读性上下功夫，以市场为导向，用鲜活、现代的表达方式争取读者，文化新闻版新开辟了新片、热剧等贴近群众的栏目。2005 年，《成都日报》文娱新闻部提出与同城媒体“做不一样的新闻”的理念，对文娱新闻报道模式进行改革，目标是在有限的版面空间突出看点。这个时期的文娱新闻版放弃了对常规新闻的动态报道，每天努力在版面上集中营造一个与别报不一样的话题，或同一新闻寻求不一样的报道角度，力求打造日报特色的文娱新闻。其中，针对话剧《雷雨》因演员生病而停演时，成都观众表现出的理解和宽容，《成都日报》推出了深度报道《他们享受了成都的和谐包容》，受到市委、市政府主要领导称赞。

《南充日报》的文化报道有三个特点。一是由单纯的文艺作品类副刊向综合性文艺副刊转型。《南充日报》的文化宣传经历了两个阶段，2000 年以前，文艺副刊以发表文艺作品为主，2001 年起尤其是 2003 年以后，文艺副刊以发表综合文艺类稿件为主，拓宽了文化宣传的空间。2004 年起，开辟了文娱专版《北湖潮》副刊，在发表文艺作品、文艺评论的同时，笔触多元文化，融入了饮食文化、服饰文化等，引导人们进行健康的文艺欣赏和文化消费。二是以副刊为平台推出新人新作，促进文化事业发展。《南充日报》把扶持、促进文化事业发展作为文化宣传的重心，先后利用嘉陵江文艺副刊、南充周末、川北潮、川北观潮等专刊、专版，发表新人新作，并定期组织文艺创作专题笔会，组织著名作家、大学教授与文学新人进行创作交流，促进了南充文化事业的发展和文学创作的繁荣，出现了在全国都叫得响的中篇小说《山杠爷》、电视剧《杨闇公》等。三是关注群众文化活动，倡导健康文化娱乐。《南充日报》用大量的篇幅报道了“周末演唱会”“老年花鼓队”“戏剧说唱队”等群众文化活动，同时对部分公共娱乐场所变成麻将聚集地的现象进行了曝光和跟踪报道，引导人们开展健康向上的文化娱乐活动。

《乐山日报》1994—2005 年，每周固定 4 个版刊载以文化为主线的“星期刊”，反映全市文化建设方面的内容，突出名人文化、民间文化，而全市大型文化活动则上要闻版。“星期刊”一版刊载文化大事要事及深度报道，二版为文化娱乐版，三版为《海棠》副刊，四版为摄影书画长廊。2003 年，“星期刊”一版《嘉阳蒸汽小火车驶向何方》《乐山蝴蝶飞美洲》《名人名山名佛：邮票载我行天下》等独特视角的深度报道刊发后，受到多方重视。面临卖车拆轨修公路的嘉阳小火车被保留下来，成为见证世界工业革命的活化石和市级非物质文化遗产。

《攀枝花日报》重点宣传本地历史沿革、考古发现、本地居民和外地移民共同构建的文化，对国际、国内一些有重大影响的文化也着重宣传报道。2004 年，1 版推出《抓旅游促发展一业兴百业兴》《倾力筹办首届冬旅会强力推动旅游大发展》专栏，7 版的文艺版、8 版的《文体大观园》，对攀枝花发展特色旅游的景点和建设状况进行图文并茂的介绍，为攀枝花召开四川省首届冬季旅游发展大会营造了良好的舆论氛围。2005 年，四川省首届冬季旅游发展大会在攀枝花召开。为配合宣传这一重大活动，《攀枝花日报》会前在 1 版开设《迎冬旅创国优在行动》《当好东道主办好冬旅会》专栏和《四川省首届冬季旅游发展大会倒计时》，跟踪报道总投资 27 亿多元的 79 个重点城市建设项目。12 月 16 日，攀枝花市创建中国优秀旅游城市顺利通过国家旅游局创优检查组验收；12 月 17 日，四川省首届冬季旅游发展大会在攀枝花学院礼堂隆重召开，国家旅游局局长邵琪伟出席并颁发“中国优秀旅游城市杯”，《攀枝花日报》都在 1 版作了报道。随后，报纸紧紧抓住创建中国优秀旅游城市和承办四川省首届冬旅会的契机，以“阳光·生态·休闲·度假·运动·健康”为主题，以“热闹、喜庆、特色鲜明、服务群众”为基调，全方位、多角度连续多日报道，成功打造了攀枝花两大精品旅游线——《百日生态旅游长廊》《钢铁是怎样炼成的》，以及四大旅游品牌——《大三线工业探秘之旅》《大西南阳光温泉度假之旅》《大裂谷奇异风光之旅》《川滇民族风情之旅》。

《自贡日报》针对内涵丰富、独具特色的自贡文化，将恐龙、彩灯、井盐史和川剧作为报道重点，尤其是对一年一度的自贡灯会，更是投入了大量人力和版面，比如对《世纪之光》《西部之光》《盛世中华》为主题的灯会，每届报道时间长达四五个月。

二、都市报及晚报

《华西都市报》文娱新闻从 1995 年起就以新闻追踪和活动策划为最大特色，走过了立足本土、面向全国的发展阶段。截至 2005 年，华西文娱版已推出了包括《真假郭燕》《冒牌郭峰》《川籍名导谢洪神秘消失》《刘德华拜师学变脸》等数百篇有全国影响的独家新闻、系列追踪。1997 年后加大了策划力度，在全国平面媒体中首创“华西明星热线”以及“明星会客厅”，策划了“四川明星回家乡”“巴蜀笑星擂台赛”等活动，报纸的文化娱乐新闻成为重要的特色版块。

《成都商报》致力于传播先进文化，报道市民关注的文化新闻。1994 年 9 月 2 日，《成都商报》

刊登《说书人李伯清撑开场子不孤独》，率先报道成都民间艺人李伯清，并引发同城媒体跟踪，最终使其成为成都家喻户晓的艺术家。2001 年 10 月推出“10 元周末音乐会”，通过与演出单位联手长期举办普及大众的周末音乐会，丰富了市民文化生活。

《南充晚报》这一时期相继开辟了南充文艺、文娱、北湖副刊等专刊、专栏，加大文化宣传，主要宣传文化事件、文化新闻、文化人物、文艺创作和文化队伍建设等。一是突出地方特色。相继宣传了以红军入川为特色的红色经典文化；以陈寿《三国志》为代表的三国文化；以川北灯戏、川北大木偶、川北皮影为特色的地方戏曲文化；以仪陇客家民居、嘉陵明清民居为特色的乡土文化。二是扶持文化新人。通过对巴蜀文学奖、金鸡奖、华表奖、中宣部“五个一”工程奖、文华奖的宣传，培育南充的文化氛围。通过本土著名作家、诗人在文艺副刊上介绍创新经验来培养文艺新人。《北湖副刊》开辟了原创地带栏目，主要刊登文学新人的原创作品。三是引导文化消费。及时宣传有关部门对文化市场监管的报道，相继对开放式公园被露天麻将充斥、网吧向未成年人开放、草台班子低俗演出等进行了曝光。对北湖公园坝坝麻将挤占市民活动空间的现象进行了连续报道，问题很快得到解决。

第五节 体育新闻

四川报业体育报道内容丰富，包括各类体育比赛赛况、体育明星动态、体育事件的因果、体育健身的常识，以及群众体育活动的情况等。报道中注重体育新闻图片的运用，重视体育评论，开辟有奖竞猜竞答栏目，开设体育彩票和福利彩票类的服务与报道栏目，体育报道的形式大为丰富。

一、党报

《四川日报》体育部 1994 年正式运作，除承担 4 开 4 版的周报《棋牌报》的报道工作外，还负责每天半个版的常规体育报道。1994 年，体育部派记者赴广岛采访亚运会。1995 年《棋牌报》停刊，体育部保留。是年，在《全民健身纲要》出台后，川报派出多名记者到全省各地采访，推出《全民健身四川行》系列报道。这一时期，川报对国内、国际重大赛事十分关注。1998 年派记者赴曼谷采访亚运会；2000 年派记者赴悉尼采访奥运会、赴贝鲁特采访亚洲杯足球赛，派记者采访首届全国体育大会；2001 年派记者赴大阪采访东亚运动会、赴广州采访第九届全国运动会；2002 年派记者赴韩国和日本采访世界杯足球赛、赴釜山采访亚运会；2003 年派记者赴巴黎采访世界田径锦标赛；2004 年派记者赴雅典采访奥运会；2005 年派记者赴南京采访第十届全国运动会。2004 年，川报体育部撤部，与原副刊部合并成立文体新闻部。

《南充日报》体育报道的主要内容有以下三类。一是群众体育。除报道奥运会、亚运会、全运会、省运会这些全局性的重大体育活动外，《南充日报》把侧重点放在群众体育上，相继报道了全市基础体育场馆建设、乡镇体育设施建设、学校体育活动开展和城乡、社区全民健身运动。1996—1997 年，《南充日报》对省八运会、潆溪区举办农民运动会和万人横渡嘉陵江活动进行报道，推动全民健身活动。二是体育典型。在竞技体育报道中，注重弘扬拼搏精神、培养体育新秀。1994—1999 年，《南充日报》相继报道了南充籍女运动员高寒与队友夺得 4×100 米世界冠军的事迹、南充籍运动员张山与赵晓莉返乡的新闻、打破全省业余体校举重比赛夺得3项冠军及打破3项纪录的南充运动员刘艳。这些报道激励了青少年刻苦锻炼、为国争光的士气。三是体育教育。报道了学校体育教育和特色体育学校、业余体校的教育工作，对办出特色的高坪白塔中学的足球、南充高级中学的篮球等进行了报道，还介绍了全市民间体育培训情况，引导体育教育投入社会化、教育形式多样化，全市业余体校和民间体育培训机构有100多所（个）。

《乐山日报》设有文化体育版，全面报道乐山市的群众体育活动。有影响的是2002年对“假日体育”的报道。这一年，乐山首次在元旦期间举行全民参加的“假日体育”活动，3万多市民参与12个项目“体育自助餐活动”。《乐山日报》跟踪采访，刊发了大量消息、通讯、图片，引起了各方关注。此后的“五一”、国庆、春节黄金周，乐山都要举办“假日体育”，在全国首开先河，受到国家体育总局和省市领导的充分肯定和社会各界的广泛欢迎。

《攀枝花日报》每天都以固定版面、固定栏目，对国际、国内和该市重大体育活动进行图文兼备的报道。对在本地举行的国内重大体育赛事，更是予以重点报道。2005年12月，“攀钢杯”全国皮划艇激流回旋精英赛暨2008年奥运会选拔赛、第十届“奥委会主席杯”全国百城市自行车总决赛、2005年中国·攀枝花国际长江漂流暨第四届中国·攀枝花国际长江漂流节三大体育赛事在攀枝花举行，《攀枝花日报》从12月16日开始，用8个整版的彩色大图片，全方位、多角度地报道了三大赛事情况。

《内江日报》定期开设“体育之窗”等栏目，报道国际、国内体坛热点，既关注竞技体育、商业体育，也关注全民健身、群众体育；既关注体育赛事，也关注体育人物。

《凉山日报》除了搞好各个时段国际国内重大体育赛事的报道外，还推出了体育、赛事集锦、精彩看点、体坛时评、风云赛场、凉山体育等专栏或周刊。

二、都市报及晚报

《华西都市报》1995年创刊初期，体育报道为两个版，通过对1996年、2000年、2004年三届奥运会以及1998年、2002年两届世界杯足球赛报道的洗礼，体育报道更为成熟。2000年以后的各项世界大赛，均有特派记者现场采访。

《成都商报》始终把“体育迷”当朋友，全面报道大家关心的体育新闻。1996年2月推出《商业体育专刊》，系成都地区都市报系中第一张体育专刊。1998年世界杯，《成都商报》确保最新赛事结果见报。2001年，中国国家足球队首次进入世界杯，《成都商报》连续70天推出的《和国足一起往前冲》十强赛特刊，以及《中国足球首次冲进世界杯珍藏金版》，赢得高度关注。2003年1月，派出记者飞赴美国，在长达半年的时间里，贴身采访姚明和NBA赛事，为读者奉献最具本地视觉的第一手信息。

《南充晚报》体育报道突出体育赛事、体育人物、群众体育三个方面。一是体育赛事。创刊初期开辟了时事·体育、文娱·体育版专门报道体育。2005年4月1日改为瘦身版后，新辟体坛风云，每天一期，加大体育新闻报道量。二是体育人物。不仅介绍了刘翔、姚明等国内明星，还介绍了本地在奥运会、世锦赛等赛事中的金牌得主张山、高寒、赵晓莉、贾童、王娜等参加赛事和各项公益活动的新闻。三是群众体育。用大量的版面报道本地群众性体育活动的新闻，先后报道了各学校培养篮球、足球、乒乓球、网球、射箭等项目的体育人才的新闻，报道了老年秧歌队、腰鼓队、太极拳队的活动情况，报道了全市100多支活跃在社区的老年舞蹈队带动全民健身活动的经验。

第六节　评论理论

四川报业紧紧围绕党的方针政策和各级党委的重大部署和中心工作，围绕经济社会生活中的重要事件和热点、难点、焦点问题，组织撰写评论理论文章，解读信息、发表意见、阐明主张，通过言论为党委政府的宏观决策建言立论，引导读者的思想观点，回答群众关心的热点问题，增强报纸的吸引力和影响力。

一、党报

《四川日报》评论理论始终坚持正确的舆论导向，向读者传输观点，施展影响力，实现公信力，引导社会舆论。1版常设评论栏目巴蜀小议，小中见大，每篇只有三五百字，形成“短、新、快、实”的栏目特色，深受读者喜爱。5版常设言论栏目社会随笔，谈古论今，针砭时弊，关注世间万象，发人深省，给人启迪。另外，1版还有天府新论栏目，以思想评论为主。每周一期的理论与实践后来改名为理论广角，紧紧围绕党委政府中心工作，释疑解惑；观察与思考以调查报告为主，每期侧重一个选题，强调理论指导实践。2004年，评论理论部与政法部合并为时政新闻·评论理论部。新开辟的前沿关注是四川日报2004年新闻改革的一块试验田，是报纸理论创新的一种尝试。前沿关注作为理论版的延伸，基本思路是“让理论贴近百姓，让党报走近读者”，尽可能把理论研究与新闻报道结合起来，从而使理论宣传更具活力和生命力。前沿关注创刊以来，逐渐形成自己的特色、品位，被评为省级名牌栏目，获2004年四川省好新闻一等奖。2004年改版后的理论宣传，还有一个突出点就是进一步加强理论宣传与新闻评论互动，重点打造系列评论，《用科学发展观推进四川新跨越》系列评论11篇，获2004年四川省新闻奖一等奖。

《成都日报》历来重视新闻评论报道。原市委机关报《成都晚报》除了社论、评论员文章、短评等常规言论外，特别重视专栏评论，比如1版、2版开辟了鼓角、路边闲话，副刊开辟了夜谈等。各类言论评论文章，以读者喜闻乐见的语言风格，就市民关注的问题展开评论和舆论引导。评论编辑以“管建”为笔名写的评论《耐人寻味的掌声》，以犀利的文笔，对某些领导爱讲“正确但无用的套话”而被群众“鼓倒掌”的现象做了深刻反思。文章在“鼓角”发表后，在成都地区引起极大反响，新华社以通稿形式报道了这篇评论，《人民日报》、中央人民广播电台、《中国青年报》等中央媒体对此也作了报道。在鼓角、路边闲话、夜话专栏发表的言论文章，不少荣获省、市好新闻奖，并被多家出版社分别辑录出书。报社在全市聘请了数百名评论通讯员，每年召开言论通讯员工作会，以会代训，提升评论员的评论水平。除了从各条战线聘了一批言论通讯员外，还从市委、市政府一些部门领导中聘请了一批特约评论员，为报纸撰写评论员文章，以提高言论对现实工作的指导性。2001年《成都日报》复刊后，报社成立了新闻评论部，开设了理论版。2002年，按照报社编委会有关提升日报言论影响力，形成日报言论风格的要求，新闻评论部在完成常规报道任务的同时，加强了工作创新。新闻评论部的编辑参加编辑中心要闻时评版的编辑工作，使报纸言论与新闻报道配合得更加紧密。2005年，《成都日报》提出“使党报评论成为打造党报竞争力，提升党报品位的新着力点”的要求，党报言论更具时代特色。这一年，新闻评论版共出 37 期，发表文章 210 余篇。

《南充日报》评论理论有三个特点。一是用言论增强报纸宣传的思想性。《南充日报》由总编辑亲手抓言论，编辑部在制定阶段宣传计划时，同时制定言论计划。在编辑部内部有专门从事言论写作的人员，还向社会聘请一批特约评论员。1994—1996 年，每年发表言论 1000 多篇，总编辑撰写的言论曾 6 次获得四川省新闻奖一二等奖和全国地市报好新闻奖。二是发挥言论的引导作用。每逢重大事件的报道，《南充日报》都要推出有分量的言论。在工业兴市、劳务输出、中小企业改制、农业产业化、化解乡镇债务等宣传中，编辑部组织了各方面人士撰写言论，对这些工作的开展起到了积极的引导作用。三是增强言论的艺术性。1994 年以后，《南充日报》的言论风格和质量有了较大变化。一是言论与新闻报道配套发表，使言论言之有物，有的放矢；二是培养言论写作人才，2004 年起组织署名“南嘉平”的言论写作集体；三是言论见报的份量越来越重，质量越来越高。1994—1996 年连续 3 年都有言论获四川省新闻奖一等奖。

《自贡日报》除常用的社论、评论员文章、短评、编者按、编后外，这一时期的特点是系列评论、署名评论、述评、时评增多。1995 年，配合《抱走一团火，救了一车人》的重要新闻报道，在 1 版头条位置刊登了《奏响时代强音》等 6 篇系列评论。1996 年，为配合自贡市第二次创业发展纲要和社会主义精神文明建设发展纲要，报纸刊登了《论团结奋进》《论负重自强》等 10 篇系列评论，以及“十论”振奋精神搞好国有企业的评论员文章。此外，加强了专栏评论工作，影响较大的栏目有新闻观点、声音、盐都小议。新闻观点于 2001 年 9 月创办至 2005 年底，发表言论 106 篇。这些文章用新思潮新理念洞察社会经济发展进程中的各种问题，如《争当“大王级”农民》《民间理想影响地方经济》等，富有理性思考。

《乐山日报》每个版面有常设言论栏目，比如一版的《畅言录》，二版的《嘉州漫谈》，此外还有评论员文章、编者按、编后等有针对性的言论稿件随文配发，以加强党报的权威性、指导性。2000—2004 年，《乐山日报》在副刊《三江周末》开设海棠路 98 号言论栏目，针对社会热点、难点，以主持人、嘉宾对话等形式谈看法，谈观点，切中时弊，弘扬正气。该栏目 2001 年被评为全省优秀栏目。

《攀枝花日报》把言论看成是坚持正确舆论导向的旗帜，根据具体情况以社论、本报评论员、发言摘登、理论专题文章等形式在报上出现。《攀枝花日报》2004 年 3 月，在 1 版开设树立科学发展观推动发展新跨越、落实科学发展观访谈录栏目，发表消息、通讯、专访 30 多篇，配发本报评论员文章 5 篇，从不同角度对树立科学发展观进行论述。同时，在 4 版的理论版上，约请市领导和市委党校教授，撰写一批质量较高的专题文章，与 1 版的报道相配合，重新审视攀枝花的战略地位，坚持“资源立市，工业强市”，为落实科学发展观找到落脚点。

《达州日报》历届领导班子十分重视报纸言论，亲自抓、带头写。2004 年 9 月 3 日，达州发生百年不遇的特大洪灾，《达州日报》在 1 版连续发表 6 篇社论。2005 年 7 月 8 日，达州再遭特大洪水袭击，《达州日报》又连续发表 5 篇评论员文章。这些评论的及时发表，对鼓舞全市人民战胜特大自然灾害，夺取抗洪斗争的胜利，起到了积极的鼓动作用。

《巴中日报》重视言论工作，2002 年 1—3 月围绕市委会议精神，刊发了 12 篇评论员文章，准确传达市委会议精神，起了很好的舆论导向作用。2003 年，围绕市委提出的实现“三个转变”、突出“三大经济”、建设“三市”、坚持“三步走”的思路，《巴中日报》有针对性地发表了多篇评论员文章，打好舆论主动仗，占领舆论主阵地。

二、都市报及晚报行业报

《华西都市报》历来重视评论的建设，在重大、热点事件发生时，发出主流媒体自己的声音。2004年报纸推出《华西视点》专版和《华西时评》专栏，聚焦重大热点新闻事件，至2005年已发展为品牌栏目。

《成都商报》1998年在成都率先推出以记者个人命名的评论专栏《李承鹏评论》。该专栏在社会上产生很大影响。2000年2月16日起推出“龙年十评”，连续10天在1版刊发评论员文章，率先吹响“西部大开发”战略思想解放的冲锋号，篇目包括《一评机遇当前不敏感》、《二评思想僵化不开放》等。其后设“岷江评论”栏目和专版，刊发评论文章。

《天府早报》注重新闻与言论的配合，2004年推出的“8版成都”版块，每期1版由一个新闻故事和与之相配的言论构成，言论栏目名为《旁边评》，很有特色。

《南充晚报》从三个方面入手做好言论工作，以提高报纸宣传的思想性。一是加大言论的发稿量。除了给重要新闻配发编者按、编后语外，还在时政新闻版开辟“阳光评论”言论专栏，其他版开辟记者点评、看点提示、三言两语、生活杂谈。配发的言论对新闻报道起到画龙点睛的作用。二是建立言论写作队伍。除鼓励编辑记者撰写言论外，还从市级机关和社会上聘请了10名特约评论员。三是发挥言论引导作用。在研究重大报道时，把言论一并纳入计划。2002年3月14日，在报道南充市《180件专利面对“失效”命运》的报道时，配发了《用好“自有知识产权”》的言论。2005年在报道机关干部作风建设的新闻时，配发了《干部“无为”就该问责》的评论。

《精神文明报》重视评论工作，每版都有固定的言论栏目，岁末年初或重大事件，还会刊发权威性、指导性的评论文章。1997年8月，针对文明城市创建中市领导承包路段的现象，发表言论《亮点与死角》，提出文明城市创建必须动员最广大的人民群众参加。

第七节 专刊副刊

专（副）刊是平面媒体尤其是报纸的重要组成部分。1994—2005年间的四川报纸，从以前只有文学副刊，逐渐发展到拥有新闻类、文艺类、社会类、法制类、经济类、教育类等各种专（副）刊。

一、党报

《四川日报》副刊主体为两部分，一是文学副刊《原上草》，二是综合性副刊《天府周末》。“原上草”每周一个版，以富于时代感的纪实散文、杂文、小小说为主要体裁，通过各类主题征文与时俱进。并从1990年开始设立全国首家传媒文学奖——《四川日报》文学奖，一年一度连续举办，有效地凝聚了作者和作品，提升了影响力。1996年5月31日，《天府周末》特刊以假日综合读物的定位与读者见面，每期8个版，分17个专版轮流刊出，追求“贴近生活，走进家庭，川味浓郁，雅俗共赏”。在原有文化、艺术、思想、生活、史地等内容外，增加了大量的人物故事、社会新闻、科普知识等，兼容可读性、新闻性与服务性。封面版《周末特稿》以引人关注、让人思考的“现在进行时”本土原创深度报道为主打，成为读者喜闻乐见的一大品牌。《四川日报》副刊部长期举办形式多样的社会文化活动，数万人参加的“巴蜀文化知识大赛”轰动一时，扩大了社会影响；《四川日报》文学奖持续举办，增强了报纸与读者、作者的凝聚力；四川十佳演员、十大文化新闻评选坚持了近十年，赢得社会广泛关注和认可。

《成都日报》2001年复刊后，副刊版面有《成都星期一》和《快乐周末》，固定栏目有访谈、城事、影响、行家等。2004年3月，《成都日报》副刊更名为《天下成都》，分人物、景物、事物、风物四个板块，着力打造成都的历史文化。2005年3月，《天下成都》改版，固定为周一出4个版，分核心访谈、读城记、博客记、亲历记、人物记、寻秘记六大板块，对成都的历史文化、风土人情进行更加深入的挖掘，成为《成都日报》的品牌栏目。

《达州日报》每周7期报纸中，有3期办成了专刊。一是《生活周刊》，1998年5月6日创刊至2005年底，出刊150期，先后开辟了市场、消费、家庭、法制、社会、财经、健康、视点、风物、西窗等板块。《生活周刊》重视反映群众呼声和诉求，解决群众切身利益方面的热点难点问题。2003年群众反映渠县巨光乡农网改造进展缓慢，该刊立即派出记者以《网改何时进农家》为题作了追踪报道，引起该县电力公司重视，很快完成了这个乡的农网改造工程。二是《都市版》，2000年1月3日创刊，12月29日终刊，共出刊151期。《都市版》以突击性战役报道为主。比如2000年1月25日达州市发生一起当街枪杀案，该刊派出记者紧随警方出动，连夜写出现场纪实稿件《击毙枪手贺大军》，并配发评论《向英雄的公安武警致敬》等连续报道。《都市版》连续3期报道该事件的报纸被读者抢购一空，零售数创新高。其他如对《三江沉船事故》《紫云楼持枪入室抢窃案》等几件突发事件均进行追踪报道，引起轰动。三是《教育周刊》，2003年1月5日出刊，从未间断，读者对象是大巴山区百万青少年中小学生。该刊的一个显著特点是开展记者活动，累计有3万多名中小学生接受过《教育周刊》组织的小记者培训，主要是采访写作知识方面的培训，先后有2万多名小记者参加过报社组织的近千次各类活动，如采访先进典型、植树、参观访问重点工程建设和灾区学生结对子等。

《遂宁日报》1994年创办《星期三》，每期4个版；1995年创办《川中周末》4个版。2004年以后又创办了一系列专刊，如《房产》《财经》《通信》《汽车》《教育》《卫生》《法制》等，其中房产、教育每周多达4个版。

《自贡日报》综合型副刊有《星期刊》《周末》《读者来信》《百姓视点》等21种；文化生活类副刊有《学习》《校园内外》《卫生健康》等15种；文艺类副刊有《春华》《紫荆花》等2种；经济类副刊有《农村之页》《经济周刊》等5种。

《乐山日报》专副刊历经几次改版，到1998年定为《三江周末》和《星期刊》两张专副刊报，宗旨是突出地方特色，宣传嘉州文化、风景名胜和现代文明。其中的《海棠》文艺副刊一直保留下来，主要刊登小说、诗歌等文艺作品。另外还有《体育大观》《卫生与健康》《旅游》《法制》等专版，宣传各有侧重，全方位为读者服务。

《泸州日报》自创刊起，就设有《忠山》文艺副刊栏目（半个版、周四刊出），1997年更名为《大文化》（对开四版半个版、周一周五刊出）。2001年后再次恢复《忠山》（整版、周六刊出）。从1991年开始，《忠山》文艺副刊刊发了大量该市和市外作者的文学艺术作品，许多作品在省、市和中国地市报好副刊作品中获奖。

《凉山日报》1997 年专门成立副刊部，2004 年又将副刊部改为专刊部，设置的专副刊有《彝海》《理论与实践》《凉山扶贫》《报刊拾零》《团结》《教育园地》《法制园地》《新闻周刊》《日子》《IT 周刊》《乡村》《彝族》《人物》《风土》《金土地》《环保》《房产》《汽车》《水电》《旅游》《教育》《卫生》等，丰富了报纸的内容，提高了报纸的针对性和专业性。

二、都市报及晚报

《华西都市报》　1996 年开始创办特稿，10 多年来，特稿副刊以“每天讲一个新闻故事”的形式在全国传播。每天刊用一篇特稿，带来了报纸每月两三万读者订户的增长。1997 年，华西特稿质量不断上升，带动了全国一批晚报、都市报摹仿华西特稿，形成了全国性的特稿热。1998 年，《沈阳晚报》《长春晚报》等 5 家中心城市的报社成为华西特稿的网络单位，2004 年网络单位发展到 32 家。

《成都商报》　1994 年 2 月 5 日开设成都第一份定位于市民读者的新闻周刊——《太阳周刊》，其《太阳特稿》《太阳中心说》《生活白描》《环球一周》等专版（专栏）深受市民喜欢。1995 年 2 月 12 日开设第一个《服务周刊》，涉及经营广告、服务市民生活。其后，专刊范围逐渐扩大到地产、汽车、教育、时尚、求职、旅游等众多领域。

《天府早报》　推出有《休闲健身》《全面旅游》《非常美食》等服务性专刊。看台、连载曾经产生过持续的影响力。文化副刊、城市副刊主要以当下的文化生活为切入点，既有名家专栏，也有普通作者对生活的观察。2004 年 10 月 24 日，推出《天下周刊》，每周日出版，包括《内幕》《万象》《史海》《生活》《军事》等板块。

《攀枝花晚报》　一般情况下，B 版 8 个版均为副刊，以固定版面和栏目对娱乐、医疗保健、文艺创作、市场购物、旅游休闲等进行宣传报道。有特殊宣传报道任务时，则临时以专刊或特刊形式整版进行专题报道。

第八节　美术摄影

1986—2005 年，四川报业的美术摄影经历了从美化报纸的从属地位到与新闻文字报道同等重要的转变，各报围绕报纸新闻报道和版面视觉，开设各种美术摄影栏目和专刊专版，组合式、集中式、多视角、系列式的摄影报道交替使用。同时，加强了新闻、文章插图，以及美术作品连载和新闻漫画的创作，大大提高了报纸的质量。

一、党报

《四川日报》1994—2005 年先后有摄影记者、编辑 20 人。川报摄影记者走遍巴蜀大地，聚焦社会与人文，用新闻图片宣传党的方针政策的同时，记载了四川 12 年发生的重大事件和社会经济文化等方面的变化，留下了大量珍贵底片和数码图像历史档案，用镜头记录了一段四川视觉影像的历史。这一时期，《四川日报》新闻摄影图片，在新闻摄影理论与实践中不断创新，先后获得中国新闻奖一等奖，中国新闻摄影作品年度评选金、银、铜奖，中国新闻摄影记者金眼奖，中国艺术摄影银奖等

100 余项。

《成都日报》摄影新闻部 2005 年有一线摄影记者 8 名，主任 1 名，部门日均发稿 80 幅。摄影新闻部的主要任务是为报社党政、要闻、经济、社会等采访部门提供新闻图片，同时定期出版摄影图片专版《镜头》。2002—2005 年，已连续出刊图片专版近 200 期，涵盖了市委市政府的中心工作、市民关心的热点、成都历史文化遗产等内容。2003 年“非典”期间，《成都日报》摄影记者参加抗“非典”报道小组，拍摄记录下数以万计的图像资料。摄影新闻部还常常举办摄影比赛，如聚焦新沙河、创国家园林城市、花园水城金堂等，展示了城市建设风貌，丰富了摄影报道的可读性和参与性。2005 年，成都市举办 FIAP 大会期间，《成都日报》摄影部与文化新闻部共同策划《我的第一张照片》成都日报小记者活动，成为大会的一大亮点。

《南充日报》美术摄影过去主要作用是美化版面。1996 年以前，《南充日报》还是 4 开小报时，美术摄影基本是以美化版面为主，居从属地位。1996 年扩版为对开大报后，《南充日报》从三方面把美术摄影融入报纸的整体之中。一是报道事件性新闻时尽可能配发图片；二是用图片形式可以展示新闻全貌的可以以图片为主，文字为辅；三是图片可以是 1 版头条和放置文前，增强视觉冲击力。2004 年后，报社聘任了美术总监，报纸的版面设计更美观大方。

《自贡日报》新闻美术宣传的一大特点是用漫画的手法表现新闻。1995 年在创建国家卫生城市活动中，报纸在 2 版用半个版的篇幅，刊登李相弟创作的《健康行为漫画》10 幅；在 2、3 版连续刊登何志立创作的《什么是健康 20 问和 10 个做到》大型新闻漫画。2003 年在创建国家优秀旅游城市活动中，报纸在 2 版开辟了漫画专栏《创优连着你我他》；在抗击“非典”中，报纸刊登新闻漫画《预防“非典”请你这样做》，让读者过目不忘。

《宜宾日报》1999 年组建了摄影部，配备 4 名专职摄影记者。经过多年的努力，报纸新闻图片发生很大变化，一是数量增加，仅 1999 年全年共用各类照片 3000 余幅，其中摄影记者有 1000 多幅，平均每版刊用照片 2 张以上；二是位置突出，具有新闻价值和艺术价值的图片受到高度重视，比如中国宜宾酒文化节开幕，首开先河在 1 版头条采用半版巨幅压题的表现形式；三是形式多样，除单幅新闻照片外，在 1 版开设照片专栏“聚焦镜”、2 版开设“酒都摄影”专版等。

《达州日报》在报纸的第 4 版开辟了《书法之窗》《书画园》等专栏或专版，每逢重大节日或重要事件，一般都要出美术摄影专版。1995 年 8 月 5 日起开辟的美术作品画页《书画园》到 2005 年底，已出刊 44 期。2005 年 10 月 15 日，“书画园”出了一期专刊《达州市纪念抗日战争胜利 60 周年老年书画艺术展作品选登》，刊登书法、国画、奇石、根雕等作品 21 幅。2005 年 10 月 28 日，《达州日报》第 4 版出摄影专刊《“三村建设”推进全市社会主义新农村建设》，共刊出全市“三村建设”新气象摄影作品 23 幅。

《凉山日报》美术摄影部前期主要负责美术编辑和摄影，后期主要从事新闻摄影工作。长期开设有光与影、凉山画廊、读图、凉山摄影等专栏，重点以美术作品和摄影作品反映人生百态，反映新闻事件，形成报纸良好的视觉效果。

二、都市报及晚报

《华西都市报》创刊之初仅有两名摄影记者，由报社信息中心分管。1997 年《华西都市报》正式成立摄影部。2000 年《华西都市报》率先使用数码相机。截至 2005 年，摄影部已换上当时最先进的数码摄影器材，扩展成拥有 7 名摄影记者和 1 名图片编辑的专业部门。

《成都商报》注重通过美术摄影来增强新闻报道的可读性和冲击力。1995 年 8 月 14 日，1 版整版推出图片新闻版《“8 · 11”特大洪水袭成都——金堂抗洪纪实》，引起强烈反响。2004 年印度洋海啸，《成都商报》特派摄影记者发回现场图片，并出版《我看到人间劫难》《我站在死难者中间》图片专版。

《攀枝花晚报》每周 1 至 2 期整版刊登《漫画天地》美术作品和《视觉新闻》摄影作品。《漫画天地》约请国内知名漫画家，用漫画表扬先进，批评讽刺落后。《视觉新闻》用层次分明的大图片，鲜活生动地展示典型生活场面。

《南充晚报》把美术摄影作为美化报纸版面、提高报纸质量的重要手段。一是精心设计版面。20 世纪 90 年代后期是由编辑编稿时兼顾版面美化，主要是在图文搭配、专栏设置和题文制作上进行简单美化。2004 年，《南充晚报》改版为瘦身版后，报纸实行全彩印，对报纸的美化提出更高要求。于是，聘请了专职美术编辑，设立了美术总监，负责晚报的总体包装设计，对各个版面美化、栏目设置进行美术指导。美术编辑还适时为文字新闻配图配画，每月见报的插图插画及美术作品 50 多件。二是强调图文并重。《南充晚报》把图片与文字放在同等重要的位置上，从三个环节抓起，一是文字记者图文共采，除重大活动需派出摄影记者外，一般采访都要求记者提供图文稿件；二是要求摄影记者具有一定的文字功底，所拍摄的新闻图片要自己写说明，说明要抓住要点，准确把握新闻主题；三是编辑图文兼顾，把文字新闻与图片新闻同时作为版面质量考核的内容。

第三篇　经营管理

报纸广告、报纸发行、报纸印刷、多种经营和财务管理，是报业经营管理的重要内容，同时也是办好报纸的重要条件。随着社会主义市场经济的建立和经济体制改革的推进，报社既是新闻宣传事业单位，又实行企业化管理方式，报业经营管理和报纸新闻宣传成为推动报业发展的相互依存的两个轮子。办好报纸，提高报纸的吸引力和感染力，不断巩固和扩大读者市场，同时也为经营管理创造条件；搞好经营管理，不断巩固和壮大经济基础，改善采编手段和工作、生活条件，也有利于更好地办好报纸。这一历史时期，报业经营管理取得了前所未有的新发展。

报业广告经营进入快速发展阶段。无论是党委机关报、晚报都市类报，还是专业行业类报，广告收入均成为报社主要经济支柱，甚至广播电视报、企业报等也开始经营广告。就各媒体而言，广告收入有增有降，但总体上报业广告经营收入保持强势增长。同时，广告管理进一步加强。广告管理的主要内容包括广告经营与编采业务实行两分开，杜绝虚假不良广告，推进广告代理制度和强化广告财务管理。

报纸发行方式进行了重大变革。由于报业快速发展，报社更加注重报纸发行成本，读者更加注重报纸订阅时效。一直由邮局发行的单一渠道被打破，出现了邮局发行、自办发行、邮发与自发相结合等多种发行方式，提高了发行质量和时效，方便了广大读者。

报纸印刷告别了手工排版、铅版印刷和树脂版印刷，实现了电子照排和彩色胶印印刷，从此奉献给读者的不仅有黑白报，还有文字和图片更加清晰、美观的套红报和彩色报。

多种经营的开展打破了报业单一的创收模式。“一业为主，多种经营”成为报业同仁的共识。所谓“一业”是指报业的广告、发行、印刷三大主业。在经营好主业的同时，根据自身的条件，积极拓展市场，开展多种经营，增强报业实力。

财务管理成为报业经营管理的中心环节。财务工作从过去单一记账算账的粗放型管理，逐步转移到以提供经营业务事前分析、过程记录和总结分析为报业经营服务上来。财务机构逐渐成为重要的综合管理部门，财务核算和财务管理逐渐成为经营管理的中间环节。根据报业经营发展和管理工作细化要求，与时俱进调整财务管理体制，规模较大的报社（集团）开始探索和建立资金结算中心或内部银行，使财务运行更加安全有效。

第一章　广　告

报业是广告传播的一个重要平台，而广告收入则是报业的一个重要经济支柱。报业历来重视广告经营，不断建立健全广告经营机构，充实和加强广告经营队伍，严格广告经营管理，促使广告经营健康稳步发展。

第一节　广告经营

一、党委机关报广告经营

（一）四川日报社广告经营

四川日报社的广告经营经历了经营思路、经营模式不断转变的渐进历程。1994—2005 年，《四川日报》广告经营走过了一条“V”字型发展道路。1995 年，川报广告收入达到 5800 万元。随后在激烈的市场竞争中，广告收入逐年下降，1998 年广告收入跌破 2000 万元。面对严峻的形势，川报从转变经营思路和改革管理模式入手，成功实现由粗放式经营模式向集约化经营道路的转轨，广告收入逐年上升。2004—2005 年，川报广告经营实现恢复性增长。2000 年是实施西部大开发的一年，也是四川日报报业集团正式组建成立、报业经济和事业发展全面推进的一年，这一年实现广告收入回升到 2600 余万元。2005 年广告收入回升到 3200 万元。随着房地产、药品、食品、家用电器、化妆品广告经营额的快速增长，川报广告经营持续增长并形成一定规模。

20 世纪 90 年代以来，报社广告已经逐渐细分，门类渐多。自 1994 年都江堰国际大都会刊登整版广告后，房地产广告逐渐兴起并形成规模。2004 年报社房地产广告投放量达到高峰。1998 年报社开辟《汽车专刊》，汽车广告开始刊登。化妆品广告 1992 年开始由国外广告公司代理，实行广告公司代理制。1996 年报社开辟《信息博览》栏目，由此医疗广告开始大批量刊登。求职广告自 20 世纪 80 年代开始以来，90 年代已形成规模。具有信息数量多、信息种类多、阅读性强、便于保存特征的分类广告，还未在川报上形成规模，仅以中缝广告的形式呈现。

2004 年，报社全面推行广告代理制，拓展商业类广告，先后推出《旅游天地》《四川房产》《车行四川》等经济周刊，搭建经营平台，有效推动行业类广告的投放。针对公告类广告市场，报社专门制定了奖励政策，做大增量确保报社利益，使公告类广告逐年递增，达到总量的 1/3。

（二）四川农村日报社广告经营

四川农村日报社广告经营始终坚持专业化小众广告经营模式，具有区别于都市报和综合性报纸的显著特点。10 年间，报社广告经营始终在探索从作坊式生产管理到规模化生产管理的路径，并已经取得较为显著的成绩。

1994—1997 年，报社广告经营逐年加强，广告收入逐年增加，年创利润保持在 120 万左右，其广告构成有饲料、养殖、种植、教育（专业培训招生和中专校招生）、技术转让、医疗和其他。广告经营主要是走出去，请进来，主动出击。

1998—2003 年，报社进一步加强广告经营工作领导，充实广告经营人员，广告经营迈上了一个新的台阶。年实现广告盈利 130 万元至 160 万元，广告构成有种植、农资、农药、农肥、教育、农机（农用车、插秧机）、养殖、技术转让、医疗、形象、体彩及其他。

2004—2005 年，报社领导班子调整后，一名副总编辑分管广告工作，年年超额完成集团下达的广告经营目标任务，实现年利润 180 万元左右。

（三）成都日报社广告经营

2001 年前中共成都市委机关报为《成都晚报》，直到 2001 年恢复市委机关报《成都日报》，《成都晚报》改为社会生活类报纸。

成都晚报社 1994 年广告收入达 9000 多万元，1995 年广告收入上亿元。1996 年广告收入达 1.5 亿元，当年广告收入在全国公开发行的报纸中列第九位。为进一步拓展广告来源，成都晚报社陆续创办了房地产装饰、家电美容、汽车、休闲、饮食服务性等专刊。由于这类专刊广告含金量少，且运营成本较高，加之专刊分流了广告客户，1997 年广告收入比上年有所下降，回落到亿元以下。1998 年报社一方面加强了广告经营管理，采取把广告收入与职能部门的奖金挂钩等措施，同时采取“出早报、出彩报”，以吸引广告客户。但是广告营业收入额继续下滑的势头仍然没有止住，1998—2000 年，广告营业额分别是 7000 万元、3000 万元、3500 万元。

2001 年 7 月，《成都日报》恢复出刊后，报社广告经营对内实行目标责任制，从分配机制上着手调动广告人员的工作积极性，同时加强广告成本核算，对外加强与广告公司合作，努力发掘新的广告源。2002 年，继续坚持广告经营量化目标，初步建立了运行灵活、管理有力的市场经营运作机制和运行模式。2003 年，报社对发行部、广告部实施整合，成立了广告发行经营管理中心，并对外公开招聘了房地产部和广告部主任，探索实行了有风险的个人工资收入和经营保证金机制。经管中心在努力抓好经营工作，落实目标管理的同时，加大了对经营工作的监管力度，使广告经营出现新的气象。2004 年，实现广告营业收入 4254 万元。2005 年，根据成都日报报业集团整合经营资源的决定，成都日报社的广告和发行体制进行了重大调整，平面广告按市场规则委托给成都日报报业集团属下的博瑞广告公司代理，大幅降低了报社广告运营成本，规范了管理。2005 年广告营业额达到 4953 万元。

（四）绵阳日报社广告经营

从 1993 年起，报社广告经营实行招标、竞标承包，公开、公平、透明，机制上跨出了一大步。进入 21 世纪后，报社在全省地市报中较早地推行广告代理制。这一运作模式使办报和经营严格分开。从事办报的，一门心思抓报纸质量；从事广告的，放开手脚抓经营，达到相互促进、共同发展的目的。报社把主要精力放在宏观管理和调控上，从具体操作中解脱出来，抓大事、抓战略决策和总体发展，从而使全盘皆活。

（五）自贡日报社广告经营

20 世纪 80 年代后期，报社对广告科人员采取在内部招标竞争，择优组合，并实行承包经营责任制。实行承包经营责任制以来，广告收入每年都保持了较大幅度的增长。从1994年广告收入180万元，至2005年增加到620万元。

报社拓宽广告经营的基本作法是巩固老客户，发掘新客户。对常年客户实行签约稳定老客户，签约客户营业额约占年广告收入的60%左右。细化广告方面，根据各行业的不同特性，研究客户自身定位相吻合的广告形式，开办与行业相关的栏目或专版、周刊，形成品类全面又重点突出的广告结构，实行差异化经营和专业化服务。细分广告经营后，满足了不同层面读者需求，广告营业额逐渐增长。房地产类广告营业额约占广告总收入的23%，通信类占10%，汽车类占3%，旅游业占4%，化妆品及服饰类占1.9%。与此同时，注意开发周边城市广告源，将成都、内江、宜宾、泸州四城市作为重点开发；与工商、人事、技监等局联办广告栏目；开办节日、庆典广告专栏、专版等，以拓宽广告经营。

（六）宜宾日报社广告经营

1994年度广告营业收入为140万元，2005年度增加到386万元。这一时期，报社广告经营经历了两个发展阶段。一是1994—1999年，重视广告经营但没有系统的策划，随意性较大，其特征是广告门类和表现形式单一，编辑、记者介入其间，经营成本高；二是2000—2005年的风险承包经营，将广告经营成本有效地控制在20%以内。这一时期，医疗、药品广告占的份额较大，电信、移动广告竞争激烈，房地产等广告刚起步。

（七）泸州日报社广告经营

泸州日报社广告一直实行自主经营，由广告部统一对外开展经营业务。为增加广告收入，2001—2005年，报社对广告市场实行细分，在保留广告部的同时，分别设立工交金融工作室、房车工作室、美食旅游工作室、商贸工作室、教育工作室、卫生工作室、党政工作室、通信工作室、乡镇街道工作室、法治工作室、泸州市金页文化传播有限公司和泸州市金页图片公司等创收部门。这样不管是城市和农村，还是机关和企业事业单位，各条战线、各个系统的广告创收均有专人负责。通过严格管理和细分市场，报社广告收入逐年增加，1994年广告收入为160万元，2005年上升到530万元。

（八）巴中日报社广告经营

报纸创办初期的1993—1995年，广告累计收入约为85万元。随着广告业务的发展，广告收入稳步提高，1996年广告收入约为86万元，1997年广告收入约为101万元，1998年广告收入约为97万元。1999年报社广告部主任实行目标责任制，工作人员实行双向选择，竞争上岗，调动了广告经营人员的积极性，当年实现广告收入116万元。2000年广告收入增加到178万元。2001年至2005年，报社推行广告部承包经营，出台广告创收贡献奖，相继开设各类广告专栏，广告年收入维持在150万元左右。

（九）德阳日报社广告经营

报社本着“一手抓报纸，一手抓经营，两个轮子一齐转”的指导思想，在宏观环境趋紧、中间环节管理趋严、媒体间竞争更加激烈的形势下，确定的经营目标指数一年比一年增加。1995年报社广告收入达到150万元，1996年达到160万元。

1997年，报社广告经营部门调整后成立广告部，以竞标承包经营方式见长，当年实现广告纯收入280万元。1998年广告部负责人重新竞标，全年广告任务为272.5万元，实际完成294万元。

1999年报社新一届领导班子上任之后，在提高办报质量的基础上，大力开拓广告经营市场，促使当年度广告部完成广告纯利润416万元。2000年，报社广告部完成纯利润570万元，使广告创收目标不断得以刷新。

2004年2月18日，德阳日报社决定新闻宣传与广告经营两分开，报社党委决定将报社广告经营权交由德阳市关注传媒有限公司代理经营，当年完成广告创收560万元。

（十）遂宁日报社广告经营

1994年报社成立广告部，当年实现广告收入近30万元。1996年实现广告收入60余万元。1998年报社首次推行广告经营目标管理，当年实现广告收入120余万元。2003年报社加大广告经营考核改革力度，对广告经营部门实行目标考核，当年广告收入近300万元。2004年报社实施广告经营分块目标考核，对目标责任人实施风险目标考核，重奖重惩，当年实现广告收入480余万元。2005年实现广告收入680万元。

1996年，报社开始分类广告的经营。2005年，报社对分类广告进行独立分项竞标目标风险管理。

2002年，《遂宁日报》创办首个专刊《地产周刊》。之前，报社房地产广告年收入不足10万元。创办《地产周刊》当年，地产广告收入增加到50余万元。此后的几年时间，报社地产广告一路高歌，每年保持50%以上的增速，到2005年，地产广告年收入达到400万元。

2003年创办《卫生周刊》。2004年，对医疗卫生广告实行竞标目标风险管理，当年实际完成广告收入50余万元。2005年，医疗卫生广告完成年度创收60余万元。

2004年，《遂宁日报》举办首届汽车展，启动了当地汽车广告市场。

（十一）凉山日报社广告经营

地处民族地区的凉山日报社，开展广告经营业务起步比较晚。1994年，报社广告收入108万元。1999年，报社成立广告部，加大了广告的经营管理力度，实现广告收入251万元。进入21世纪后，报社革新经营思路，拓展经营渠道，广告收入节节攀升。2000年实现广告收入306万元。到2005年，实现广告收入835万元。

报社广告经营的发展，主要是经营理念、经营范围、设计制作手段、经营条件等方面发生了深刻的变化。如从最初的等顾客上门到走出去承揽广告；从只刊登遗失、声明、公告到刊登通信、房产、汽车等广告；从最初的手工设计、铅字排版、照像制作、平版印刷，发展到电脑设计制作，四色彩色轮转印刷。

报社广告经营发展还和积极开拓广告门类密切相关。1991年，推出了全州商业企业形象广告。1992年推出全州食品企业创优系列广告。1993年，推出以西昌西溪农土商集团公司为代表的企业公关性广告。1994年开拓医疗药品广告市场。1995年先后开拓了凉山州五交化广告、化妆品广告、银行系统广告。2002年抓住汽车业发展的势头，确定专人负责，开发汽车广告。2003年开发了房地产广告。由于各门类广告的开拓，促进了广告经营的发展和收入的增加。

（十二）达州日报社广告经营

1993年12月，当时的通川日报社广告科升级为广告部，人员由原来的5人增加到7人。1994年，报社广告收入达到144万余元。

2001年，达州日报子报《达州晚报》创刊，给当时低迷的广告市场注入了新的活力。当年达州日报社广告收入达到750万元。2002年达州日报社又对广告体制进行了改革，除保留广告部外，另设立了广告中心，建立健全了制度，报社广告逐年上升，2004年达到1200万元。

达州日报社房地产和医疗卫生广告比较突出。2005年达州日报的子报《达州晚报》创办了“房产专刊”，抓住房地产市场上扬趋势，以栏目关注市场，以活力捕捉商机，开设了先锋地产对话先锋人物、达州楼市纵深分析、记者调查等栏目，成为开辟达州日报社广告的重要来源。2005年开办医疗卫生专刊，特邀市卫生局、市工商局、市医监局协办，开设了医患热线、热点关注、健康快递等服务栏目。

（十三）南充日报社广告经营

1994—2005年，南充日报社广告业由小到大，收入逐年增长，已成为报社最主要的经济来源。南充日报社广告总公司先后荣获省、市两级工商部门和市广告协会颁发的“文明单位”“广告诚信单位”“广告示范单位”等称号。

南充日报社广告业经历了三个发展阶段。一是媒体单一，收入偏低。1994—2000年，报社年广告收入一直在400万元左右徘徊，在省内同类报纸广告中排位靠后。二是拓展媒体，广告增收。2001年1月，报社创办子报《南充晚报》，可刊发广告的报纸由一家变成两家，《南充日报》和《南充晚报》分别实行目标管理，使报社广告收入翻了一番。三是创新机制，持续发展。从2002年开始，报社为避免报纸广告恶性竞争，实行优化组合，决定由南充日报社广告总公司统一经营《南充日报》《南充晚报》广告，广告经营更加规范化。2004年为适应市场经济的发展，决定对“两报”广告实行总代理，年广告收入达到1400多万元。

南充日报社广告收入持续增加，与广告市场的开拓密切相关。过去以单一商品类广告唱主角，后来发展成为房地产、汽车、化妆品、医疗、求职和分类广告等多门类。房地产广告成为报社的主要广告源，占广告总收入的35%左右。除每日发布房地产广告外，每周三、五专门开设“黄金楼市”专刊，主要刊登本地房地产资讯和业内动态。

汽车广告是报社发展最迅速的广告门类，每周三《南充晚报》开设了“汽车周刊”，吸引了众多的车商在该周刊发布汽车广告。在汽车广告发布时注重品牌效应，相继发布了一批国产品牌汽车广告，带动了销售市场。从2004年开始，《南充日报》开设了“万事通”资讯栏目，主要刊登求职、招聘、家教、搬家、出售出租等分类信息，受到中、小广告客户的喜爱。《南充晚报》还着力开拓化妆品广告，开设了“时尚周刊”，专门刊登化妆品、时尚服装等类广告。医疗广告是这几年最稳定的广告收入，包括医疗机构经营服务类广告，医疗卫生知识类广告，保健类广告，医疗资讯和药物类广告等。

（十四）乐山日报社广告经营

《乐山报》1980年创刊，到1991年广告经营仍处于起步阶段，年广告收入仅有几十万元。1992年改为日报后，广告收入激增，1994年收入达到200万元。1995—1998年，报社广告收入保持在250万元左右。1999—2002年，广告收入一直在450万元左右。2003年创办《乐山晚报》，“两报”广告收入达800万元。2004年达1000万元，2005年达1100万元。

广告经营是报社的主要经营项目，广告收入占报社收入的大头。特别是1999年报社转换机制，同财政“断奶”，实行自收自支、自负盈亏后，广告经营收入成为报社事业发展、职工收入的顶梁柱。报社加强了广告经营管理，成立广告部负责广告经营，由一名副总编辑专职分管。2003年《乐山晚报》创办，日报、晚报各分设广告部，分别负责“两报”广告经营，由报社一名副总编辑统管。

房地产广告经营起步较早。1993 年，乐山日报社与乐山鸿大城建开发集团、乐山海外旅游招商公司联合开办“旅游房地产”专版，开设海南专稿、乐山城建、开发动态等 10 多个栏目，全年共刊发 46 期，广告收入 27.8 万元，这是全省同级报纸中较早起步的房地产广告。此后房地产广告逐年上升，2001 年达 35 万元。2002 年，报社房地产广告收入 83 万元。2003 年至 2005 年，报社主动出击，广告收入分别达到 180 万元、320 万元、350 万元。

2003 年《乐山晚报》创刊后，开始涉足汽车广告，并以每周一期“汽车”专版为载体报道市内车展、新型车辆介绍、维修知识、政策咨询等，刊发全市 30 多家车商销售信息，2003—2005 年汽车广告每年收入为 30 万元—40 万元。

医疗、药品广告占报社广告收入比例较大。1994—2001 年，医疗、药品广告收入占整个报社广告收入的 3 至 5 成。随着医疗广告整顿、调整，报社及时与医疗、卫生部门合作，以“卫生与健康”专版为载体，开辟广告源，加大医药、药品企事业单位形象宣传、药品和医疗技术广告的开发等，广告收入仍逐年提高。2004 年，报社医疗广告收入达到 80 万元，2005 年达到 100 万元。

报社招聘、求职类广告以企业招工、学校招生广告居多，其中尤以职教类、民办学校和一些公办重点学校为主。1994 年，报社与教育主管部门联办教育专版，培植广告资源，拓宽服务领域，赢得学校的支持，投放广告逐年增多。2002 年，教育类广告收入 20 万元，2003 年至 2005 年增加到 80 万元至 100 万元。

报社分类广告以遗失、公告、招商、征婚等小型广告为主。这类广告 2000 年前大多在报纸中缝刊登，2001 年后报社将分类广告移到正版面，以遗失、征婚、公告等小板块形式刊出，广告效果较好。2002 年分类广告收入 20 多万元，2005 年 40 万元。

2002 年报社开发了乐山金融卫生、国土、交通等系统和区县板块的专版专题广告，收到较好效果。

（十五）广安日报社广告经营

广安日报社组建时，内设机构中的经理部（含广告、财务、发行工作），主要从事广告经营业务，实行定岗位责任、目标任务，考核奖惩。1997 年 7 月，增设广告部，全力开展广告经营业务。1996 年 3 月至 2005 年 12 月，广告经营改为招标承包经营。招标承包在社内职工中进行，中标人行使广告部主任职权，自行建组广告经营班子，自发工资、津补贴和奖金。报社财务部按当月广告收入的 15% 返还给广告部，作为除税金以外的一切费用。先后有 3 名职工分别中标承包，均不同程度地超额完成标的，受到奖励。随着《广安日报》的增刊、扩版，以及广安经济和社会事业的发展，报社广告收入随之大幅度增长。1994 年，报社广告收入只有 25.9 万元。2005 年，广告收入增加到 255 万多元。

广安日报社广告门类在发展中逐步扩大。1994 年，报社祝贺广告收入约占广告总收入的 30% 多。2002 年，《广安日报》的医药、医疗广告版面占广告总版面的 52%。房地产广告随广安城市大规模开发建设和国有土地使用权的有偿出让逐渐兴起。2005 年，报社房地产广告收入占广告总收入 10%。分类广告方便个体工商户和小企业的广告宣传，从 1998 年起，报社推出了分类广告，至 2005 年，分类广告收入约占广告总收入的 5%。随着教育事业特别是民办教育的发展，市内外的高校、高中及中等职业技术学校纷纷借助报纸广告，突出优势宣传，吸引学子。1996 年 12 月广安宝通拍卖公司成立后，拍卖广告兴起。至2005年，全市拍卖、典当公司增加到6家，报社拍卖广告达到210多笔。

（十六）攀枝花日报社广告经营

1985年3月开始，报社成立广告组开展广告业务，实行风险抵押承包制。直到2000年1月，报社成立广告处，实行竞争上岗、风险抵押承包制。具体操作实行五统一，即统一价格、统一收费、统一审核、统一组版、统一处理（题花、联办、协办、专栏、专版等项目）。1994年报社广告收入200万元，以后逐年增加，到2003年广告收入达到1035.6万元，2005年增加到1100万元。

报社广告门类以房地产广告为主，并积极开拓汽车、化妆品、求职和分类广告等门类的广告。

（十七）内江日报社广告经营

1993年1月起，报社广告经营由下属全资公司内江报业广告实业公司代理，广告业务以内江城区的商业服务广告为主，年广告总收入为40万元—90万元。1999年以后，广告业务快速增长，当年实现广告收入250万元，2000年实现广告收入500万元，2005年广告收入达800万元。

1999年以后，报社根据广告市场变化，积极开拓市内市场和市外市场，在稳定商业服务广告的基础上，努力拓宽各门类广告业务，特别加大了通信、医疗、教育、房地产等广告开拓力度，广告经营业绩连续多年大幅度提升。

（十八）资阳日报社广告经营

报社增强“经营强社”理念，坚持“发展第一”战略，运用“报业一体、壮大主业、多元经营、品牌营销、资源整合、区域拓展、体制创新”等市场谋略，进一步增强抵御各种风险的能力。

2005年，报社提出了“一年增长100万，三年翻一番”的广告经营目标，并实行分版块目标管理，激发了员工的创业热情。截至当年底，广告经营收入达到300多万元。

（十九）眉山日报社广告经营

《眉山日报》从1998年创刊起，广告经营从170万元发展到2005年的470万元。报社广告经营经历了从广告部集中业务管理到细化市场走专刊专栏的过程。2005年底，已开设教育报道、房地产、医药卫生、休闲旅游、财经等5个消费类专刊，并推行代理人制度，实现了专人经营、各领域客户由此得到了优质的广告服务，报社与客户实现双赢，广告经营不断壮大。专刊代理人制度的顺利推行，得益于眉山日报社制定的《眉山日报社广告经营管理办法》和各专刊（专栏）的代理合同。报社还在实践中对广告经营管理办法，适时适当做出调整和修改，管理人员和经营业务人员剥离，采编人员和广告经营人员分离，做到公正、公平、公开，减少和杜绝扯皮现象，责任明确，从而使各岗位从业人员各司其职，共同完成目标任务。

（二十）雅安日报社广告经营

报社以广告经营为主的年收入增长经历了三个阶段。1996年以前年收入均在100万元以下；1997—1999年年收入在100万元以上200万元以下；2000年突破200万元；2001—2003年收入翻了一番以上。

广告和专刊均推行竞争抵押承包制经营，并按区域划分、行业分类和特定版面对广告进行分拆承包经营，进一步开拓广告市场。

（二十一）广元日报社广告经营

报社广告经营经历了四个发展阶段。一是创办初期，报纸发行量小，广告收入很低。1993年前广告收入一直在10万元左右徘徊。二是增加刊期，广告收入增加。1996年报纸增加到周3刊后，当年实现广告收入130多万元。从1998年1月起，报纸改为周7刊，创办“经济特刊”和“社会特刊”，并对广告业务实行目标管理。1999年9月1日《广元时报》更名为《广元日报》，实行采编合一，增加版面数量，当年广告收入增加到149万元。三是加强创收工作力度。通过市里相关部门支持和配合，继续增加报纸发行量，同时建立发行和广告经营的奖惩制度，2000年突破了广告收入徘徊的局面，到2003年，报社广告收入突破300万元。四是从2005年开始，报社将广告业务择优承包给成都先创公司经营，承包期为6年。

房地产广告是报社的主要广告源，占广告总收入的40%左右。汽车广告是近年来报社广告收入发展最迅速的行业，办有“汽车”“天下汽车”专版和栏目，吸引众多的车商发布汽车广告。报社相继开设了时尚、健康等栏目，专门刊登化妆品、时尚服装等广告。医药广告是报社最稳定的广告收入，包含医疗机械经营类广告、医疗卫生知识类广告、医疗咨讯和药物类广告。求职广告主要是发布政府部门组织的招聘信息和企业招工用工信息，在此类广告中注重招聘方资质的审验。从1999年开始，报社开设“分类信息”栏目和专版，主要刊登求职、招聘、家教、搬家、出售、出租等分类信息和行政事业企业单位形象广告。

二、晚报都市类报广告经营

（一）华西都市报社广告经营

作为自负盈亏的华西都市报，自创刊之日起就十分重视广告经营。从报纸最初的广告部广告员直销，到招标专业广告公司代理，再到后来“两条腿走路”；从最初的模糊营销，到后来有针对性的专刊版面设置，乃至后来强化汽车、房产等拳头产品。通过对行业新闻的专业化关注，带来报社广告收入的迅速增长。从1998年5月开始，华西都市报广告部在北京、上海、广州三地设立办事处，服务省外4A广告公司及直接客户，推行了立足三地、辐射全国的广告营销策略。1995年广告收入1100万元，1996年为3100万元，1997年为5000万元，1998年为1.3亿元，1999年为1.5亿元，2000年为2.1亿元，2001年为2.2亿元，2002年为3.5亿元，2003年为4.3亿元，2004年为6.1亿元，2005年为6.4亿元。

1995—2005年期间，通过对专刊部门的不断调整，形成以汽车、房地产广告为龙头，覆盖通讯、IT、家电、招聘、教育、健康、服饰、美容、餐饮、旅游、建材、生活服务等多门类的平面、文字和题花广告。

房地产广告是报社重要的广告支柱。1998年9月，华西都市报在全国率先推出“购房直通车活动”。2002年6月18日，“好房天府行——成都优秀楼盘全省大巡展”揭幕，成为房地产投资者的节日。2003年12月11日，华西都市报推出“四川省首届房地产核心影响力推介年会”的年度盘点策划。2004年是成都房产的开启年，华西都市报房产部策划推出“华西买房梦工厂”。2005年，华西都市报每周专门开设了10余个房地产和建材专版，这些专版以高密度、专栏化、选题精、策划新、活动冲击力大等特色，吸引了广大的开发商、建材商和读者。

报社最早设立汽车周刊，奠定了汽车广告优势。从1998年7月20日至2004年9月中旬，华西都市报先后策划并举办了6次全省汽车大巡展，累计有80多个汽车品牌、100多种车型参加车展，足迹踏遍了四川10多个二级城市。2000年9月，“四川秋季家用汽车展览”吸引了4万人参与。

2001 年 7 月 20 日至 8 月 1 日，独家策划四川首届汽车大型巡回展，拓展四川二级城市，推动四川地方经济发展。2004 年 5 月下旬，华西都市报汽车周刊在成都举办了全国首届大学生车模大赛，高品质地诠释了汽车文化。6 月，华西都市报汽车工作室开媒体先河，组织百名四川车迷包专机到北京看国际汽车工作展。汽车专刊的一系列重大策划领风尚之先，最大程度地实现了新闻最集中、广告最集中、读者最集中，成为中国西部地区最强势的汽车形象展示平台。

报社推出“霓裳艳影”专刊，拉动化妆品广告的投放。华西都市报化妆品广告从本地美容院线为主，到全国性的化妆品品牌主力投放，成为广告收入的重要来源。

医疗、药品广告的“健康化”，是报社广告经营的重要思路。从创刊以来，报社按照国家相应法律法规对于广告审稿等各环节进行严格控制，保证医疗广告的健康发展。医疗、药品广告成为广告收入的重要组成部分。

求职广告是报社占竞争优势的广告门类。1997 年 6 月华西都市报与四川省劳动就业服务中心共同策划，联手推出“中外百家企业高级职员大招聘活动”，正式进军求职广告。2001 年 4 月 8 日，华西都市报与“前程无忧”联合推出前程无忧招聘专版取得巨大的成功，招聘类广告在同城媒体中市场占有率高达 66%。2005 年初，华西都市报创造性地将“前程无忧”招聘专版改版，推出了针对大成都范围发行的成都版以及对全省发行的四川省版，招聘专版的占有率提升到年底的 80%。

分类广告经营形成三个板块。1999 年，广告部开始直营分类广告，主要为遗失、求租、求售、保洁等生活服务类信息，服务广大读者。随后，广告部对婚介、旅游休闲等相关内容进行分离，形成了生活服务、婚介、旅游休闲等 3 个专门的分类信息广告。

（二）天府早报社广告经营

天府早报社从创刊初期的广告业务自营到 2000 年加强与专业广告代理公司的合作，实现自营与代理相结合“两条腿走路”的运营方式。2001 年 5 月专刊版面实行招标经营，并通过不断调整广告代理政策，强化对广告代理公司的经营目标考核，规范广告经营管理，广告收入不断攀升。

1999—2005 年，天府早报社不断完善广告专刊经营，并着力于弱势及新兴行业的市场开发，形成了房产、汽车、通信、美容、医药、分类信息、旅游、餐娱、建材、家电、IT 等众多门类广告。2000 年，报社加大房地产广告的策划力度，将房地产版与头版联动，2001 年又将建材栏目整合到房产专刊版。2001 年 5 月起，对汽车行业广告实行招标承包。创刊初期以生活美容、美发等美容广告为主，后加强与外埠 4A 公司合作，强化品牌化妆品广告的刊发。2000 年，强化医药广告版面，吸引众多商家主动投放，并于 2001 年实行招标承包，确定量化考核目标，使其医药广告成为报社广告收入重要组成部分。2001 年与省招办联合推出“高考特刊”等求职广告，引起学生家长关注。1999 年开辟“人才招聘”“出租”“求购”“遗失”“公告”等服务性分新专栏，培育新市场。并不断扩展“婚庆”“礼仪”“旅游休闲”等新的分类栏目，确保分类广告的持续增长。2001 年 5 月对分类广告实行招标承包。

（三）成都商报社广告经营

成都商报社广告经营始于 1994 年。当年广告收入 800 万元，其后连续 12 年高速增长，2005 年达 6.5 亿元。自 2000 年起，广告收入每年均进入全国报业前十强。《成都商报》年广告收入：1994 年 800 万元，1995 年 1500 万元，1996 年 3200 万元，1997 年 1.1 亿元，1998 年 1.5 亿元，1999 年 2 亿元，2000 年 3.2 亿元，2001 年 3.6 亿元，2002 年 4 亿元，2003 年 5 亿元，2004 年 5.7 亿元。

自创刊起，成都商报社广告就涵盖房地产、汽车、化妆品、医疗、求职等多个行业，尤以房地产业为重点。2005 年，房地产、汽车、化妆品、医疗、求职、分类信息的广告业绩分别为 4.2 亿元、8700 万元、1880 万元、6500 万元、4200 万元、4700 万元。

（四）成都晚报社广告经营

2001 年恢复成都市委机关报《成都日报》。《成都晚报》改为社会生活类报纸后，报社成立了经营中心，内设专刊部、广告部、房产部等。专刊部负责版面编辑和广告经营；广告部负责制定广告政策、承接社会广告、审核广告内容和对广告进行政策把关；房产部负责有关房地产业的讯息发布及经营情况的宣传。改版初期，报社逐步建立健全了管理监控体系和规范的广告操作流程，根据市场和报纸的情况，制定符合实际的广告政策和价格体系，切实保证了广告“含金量”的稳步提高，维护了价格政策的稳定性、延续性和灵活性。同时，报社在借鉴沿海同行成功经验的基础上，根据《成都晚报》小开张的特点，在抓好平面整块广告的同时，重点抓好分类广告。2001 年 10 月，报社对专刊部进行周刊化改造，组建了《成都生活》编辑部，并于 12 月在经营中心设立广告业务部。《成都生活》编辑部主要负责编辑出版“成都生活”，广告业务部负责经营。成都生活编辑部周刊化后，围绕经营不断推出活动策划，这种以版面拉动经营的策略，短期内就为报社创造了令人满意的效益。2002 年 11 月 1 日，报社撤销了广告业务部，该部的业务并入成都生活编辑部。自此，成都生活编辑部形成 8 个经营性周刊的格局。2002 年 1 月，报社成立实行独立核算的文波广告有限责任公司。8 月 20 日，报社决定推进报社经营部门公司化改造，之后报社对经营工作的管理主要是控制经济资源，制定经营目标任务，确定价格政策，任免主要经营干部，审查批准重大经济事项。在人事方面，公司的经理层面由报社管理。在财务方面，加强财务监管，确立报社与公司之间的经济结算关系。

2005 年 5 月，报社通过版面设置的调整，带动了报纸广告结构和整个运转体系的变化，提高了经营竞争实力。同时，对广告经营架构进行调整，一是成立广告营销策划中心，设市场部、广告部、策划部、品牌推广部等四部，在市场部下设六大事业部（即 6 个周刊部）；二是引进专业公司和团队，整合社会资源，降低运营成本，分解市场风险；三是策划大型活动，树形象，创效益。

新晚报的广告经营效益呈逐年递增的态势。2002 年，实现广告营业额 6000 多万元，2003 年比 2002 年上升 20%，2004 年比 2003 年上升 15%，2005 比 2004 年上升 9%。2005 年，广告收入突破 1 亿元。

（五）绵阳晚报社广告经营

报社在广告经营上，以效益为主实行招标投标，风险抵押，保证了收入和报社运行、发展。建立了一支素质较高，业务能力较强的广告队伍，制定了合理定价、有序竞争的规定，完善了有关资金回笼的政策和措施。报社经营广告初期以综合广告为主。2002 年开始创办“房产”和“生活”专刊，单独由代理商代理专刊。后来又在报纸开辟了汽车、医疗教育、餐饮、财富、职场等专版、专栏，开辟了“都市生活”专刊，主要刊登分类广告。这些专刊的广告业务均由代理商代理。报社广告收入由 2000 年的 300 多万元，增加到 2005 年的 1400 万元。

（六）泸州晚报社广告经营

《泸州晚报》自 2001 年创刊起，就设立了广告一部和广告二部，各自独立对外开展广告业务，但在广告管理上，则由经管中心审核把关。晚报社的广告业务共有教育、通讯、医疗、房产、餐饮、建材、家装等几大板块，根据广告业务人员的业务熟悉情况和本人的工作能力进行行业划分。通过严格管理和细分市场，晚报创刊当年广告收入达到100多万元，以后又以每年两位数的速度增长。2005年实现广告收入800多万元。

（七）南充晚报社广告经营

《南充晚报》作为《南充日报》的子报，在经营管理上经历了两个阶段。第一阶段：自主管理，内部独立核算。第二阶段：统一管理，集中统一核算。

《南充晚报》广告随着管理体制的变化，经历了三种管理形式。一是目标管理。在2001年创刊时，由晚报广告部组织广告，实行目标管理。二是统一经营。2002年初到2003年底，为避免恶性竞争，《南充晚报》的广告与《南充日报》的广告一并由南充日报社广告总公司统一经营，由南充日报社统一向广告总公司下达指标。三是代理制度。2004年，《南充晚报》的广告与《南充日报》的广告一起，由南充日报社广告总公司进行总代理。所有广告监管、收益等由南充日报统一进行，《南充晚报》只承担广告发布所需版面的衔接。

（八）宜宾晚报社广告经营

2002年2月至2002年11月，《宜宾晚报》广告由宜宾日报社统一经营管理。其间，广告收入为60余万元。2002年11月后，宜宾晚报社开始独立经营广告。

2003年，宜宾晚报社广告部门加大广告策划力度，当年广告收入达到266万元。2004年广告收入为269万元。2005年，通过负责人竞争上岗、业务人员双向选择等办法，调整工作思路，开拓广告市场，当年实现收入500万元。

宜宾晚报社广告经营的策划活动主要围绕房产、通信、医药卫生、家电、教育、汽车等行业展开。同时，报社还与一些有实力的广告公司合作。如2004年3月，宜宾晚报与宜宾市雪松广告经营有限公司合作，举办了宜宾市首届住房博览会，取得了较好的社会效益和经济效益。

（九）攀枝花晚报社广告经营

《攀枝花晚报》作为攀枝花日报社的子报，其广告业务和广告财务分别由攀枝花日报社广告和财务部门统一管理。实行广告与采编业务两分开。按照日报广告部门统一安排，晚报的房地产、汽车、化妆品、求职、征婚和分类广告等项发展很快。

三、行业及企业报广告经营

行业、专业报的广告经营，是报社主要经营项目和主要经济来源。从事采编和经营工作的员工一般各占二分之一，有的报社从事经营工作的员工甚至超过采编人员。企业报广告经营从无到有，从少到多。

（一）四川政协报社广告经营

由于报纸性质、内容和发行量所限，广告经营的优势不多。为弥补办报经费的不足，报社也尽量开展广告创收业务。经过不断摸索，广告创收工作逐步加强，广告经营业务逐步发展，广告收入逐步增加。

（二）四川工人日报社广告经营

1994年报社有两个部门承担广告经营，一是经济信息部主要承担设计、制作、组织、发布广告业务和经济信息；二是天府广告公司主要承担制作、代理报刊、户外、印刷品、电视广告业务。

1995年经济信息部更名为经济部，报社对经济部、广告公司实行一套人马两块牌子、统一经营、立体开拓的经营方针。1996年天府广告公司撤销，1997年成立四川蓝白广告公司。1998年报社将经济部一分为二，设立广告部、经济部。广告部主要承担设计、制作、发布广告，经济部主要承担组织广告、策划大型经济活动。四川蓝白广告公司撤销后，成立川工发行传播有限公司，独立核算，自负盈亏。2003年，川工发行传播有限公司撤销，经济部撤销，此后逐步成立了经济新闻中心1、2、3、4部。报社的广告经营，对内实行广告版面广告统一管理，协调好各部门之间在广告业务中的种种关系，以高效、公正、优质的服务，实施广告发布；对外在广告宣传上发挥整体优势，以大策划、大活动吸引广告客户，充分利用川工报与各市（州）工会畅通的信息渠道和经营平台，充分利用全川企业对经济信息传递的需求，和企业展示形象的愿望，形成了优势互补、共谋发展的合作局面。广告经营从最低年收入200万元，到最高年收入500万元。

川工报广告以工会、企业形象策划为主。为拓宽广告经营渠道，还逐步涉及汽车、房地产、医疗广告门类及分类广告。1994—2002年，川工报广告经营实行承包经营，2003年以后实行目标管理。

（三）精神文明报社广告经营

1994年，报社结合报纸扩版，新成立广告经营部，将广告经营从以前的总编室统管的业务中剥离出来。2000年，适应报社广告经营业务不断增长的需要，新增设事业发展部和文化传播部两个经济部门。2004年重新调整广告部门，撤销广告经营部，新设专题策划部，具体明确每个经济部门的业务范围和拓展方向。至此，报社广告经营部门分别为事业发展部、文化传播部、专题策划部。

报社广告经营主要涉及专版专栏广告、专题文化活动（书刊发行、知识竞赛、文艺演出、企业宣传策划等文化经济项目）领域。1994年报社广告收入仅10万元；1999年报社广告经营领域首次走出四川，当年广告收入达到50万元；2000年报社历史上首次实现广告收入过百万元，2002年达到300多万元，2005年700多万元。

报社广告经营主要进行三个方面的针对性运作。其一，发挥报纸全国唯一性的优势，打开并拓展省外广告市场，保持省外广告逐年增量的态势；其二，精心策划文化经营项目，不断占有文化传播的市场份额；其三，加强对重点企业的形象宣传策划，全程参与企业文化活动的包装运作，维系广告客户的传统资源。

（四）四川法制报社广告经营

1993年，报社确定为自收自支的事业单位，报社的经营工作主要集中在广告、发行方面。

20世纪90年代中期，报社广告部主要承接政法、工商、文教、体育、书刊、招生、招商等各类广告。随着事业的发展，报纸由省司法厅主管主办，到省委政法委主管主办再划转进四川日报报业集团，广告拓展的市场化力度越来越大，广告收入和利润也成倍、成10倍、近20倍的翻番。

在广告门类上，房地产广告从无到有，从中心城市到二线城市如泸州、达州、绵阳等，都有广告投放；汽车广告通过报社与代理公司合作，每周能保持一个版的份额；医疗广告也保持一定的份额。此外，报社保持一定的求职、征婚、种植养殖、技术转让等广告。法院公告是法制报广告的一大特色，本着为审判工作服务的思想，2001年，省委政法委发文要求为各地审判机关和当事人服好务，做好法制报的法院公告刊登工作，报社开始了对法院公告的开拓。到2005年，法院公告已成为法制报广告最重要的门类，在整个广告收入中占有相当的份额。同时，公安机关的身份证、驾驶证等遗失公告以及行政执法机关如工商、税务、稽征等部门的公告，律师和公证员年检公告，司法鉴定机构的登记公告等，都是法制报广告的特色。

（五）四川质量报社广告经营

《四川质量报》创刊初期，经费来源主要依靠行政拨款，同时刊发全省各级质量技术监督部门的产品质量公告，收取公告费，另刊发少量产品广告。每年广告收入为数十万元。以后逐年扩大广告范围，1994 年开始刊发产品和企业形象广告，每年广告收入 100 万元以上。1997 年以后，报社严格实行广告与采编两分开，拓宽广告范围，强化广告规范管理，广告经营收入逐年增长。到 2005 年，报社广告收入逾 1000 万元。

（六）电子报社广告经营

1992 年以前，《电子报》每期均为 4 开 4 版。由于版面很少，只在报纸中缝发布电子元器件和小整机邮购广告。1993 年扩为 4 开 8 版后，开始在部分正版发布四分之一版以内的企业形象及整机产品广告。1997 年扩为 4 开 16 版后，正版广告刊登量逐渐增多，至 1998 年，《电子报》广告收入达到 952 万元。从 1993 年扩版开始，《电子报》广告一直是报社的重要收入来源。2005 年，《电子报》广告收入为 253. 6 万元。

（七）经理日报社广告经营

报社主要广告客户为企业，其中主要是国有大中型企业。在 20 世纪 90 年代初，报社经营队伍庞大，经营思路开阔。随着晚报、都市类报纸的崛起，广告市场被重新分割，广告份额逐年减少。

报社广告经营主要有两大特点：一是首开会员制；二是首开会议经济，为报业经营创新了形式和机制。

从报纸创办开始，报社就提出了“敞开大门办报，依靠厂长经理办报”的办报方针。及时推出了“厂长经理报之友会”“企业家编委会”“企业家理事会”等多层次的开门办报项目。通过组织企业厂长经理参加以上办报组织形式，不仅发展了广告客户，也拓展了报纸的稿源。

在会议经济方面，1993 年，与光明日报社合作，在上海召开了“海峡两岸企业家交流会”，参加的厂长经理 700 余人，其中来自中国台湾、中国香港的企业家 100 余人，在沪的新闻媒体 60 多家报道了此次会议。

（八）市场与消费报社广告经营

报社以公告为主，广告为次，是其广告经营的一大特色。以 2001 年为例，当年广告收入仅 194. 20 万元，而公告收入达 815. 30 万元。

不规范的经营行为依然时有出现。最突出的问题是乱搭“台子”，乱扯“旗子”，乱发“牌子”。《市场与消费报》一面抓发展，一面抓规范。2001 年，该报成立了经营管理中心，撤销违规操作的“名牌周刊”部，对广告经营人员多次进行法律法规和职业道德教育。2002 年，一次性开除违规的招聘员工 5 人，对个别业务员违规操作给企业造成伤害的，报社总编辑登门向企业道歉。

（九）人力资源报社广告经营

报社的读者定位是面向广大求职者和企业，因此，创刊初期至 2005 年底，《人力资源报》的经营工作基本上以个人求职、企业招聘广告为主。

（十）文摘周报社广告经营

《文摘周报》广告，涉足医药、房地产、餐饮、收藏等类。从 2005 年起，报社广告经营改为广告公司承包。1994—2005年，报社年广告收入600万元至900万元。

（十一）蓉城周报社广告经营

报社广告经营与广电媒体联动，以殷勤服务为先导、文化创意设计为特色。从1994年起，广告经营不断迈上新台阶。1995年广告收入超过300万元。1996年，报社成立广视新闻服务中心，向社会招聘广告经营人员，当年实现广告收入近400万元。1997年以后，随着报业竞争加剧，广电报业周期性衰退，广告经营随之下降，至2005年，年广告收入仅百万元左右。

（十二）金融投资报社广告经营

1994—1995年，受行业低迷的影响，以及发行期数、发行范围、发行量的制约，广告收入也少，仅能维护报纸的正常运转。

1996—1997年，随着报纸影响面、发行量的不断扩大，加之证券市场不断走强，广告收入也逐步增加，年平均广告收入300万元左右。1998—2005年，报纸逐步走向成熟，特别是相继开辟了上海及全国发行市场后，广告收入大幅增加，年平均广告收入达到500万元至800万元。

金融投资报是一张依托证券市场的报纸，其专业报的性质决定了广告的渠道主要来自与证券市场相关的行业，如未上市股份公司、上市股份公司、证券机构等。这类企业广告占报社广告总收入的80%以上。1998年开辟了上海及全国发行市场后，股票投资咨询、股票软件广告迅速掘起，一度占据了广告总收入的50%以上。

2002年后，报社投入人力、物力拓展新的广告渠道，先后开辟了房地产、期货、拍卖、汽车、金融、保险、投资理财等新的广告收入渠道。尽管这些行业的广告还没有单独成为报社广告收入的支柱行业，但对广告收入是一个不可缺少的补充。特别是在这期间开辟的《成都房产报道》，既扩大了报纸在房地产市场的影响，同时又每年给报社新增了广告收入近百万元。现《成都房产报道》已发展成为一张独立的报纸。

（十三）西南商报社广告经营

报社广告部从业人员从5人逐渐增加到达25人。广告来源以工商企业产品广告、分类广告和少量房地产广告等为主。报社由于广告经营业务的不断发展，广告收入稳定增长，做到了无亏损、无负债，实现了良性发展。

（十四）教育导报社广告经营

《教育导报》创刊后刊登的第一个微型广告，是一家教学仪器厂家的连续广告，只刊登一次就中断了，收入80元。第一个活动广告是《教育导报》开展的“硬笔书法大奖赛”，得到江津大江机器厂赞助费2000元。第一个形象广告是攀钢的整版教育宣传，收费8000元。

《教育导报》面向全省的学校和师生，领域宽，责任大，对广告内容的审查把关很严，只登载安全系数高、有利于教育界的广告，教育类广告宣传占绝大部份。同时开展“知识竞赛”“征文”活动以及相关培训等。常年广告收入在100万元左右。

（十五）软件报社广告经营

1994年报社广告经营开始起步，第一个真正意义上的广告是广告客户主动上门要求刊登的。1995年，报社设立广告部开始自主经营广告。1996年在北京设立办事处进行广告业务的拓展，并加强广告代理制的推进。报社广告经营经历了被动刊登广告、主动自主经营、委托代理几个阶段。广告业务的开展经历了从做直接广告客户到做客户管理服务的转变。在报社的经营体系中，广告经营逐步占据重要位置。

《软件报》广告类型主要有计算机产品广告、软件产品广告、IT 培训广告、IT 企业活动广告四种。主要做法有：产品类广告经营中，客户以产品换广告，报社将产品进行二次销售（读者邮购方式）；与专业培训机构合作开办培训班；与 IT 企业共同组织活动，如连续协办“成都电脑节”；主办“全国十佳软件评选”等。

（十六）企业报广告经营

四川省的《四川石油报》《四川电力报》《四川通信报》《西南铁道报》《西南铁道建设报》《攀钢日报》等几家企业报，从 20 世纪 90 年代开始经营广告，从一个侧面反映了报业广告经营的广度和深度。

以攀钢日报社为例，1992 年报纸取得国内统一刊号后，就开始从事零星的广告经营活动，实现了报纸商业广告从无到有的转变。1999 年报社成立广告部，全面从事广告经营活动，在为攀钢职工提供了真实、实用的商品和服务信息的同时，实现了经济效益逐年稳步增长。内部广告市场主要以各厂矿单位的企业形象宣传为主，外部市场以商业广告为主，经过多年的努力开拓，商业广告的经营范围不断扩大，从最初的日用商品，逐步扩展到建材、房地产、汽车等领域。同时，制作发布一系列联系职工生活、工作实际的公益广告，得到领导和读者的称赞。“拥有健康安全，就拥有平安幸福”的公益广告，不仅在 2004 年四川省优秀广告作品评比中获得好评，而且入围第十届中国广告节，是攀枝花市所有媒体广告中唯一入围的作品。

四、广播电视报广告经营

（一）四川广播电视报社广告经营

随着多媒体的应用，广播电视和报纸事业的蓬勃发展，《四川广播电视报》的宣传优势逐步减弱，广告优势已渐显疲势。1998 年，报社探索新的创收模式，加强了广告的创收力度，全年广告收入达到 670 万元，比 1996 年增长了 25%。1999 年，随着发行量的下降，广告整体下滑，步入低谷。2003 年在“非典”疫情的冲击下，报社广告遭受重大损失，但在全体报社职工的努力下，报社在艰难中寻求新的广告业务，力求增加广告收入。

（二）德阳广播电视报社广告经营

1995 年，报社设立广告部，由报社主要领导和广告部负责人签定经营承包责任书，保证广告经营任务的完成。2001 年，报社的广告经营创收全部由新天地广告公司营销。新天地广告公司以活动促营销，策划、组织、开展了一系列大型活动，如房车节，走进社区，走上街头，为民众服务，获得了良好的社会效益和广告效益。广告收入逐年增长，2005 年实现广告收入 200 万元以上。

报社联合业之峰装饰、虞美人美容连锁机构和广州美星装饰德阳分公司进社区，为民众提供装饰、建材和美容方面的咨询，获得民众好评。同时，活动也提升了商家品牌和报纸品牌，巩固了报纸与商家的战略合作关系，也获得了较多的广告业务。

（三）乐山广播电视报社广告

从 1995 年起开始刊发广告，多为公益性广告。1996—1998 年，报社的广告交由乐山现代广告公司代理。这个期间报纸版面少，发行量低，广告业务量少，广告年收入只有 20 万元左右。1999—2001 年，报社自营广告业务，广告年收入由 67.5 万元增加到 110 万元。2002 年至 2005 年 7 月，报社广告业务交由乐山今日传媒有限公司代理。由于报纸版面增多，影响力增大，印刷精美，所以房地产、电信、医药等广告大客户上门，广告收入明显增长。到2004年，广告年收入204.7万元。2005年，广告年收入163.8万元。2005年以后，报社广告又实行自主经营，年广告收入达到280万元。

报社在办好报纸的同时，通过举办一些社会公益活动，展示报纸的亲和力和社会影响力，促进报纸发行量和广告经营量的稳步增长，实现了社会效益和经济效益双丰收。

（四）达州广播电视报社广告经营

报社广告经营是弥补报纸发行亏损，获取利润的唯一手段。1995—1999年，达州广电报社广告收入以倍增速度增长。2000—2005年，广告收入也以10%以上的势头增长。1994年广告收入仅29.2万元，而2005年广告收入增加到321万元。家电、通信、医疗、餐饮、娱乐类广告成为达州广电报的常年广告。

在这十多年的广告经营中，报社从靠关系拉广告过渡到以创意、策划为先导，把市场营销理念、品牌战略和CIS运用于广告经营活动中，与企业建立长期合作伙伴关系，帮助企业搞好市场调查分析，在营销上出点子，搞好广告策划创意。报社先后成功地为乐福康豆奶、四川海达尔食品公司、通用家电公司等企业做过广告策划。2001年通信广告持续增长，报社在3月15日适时推出达州市第一张以电信为主的商务彩报，单期广告经营额17万元，创本报单期广告经营额新纪录。2002年房产广告崛起，报社又成功地推出《房产建材》专版，并成功打造了达州首届房交会特刊。报社还陆续推出了“吃喝玩乐”“医疗药品”“家电通讯”“学校教育”等商务专刊，走出了一条以行业经营带动整体广告经营发展的新路子。

（五）内江广播电视报广告经营

1994年报社广告收入49万元，2005年广告收入98万元。20世纪90年代，报社广告构成主要有百货、家电、医疗、药品、保健品、教育、服装、餐饮、旅游、酒店、婚介等。2000年以后新增通信、金融、保险、房地产、汽车等。

报社十分重视广告的经营管理，在广告发布时，如果经济效益与社会效益发生冲突，以社会效益为重。1994—2005年，报社每年都积极参加主题公益广告活动，并在公益广告的创意、策划和制作上下功夫，每年都推出一批有影响的主题公益广告。

（六）巴中广播电视报社广告经营

自报纸创刊后，就不断完善经营创收管理办法，培植广告创收增长点，整合广告资源，提高广告客户服务质量和水平。2003年，报社广告收入突破达到112万元，广告收入居巴中市级平面媒体第一名。

报社积极创新广告经营思路，转变广告经营理念，探索广告创收门路。一是部门协作，齐心协力为企业策划广告。如报社广告部与相关部门协作，推出通江广电、通江教育等专题广告，实现了社会效益与经济效益双赢。二是注重广告设计、广告策划，提升广告宣传效果。三是创新广告思路，增加广告效益。如整合营销，为客户代理媒介广告。尝试“合作经营、共担风险”的方法，为客户进行整合宣传，然后从收益中按比例分成；着力做好部门协调。与巴州区科技园、平昌江口醇集团等单位企业协办栏目。

（七）遂宁广播电视报社广告经营

1994年，《遂宁广播电视报》广告收入35万元。之后逐年增长，2002年广告收入破100万元。

随着地方报业和媒体间竞争的不断加剧，报社通过不断改版扩容和调整经营机制进行应对。到2005年，报社将广告经营代理权对外承包，并以4开24版以上的杂志化彩报形式引领时尚潮流，当年广告收入增加到164万元。

据报社广告总额统计显示，房地产广告占广告总额的50%，汽车广告占5%，化妆品广告占5%，医疗广告占10%，求职、分类广告占6%，通信广告占20%，其他广告占4%。在经营活动中，报社一是开办了“宜居”“理财”“卫生”“汽车”“教育”“资讯”“通信”“家电”“家装”“时尚”“餐饮”等专业性广告版面，通过走专刊化联办之路来拓宽经营空间。二是针对封面广告打挤的情况，把报纸办成了刊报合一的双封面，新闻服务叠在A面，娱乐导视叠在B面，从而提升了版面价值。三是围绕本地大事进行策划，推出两个效益俱佳的系列特刊。四是报社适时开展大型活动，如举办“雪花啤酒唱响遂宁歌手大赛”“庆‘六一’少儿歌舞大赛”“工行杯大型车展”等。

五、新闻网站广告经营

20世纪90年代后期，新闻网站只有《四川在线》一家。2004年前，《四川在线》处于亏损状态。从2004年起，网站加强广告类短信增值业务，经营获得突破性进展，当年实现扭亏为盈。2005年，短信增值业务持续增长，广告业务开始全面启动，经营状况进一步好转。

第二节　广告管理

一、党委机关报广告管理

（一）四川日报社（集团）广告管理

广告与采编实行两分开、两促进。编辑部门努力提高办报质量，吸引客户投放广告；广告经营做大增量，壮大报社办好报纸的经济实力。

杜绝不良广告。四川日报社为保证办报质量和办报品位，根据工商部门的文件要求，报社对广告的文字进行了严格规定，杜绝不健康、低俗的文字出现在广告中。治理以医疗广告为主的平面广告，美化净化报纸版面。

推行广告代理人制。报社规定，凡是经工商部门批准成立的广告公司，都可以对报社实行广告代理。但参与独家代理的广告公司仍很少，广告公司大多是部分代理报社的行业广告和公告，选择广告代理公司，媒体一般都以竞争性谈判或招标方式确定代理。

广告财务管理。四川日报社明确规定广告优惠办法及审批权限，确实需要优惠的广告按序逐项优惠。其中，加急费的部分和全部、设计费的部分和全部，由广告处负责人审批；套红费的部分和全部、广告版面价格10%以下的由广告处负责人审批，10%以上的由社长或副社长审批。星期六、星期日的广告优惠，报社明确规定尽可能收足费用，最低不得低于刊费的80%，在此范围内由广告处负责人审批，低于80%的由社长或副社长审批。凡国家法定假日刊登文字广告，经广告处负责人审批后，可适当提高优惠比例，但最低收费不能少于标准收费的60%。

对所属子报子刊广告财务实行统一管理，即由报社（集团）财务部门负责，另派驻财务人员或财务机构，负责广告财务核算和财务管理。派驻财务人员或财务机构对报社财务部门和其子报子刊负责。

报社（集团）为进一步加强广告管理，要求对各种开支要管好管严，严防滴漏，杜绝铺张浪费，合理控制经营成本。同时，要求强化管理，严格执行财务管理和内控制度，针对财务工作中存在的问题，主动与有关经营部门沟通和协调，规范工作程序，并完善和健全相关管理制度。根据报社（集团）的经济运行情况，定期不定期主动为报社（集团）领导提供各种财务数据和分析资料，为领导正确决策提供保障。

（二）达州日报社广告管理

广告与采编业务两分开。报社从广告科到广告部的机构调整完善过程中，逐步形成自己的一系列广告规章制度，一切广告由广告部发布，编采人员不涉及广告的制作发布。在杜绝不良广告方面。2002年报社出台的《2002年广告管理办法》重申并规定：统一广告刊登发布流程，杜绝刊登关系广告和不良广告。在广告财务管理方面，报社先后出台的《达州日报社2000年经营管理办法》《达州日报社关于2003年部分经费的管理办法》和《关于2005年广告工作意见》明确规定：广告财务管理实行全部统收，大部统支，一部份分散管理。广告收费由报社财务科实施，并完善相关手续，并及时向广告中心主任、分管副社长、社长提供广告费收支详细情况。

（三）攀枝花日报社广告管理

报社坚决维护党报广告的权威性、诚信度，不登不良广告。选择和考核广告代理公司以信誉度高为重要条件。实行广告与采编业务两分开，广告业务完全由广告部门办理，采编人员不涉及广告经营业务。

广告财务由财务部门统一管理，广告经费收支实行统一管理。广告收款有时限制度，如不能在限期内到账，要扣减广告经办人员的业务费用；如产生呆滞债务，要扣取经办人的工资，直至扣清所欠款项。广告支出的业务费用由分管副总编辑一支笔签发。实行严格的财务制度管理后，报社的广告应收款项100%到账，没有呆滞债务发生。

（四）凉山日报社广告管理

1994年，报社广告部门员工参加国家工商行政管理总局组织的广告从业人员上岗培训考试，取得了上岗资格证。同时，不定期参加省、州工商局组织的政策法规学习，采取引进来和走出去的方式加大广告经营的业务学习和经验交流。除此之外，每年底坚持开好两个会，一是与州和所属市县工商局开好年会，请他们介绍广告法律法规，以及执行广告法律法规的情况，包括各种案例；二是开好广告客户座谈会，在规范广告经营上开门纳谏，听取各方面的意见，同时也对广告客户依法规范提供广告稿件提出要求。

报社主要领导还定期组织广告从业员工学习新闻工作规章制度，强调依法规范经营广告的重要性。广告从业人员与新闻采编人员严格分开，严禁有偿新闻，杜绝不良广告。多年来，报社还结合不同时期情况，制作刊登大量的公益性广告。

报社重视广告财务管理，曾聘请专业会计独立建立广告财务管理在内的财务制度。后来又逐步建立了广告财务审查、审批制度，进一步加强了广告财务管理。

（五）南充日报社广告管理

广告与采编分开。从2000年开始，报社实行采编与广告分离后，报纸刊登的广告均由广告部门和广告公司专业广告员承揽。两分开实现了两促进，并采取措施杜绝不良广告。报社在广告经营中坚持三个制度。一是广告“三审制”，对上版广告由业务人员初审，接稿人员复审，值班副总编辑终审；二是责任追究制，对不良广告责任人进行纪律与经济处罚；三是实行广告业务员持证上岗制度，提高业务人员对不良广告的鉴别能力。推行广告代理制度。1995—2003 年，报社广告公司（部）是编辑部的一个部门，媒体与广告公司是一家。从 2004 年开始，报社广告公司注册成为独立法人，真正实行了广告代理制，即广告业务由广告公司承揽，发布广告由报社负责，报社与广告公司是合同关系。广告公司根据市场规律从事广告经营，代理制挖掘了广告潜力。到 2005 年，广告收入是实行代理制前的 3 倍。广告财务管理。报社广告财务管理分两个层次，一是报社财务部门实行合同管理，监督广告代理商履行广告代理合同，按合同约定，按时向报社财务部解缴广告费。二是广告公司对广告收支进行自主管理，建立独立的广告财务账目。

（六）乐山日报社广告管理

广告与采编两分开。2003 年，报社制定《关于乐山日报 2003 年经营管理的规定》，搞好新闻资源与广告资源的整合。对企业开工、开业、庆典、工程竣工投产、产品发布等有市场营销因素的无偿宣传严格控制，避免广告资源浪费，规定报社所有编采人员不得以稿谋私。同时，广告部认真办好家电、电脑、汽车、通信等专版。杜绝不良广告。2002 年按照上级有关规定，报社广告部严格审查广告内容，杜绝虚假不良广告，采取措施净化广告版面。虽然当年损失医疗广告近 100 万元，但报社坚守阵地，另辟广告资源，全年广告收入仍达 450 万元。至 2005 年，报社严格把关，未刊出一条不良广告。广告财务管理。报社 1994 年、2004 年先后制定了广告收费标准和优惠审批权限以及广告财务内控制度，如对广告发票的购买、领用、核销登记、广告款到账和所得税代扣代缴等都有严格规定，违者将依据相关规定受到相应处罚。

（七）内江日报社广告管理

实行经营与采编分离，严禁采编人员从事广告业务；制定一系列规章制度，从广告的组织、接收、审查、收费到版面安排，都进行严格管理；其中，审查、收费、版面安排等环节，由报社派员负责。

（八）广安日报社广告管理

广告管理机制。报社从广告经营的实际出发，在广告管理上，除主要依靠广告人员从事广告业务外，还要支持其他员工联系广告业务，并给予相应的报酬。但对以职务之便、以稿件之名拉广告等行为，加强了监督管理。杜绝不良广告。报社广告部始终坚持贯彻执行广告法，广告部主任都要参加由市工商行政管理局举办的专业培训，并取得广告审查人员资格。拒绝刊登未经工商、卫生等部门批准的医药医疗广告。1994—2005 年，未发生重大的广告违规案件。广告财务管理。1994—2005 年，广告财务由报社财务部统一管理，广告经费实行统收统支。

（九）攀枝花日报社广告管理

报社实行广告与采编业务两分开，广告业务完全由报社广告部门办理；广告财务由报社财务部门统一管理核算。

（十）广元日报社广告管理

报社广告部负责广告的承揽、审核、设计和管理等工作。2003 年以前，广告的承揽主要由广告部和记者部负责。2003 年至 2004 年还采取定任务的管理方法。2005 年广元日报社与成都先创文化传播有限公司合作，由其代理广告业务。同时实现采编业务与广告经营两分开。

报社刊登广告，必须由广告部严格按广告法的规定审核广告稿件及证明材料，审核后与广告客户签定合同，优惠广告由社长签字后生效，实行责任追究制。

报社对广告财务实行统一管理，报社财务科每天对报纸刊出的广告进行核实，做到日清月结。广告刊登原则上先付款，刊登后付款的由广告代理人负责一个月内清收到账，未到账客户欠款由代理人赔偿全部经济损失。

二、晚报都市类报广告管理

晚报都市类报的广告管理情况各异，有的相对独立自行管理，有的由主管主办报社统一管理。这里，择其要仅对相对独立报社广告管理作介绍。

（一）华西都市报社广告管理

广告与编采两分开。华西都市报从创办之初就实行广告与编采两分开。1996 年在国内首创的“连坐法”明确规定：“禁止一厂一店式红包广告新闻”“禁止综合新闻中夹带红包式广告新闻”，每日设专人检查版面，一经发现，登记在册，扣罚相关记者、编辑、部主任、值班副总编辑的奖金。后专门设立经营管理中心，对版面进行监控，严格实行广告与编采两分开。

杜绝不良广告。报社广告部设置了一审二审和三审制度。在刊发广告的过程中，严格按照广告法及相关法规对广告稿件进行审查，每件广告稿都要通过广告部的三次审查后方能见报。同时报社还出台杜绝不良广告内控制度，并通过培训和考试等方式，学习广告法规和规章制度，增强依法经营、严格管理的自觉性，杜绝不良广告的出现。

推行广告代理制。1995 年 5 月起，报社开始实行广告代理制。随着广告业务的逐年增加，结合各行业广告的不同特点和营销需要，报社又对部分行业实行广告独家代理制，对外公开招标独家代理公司，让具有行业广告资源的广告公司集中力量推广相关行业的广告。报社每年评选十佳广告公司、十优广告公司，通过报社与广告公司合作，实现共同发展。

（二）天府早报社广告管理

严格执行广告与采编两分开的运行机制。采编系列与经营管理系列分别制定了目标责任管理制度和从业人员的行为规范，并认真组织实施。

杜绝不良广告。报社坚持“真实、诚信”的广告经营理念，强化对人民群众负责的意识。坚持执行广告“三审”制度和广告审查把关内控机制，杜绝虚假违规广告。积极展开自查自纠工作，不断完善广告业务承接登记、审核、档案、合同保管、样稿保存等内部管理制度。

推行广告代理制度。2002 年报社广告经营实行一般代理制。为适合市场经济运作的要求，2003 年开始对部分有行业优势的广告公司实行广告独家代理制。对代理公司进行经营目标考核管理，与广告代理公司形成战略合作伙伴关系。

广告财务管理。1999 年至 2001 年 6 月，天府早报财务由川报集团财务部实行统一的二级核算管理。2001 年 7 月 1 日起，单独成立财务机构，实行自收自支、独立核算、照章纳税的管理体制。报社广告财务管理制度以内部控制制度为基础，以内部佣金制为核心，以制度管理为手段，以严格的考核制度为保证。同时，加强报社广告应收账款、实物置换广告的管理，维护报社广告经营的正常秩序。

（三）成都商报社广告管理

报社实行编采与经营分离制度，采编和经营互不交叉，互不隶属，各司其职，采编人员不涉及广告业务，同样经营人员也不干预编采事务。

为杜绝不良广告，严格实行广告部三审、版面编辑审核、责任编辑审查“五审制”，严把真实、导向关。针对医疗、药品、保健食品等广告屡次引发质疑的情况，2005 年 5 月借改版之机取消以医疗广告为主的中缝广告。

1994 年，由报社广告部和经济信息中心开展广告经营。1995 年试行周刊分项经营，由各周刊对本版面广告经营负责，成为报社整体广告经营的有效补充。1996 年成立成都博瑞广告公司，开始实行广告代理制，逐渐形成以广告部为枢纽，各广告代理公司综合代理、版面栏目分项代理的经营模式。1997 年，广告部与经济信息中心合并为广告部。1998 年，取消周刊分项经营，全面实行广告公司代理制。

广告经营坚持“一个口子进出”，即所有广告业务由广告部承接，并由广告部发稿上版，并实行刊前付款。

（四）宜宾晚报社广告管理

报社实行广告和采编分离。广告部门逐年完善了内部各项管理制度，出台了广告审核制度、登记制度、档案管理制度等。为杜绝虚假广告，指定有资质人员专人审核，对手续不全、有违规现象的广告不予刊登。宜宾晚报没有刊登过虚假违规广告。

三、行业、广电类报社广告管理

行业报、专业报、广电报、企业报、学报等单位的广告管理方式各异，广告经营与采编业务有的完全分开，有的时分时合，有的从来就没有分开。杜绝不良广告方面，有的内控制度完善，执行得力，有的有内控制度，而工作不到位等。行业报、专业报广告财务管理相对独立，广电报、企业报和学报广告财务由主管主办单位统一管理。这里仅介绍相对独立报社的广告管理。

（一）四川工人日报社广告管理

川工报严格规范广告管理，实行广告与编采两分开。按照广告法和工商部门相关广告经营管理规定要求，实施广告经营管理，广告从业人员按照工商局要求按时参加相关业务学习、培训，不断提高业务素质，杜绝发布不良广告。1994—1998 年，报社广告财务实行自立账号，自行核算，按月上交广告利润。1999 年撤销广告经营账号，由报社财务部门统一管理，实行统收统支。

（二）精神文明报社广告管理

2004 年 4 月，报社明确规定广告经营与采编业务两分开，严明采编人员不得参与广告业务的纪律，杜绝不良广告、虚假广告，禁止有偿新闻。

为加强广告财务管理，报社重新制定《精神文明报社广告经营发票管理若干规定》等制度，严防经济活动中可能出现的各种弊端和漏洞。

（三）电子报社广告管理

报社广告由广告部直接经营管理，一般不通过广告公司代理。报社内部广告与采编完全分开，基本杜绝不良广告。广告财务与报社其他财务一样，全部由主管、主办单位成都电子研究所统管，报社不设财务。

(四) 金融投资报社广告管理

报社广告经营一直坚持广告与采编两分开。从报纸创刊开始就设立了广告部，专门负责广告经营，采编部门不涉及广告业务。杜绝不良广告，专门设有负责广告内容的审核审查员，并严格广告内容审核制度和严格的广告刊出流程，凡是不符合广告法律法规的广告一律拒绝刊出。

(五) 软件报社广告管理

报社广告管理上严格遵守广告与采编两分开、杜绝不良广告等审查制度，广告业务人员一律持证上岗，具有广告审查员资格。报社在广告自主经营的同时，拓展广告公司代理业务，制订完善的内部控制制度，由分管广告的副总编辑、部门负责人和广告业务员共同实施，授权定责、严格发稿程序、加强应收账款的管理，用制度来规范管理的行为。

(六) 遂宁广播电视报社广告管理

2004 年以前，报社实行采编经营合一和全员创收，报社对广告指定专人登记管理，管理人员经过培训合格上岗，广告刊发制度严格。2005 年，报社因广告经营代理权对外承包，真正做到了采编业务和广告经营两分开，从而推进广告经营和办报相得益彰，进入良性发展轨道。

第二章　发　行

报纸突破由邮局单一渠道发行、实现多种渠道发行后，报纸的基本属性并没有改变，即报纸既是要征订零售的商品，又是传播信息引导社会舆论的宣传品。所以，无论采取何种渠道何种方式发行报纸，除了报社仍然要继续不断加大发行工作力度外，还要继续紧紧依靠党委宣传部门的支持。

第一节　邮局发行

发行地域宽、广的报纸，大多继续委托邮局发行，但报社与邮局签订的发行合同较过去更趋于公平，邮局的发行工作也在不断改进。特别是委托邮局发行的党委机关报，在发行工作方面与党委宣传部门和邮局的合作更为密切。

一、《四川日报》邮局发行

报纸自创刊以来，一直委托邮局发行。在报社（集团）内部由其发行部负责邮发的《四川日报》《四川农村日报》《文摘周报》《棋牌报》的发行业务。直到20世纪90年代后期，《文摘周报》《四川农村日报》先后建立了自己的发行机构，各自负责本报的发行业务。集团发行部只负责《四川日报》的发行业务。

报社（集团）推动报纸发行采取了多种举措。一是报社（集团）与部份市、地和县、区委宣传部签订《发行四川日报、四川农村日报协议书》，并对《四川日报》《四川农村日报》发行好的宣传部门，按协议分别给予奖励，当时在全国省级党报发行中是个创新。二是报社（集团）与邮政局签订报纸发行合同，约定发行费率、数量（包括零售）、质量（包括发行时效）等，年终考核奖惩兑现，使之与邮局的合作开始步入新的里程。三是在报社（集团）内部加强报纸发行工作力度。实行发行目标管理。由报社（集团）党委、编委会成员和编辑部发稿部门分片包干、宣传发行互动的奖惩办法，逐步形成了较为科学、健全的党报发行管理与激励机制。在南充设立了分印点。将在遂宁、南充、广安、巴中、达州五地区发行的《四川日报》委托南充日报社印刷厂代印，大大提高了这些地区的发行时效。

二、《四川农村日报》邮局发行

2003年以前，《四川农村日报》的发行工作均由主管主办单位四川日报社（集团）负责。之后，四川农村日社成立发行部开始自行负责发行工作。主要着力于以下三个方面，一是按照“党报闯市场”的思路，积极探索发行新路子。拟定和完善发行方案和协议，与各地市委宣传部、县委宣传部签约发行。保持全年抓发行的力度，总编辑抓发行，发行部从每年春节后即开始抓发行工作。同时积极探索新的发行对象，每年拟定和发出函件数千份，实现发行人性化。二是开展系列社会策划活动，扩大报纸影响。成立川农报专家团，策划组织科技服务到农家。在大发行季节来临之际，抓住时机开展各种赠报活动等。三是完善内部管理，建立清楚明晰的统计表和通讯联络表，签约数量、奖励兑现情况一目了然；通信录分地区建立，为以后开展工作提供方便；内部方案、申请、报告等皆有备案。

《四川农村日报》报发行工作大致经历了从传统党报发行的高峰，到都市报、综合性报纸崛起后的低谷，再到复苏三个阶段。到2004年，《四川农村日报》发行量达到历史最高水平，在全国农报系统居于领先行列。

三、《乐山日报》邮局发行

《乐山日报》从创刊就委托邮局发行。按报价的一定比例向邮局支付发行费。后来，报社与邮局签订发行合同，对发行费作了调整，统一按邮发定价的一定比例作为发行费、宣传推广活动费等，邮局在报款收入中扣收。报社还依托市、县两级党委宣传部发行报纸，并与邮局一道评选发行先进单位。

2000年，因行政区划调整，划出眉山等县设立眉山市，《乐山日报》发行量下降。

四、《巴中日报》邮局发行

历届总编辑亲自抓发行，指定一名副总编辑常抓此项工作，并要求纳入各县宣传工作目标，还对各县记者站实行目标考核，对党报征订工作搞得好的实行奖励。随着市场经济的发展，市场需求的扩大，以及报纸质量的不断提高，发行经营的方式和手段不断创新。创刊时实行赠送，报纸正式出每周2刊时，委托地区邮电局统一发行。后报纸改为每周3刊、每周5刊，发行量也逐步增加。

五、《凉山日报》邮局发行

《凉山日报》彝汉文版两张报纸一直是由邮局发行。在发行工作中，报社协助州委宣传部，每年召开党报党刊发行工作会，同时召开县市发行座谈会，对发行工作开展较好的县市和个人进行表彰奖励。在内部，由报社党委、编委成员牵头包县、包片，各部门负责联系，加强发行措施的落实，使《凉山日报》彝、汉两个文版的发行每年都呈上升势头。

六、《广安日报》邮局发行

每年由广安市（地）委宣传部主持召开报刊发行会，部署报纸发行工作。其中《广安日报》由广安市、区（市、县）邮政局收订发行。邮政部门按报价的一定比例收取发行费。在城镇邮政实行专人直接投递，在全市没有场镇的乡和广大农村设立了固定或非固定的投递站（点），有职业投递人员投递报纸。邮政还依靠社会力量（主要是农村中、小学校）投递，收到了拾遗补缺的效果。

七、《甘孜日报》邮局发行

《甘孜日报》用汉、藏两种文字出版，发行方式各异。

（一）汉文报发行

由州委下达发行文件，要求全州各县确保《甘孜日报》汉文版的发行经费，并要求邮电部门认真负责投递到位。由于报纸由每周3刊4开报改为对开报，新闻纸价格提高，报纸随之提价。为确保《甘孜日报》的发行工作，州委决定从州管党费中每年拿出一笔钱来补贴报纸的发行，使发行量稳中有升。

（二）藏文报发行

藏文报经历了从部分赠阅到完全改成订阅的过程。藏文报实行订阅后，州委专门下达文件，要求各级党委、政府加强和改进藏文报的发行投递工作。随着藏文报影响力扩大，不仅本州发行逐步增加，省外订阅数也不断上升，青海、西藏、甘肃、北京、上海都有藏文报订户，甚至外省基层农牧民也要求订阅藏文报。进入21世纪后，州委办公室要求各县把藏文报征订工作纳入目标管理，确保征订任务完成，藏文报发行连年增长，成为全国藏文报中订阅量最多的报纸之一。

八、《泸州日报》邮局发行

《泸州日报》一直由泸州市邮政局统一征订和发行。发行范围包括3区4县的企事业单位，城镇居民及农村村社的农民。发行量逐年上升。

九、《四川政协报》邮局发行

历届省政协领导都十分重视《四川政协报》的发行，各级政协也给予了大力支持。通过各方共同努力，《四川政协报》发行量逐年上升。

十、《四川工人日报》邮局发行

《四川工人日报》一直通过邮局发行。由于邮发费长期居高不下，报社曾积极筹建报纸发行公司，采取自发与邮发相结合，降低报纸发行成本。同时，依靠全省各市（州）及县区工会、各企业工会，密切与邮局配合抓发行，报纸发行量保持逐年增长。

十一、《经理日报》邮局发行

《经理日报》一直委托邮局面向全国发行，同时在报纸发行工作上进行有益探索。

首先进行有奖销售。该报从周3刊改为日报之际，搞了一次有奖订阅活动。其次开展广告促销。为了配合报纸发行，该报率先在凤凰卫视播发报纸发行广告，同时在中央电视台、人民日报、参考消息、半月谈、全国报刊目录刊播发行广告，其中在中央电视台播发广告可以追溯到20世纪90年代初期。为进一步探索和促进邮局发行，报社还曾尝试与各省报刊发行局取得联系，专门聘请一位工作人员为该报做报纸发行工作以及报纸目录广告刊登等。再次是通过办行业专刊或周刊，带动报纸发行，使报纸发行从行业上去推动和覆盖中国企业市场。

十二、《精神文明报》邮局发行

《精神文明报》创刊时，报社发行工作隶属于总编室，后来报社成立通联发行部，明确规定该部门发行工作责任，即联系省报刊发行部门做好邮局发行工作，联络全省各地精神文明办协调基层发行工作，负责年度报纸发行会议的筹办。由于报社发行工作有专门部门负责，克服了报纸改版、调整订价、报刊市场治理整顿等客观不利因素，使年发行量基本保持稳定上升的态势。2004 年报纸发行（包括增刊）稳定至 5 万份。

十三、《四川石油报》邮局发行

《四川石油报》一直委托邮局发行。针对基层看报难的问题，经过与四川省报刊发行局沟通，并协调成都、重庆、新疆等发行局，报纸由寄发变为邮发，改变了长期以来报纸靠打捆邮寄的历史，基本解决了发行慢、职工看报难的问题。

十四、《文摘周报》邮局发行

《文摘周报》从一诞生就面向市场。报纸委托邮局发行，不断创新发行机制，坚持低成本扩张，在激烈的市场竞争中壮大，成为走出四川盆地有品牌效应的报纸。

20 世纪 90 年代初，《文摘周报》组建发行部，充实发行人员，加强与各地报刊发行局的联系，加大宣传力度。继开设东北（沈阳）、中南（武汉）分印点之后，又陆续开设西北（兰州）、华东（先济南后上海）、华南（南宁）、西南（昆明）分印点，使印点布局更趋合理，覆盖东西南北中，牢牢守住中西部地区，渗透东部沿海发达省市。在报纸竞争白热化，大部分报纸发行量急剧下降的情况下，《文摘周报》依据自身质量和信誉，仍稳定在百万份左右。

《文摘周报》绝大部分为个人订户。进入 21 世纪以后，报社对邮局实行了买断包销、超基数奖励的发行政策。买断包销基数略高于当期实销数，买断包销费率略高于正常的发行费率，邮局先付款买断包销后，每期实销数低于包销数，按买断包销数结算，亏损由邮局承担，促使邮局高度重视《文摘周报》的发行。

十五、《四川广播电视报》邮局发行

《四川广播电视报》由自办发行改为邮发。随着多媒体的应用，广播电视事业的蓬勃发展，平面媒体的日益增长，都市报纷纷走强，《四川广播电视报》面对日趋激烈的市场竞争，虽然采取很多措施，但报纸期发量仍逐年降低。

第二节　自办发行

晚报都市类报、广播电视报、校报和有条件的市（州）党委机关报，先后由邮发改为自办发行，使报纸发行工作的力度、深度和广度，投递工作的及时性、准确性，较邮局发行有了很大改进，但发行成本较邮局发行要高一些。

一、《成都日报》自办发行

《成都日报》复刊前为《成都晚报》。1989 年 1 月，《成都晚报》由邮局发行改为自办发行。报社组建发行部，成立了数十个发行站，网络覆盖当时所有街道办事处和郊区县。为方便运输，报社

组建了发行车队，报纸发行量稳定增长。1996 年以后，都市生活类报纸出现，党报“一统天下”的市场格局被打破，市场竞争的压力对成都晚报逐年增加。由于报社发行体制没有及时跟上市场发展，报纸发行量逐年下降，在报刊市场失去了领先地位。

报社面对严重的发行形势，采取多种途径和手段，借用各种力量抓好报纸发行工作。市委办公厅下发文件，要求各区（市）县委、市级各部门党组（党委）和各人民团体党组，把市委机关报《成都晚报》的征订纳入市委目标管理。同时，市委宣传部以目标任务形式向各区（市）县和市级各部门下达了征订计划数。为了抢占发行市场，《成都晚报》由中午出报改为早晨出报，提前将报纸送达订户手中。报社还积极开展“上门征订，送报入户”的优质服务活动。据统计，采取这些措施后，报纸整订数大幅回升，报纸零售也有了起色。

此后，在农村税费改革和全国报刊市场整顿的背景下，市委宣传部逐年下调了市委机关报的征订数量。为此，报社进一步狠抓报纸的零售工作，建立新网点，重新组织“叫卖队伍”等，努力增加报纸的零售量。接着，报社又实施了“终端市场全覆盖战略”。经过半年时间，《成都日报》全面覆盖了成都市内全部信息亭、零售报架。

根据成都日报报业集团整合经营资源的决定，《成都日报》的发行体制进行了重大调整，发行按市场规则委托集团属下的“立即送”公司代理，大大降低了报社发行运营成本。

二、《华西都市报》自办发行

1994 年，《华西都市报》独创“敲门发行学”，以特别的扩张性和创造性迅速打开市场，建立起拥有近 3000 人的自办发行队伍，近百个发行站点，3000 多个零售终端的庞大自办发行网络，构建了一个以成都为核心、辐射川渝 30 个大中城市、100 多个县级城市的区域组合城市媒体。

1997 年，《华西都市报》发行量突破 50 万份，2000 年发行量达到 60 万份，2002 年达到 70 万份。2004 年 6 月，在土耳其举行的世界报业协会大会上，《华西都市报》跻身全球日报发行 100 强，中国报业 20 强。

2005 年，《华西都市报》通过卫星传版实现了重庆、绵阳、泸州等 8 个大中城市的读者与成都读者同步阅读。积极拓展发行渠道，改变过去单一依靠自身网络开发征订的方式，建立了 500 家“华西都市报零售联盟店”，扩大市场占有率，先后与银行、汽车经销商、房地产开发商等达成合作协议。同时开通短信订报和网上订报业务。多元促销，加大了对新建社区、新修楼盘和写字间的开发，发行量达到 75 万份。

三、《成都商报》自办发行

商报从创刊时开始就自办发行。首批发行人员在全国首创送报箱上门的订报方式；报纸零售主要通过社会发行渠道发行。为了适应发行的需要，报社成立报纸发行站，扩充了发行人员。同时，在成都率先实行早订报、少交款的促销措施，报纸发行量迅速增长。1998 年报社发行部改制成立发行投递广告有限公司后，按市场原则代理发行《成都商报》。商报全部自费订阅，发行量逐年增加。2004 年，日均发行量和读者传阅率，是中国西部发行量最大的日报之一。

四、《自贡日报》自办发行

20 世纪 90 年代后期，《自贡日报》实施自办发行，在四区两县建有发行站，委托区县委宣传部发行，发行量保持基本稳定。

五、《内江日报》自办发行

《内江日报》创刊时，委托邮局发行。20 世纪 90 年代后期，即由报社下属全资公司内江日报出版物发行公司发行，报社发行公司与报社发行部“两块牌子、一套人马”，自办发行。

六、《乐山晚报》自办发行

乐山日报社主办的《乐山晚报》从创刊起，就实行自办发行。报社成立了发行部，招聘多名发行员，在中心城区设有南北两个发行站，并在峨眉、沙湾、犍为等地设有发行分站，保证“订报上门，投递到户”，使报纸发行量稳定增长。

七、《内江广播电视报》自办发行

《内江广播电视报》从创刊起一直是自办发行报纸，建立自己的发行渠道。创刊初期至 20 世纪 90 年代，主要是发动广电系统的职工全员订报，请人代为客户投递报纸，另外还依靠卖报小贩销售报纸。在巩固壮大原有发行渠道基础上，又与内江蓝光报刊发行有限公司合作，委托其投递报纸，拓展了发行渠道。报社制定了《内江广播电视报发行实施办法》，在征订、发行工作中，没有任何违规违纪现象发生，也未利用职权向基层单位摊派发行报纸。

八、《西南铁道报》自办发行

《西南铁道报》通过铁路公文传递系统，发行至成都铁路局管辖的云、贵、川铁路沿线的每一个单位及车间班组、小站工区。

九、《市场与消费报》自办发行

该报最初为邮局发行，后改为自办发行，再后又交邮局发行。从 20 世纪 90 年代开始，完全实行自办发行。

十、《攀枝花广播电视报》自办发行

该报从创刊之日起均为自办发行，期发行量最高数万份，最低只有千份。

十一、《人力资源报》自办发行

《人力资源报》主要是通过自办发行，一是企业和个人订阅，二是零售。

十二、《德阳广播电视报》自办发行

《德阳广播电视报》的发行曾经主要依靠编辑记者抱着报纸上机关、下企业、托朋友，找关系，发展订户，扩大发行量。后来，报社建立了发行部，实行“定向发行，无缝覆盖”，全面覆盖六县（市、区）。通过与广电有线网络合作，向有线电视用户赠送等方式，扩大覆盖范围和影响力，单期发行量一直稳定在数万份，是德阳本埠发行量和市场占有量最大的报纸。

为使报纸更准确地到达读者手中，报社与发行公司强强联手，建立起新的发行网络。发行人员深入小区，及时解决读者投诉，确保投送准确无误，报纸错投率控制在万分之零点三七左右。

第三节　邮发与自发相结合

报社和邮局在发行的实践中，又创立了邮发与自发相结合的发行方式，既发挥了各自的优势，又弥补了各自的不足，较单纯的邮发或自发又进了一步。这种发行方式，就是经过报社和邮局协商，报社或将发往城市郊区、或将发往边远地区及省外、或将整订的报纸，委托邮局发行，报社则对城镇中心地区整订或零售的报纸，组织力量自办发行。

一、《成都晚报》邮发与自发结合

2001 年，《成都晚报》剥离党委机关报的功能后，重新定位为社会生活类报纸。为了满足读者的要求，报社采取邮发和自发相结合的方式发行，在郊县主要依靠邮局发行，在城区由报社自办发行，包括依靠社会发行力量协助发行。2001 年 7 月，报社立了 5 个一级片区站，到 2005 年建立的一级片区站增加到 10 个，还建立 5 个二级片区发行站，50 多个合作委办发行站，1 个零报发行中心，4 个零报销售站。发行量由 2001 年 7 月的日发行 8 万份，增加到 2005 年底的日发行量为 20 万份左右。发行机构设置有：发行站站长、发行组长、片区主管、零售主管。发行人员采取招聘制，被聘人员经过培训上岗。为扩大报纸发行量，报社制定了“全年梯度定价”的征订政策，对特殊行业的读者和有重大影响的窗口单位实行一定幅度的折扣价。建立读者服务体系，开展以稳定读者为宗旨服务项目，实施“投递质量考评制度”，进一步完善发行投诉体系。为配合报纸改版，组织了多次大型的推广宣传活动，组建零售促销辅导员队伍，负责城区部分报摊的辅导销售、市场调查和补报工作，加强对报摊的终端管理。对城区零售报摊盲点或“死点”，组织直销队伍蹲点销售，有效地推动了报纸的零售，零售实销量净增万份以上。

二、《遂宁日报》邮发与自发结合

《遂宁日报》从创办之日起，主要依靠市委、市政府行文，市委宣传部组织区、县委宣传部及市直机关工委等部门，层层分解发行任务，市、县邮政部门具体征订发行。由于市委、市政府重视，市委宣传部和区县宣传部组织得力，《遂宁日报》的发行工作取得了较好效果。

报社与市邮电局报刊发行零售公司签订协议，通过城区邮亭零售《遂宁日报》。同时，报社成立报纸发行站，开展城区报销售业务，扩大报纸影响。21 世纪初年，报社试点性地开展了自办发行工作，即遂宁市城区由报社组建队伍自行发行投递，其余地方仍然委托邮局发行。接着，正式推行自发与邮发相结合的发行方式，使城区报纸发行量实现了较大增长。

三、《南充日报》邮发与自发结合

20 世纪 80 年代前，《南充日报》由邮局发行，邮局派驻工作人员专事报纸分发与邮运工作。每年底由市委宣传部、邮局、报社联合召开发行工作会议，发行量实行计划管理。

20世纪80年代后期，报社学习外地经验，实行自办发行。成立了南充日报社发行部，独立核算，自负盈亏。发行部在全地区（市）各县（市、区）建立了发行站，在各乡镇建立了发行组，聘用了近百名发行员。发行部投资购置了汽车，组建了发行车队，除发行《南充日报》外，还代发了《成都晚报》《重庆日报》等多种报刊，同时附带经营客运业务。此后，邮局同意将《南充日报》发行费率降低至25%时，报社又将部分报纸委托邮局发行。

南充日报社创办子报《南充晚报》在市辖三城区的发行，以自发为主，邮发为辅。主要发行渠道：一是单位集体订阅，集中投送；二是报刊亭零售；三是报童沿街叫卖。南充日报社对《南充晚报》的发行实行核定费率、承包管理。邮局发行《南充晚报》，按实际征订数、固定费率结算。后来实行买断包销。

四、《达州日报》邮发与自发结合

《达州日报》的前身《通川日报》实行自办发行。由于行政区划调整，达县地区由原来的13个县、市（区）减到7个县、市（区），人口减少报价又提高，报纸发行量下降。20世纪90年代初，《通川日报》开始走自办发行与邮局发行相结合道路。报社仍用自办发行系统负责征订报纸、收取报款，邮局负责报纸投递，按月收取报纸发行费。

五、《广元日报》邮发与自发结合

《广元日报》自创刊以来交邮局发行。邮局派驻工作人员专事报纸分发与邮运工作，每年底由市委宣传部、邮政局、报社联合召开发行工作会议，发行量实行计划管理，主要发行范围为广元市辖区内的党政机关、企事业单位、居委会、村委会、村民小组、个体经营户等，发行价格每份182.5元/年，零售价为0.50元/份，发行量为3万份左右。

随着发行业务的扩大，报社聘请了30名送报员。一是为广告客户送报纸，二是负责城区和近郊乡镇的报纸零售业务，以弥补邮局发行的不足部份。逐步形成了以邮发为主、以自发为补充的发行格局。

六、《天府早报》邮发与自发结合

《天府早报》创刊之初由四川日报社发行中心发行。2001年开始自办发行，在成都5城区成立了5个发行站。在征订方面，前期通过赠阅使读者了解早报，然后展开征订。后将征订和零售分离，两套人马独立运作，征订仍然按5个主城区加14个郊县设发行站征订发行，零售主要通过批发给零售商，并按照实销份额予以奖励。2002年，报社成立发行中心，重新整合征订和零售，设零售批发站负责报纸零售批发工作；在8个城区和近郊县分设发行站负责整订发行工作，对远郊县的征订发行委托邮局代理，由此走上了自办与邮发相结合的路子。

《天府早报》提出了发行“零投诉”的发行理念。编辑部门和发行部门紧密配合，以出早报、投到位为发行质量工作重点，推动了整个发行工作。

七、《宜宾晚报》邮发与自发结合

《宜宾晚报》从创刊以来，发行工作实行自发与邮发相结合，征订与零售相结合，全面提高报纸发行质量和数量。

创刊初期，晚报发行工作由宜宾日报社统一管理。其后，又根据实际情况，将晚报的发行完全划归晚报自行管理。为提高报纸发行量、扩大覆盖面，晚报扩充了征订和零售人员，从报纸的点数、分发、投递到零售及报款回收等，形成了一个完整的体系，发行网络覆盖全宜宾城区，使得晚报发行量迅速攀升。

经过与邮局协商，晚报零售上了宜宾市的各大邮亭，并开始与邮局实行报纸零售合作，即晚报上全市各邮亭零售，使晚报由自办发行转变为以自办发行为主、邮局发行为辅的“两条腿”走路格局。

八、《攀枝花晚报》邮发与自发结合

在市区设108个投放点，给固定用户安装投报箱，报社发行处专人当天投递；对单位订阅的通过邮局发送，零售通过书报摊销售。

九、《绵阳晚报》邮发与自发结合

《绵阳晚报》以自发为主、邮发为辅。报社发行人员主要为下岗职工和待业青年，发行重点覆盖绵阳市城区。在拓展绵阳城区发行市场的基础上，开始覆盖绵阳各县市区及重点乡镇，相继建立了多个发行站，并将发行半径拓展到广元、遂宁等地。

面对报业发行市场的激烈竞争，晚报推出了有奖征订和“激情社区大家唱”等文艺活动，以活动促发行。随后，建立了多个为发行服务的社区工作站，不定期向读者发放评报表，与读者互动增加卖点。同时采取与居民小区物业公司签订订报协议，进小区放电影等方式促进发行，使报纸发行量稳定增长。

十、《泸州晚报》邮发与自发结合

晚报创刊前，泸州日报社领导在研究发行思路时分析：邮发有其不可替代的发行优势，即发行范围广、发行成本低；但存在投递质量差、投递时间不能保证等弱点。而自办发行具有发行质量高、投递及时的优势，也具有发行成本高、发行范围受局限等不足。如果将二者有机结合，泸州晚报一定会迅速形成具有巨大影响的市民生活报。因此，晚报创刊后，即以报社自办发行与邮局代办发行相结合方式发行，发行量迅速增长，发行范围遍及全市所辖四县三区及贵州省的赤水市，并通过邮发在全国各地发行。

十一、《金融投资报》邮发与自发结合

该报发行方式经过多次变革，从邮发到自发再到邮发与自发相结合。20世纪90年代初期，还采取传版发行、通过四川在线网络开展全国范围《周末证券》电子版订阅。《金融投资报》在上海、北京、广州等十多个中心城市及周边地区都有发行，在全国证券类报纸中极具影响力，报纸发行量也伴随着中国股市的涨跌起起落落，最少几万份，最高多达数十万份。

十二、《四川法制报》邮发与自发结合

《四川法制报》较长期采取邮局发行方式。随着依靠行政手段促进发行的力度不断减少，报社抽

调大批人员分片包干推进发行工作。随后，报社进一步加强对发行工作的领导，设立了出版发行中心。同时，通过“架网布线”工作，形成报社独立运作促进征订的网络。市（州）投递仍然依靠邮发部门，在成都则开始自办发行，并组建了一支人数不多的发行队伍。到2000年，报纸的发行形成三种较为成熟的模式，即邮发大网（报社组织征订队伍落实征订数，交当地邮局上报省报刊发行局邮发）、邮发小网（报社组织征订与当地邮局揽订相结合落实征订数，由当地邮局直接发行）和自办发行（报社组织征订队伍上门揽订并直接投递）。次年，报社设立成都营销中心，力图扩大中心城市的自办发行数量，收到一定效果，开辟了新的发行道路。

十三、《西南商报》邮发与自发结合

为使省内外读者及时阅读到报纸，《西南商报》委托邮政局征订发行。为了满足成都地区读者的需要，报社委托一家投送公司在成都报刊亭零售。并对成都、昆明、南充、达州、阆中等市实行自办发行，满足读者的要求，同时也提升了报纸的知名度。

十四、《国防时报》邮发与自发结合

《国防时报》先采取自办发行，后来则采用自办发行和邮局发行相结合发行。

十五、《蓉城周报》邮发与自发结合

开办之初坚持自办发行。1994年起，发行量随行业性衰退不断下滑。1997年后，实行自发和邮发结合。2001年曾专设发行部发行，并与“成都通”和“红旗连锁”签订协议，扩大了《蓉城周报》发行范围。2003年后，先后交由成都商报发行投递公司、风雷发行公司代理发行。至2005年发行量约为2万份左右。

十六、《软件报》邮发与自发结合

《软件报》在大城市的零售由报社负责，报纸遍及北京、上海、广州、成都等主要城市。整订和市、县城区零售委托邮局发行。

《软件报》围绕发行建立和健全了读者信息的存储和沟通渠道，定期对发行市场做调查，为编辑部提供选题参考。

十七、《电子报》邮发与自发结合

《电子报》的读者针对性强、分散地广，邮局发行成为《电子报》发行的主渠道。报社为适应发行市场发展，也实行多渠道自办发行，如委托各大、中城市民营科技书店包销等，发行数量有所增加。报社制定了发行工作规划，在依靠邮局主渠道发行的基础上，进一步加大自办发行，尤其是开拓网络发行渠道。

十八、《铁道建设报》邮发与自发结合

《铁道建设报》通过邮局免费赠阅。赠阅对象为中铁二局各单位、各工程项目、中国中铁总部和四川省有关部门，并与中国中铁各单位及有关报社交流。中铁二局施工战线长，住地分散，流动性

大，报纸发行难度较大。《铁道建设报》除通过邮局发行外，还采取自办发行方式发行部份报纸，还有的通过邮局以印刷品形式寄送各单位。

十九、《遂宁广播电视报》邮发与自发结合

《遂宁广播电视报》作为市场化报刊，从诞生之日起，就一直坚定走“自发与邮发相结合”的路子。在自发方面，报社建立了发行部，负责征订投递和发行协调工作；报社分城市片区，选定了一些零售个体户负责发行；报社加强与城区邮亭的零售合作，保证所有邮亭都有广电报零售；报社组建了一支大学生卖报队，周末身背授带沿街叫卖发行；报社与华西都市报遂宁发行站加强合作，实行套订发行；发动实力企业订报，向特定人群精准投放，再由报社全额给企业返广告；市广电局发挥对区县广电局行业管理的优势，每年给区县广电局下达一定数量的发行考核指标，使报纸的触觉延伸到了基层。

在邮发方面，报社与市邮政局长期合作。市邮政局除为报社订报外，还负责给区县广电局投递报纸。此外，报社还同市邮政局开展《遂宁广播电视报》与《华西都市报》《参考消息》《成都商报》套订发行。

二十、《乐山广播电视报》邮发与自发结合

报纸创刊开始，一直实行以报社自办发行为主，辅以邮局发行。报社设立发行部，配备了专职发行工作人员，并招聘了数十名下岗职工和待业青年组成发行队伍，负责乐山中心城区报纸的征订和投递工作。

报社建立了发行员培训、考核和奖惩制度，增强发行人员的责任感，提高发行人员的业务水平。同时，将每个片区的发行员及其订送单位、路段，在报纸上予以公布，以明确责任，接受订户的监督，使报纸的错投、漏投现象基本消除。

为进一步扩大报纸的发行量，报社在每年暑假期间聘请参加社会实践的大中专生，经过培训后，让他们深入到中心城区各居民住宅小区，逐户上门征求市民对报纸的意见，宣传订阅报纸。报社还在中心城区的邮亭、大中型商场（店）、宾馆、饭店、车站、小区商铺等场地，布设多个零售点促销报纸；报社还在街头举办订户抽奖活动，现场征订报纸。并与汽车销售业、宾馆服务业、金融保险业、教育行业、药品行业举办发行客户联谊会，报社负责人、编辑、记者与读者面对面交流，征求意见，现场展示报纸，推销报纸，扩大报纸的社会影响力。

二十一、《巴中广播电视报》邮发与自发结合

报纸创办初，报社依托广播电视系统开展发行工作。后来与邮政局协商，采取邮发与自办发行相结合的方式发行。即通江、南江、平昌及巴州区乡镇，由邮局负责发行，报社与邮局共同负责巴州城区报纸的订阅、投递、零售。

报社与邮局密切合作，狠抓投递质量，如遇邮路周转出现遗失或份数不准，不论路途多远，报社发行人员都会及时派人送达或代送达，保证订户及时看到报纸，做到投递准时，力求无错投误投现象。由于发行质量不断提高，受到读者欢迎，调动了读者订报的积极性，报纸发行覆盖巴州中心城区及巴中全市各县区及乡镇，是全市自费订阅量最大、零售量最大的报纸。

二十二、《广元广播电视报》邮发与自发结合

1991—1997 年，《广元广播电视报》由报社自办发行。发行方式主要有三种，一是自办征订，上门投递。二是在城区机关单位企业聘请收发室人员代理发行，还聘请乡镇广播员代理发行，各县区广电局也承担了部分发行任务，并据其发行量给予相应的代理费。三是委托城区各报亭和报贩零售。1991—1993 年，每期发行 8000 份左右。1994—1997 年，每期发行量上升到近 2 万份，最高时达到 2.8 万份。

1998 年开始，报社将部分地区的报纸通过邮局征订发行。从 2003 年初起，报纸的发行量逐渐回升，到 2004 年，报纸的发行量回升到 1.2 万份/期。其中邮局发行及报社征订、零售各占 1/3。

第三章　印　刷

报社印刷厂绝大多数只印刷报纸，少数有条件的除主要印刷报纸外，还从事商务印刷。各报社不断围绕提高报纸印刷和商务印刷质量及时效，在更新印刷设备和改进印刷技术方面做了大量工作。

第一节　报纸印刷

一、四川日报社（集团）报纸印刷

四川日报社印刷厂除承印报社编辑出版的《四川日报》《四川农村报》《文摘周报》等报刊外，还代印《人民日报》《光明日报》《参考消息》《电子报》等中央、省内外报刊共计50种左右，年印量8亿多对开张。1995年承代印报刊增加到52种，特别是《华西都市报》创刊，全年印量增加到8.5亿对开张。1996年，承代印报刊47种，全年印量增加到8.7亿对开张。同年《华西都市报》等市场类报纸提出了出彩报的要求，开始每周周末印刷彩报。1997年承代印报刊共计53种，全年印量增至10.2亿对开张，其中彩报0.05亿对开张，占总印量的0.5%。1998年，承代印报刊共计51种，全年印量10.6亿对开张，其中彩报0.2亿对开张，占总印量的2.5%。同年底引进的高斯“环球70”高速彩印轮转机的到位，使印刷设计能力达到13万对开张/小时，其中彩印能力达到28万对开张/小时。1999年，承代印报刊共计49种。由于《四川日报》《华西都市报》扩版增张及发行量的上升，同年6月1日《天府早报》创刊，全年印量猛增至12.2亿对开张，其中彩报1亿对开张，占到总印量的8.4%。

2000年，四川日报报业集团成立，四川日报社印刷厂改为四川日报报业集团印务中心。全年承代印报刊共计56种，年印量12.2亿对开张，其中彩报1.8亿对开张，占总印量的15.4%。2001年，承代印报刊共计54种，年印量增至13.1亿对开张，其中彩报3.6亿对开张，占总印量的27.3%。彩报印刷能力又开始难以满足各报印刷时效的要求，集团开始筹建印务中心新厂区。2002年，全国开始整顿报刊市场，承代印报刊减至47种，全年印量13.6亿对开张，其中彩报4.3亿对开张，占总印量的31.9%。2003年，承代印报刊48种，年印量13.4亿对开张，其中彩报4.8亿对开张，占总印量的35.8%。新印务中心开始基础建设。2004年，四川日报报业集团印务中心改为四川日报报业集团印务公司，实行独立核算，全年承代印报刊增加到54种，全年印量猛增到14.5亿对开张，其中彩报6亿对开张，占到总印量的41.7%。年初紧急购进两组国产北人小滚筒塔式彩印轮转机，同年底引进的“UNSET75”彩印轮转机也在新厂区成功试运行，新增彩印能力57万对开张/小时。

2005年1月1日，四川日报报业集团印务公司新厂区正式投入生产，新厂区占地面积43亩，厂房建筑3.1万平方米。全年承印报刊增加到60种，年印量增加到15.8亿对开张，其中彩报6.8亿对开张，占总印量的42.9%。

随着印刷报刊种类和印刷量的增加，印刷质量也有明显提高。1997—2005年，公司承印和代印的《四川日报》《人民日报》参加中国报业协会组织的质量评比，一直处于全国各代印厂的前茅；公司承印和代印的其他报纸参加省新闻出版局、省报业协会组织的质量评比中，共获近40个一、二等奖，在全省报纸印刷厂中也名列前茅。

二、成都日报社报纸印刷

报社印刷厂树立起视客户为“上帝”的意识，尽量满足客户的要求，为客户服好务。在质量方面，印刷的《成都日报》在中国报协印刷工作委员会对全国主要报纸的印刷质量评比中，一直处于中上水平，被评为“良好级”报纸，代印的省内几种报纸在省报协的印刷质量评比中，均被评为“优质级”报纸。省内外一些较有影响的报纸在报社印刷厂设分印点，如《环球时报》《南方周末》《体坛周报》《作家文摘》《21世纪经济报道》《青年参考》《中国教育报》《中国石油报》《招生考试报》《四川法制报》等。2005年每天印刷量200万张对开报，年总印量达6.6亿张，为1992年印刷量的3.13倍，收入达3100万元，是20世纪50年代以来收入最多的一年。

2005年成都日报社在锦江工业园区征地46.4亩，建设印刷厂的新厂区。新厂建筑面积达9200平方米，生产区域面积比现在增加了80%，布局更加规范，更加合理。

三、南充日报社报纸印刷

南充日报社印刷厂除承担《南充日报》《南充晚报》印刷任务外，还代印省级报刊和承担周边地区报纸创刊初期的印刷。1994—2005年，主要承担南充日报社出版的《南充日报》《南充晚报》，曾短期承印《南充广播电视报》《读与写》报。从2001年1月2日起，代印《四川日报》在川东北5个市发行的报纸，每期7万份左右；2005年开始，又代印四川日报报业集团出版的《文摘周报》。

南充日报社印刷厂承印的《南充日报》，1994年以前为4开4版，1996—2005年为对开4版—8版，《南充晚报》2001年为对开4版—8版，2005年改为瘦身报为4开16版—32版；代印的《四川日报》2000年为对开4版，2005年为对开8版，《文摘周报》为4开16版，周2刊。

南充日报社印刷厂承代印的报纸分单色、套红、单面彩版和双面彩版。《南充日报》《南充晚报》均为报头套红正文黑白版，因重大新闻或广告需要不定期印刷单面或双面彩色版。《四川日报》1—4版为单面彩版，《天府周末》版为双面彩版，其余版面为黑白版。《文摘周报》为报头套红正文黑白版。

南充日报社印刷厂印报质量随着印刷技术设备的更新不断提高。1994—2005年间，《南充日报》和《南充晚报》印刷质量被省印刷协会评为“良好”级，承印的教材教辅书籍多次被评为省优产品。

四、遂宁日报社报纸印刷

1997年夏季，遂宁日报社开始筹办印刷厂，并于当年12月20日印出了第一张《遂宁日报》。

1999年底，报社以股份制形式改建印刷厂。2000年春，经市工商部门正式批准后建立了遂宁市龙腾报业印务有限公司，3月30日召开第一届股东大会，选举产生了董事会董事、董事长、监事会监事，董事会聘任了公司经理、副经理；公司进入了一个崭新的发展阶段，形成了报纸、地税票据、公交车票、其他社会杂件等多元印刷的格局，当年实现产值200余万元，税后利润30万元。

2002年10月，报社为印制彩报、提高印报时效和质量，与深圳商人翁羽丰合资组建印务公司，并购进一台六色轮转机，于当年春节印出第一张单面彩色的《遂宁日报》。2004年，翁羽丰收购公司报社股份，建立独资的遂宁龙腾报业印务有限公司，承印《遂宁日报》。

五、甘孜日报社报纸印刷

20世纪90年代前，甘孜日报社印刷厂业务多，效益好，每年都有几十万元盈利。90年代后，随着印刷市场竞争加剧，印刷厂经济效益急速下降，负债累累。州委每年补贴印刷厂17万元印报。1994年1月1日，实行新税制后，印刷报纸缴纳增值税后，加大了报纸亏损，州计经委决定将《甘孜报》藏、汉文两张报纸定为甘孜州民族产品，享受民族优惠政策，维持了印刷厂的正常运转。1995年，州财政拨专款为报社购置了微机、照排、组版等设备，成立了微机照排室。

随着印刷技术的改进，《甘孜报》的印刷质量明显提高。1994年，省新闻出版局和省报业协会在对全省报纸印刷质量评比中，《甘孜报》藏、汉文版印刷质量名次靠前。1996年，印刷厂重新配备领导班子成员，制定《生产经营指标责任书》。同年5月，州委决定给《甘孜报》印报补贴，并适当提高藏、汉文印刷价。在印刷市场疲软、生产饱和的情况下，印刷厂圆满完成年度生产任务和各项经营指标，亏损总额较上年同期下降12.3%。在全省104家报纸印刷质量评比中，《甘孜报》汉文报居第9名，藏文报居第二位，在年度综合评选中两张报纸均为优质报。1997年，《甘孜报》获全省报纸印刷质量优质奖。2000年3月，报社印刷厂被州国家保密局定为甘孜州复制国家秘密载体定点单位。2001年，报社对印刷厂领导班子开始试行风险抵押承包，生产形势日渐良好。2003年，印刷厂在强化内部管理的基础上，实现运行机制和管理机制创新，经营效益有了新发展，销售收入明显增加，亏损大幅度减少，职工收入逐步增加。

六、乐山日报社报纸印刷

乐山日报社印刷厂始建于1988年5月。1994年除承印对开4版的《乐山日报》外，还先后代印《夹江报》《马边民族报》《长药报》《金顶集团报》《乐山供电》《龚电报》等10多种区县、企业4开4版小报。2003年，报社创办对开8版《乐山晚报》，购置更新彩印设备后，印刷业务扩大，不仅彩印《乐山日报》《乐山晚报》，而且还代印对开4版的《成都商报》，4开4版《乐山师院报》《乐山师院学报》《基础教育学刊》等近10种报刊。

乐山日报社印刷厂继1991年从黑白印刷改为胶印套红印刷后，2003年又一次进行重大技术设备更新，从套红报印刷转型为双面四色彩印，并开始印刷对开4版套红大报，对开4版、8版彩印报纸。同时，工厂采用TPM全程数据化管理，报纸印刷色彩稳定。2005年实现产品零退货，客户满意度达95%以上。

乐山日报社印刷厂1994—2005年不断更新印刷技术装备，增强硬件设施的同时，加强内部管理，规范生产工艺。特别是2003年增添彩印新设备后，印刷厂先后修改制定《报纸印刷操作规程》

《印刷质量奖惩办法》《安全生产守则》一系列规章制度，将彩印技术质量要求、报纸印刷标准落实到班组、人头。厂里用数据控制全流程质量，推行TQM、5S、TPM和NPS等管理方法，企业整体管理水平得到提升，产品质量有了保证。《乐山日报》印刷质量从优良报晋升为优质报。2004年和2005年连续两年被省新闻出版局、省报业协会评为全省报纸印刷第3名、全省地市州报印刷质量第1名。书刊产品2004年被省印刷协会评为优质产品，2005年被国家新闻出版署授予“优质奖”称号，并被国家发展与改革委员会、国家统计局、中国企业评价协会等八家单位联合评定为“2005年中国500家成长型中小企业”。

七、自贡日报社报纸印刷

自贡日报社印刷厂的发展分为三个阶段，1993年5月前为铅印时期；1995年5月至2003年9月为激光照排胶印时期；2003年10月以后开始了彩色印刷时期。

1951年3月3日《新自贡报》创刊，自贡市将自贡新华印刷厂划归自贡日报社。1971年《自贡日报》停刊后，新华印刷厂划归市文化局领导。1981年《自贡日报》复刊后，由新华印刷厂代印。1988年3月1日正式建立自贡日报社印刷厂。

1993年自贡日报印刷厂改凸版印刷为胶印印刷，铅字排版为电脑激光照排。1995年5月1日完全告别“铅与火”时代，进入激光照排胶版印刷时期。2000年3月16日正式启动报社印刷厂“退出国有经济”改制工作，重组自贡报业印务有限责任公司。2003年9月新组建自贡日报彩色印刷有限责任公司，10月彩印公司正式运行至今。主要承印《自贡日报》和其他印刷业务。彩印公司采用塔式双面彩色印刷机后，报纸印刷质量在四川省报业协会评比中获良好成绩。

八、达州日报社报纸印刷

达州日报社印刷厂主要承印《达州日报》和《达州晚报》，同时还代印《达州广播电视报》。《达州日报》为对开4版，《达州晚报》为4开12版。以2004年为例，达州日报社印刷厂完成《达州日报》27688千印张，仅报纸销售收入就达658万元。

从2002年10月26日《达州日报》第一张双面四色彩印报纸问世后，达州日报社的日报和晚报的照片、广告都以四色彩印出版。

达州日报社印刷厂设立了质检科，全程监督、掌控印刷质量，并自己研制了调墨调平器，大大减少了废报率，所印报纸在四川省新闻出版局、四川省报业协会评比中多次评为优秀和良好。

九、宜宾日报社报纸印刷

报社印刷厂承担《宜宾日报》《宜宾晚报》《华西都市报》《成都商报》《文摘周报》和周边城市的近10种报纸的印刷任务。其印报质量在全省地市州级报社印刷厂中一直处于领先地位。

2005年，宜宾日报社印刷厂实现销售收入1214万元。

十、凉山日报社报纸印刷

凉山日报社印刷厂一直担负《凉山日报》彝汉两个文版报纸的印刷。1994年开始承印《凉山广播电视报》，到2005年，曾代印布拖的《火把报》、荞窝监狱的《荞窝育新报》、普格的《螺髻山报》、州老协的《邛都老年报》以及西昌卷烟厂的《神驹报》等。

1994 年，报社所承印的《凉山日报》汉文版每周出 4 开 28 个版，彝文版每周出 4 开 24 个版。1998 年，《凉山日报》汉文版每周出对开 28 个版。到 2005 年，汉文版每周出版对开 48 个版。

1994—2004 年，报纸印刷为黑白报，并适时套红；社会杂件印刷应客户要求可进行四色彩印。2005 年 12 月，《凉山日报》汉文版出版彩色大报。

《凉山日报》在印刷质量上，连年被四川省新闻出版局、四川省报业协会授予彝、汉两个文版报纸印刷质量“良好报种”荣誉证书。

十一、攀枝花日报社报纸印刷

报社印刷厂印刷 5 种报纸，《攀枝花日报》，对开 8 版，彩色；《攀枝花晚报》，4 开 16 版，彩色；《攀枝花广播电视报》，4 开 16 版，彩色；《攀枝花矿工报》，4 开 4 版，彩色；《攀枝花学院报》，4 开 4 版，彩色。印刷质量均为优良。

十二、内江日报社报纸印刷

2000 年 12 月，报社一直将报纸委托内江新华印刷厂、东兴印刷厂印刷，由于机器设备较为陈旧，印刷质量一直较差。2001 年 1 月，由内江日报印刷厂印刷，仍然为黑白报。

报社印刷厂逐年增添了设备，主要有清华紫光印前激光照排、出片设备一套，北人 2787 书报印刷机、北人对开四色机、景德镇四开四色机、上海紫明对开双色机等设备，印刷能力大幅度提高。在承印报纸的同时，也积极承接社外印刷业务。从 2003 年开始，对外承接彩色印刷业务，年营业额约 100 万元。

十三、眉山日报社报纸印刷

眉山日报社印刷厂实行自主经营，自负盈亏，主要承印《眉山日报》的印刷工作，可印刷对开 4 版黑白报纸和对开 4 版黑白套红报纸。

报社印刷厂自成立以来，不断加强经营管理，努力增收节支，稳定老客户，积极想办法联系新的周边小报客户，努力扩大小杂件印刷业务，拓展新的印刷业务市场。同时继续执行、完善过去设立的行之有效的规章制度，厉行节约，降本增效，开源节流，增收节支，向管理要效益，实行厂务公开，民主管理，印刷经营收入大幅增长。加强了报纸印刷质量的管理，报纸印刷质量不断提高，跨入全省地市报优质级行列。

十四、四川工人日报社报纸印刷

报社印刷厂至 2005 年共印刷 43 种报刊杂志，其中代印的《四川工人日报》等 7 种报纸多次被四川省新闻出版局、四川省报业协会评为优质产品。

1995 年印刷厂与报社实行财务分开，成为独立纳税人，独立核算，向报社交承包利润。2002 年 7 月印刷厂撤销税号，与报社进行纳税合并，报社对印刷厂实行目标经营责任制管理。多年来，印刷厂每年均按上交报社 200 万元纯利润的目标任务完成。

十五、四川广播电视报社报纸印刷

1995 年，随着报社印刷厂航空港基地的配套设施建设完成，报社在原有的铅改胶轮转机的基础上，投资 12 万元在郑州工程机械厂购置了两台性能较好的铅版改胶版轮转机，当年就完成了安装调试，满足了报纸的印刷任务。报社印刷厂外接多种印刷物，到 1996 年就收回了投资并且盈利 80 万元。1998 年，筹备资金 400 万元，购买了彩色印刷轮转机，并于当年的 9 月底前完成了设备的安装调试，10 月 1 日正式投入生产，完全满足了报纸印刷出版的要求。

第二节　商务印刷

一、四川日报社（集团）商务印刷

2004 年 7 月，四川日报报业集团印务公司开拓市场，与绵阳民营企业合资组建绵阳宏拓印务有限公司。2005 年 9 月，又与四川出版集团合资，组建四川联翔印务有限公司。至此，公司实现了两个转变：从生产型部门向经营性企业的转变，从单一报纸印刷生产向以报纸和商务印刷生产转变。

二、南充日报社商务印刷

1994—2003 年，南充日报社印刷厂除承担《南充日报》《南充晚报》印刷外，还向社会承担商务印刷。印刷品种主要包括各机关单位的文件、企业广告宣传单、彩色挂历，以及印制烟盒、啤酒商标等。2004 年商务印刷生产线停产。

三、乐山日报社商务印刷

2003 年前，受设备技术等制约，除报纸印刷外，只能承印书刊、票据、信封、表册、商标、证照等低端印刷业务。每年业务量在 60 万元左右。2003 年进行设备更新后，业务拓展范围扩大，不仅能承印彩印报纸，而且还能承接书藉杂志商务印刷业务，营业额逐年上升，成为综合性印刷骨干业务。

四、凉山日报社商务印刷

在低端印刷上，主要承接社会杂件中的会议文件、宣传册、宣传页、票据、纸袋、包装盒、信封等。在高端印刷中，主要承接社会各类书籍、杂志、期刊等，在 20 世纪 90 年代初被州政府指定为“公务印刷定点企业”。

第三节　印刷技术设备

一、技术设备更新

（一）四川日报社（集团）印务公司技术设备更新

1994 年，四川日报社印刷厂彻底淘汰了铅印及树脂版等凸版印刷工艺系统，全面实现胶印化，印刷能力达到 90 万对开张/小时。1993 年，从日本引进“大都市 2”型胶印机，新增每小时 8 万对开张的彩印报能力。1997 年从法国引进两组 4 个印刷塔“环球 70 型”胶印轮转机，新增每小时 24 万对开张的彩印报能力。2003 年从德国引进四条线 6 个印刷塔“UNISET75”型胶印轮转机，新增每小时 36 万对开张的彩印报能力。两组 3 个印刷塔的“北人”小滚筒胶印轮转机，适应了短线报纸的印刷需要。

2001 年购进 2 台爱克发 25 照排机和 2 台扫描仪。2004 年购进 4 台美国欧力晒版机、3 台富士 6000 照排机和一套卫星传版系统小站和 CIP3 系统、畅流系统，使照排系统设备与印刷设备完全配套，提高了印刷技术设备使用效率。

（二）成都晚报社（成都日报社前身）印刷技术设备更新

报社印刷厂在 1986 年前使用的是轮转机铅排、铅印技术。1990 年 5 月 1 日，报社印刷厂引进电脑激光照排技术，排版由传统的铅排部分改为激光照排。1991 年 5 月，印刷厂已拥有 6 台国产轮转胶印机，全面实现电脑照排，报纸在排版和印刷技术上告别了“铅与火”。为适应报纸出版需求，报社随后又投入 7000 多万元进行印刷设备的技术更新，先后购买了德国爱克发激光照排机、日本网屏显影机、晒版机、冲版机和德国海德堡·哈里斯轮转胶印机、德国罗兰轮转胶印机等设备。1997 年 12 月，报纸在省内率先实现每天出单面彩报。2001 年，实现每天出双面彩报。2005 年，报社印刷厂的实际印刷量每天 200 万张对开报，年总印量达 6.6 亿张。2005 年，报社印刷厂新厂区在锦江工业园区动工兴建，占地 46.4 亩。

（三）成都商报社印刷技术设备更新

1994—2005 年，《成都商报》的出版印刷和信息化建设快速发展。初期主要由成都晚报印刷厂、成都军区印刷厂（后更名为新华彩印厂）、四川工人日报印刷厂、四川日报印刷厂承印。1999 年 12 月 16 日，报社投资兴办的成都博瑞印务有限公司正式投产，主要承印《成都商报》。2003 年 6 月购买丹麦产 DotMate7500 激光照排机，版面通过光纤传输到印刷厂直接输出胶片。2003 年 6 月引进丹麦宝禄德福公司（Esko - Graphics）的 DMXHS（又称“版神”）高速计算机直接制版机——CTPDMX - HS（ComputerToPlate），成为中国西南地区第一家使用 CTP 系统的报社。2004 年 5 月引进世界领先的全开极速输出机——英国富士公司的富士 F9000（又称“龙霸”），胶片输出速度进一步提高。2004 年 8 月从爱克发公司引进新型高速、紫激光、平台式成像的 CTP - AdvantageCL，这是国内首台同类制版机。

1997 年 5 月引进北大方正公司的办公自动化采编系统，在中国西部的日报中首家实行无纸化办公。2002 年 8 月进行网络和采编系统第二次改造，启用新文韬采编系统、颐美图片系统、渊博系统及飞腾软件，引进内部邮件系统和 EIP 信息发布平台。2005 年底进行第三次系统改造，采用当时业内最先进的系统，其中包括 IBM 小型机和 DELL 光纤区域存储技术等，网络环境的安全性得到提升。至此，《成都商报》社已发展成中国西部拥有最先进网络技术和出版流程的现代化报社。

（四）南充日报社印刷厂技术设备更新

在 1994 年前，南充日报社印刷厂使用铅字排版、铅版印刷的落后生产工艺。1994—2005 年间，报社印刷厂经历了激光照排、胶印和数字化排版印刷发展过程。其技术设备更新经历了三个阶段，第一阶段实现了印刷的高清晰度。1995 年投资 130 万元技改资金，从北人集团购进 JJ204 对开双面胶印机和全套精密激光照排设备，使报纸印刷达到文字清晰、图片层次分明的效果；第二阶段实现报版的数字传输。1999 年投资 450 万元，从北人集团购进 YP4787G 型对开 4 色高速胶印轮转机和高精密度激光照排系统，使报纸印刷实现了数字化；第三阶段提高了报版出片时效。2005 年投资 7.5 万美元，从日本购进富士 F6000 型照排机，保证了印刷多种报纸的时效需要。

（五）乐山日报社印刷技术设备更新

1992 年，《乐山日报》改为日报，日印量 6 万份左右，对外承印 10 多种报纸。为适应印刷业务增长的需要，先后投资购进电脑照排系统设备、改装胶印轮转机，告别“铅与火”。1996 年投入 60 万元，购上海罗克韦尔图文系统公司生产的 YPZ787 卷筒胶印机，开始印刷对开四版套红报。2002 年底再投入 500 多万元，购买东方 30004 +4 型高速轮转机及配套设备，均可适应黑白报、套红报、彩色报印刷，不仅印刷质量提高，而且印刷业务上升，销售收入从 1994 年 228 万元，增长到 2005 年的 819 万元。

（六）达州日报社印刷技术设备更新

2002 年前达州日报社只有一套北人产双面双色轮转胶印机（对开）。2002 年 10 月买进并安装了美国兄弟公司产东方牌双面四色轮转胶印机（对开）一台（套）。

（七）甘孜日报社印刷技术设备更新

印刷厂一直采用铅字排版和平板机印刷，有铸字车间、排字车间、制版车间、机印车间，工序繁杂，工作效率低，印刷出版一张报纸需要技术工人近 30 人。印刷设备和技术跟不上报业发展的需要，为此，多次进行印刷技术改革。第一次技术改造 1993 年 1 月，由州政府拨款、报社自筹资金 100 多万元，购回两台海德堡进口胶印机和一套激光照排系统，采用激光照排和胶印机印报，实现用卫星地面站接收新华社电讯稿，报纸印刷初步实现现代化。同年 8 月 28 日，《甘孜报》藏、汉文电子版正式出版，结束了“铅与火”的历史，基本步入“光与电”时代，工作效率提高。第一次技术改造完成后，除印刷报纸、书刊使用胶印机外，其他印刷品仍使用铅排系统。经过 6 年多运转，激光照排设备老化，严重制约报纸发展。特别是 1999 年 9 月，因设备问题导致《甘孜报》藏、汉文版停刊 3 次。报社党委下决心，以技术革新推动技术进步，进行第二次技术改造。1999 年底，州政府拨款 33 万元，用于报社改计算机单机作业为联网作业，软件的稳定性和实用性增强，排版质量和效率明显提高。2002 年，投入 100 万元资金，购进对开双色、对开单色胶印机和六开商用打码胶印机，改造计算机设备，完成第三次技术改造。在中共十六大召开之前，印刷出版了甘孜州有史以来第一张双色四开《甘孜报》。2003 年 1 月 1 日，印刷出版了周 3 刊对开双色《甘孜报》。2004 年 1 月 1 日，印刷出版第一张双色《甘孜日报》。

（八）宜宾日报社印刷技术设备更新

前身为 1992 年 3 月成立的宜宾日报社出版部。1997 年 7 月经宜宾市编委批准成立宜宾日报社印刷中心（厂），同年 11 月报社投资 382 万元启动印刷中心运作。之后的 8 年时间里良性运转。1992 年购买了北大方正 NPM 报纸排版系统，使报纸的排版告别了“铅与火”，迎来了“光与电”。1995 年购买 PSP 激光照排系统和长春产 JPZ—400（4 开）激光照排机和上海人民机器厂生产的 YPZ2787A 型（2 +1）印刷机。1997 年购买了北大方正维思报纸排版系统和湖南人民机器厂生产的 201 印刷机。2001 年购买了北大方正飞腾 3. 1 报纸排版系统。2002 年 9 月购买了北大方正世纪 RIP2. 0 激光照排系统和德国产凤凰 AGFA2250（大 4 开）激光照排机和印度生产的高斯对开（3 万/小时）彩色印刷机，这是四川省地市（州）报第一台报纸彩色印刷机；2004 年 8 月购买了无锡宝南生产的宝南 YPT787 对开（4 万/小时）彩色印刷机。2005 年购买了北大方正畅流 4. 1 报业版系统和丹麦产宝禄德福德美 7500P（对开）连线激光照排机。

（九）泸州日报社印刷技术设备更新

1994—2005 年，随着泸州日报社的不断发展壮大，泸州日报社印刷厂也不断创新发展，实力不断增强。在此期间，除印刷《泸州日报》外，还承接了《江阳周报》等区县和厂矿的报刊印刷业务和杂件印刷业务。1996 年 6 月，泸州日报社印刷厂安装了新的激光照排系统和激光扫描仪。1997 年，泸州日报社印刷厂购进北京人民印刷机械厂制造的小三双彩印机一台，实现了《泸州日报》的单面彩印。2000 年 12 月，泸州日报社印刷厂开始代印泸州、宜宾、内江等地发行的《华西都市报》。2003 年初，泸州日报社新建泸州日报社印刷印务中心，并在江阳区蓝田镇征地 40. 93 亩（实际用地 12. 07 亩，其余部分出让），于 2003 年 6 月开工建设。泸州日报社印刷印务中心投资 1600 多万元（含印刷设备），建设面积 10773 平方米，2004 年 9 月竣工，2005 年 12 月正式通过竣工验收。2004 年 4 月 24 日，泸州日报社印刷厂从泸州日报社办公大楼搬迁到正在建设中的蓝田印务中心，利用从美国兄弟公司购进的彩印机印刷双面彩报。

泸州日报社印刷厂实力壮大后，经济效益快速上升，职工收入逐年增加。1994 年，泸州日报社印刷厂完成销售收入 176 万元，实现纯利 15. 6 万元，职工月收入由上年的 210 元提高到 310 元。2005 年，泸州日报社印刷厂销售收入到达 846 万元，利润 54 万元，人均月工资在 1000 元以上。

（十）凉山日报社印刷技术设备更新

1996 年 8 月 1 日，报社彝文版技术改造成功，实现激光照排胶版印刷，结束了铅字印刷彝文版报纸的历史。1997 年 11 月，新安装的双色胶印轮转机顺利出报。1998 年 11 月彻底告别“铅与火”，彝汉两个文版实现了电脑照排制版和胶版印刷。2005 年 12 月，投入近 800 万元，购置了无锡宝南四色轮转胶印机、富士激光照排机、彩色样报打印机、北大方正采编组版软件、PC 机，对报纸印刷和杂件印刷的设备进行了全面更新，使《凉山日报》告别近半个世纪的黑白报，迎来了彩色时代，同时也大量承接社会杂件的彩色印刷。

（十一）攀枝花日报社印刷技术设备更新

1991 年 11 月，报社购置山东潍坊计算机公司 28 台套的华光 V 型电子出版系统和 JJ204 卷筒纸轮转胶印机。1993 年 4 月，安装调试成功。1993 年 5 月 1 日，正式告别“铅与火”，开始轮转胶印报纸。1994 年 10 月，增添 1524 线精密激光照排系统和扫描系统。2004 年 10 月，购置洛克比尔彩色轮转胶印机 FAST－300。2005 年 3 月 4 日，正式开始彩色轮转胶印报纸。

（十二）四川工人日报印刷技术设备更新

1992 年初，报社为了提高报纸印刷质量，实现电脑照排和胶印印刷，以借款方式购进电子照排系统一套、小三双胶印轮转机一台，又自筹资金扩建了机印车间厂房。同年2月各项技改设备全部投入运行，从此印刷厂彻底告别“铅与火”，报纸印刷全部采用胶印，跟上了报业发展的步伐。在此基础上，报社继续加快发展，1993—1995年，又自筹资金改造了电脑设备，增添了晒版显影、平版印刷、电子扫描等设备，既增加印刷产品的多样性，又大大提高了报纸印刷的技术含量。

第四节 技术设备管理

一、四川日报社（集团）印刷技术设备管理

1994—2005年，报社（集团）印务公司的技术设备管理，从单纯的设备维修不断地向过程管理和系统化管理转变。建立了从设备使用到设备检修以及检修效果评估在内的全过程设备控制体系。设备使用部门、设备管理部门都有各自负责的设备管理内容和相应的监测技术规范与技术标准。

印务公司重视技术培训工作，重视增加设备的技术含量，利用先进的检测、修理技术积极进行技术革新。公司进口设备多，但备件价格昂贵、进货周期长，技术设备管理人员经常在提高性能或不降低性能的前提下，成功采用国产元器件替代；同时利用技术革新改造年限已久的旧设备，提高其工作效率，减轻操作强度。

二、南充日报社印刷技术设备管理

1994—2005年，随着设备科技含量的提高，印刷厂订立了严格设备管理制度。一是专人管理。厂里有负责技术设备的副厂长，车间设有技术员；二是专档保存。每套设备购进都建立了专门的档案，并将平时运行与维修情况进行记载；三是定期养护维修，及时排除故障，始终保持机器设备的最佳工作状态。南充日报社印刷厂从未发生因技术设备管理不善而造成的印刷质量事故。

三、达州日报社印刷技术设备管理

达州日报社印刷厂设立了质量技术科。2002年买进安装运行的双面四色轮转机，在使用过程中坚持设备保养制度。厂里技术人员自主创新、科技攻关，成功改造了“调墨调平器”，为节能降耗和提高报纸质量做出了贡献。

第四章　多种经营

报业多种经营始于20世纪80年代后期。各报社在做好广告、发行、印刷三大主业的同时，积极拓展报业经营延伸业务，探索多种经营路子，使其打破报业长期单一的经营模式，向多元化经营方向发展。

第一节　党委机关报多种经营

一、四川日报社（集团）多种经营

餐饮服务　1997年，四川日报社新闻培训中心星光宾馆和星光花苑先后投入使用。2000年底，星光花苑二期工程竣工投入使用，形成了可容纳300人住宿、就餐、会议及娱乐于一体的休闲中心。

星光传呼　1995年，四川日报社和香港星光公司合办星光传呼台，用户发展到50多万户，传呼网络及用户遍布成都和全省十多个市级城市。由于通讯事业迅速发展，传呼市场发生了重大变化，经营十分困难，于2000年被迫关闭停办。

房产租赁　报社（集团）的房屋租赁有三种形式：将办公楼及职工宿舍临街的门面，采用对外出租、内部出租及利用房屋合办银行网点方式，对报社的房产实行租赁经营，到2005年房产租赁收入达到400多万元。

房地产业　2005年，集团与建川公司合资成立“川报建川”公司，以收购方式运作了三块土地项目，获得收益。

建筑业　1995年，报社组建星光建筑公司，承接报社管理部门不能承接的内部建筑和修缮业务，再将这些业务转包出去，公司收取管理费。报社附近的华兴街群楼、星光宾馆都是由星光建筑公司修建的。

金融与证券业　1999年6月，报社成立企划投资部，全年实现资本运营收益307.7万元。2001年，集团提出资本运营要有新的突破，投入较多的资金，搭建集团的资本运作平台。资本运营的主要项目分为短期投资和中长期投资：短期投资的主要是申购新股等业务；中长期投资主要是积极而慎重地进行二级市场的投资。当年报社企划投资部实现投资收入1200多万元。

广告公司　1995年，报社新组建新念广告公司，承揽广告业务，实现收入662万元。2001年11月，集团投资300万元，重组成都华希广告传播有限公司，广告经营稳步推进，广告收入逐年增长。

物资部门创收　1995年，报社物资供应处所属星光物资调剂部通过购进和调剂新闻纸等业务，全年实现利润86.6万元。

二、四川农村日报多种经营

1994年，四川农村日报开始探索多种经营，建立读者服务部，当年盈利8万元，其中有代销榨油机、饲料、蔬菜种籽、花果种籽、蔬菜花果的添加剂，后因市场变化和体制机制等原因中断。

2004年10月，四川农村日报通过与移动等企业合作，搭建了四川农村日报涉农短信平台，并做到了创办一年收支平衡，第二年开始盈利。2005年，四川农村日报开设手机短信一级栏目24个，二级区县地方频道栏目8个，新增生活常识类栏目3个，各栏目现有收费用户及免费用户21万户，年创收35.8万元。

三、成都晚报社（成都日报社前身）多种经营

报社为拓展和提升报业经济实力，报社经营好广告、发行、印刷三大主业的同时，积极进入其他经营行业，开展多种经营，曾先后创办了多家实业公司，影响较大的有三家：

成都晚报报业总公司。该总公司成立于1992年，是报社出资设立的全民所有制企业，注册资金2000万元，实行独立核算，自负盈亏，主营业务为房屋开发和经营，兼营装修、广告和各类产品销售等业务。总公司成立时，下设三个独立经营、非独立核算的内部分支机构，即成都报业房地产开发公司、成都报业综合贸易发展公司和成都报业信息投资公司。

成都银笛广告公司。该公司原名为成都晚报社广告印务公司。1993年公司成立时，注册资金30万元，为独立核算、自主经营的集体所有制企业。主营广告策划、设计、制作等业务。1994年，公司更名为成都银笛广告公司，注册资金变更为100万元，同时扩大了公司营业范围。

上述两家公司由于报社的管理不到位，加之对市场机遇把握失误，经营状况逐渐恶化，2002年前后停止经营。

成都新闻培训中心公司。1995年由报社全资设立，下属成都新闻宾馆、成都新闻旅行社、成都新闻广告策划有限责任公司、成都新闻物业管理有限责任公司等子公司。培训中心主要业务是为报社（集团）提供后勤服务，以减轻报社（集团）内部服务管理负担。并对报社（集团）不动产进行经营管理，通过盘活存量资产实现国有资产的保值增值；广告公司是报社（集团）媒体广告的主要代理公司之一；旅行社取得了国际业务经营资质。

四、内江日报社多种经营

1991年，报社在内江城区尝试开展了户外大型电子显示屏广告业务，由于经营时断时续和管理不善，显示屏于1997年关闭，审计亏损约110万元。

1999年后，报社总结经验教训，找准市场，继续开展多种经营活动，先后开办的经营实体和开展的经营项目有内江报业广告实业公司，从事多种广告代理业务；内江日报出版物发行公司，从事教辅等公开出版物的批发零售业务；内江新闻旅行社从事旅游业务；内江日报社营销部从事酒、茶批发零售业务；内江智慧学校从事各类培训业务等；同时，还积极参与文艺演出等各类社会文化活动。

2005年，报社多种经营收入突破2000万元。

五、自贡日报社多种经营

1991年10月，从创办自贡日报社经营管理部起，至1999年先后创办六个多种经营企业，分别是自贡日报社影贸公司、自贡日报社报刊发行公司、自贡日报社读者服务社、自贡日报社广告公司、自贡日报社电脑全能技术学校、自贡日报社数字化媒体研究所。至2005年底，仅存自贡日报社报刊发行公司和自贡日报社数字化媒体研究所。所有公司均实行企业化管理，独立核算，自负盈亏，自主经营，定额向报社上交的管理体制。数字化媒体研究所成立于2002年，不久就取得较好成绩。

六、南充日报社多种经营

报社的资产经营主要以房产租赁为主。房产租赁租金收入成为报社除广告、发行之后的第三大经济支柱。

一是新建楼房形成门面房和写字间。报社先后投资2300多万元，在城区文化巷（后改名为花市街）征地14.95亩，修建了10幢职工宿舍（含3幢居民还房），7幢生产用房和1幢报业大厦（16层电梯楼房，2001年开工，2003年竣工），共计54596平方米。报业大厦除用于南充日报社行政管理部门、《南充日报》与《南充晚报》编辑部办公外，其余楼层出租。

二是改造宿舍临街底层房屋为商业用房。1993年至2004年，南充日报社从4个方面进行了房产改造，将文化路110号42套住房改为招待所出租；将花市街临街面原职工居住的17间平房拆除，改造成22间门面；将20幢宿舍底层临街8套住房改造成门面；将星星巷新建3幢职工住房底层临街门面出租。这些房屋出租年租金收入240多万元。

七、广元日报社多种经营

1990年12月，报社投资30万元在市委院内修建了二层办公楼，后将此办公用房卖给市委办公室。1991年12月，在蜀门路转盘处修建了报社广告经营综合楼，面积为2700平方米，1992年完工后，实现销售收入45万元。1995年5月，在东坝利州东路二段899号修建了8352平方米的职工宿舍和1300平米的办公楼，1998年10月1日迁入该处办公。其中职工宿舍楼临街一层形成门面约700平方米、二层写字间700平方米，均实现出租获得收益。

八、广安日报社多种经营

经营餐饮服务。1995年初挂牌成立广安地区报业公司。由公司投资8万元，在城南商业街创办餐馆“椰枫楼”，经营一年停业。以后，广安地区报业公司名存实亡。

经营房产租赁。1999年10月，报社综合办公大楼和鸿都宾馆大楼竣工，形成门市20个。后经市国有资产管理局和市国土资源局同意，报社以转让国有土地的形式与两家房地产开发商共同开发，分得8个门市和部份商业用房。报社租赁鸿都宾馆和28个门市等房产，年收入30万元左右。

经营旅游业。2005年底筹划，2006年初实施：报社以临街门市入股，武胜杰宇旅行社有限公司注资，合作组建广安市杰宇旅行社有限公司，从事旅游业经营活动。

九、凉山日报社多种经营

1994—2005年，除经营报纸发行和广告外，积极开展多种经营业务。1997年5月，与成都湛江装饰工程公司联办的西昌经营部成立，为报业产业的延伸进行了有益探索。2005 年 5 月，根据报纸网络化的趋势和媒体发展的趋势，成立了凉山日报龙腾网络有限公司，延伸了报业经济产业链。

第二节　晚报都市报多种经营

一、成都商报社多种经营

报社除办报之外还投资兴办企业。1997 年成立成都博瑞投资有限公司，并于 1999 年控股上市公司—四川电器股份有限公司，后更名为成都博瑞传媒股份有限公司，股票简称“博瑞传播”，代码“600880”，这是中国股市上第一支报业股，被誉为“中国报业第一股”。2003 年，以成都博瑞投资有限公司为母体组建成都博瑞投资控股集团有限公司，下属公司近 20 个，涉足传媒投资、房地产开发、教育、医药、印务、酒店经营、工业制造等多个产业。这些公司与《成都商报》共同努力，成为成都市的纳税大户。

此外，成都商报社还积极尝试跨地区、跨媒体合作，先后合办《西部商报》（兰州）、《江西商报》（南昌）、《云南信息报》（昆明）、《每日经济新闻》（上海）。

二、宜宾晚报社多种经营

2004 年 5 月，宜宾晚报社与泸州汇宝斋房地产经纪有限公司合作组建宜宾三正房地产经纪有限公司。宜宾晚报社以广告版面折资和现金出资，约占 45% 的股份。由于房地产市场仍属卖方市场，至 2005 年底，该公司经营状况不佳。

2004 年 8 月，宜宾晚报社与宜宾日报社合资创办了新闻旅行社，晚报占 30% 的股份。

三、泸州晚报社多种经营

从报纸创刊起，报社就走上多元化发展路子，创建了“伊美林”系列品牌（“伊美林”系取用英语“evening”的谐音，体现晚报的特点）企业。2002 年 4 月，《泸州晚报》创办伊美林酒楼。这是根据泸州晚报“资源共享、重复利用、深度开发”的经营理念创办的第一个经济实体。这个酒楼的创办，既解决了员工的工作就餐，也为晚报走多元化发展开了一个好头。2002 年 8 月，《泸州晚报》创办伊美林教育培训中心，为开展职工专业知识的培训创造条件。2003 年成立伊美林物流配送有限公司。2003 年成立伊美林房地产经纪有限公司。2003 年成立伊美林旅行社有限公司。2004 年成立伊美林广告文化传播有限公司。

第三节　行业专业报多种经营

一、四川工人日报社多种经营

报社成立的图片社，主要经营广告摄影、画册、灯箱广告、图片制作，每年交报社纯利 10 万元。1996年，报社成立综合发展部，主要业务范围有经济信息传播，部分文字广告采写，为企业提供咨询、印务服务、承办台历（周历）等，每年交报社纯利3万元。1994—2005年，有少量房屋租赁，年租金收入22万元左右。

二、电子报社多种经营

报社提出“一业为主、多种经营”的经营思路，是建立在报纸社会影响力不断提高的基础上，并限于电子和家电领域的“同心多元化”经营。项目包括展会活动、电子和家电产品开发技术咨询、电子维修专业图书编辑出版、电子科技书店、电子元器件和整机中介技术咨询及邮购服务等。1994—2005年间，是报社开展“同心多元化”多种经营最为活跃，且取得较大社会经济效益的时期。其中，1997年报社多种经营收入达到1200万左右。由于报社“同心多元化”多种经营成效显著，在全国地方报纸“百佳”评选活动中，经四川省新闻出版局、省报业协会评选推荐，电子报社连续两届（1997—1998年、1999—2000年）入选“百佳”报纸，并获得国家新闻出版总署、中国报业协会授予的“全国地方报纸经营管理先进单位”称号。

三、四川法制报社多种经营

1994年，报社成立蜀法商贸公司，摸索多种经营的路子；1995年，报社投资房地产领域，投资总额达100万元，几年后全额收回投资并获取近20%的效益。

1998年前后，报社分别投资10万元，购买期货和法人股票。购买的期货出了问题，通过诉讼途径尽可能追回了损失。购买的法人股票，10年后增值8倍左右，经报社编委会和集团财务委派负责人共同研究并请示集团财务部后清仓出手。

从2005年起，报社将综合楼门面和4套房屋出租，形成经营项目，并设专门人员管理，保证每年15万元左右的固定收入。

四、四川广播电视报社多种经营

2003年，报社提出盘活存量资产，向市场要效益的口号，报社航空基地印刷厂与四川工人日报社印刷厂合作成功，全年实现收益50万元。此外，报社将航空基地剩余房屋租赁给四川大学职业技术培训中心，年收租金22万元。

五、软件报社多种经营

报社的多种经营主要体现在报纸业务及其相关行业业务的拓展。包括编辑、出版、发行《软件报》合订本；计算机类图书的代理销售；软件产品的代理销售；合作开展计算机类图书的编辑、出版、发行；会展服务；专业函授培训等。

第五章　财务管理

报业经营业务的快速发展，要求管理工作与之相适应。处于经营管理中心环节的财务管理，其地位和作用更加突出。财务部门的工作，由被动的单一记账算账，转移到主动为经营管理决策报务上来。

第一节　体制与改革

报业财务管理体制与变革归纳起来主要有三种形式：执行企业财务制度，报社（集团）独立核算、自负盈亏；执行事业财务制度，预算内财政差额补贴，预算外报社创收；执行主办单位财务制度，财务收支由主办单位统一管理，统一核算。

一、执行企业财务制度

四川日报社（集团）、成都日报社（集团）和部分市（州）委机关报、晚报都市类报、行业专业报执行企业财务制度，实行独立核算、自负盈亏，照章纳税。

（一）四川日报社（集团）财务体制与改革

按照独立核算、自负盈亏的原则，报社根据《工业企业会计制度》《新闻出版企业执行〈工业企业会计制度〉的补充规定》，进行财务管理和财务核算。1994—2000年，四川日报社计划财务处负责全报社的会计核算和财务管理工作。2000年四川日报报业集团成立后，原四川日报社计财处变更为四川日报报业集团财务部，负责全集团的会计核算和财务管理工作。

随着报社（集团）经营规模的逐步扩大，下属报刊、网站、实体逐步增多，报社（集团）财务体制从最初的统一核算，到分级核算、独立核算，再到集中管理、分级核算，财务机构从最初的报社（集团）财务部、华西都市报财务科、印刷厂财务科、四川日报广告财务科，逐渐演化为由综合管理科、资金结算中心、会计核算中心，以及各委派财务机构和人员组成的综合管理部门。自1997年开始，委派财务负责人作为被委派单位及部门的财务负责人，一方面接受集团财务部的领导，负责被委派单位部门会计核算和财务管理，另一方面接受被委派单位部门的领导，参与被委派单位、部门的经营管理。到2004年，按集团化要求，对集团下属各单位的财务负责人实行全部委派，确保了集团统一的财务管理。

财务管理体制的变革，使集团财务工作由最初单一的记录经济运营活动，逐步发展成为将会计核算与财务管理相结合的综合性财务工作，同时利用计算机账务处理系统，提高了财务工作的准确性和及时性。

（二）华西都市报社财务体制与改革

《华西都市报》的财务工作，实行报社（集团）统一管理、二级核算办法，所有经费的收支，均由四川日报社计财处及其所属的华西都市报财务科直接进行会计核算和财务管理。华西都市报财务科在其职责范围内发挥计划、控制、监督作用。筹资、投资、利润分配等均由四川日报社（集团）审定。华西都市报从1994—2005年一直执行《企业会计准则》《工业企业会计制度》及补充规定。

1994年10月至1997年12月，由四川日报社计财处华西都市报财务科对华西都市报所有收支进行会计核算和财务管理。1998年1月至1999年4月，由四川日报社计财处核算二科对华西都市报所有收支进行会计核算和财务管理。1999年5月至2004年12月，由四川日报社（集团）计财处广告中心财务科对华西都市报广告经营相关的收支进行会计核算和财务管理，由四川日报社（集团）计财处核算中心对报社编采及行政部门的收支进行会计核算，并对整个报社的收入、成本、费用及利润进行汇总核算和财务管理。2005年开始，由集团财务部财务二室对华西都市报所有收支进行会计核算和财务管理。

（三）成都日报社财务体制与改革

从1991年开始，报社完全与财政脱勾，实行自收自支、自负盈亏的财务核算体制。2001年，成都日报恢复出刊，报社仍然实行“事业单位，企业化管理”。为了促进报社内部财务会计控制建设，加强内部会计监督，规范报社内部财务管理，根据有关法律法规，结合报社实际情况，制订了财务管理和内部控制制度。报社内部制度的完善和实施，有效地预防和控制风险，为确保报社内部资产的安全、保值增值发挥了重要作用。

对于报社下属的印刷厂，财务核算上采用二级核算的形式，负责对印刷厂各项业务进行核算与管理。报社财务根据印刷厂报送的财务资料统一计算缴纳税金，统一核算、统一管理。

（四）成都商报社财务体制与改革

1994年《成都商报》创刊之际，财务由办公室统一管理。1995年，报社成立财务部，专职负责财务管理。

成都商报社从创刊即执行企业会计制度。1994—2005年，报社投资的企业由博瑞投资集团代为履行财务管理。报社投资所成立的公司均为独立法人，财务独立核算。

（五）南充日报社财务体制与改革

报社财务科（部）是负责全社会计核算和财务管理的重要科室，是报社经营管理的一个重要部门，主要负责全社的年度经营预算、监督财务收支的执行情况以及进行财务分析、内部审计等工作。

报社财务管理体制经历了三个变革阶段。一是印刷厂财务股管理全社财务。《南充日报》创刊初期，因规模较小，由印刷厂管理整个报社的财务收入，财务股属印刷厂的管理部门，但股长由报社任命，支出审批由报社主要领导签字。二是全社财务实行分级管理。报社财务科在对报社经营进行财务管理外，还对所属各经济实体的财务工作实行计划管理、事后监督、内部审计等职责。对报社所属印刷厂、南充新昌实业公司、川北彩色摄影中心、南充新海广告公司、南充日报发行部（自办发行）等财务相对独立的单位，实行企业化管理，并对其进行财务监督。三是全社财务实行统一核算，分级管理。1994年开始执行工业企业财务管理制度，报社财务科对全社财务管理工作负责，实行统一核算，统一纳税，统一报表，分级管理。

（六）达州日报社财务体制与改革

《通川日报》复刊后，经过多年的艰苦创业，固定资产原值由原来的60多万元增加到2700多万元。地（市）委、行署（市政府）决定，报社属事业单位性质，实行企业化管理，其经营独立自主，自负盈亏，每年上缴税利200多万元。

（七）遂宁日报社财务体制与改革

体制变革后，对财务管理也提出新的要求。报社从原来的粗放型管理转到适应公共财政的要求上来，对单位管理的重点放在提高理财能力上，即运用科学的财务管理手段，细化预算，规范资金的运作，提高到位率和使用效益。并为企业决策者提供各种财务资料用于分析决策，提供业务的事前分析（如投资决策、纳税筹划、融资方案等）、过程记录（一般性的财务记账工作）和分析总结（收益计算、盈利汇总及预测）。报社从以下六个方面规范财务管理。一是实行财务统一核算，分级管理；细化预算编制，严格预算开支，建立财务管理的内部控制制度。二是加强内部财务监督，保证财务核算的真实性、合法性。三是规范财务会计基础工作，提高财务管理水平和质量。四是做好财务分析基础工作，充分发挥财务在单位管理中的作用。五是合理配置财务管理人员，注重财会人员后续教育。六是做好财务印鉴、会计资料的保存和归档工作。

（八）广元日报社财务体制与改革

《广元日报》创刊初期，因规模较小，财务收入由会计和出纳管理，报社法人代表一支笔审批。2000年以后，报社设立财务科，实行工业企业财务核算制度。报社财务实行统一核算，统一纳税、统一管理。报社财务科是报社负责核算工作的科室，负责全社的会计核算、账务处理、资金调度、财务收支的计算，负责全社的年度经营预算，监督财务收支的执行情况以及进行财务分析、内部审计等工作。

（九）成都晚报社财务体制与改革

2001年7月，成都晚报社改制为都市类报纸，不再承担党委机关报职能。在新的体制下，报社社会效益和经济效益一起抓，严格按照市场经济规律进行财务核算及管理，建立以经营指标、成本费用、利润为考核目标的管理办法，并逐渐完成了从事业会计制度向企业会计制度的转型，有效提高了经济实力。随着传媒市场的不断整合，报社调整财务管理体制和会计核算模式，先后建立并完善了财务内控制度，如费用报销制度、财务预算制度、绩效考评制度、经营活动的财务审核制度等。经过几年的市场化运作，成都晚报财务部门形成了“集中控制、分级核算、张合有度、服务为先”的管理体制，并在财务管理、风险控制、运营协调等方面为报纸的运转提供职能支持。

（十）宜宾晚报社财务体制与改革

2002年2—11月，宜宾晚报的财务由宜宾日报社财务部门统一管理。其后，宜宾晚报社变更为自负盈亏、自收自支的事业单位、企业化经营后，开始实行企业财务制度，独立运行。

（十一）四川工人日报社财务体制与改革

报社财务部作为经济管理的重要部门，承担着事前预测计划，为经营活动决策提供参考；事中结算核算，为经营活动提供管理；事后进行财务分析，对经营结果进行监督总结。

报社财务机构及其职能经历多次调整，由报社财务科，调整为计划财务科，再调整为财务部。1994—1999年，报社财务科主要负责报纸部分的核算，与印刷厂、广告部进行往来结算。1999年至2002年，报社计划财务科主要负责报纸、广告的全面核算管理。2002—2005年，报社财务部主要负责报纸、广告、印刷厂及全部业务核算管理。

（十二）四川新闻网财务体制与改革

四川新闻网的财务管理，以保护单位财产物资安全为目标，建立健全国有资产管理制度，明确管理和使用经济责任，切实防止损坏流失；建立了计划和预算制度，保证完成各项事业计划；制订了费用管理制度，以费用支出控制为手段，保证事业目标的实现。通过制度的执行，对资产的形成、保管、使用和报废起到了监督作用。

二、执行事业财务制度

全省大多市州委机关报仍实行事业财务制度，预算内由财政差额补贴，保证了办报经费，预算外支持报社创收，增强经济实力。

（一）自贡日报社财务体制与改革

随着报社事业的发展，办报经费来源既有财政拨款，也有预算外收入作为补充。20 世纪 90 年代初，报社成立计划财务科，对报社的收支实行统一核算，集中管理。

自贡日报社属事业差额补贴预算单位，实行事业单位财务制度，一级财务核算。2005 年 6 月以前，报社由市财政指定开户银行，分设收入与支出账户，按市财政收支两条线管理核算。2005 年 6 月以后，实行由市财政统一集中支付，所有收入统一进入市财政专户，支出由市财政授权，按授权额度支付。对报社所属企业实行商业企业财务制度独立核算，资金由报社一级财务调配，人员由报社统一管理，按企业法人单位进行一级核算。

（二）乐山日报社财务体制与改革

1999 年前，报社经费来源一靠市财政补贴，二靠报社广告经营收入，其所有经费开支都纳入市财政预算。1999 年，经市委、市政府批准，报社与市财政脱钩成为自收自支的经营性事业单位，实行企业化管理，并执行事业单位会计制度。市财政对报社实行“核定收支、定额补助为零、超支不补、结余留用”的预算管理办法。报社加强财务管理，开源节流，广告收入从原来年收入 400 多万元，增加到 2005 年的 1100 万元，为报社事业稳步发展打下了良好基础。

报社以前的财务主要在于记录经济运营活动，属于事后记录，几乎不参与经营活动。随着报社事业的逐步发展，财务也逐步转变为以财务管理为中心，积极参与经营活动，为报社提供各种财务信息，为报社经营决策服务。报社一直执行事业单位会计制度，实行统一核算，分级管理。报社印刷厂执行企业会计制度，属于独立核算的二级单位。

（三）广安日报社财务体制与改革

报社依据会计法设立财务部，配备会计人员，依法进行会计核算，实施会计监督。2003 年 3 月 20 日，报社制定印发的《广安日报社内部管理制度》中的《财务管理》一节中明确规定：财务部门要做好收支往来账务，担当起聚财、合理用财的重任，起好报社领导的参谋、助手作用。

1993 年 12 月 9 日，广安地区编制委员会《关于成立广安时报社的批复》，同意内设中层机构经理部，含财务、广告、发行工作，配备专职会计、出纳各 1 人。1997 年 7 月 31 日，核准广安时报社增设财务部，与广告、发行工作分离，并增加了财务人员。

报社以银行主户头为基本账户，广告款和报款账户为辅助账户。此外，市财政差额补贴进入市财政局专户，报社基建账户为市财政局基建科账户。严格实行收支两条线，全部统收统支，全社资金统一调度、使用、管理。

（四）德阳日报社财务体制与改革

报社实行事业财务管理制度，办报经费由市财政差额拨款，市财政统一核算。同时，报社也设有专门的财务管理机构，抽调具有会计或审计专业学历、懂业务的人员担任财务工作。并注重对财务管理人员的业务培训，更新知识结构，提高业务和政策水平，以适应新时期事业单位财务管理的需要。随着财政体制改革的不断深化，报社财务管理也与时俱进，正逐步建立起以市场经济为先导、以财经法规为依据、以理财为重点、以有利于自身发展为目的的财务管理新机制。

（五）凉山日报社财务体制与改革

从 1994 年开始，报社出台了财务管理制度，其中包括财产物资清查制度、流动资金管理制度、内部稽核制度、银行存款管理制度、现金管理制度、会计档案管理制度和各种费用的报销制度等。1998 年前报社实行预算内、预算外分开核算，预算内的收入，由财政局核定拨付，拨多少就用多少。不足部分由单位创收解决，也叫预算外收入。1998 年改革后，不再分预算内预算外收入，实行的是大收大支概念。进入 2000 年后，为加强管理，细化收支，实行预算管理，无论财政补助收入，还是单位创收收入，均统一编制预算，充分调动各单位创收的积极性。

报社从 1994—2005 年，年预算外收入从 100 多万元增加到近 1000 万元。

（六）攀枝花日报社财务体制与改革

报社根据自己的特点，实行二级核算，参照工业企业会计制度，设置二级会计科目，建立财务分析制度、内部控制制度、内部稽核制度、财产物资清查制度、流动资金管理制度、现金管理制度、银行存款管理办法，以及各种费用报销规定、会计档案管理制度等，使报社的财务运行有章可循。

报社编辑部和印刷厂实行统一核算，财政补贴包干，并由报社财务室统一管理财务。后来报社设立财务科，建章建制，走上正轨。1999 年 2 月，报社财务科改为财务处，负责全社的资金统一平衡，归口分级管理，按计划和定额使用，保证生产经营和事业活动顺利进行。并负责资金的筹集，银行信贷计划的编制，对流动资金的使用进行监督和检查，促进合理使用，及时收回贷款，清理债权、债务。定期分析流动资金的使用效率，加速资金周转，降低成本，加强对不同渠道资金的管理。

（七）内江日报社财务体制与改革

报社设立财务室，负责全社（含下属各类经济实体）的财务收支、会计核算。报社执行事业财务制度，预算内由财政实行差额补贴。报社下属经济实体内江报业广告实业公司、内江日报印刷厂、内江日报出版物发行公司、内江新闻旅行社、内江日报营销部、内江智慧学校等执行企业财务制度等，其财务人员由报社统一委派，实行“统收统支、分别核算”。

（八）眉山日报社财务体制与改革

报社实行事业财务制度，实行统一核算（一级核算），广告经营实行财政专户管理。报社财务部门除负责全社日常财务工作外，还承担对下属单位—眉山日报社印刷厂的财务管理的监督和指导工作。2001 年 3 月开始，报社财政纳入市财政支付中心统一管理，报社只负责做好辅助账，用于与支付中心进行核对。

（九）雅安日报社财务体制与改革

报社 1998 年前实行机关财务制度和财政差额预算。1998 年后报社实行事业单位财务制度。

报社自 1998 进行体制改革后，基于报业发展初具规模、多元发展、分层管理、分级核算形成多个分散的财务主体，以及多种经营模式并存等情况，选择了财务集中控制的管理体制，以使报社财务资源在统一的监管下得到更合理的配置。

在集中管理的模式下，报社的财务管理职能集中于财务结算部。财务从组织建设、人员配备、财务核算、监督控制等方面承担所有操作层面的工作，主要措施有以下四项。

统一资金管理。组建的财务结算部，为建立报社资金运作体系创造了条件。借助资金信息集成，对资金使用的情况进行全过程的监控，防止资金流失和体外循环，确保资金使用安全；利用结算中心的规模效应、内部融通、宏观调节等功能，通过利息差额收入、节约银行费用、延期付款节息等手段，创造直接的经济效益。

统一财会人员管理。聘用专职财务人员，实行集中办公，持证上岗。通过明确各级各类财务人员的职责权限，制定相互协调相互牵制的工作流程，从组织上解决了分开核算时长期存在的核算口径不一致、会计信息失真、财务监督渠道不畅、财务政策执行不力的问题。

统一财务管理制度。财务制度是报社最重要的规章制度，必须由报社统一制定、印发所属单位统一执行。这是规范财务权限，实施有效管理的重要举措。

统一会计核算制度。各单位涉及会计核算科目及编码、账簿设置、报表体系、报表时间、内容、质量规定、档案管理等制度，要逐一报告审查，按报社管理要求统一规范；对年终决算及会计基础工作要逐一进行考核、评价。

三、执行主办单位财务制度

全省各企业报和高校校报均为非经营性报纸。报社作为主办单位一个工作部门，其财务管理直到2005年底仍沿袭创办时的作法，即办报和行政经费均由主办单位拨付，财务收支均由主办单位财务部门统一管理，统一核算。广播电视报尽管作为广播电视局、台合一体制下的事业单位，其经营活动从无到有，经营收入逐年有所增加，但财务收支仍由局、台财务部门统一管理，统一核算。

第二节　资金结算与内部银行

为了使财务运行更加安全有效，部分经营规模和资金流动量较大的报社（集团），积极探索和组建了资金结算中心或内部银行。

一、四川日报社（集团）资金结算与内部银行

报社（集团）随着经营规模不断扩大，对其下属系列报刊、网站和经济实体，推行集约化资金管理的要求也越来越高。为此，集团于2005年进一步完善资金结算中心，通过对下属各单位主要账户的归集管理，实现统一监控内部资金流动情况，提高了资金使用效率和效益。

集团资金结算中心主要是利用银行服务网络和网上处理平台，建立自己的资金管理平台来运作的。即以集团名义在开户银行设立一个虚拟账户作为一级账户，各下属报刊、网站、经济实体的日常账户作为二级账户；将各二级账户上的资金归集在一级账户的总资金池中，各二级账户以自身持有的资金作为资金池中日常支付的资金限额进行日常的资金汇划；一级账户也可以直接从总资金池

里动用资金对外统筹支付。通过此方式，达到集团资金的归集和统一调控。与此同时，利用一、二级账户的支付联动功能，集团实现了一级账户对各二级账户的资金运行监督。集团资金结算中心的建立，把分散在下属单位账户上的沉淀资金都利用起来了，有利于发挥集团优势，增强市场竞争能力。资金结算中心不但能更好地发挥调控职能，而且融入了市场机制，使集团的资金管理更加科学化、规范化，提高了集团的资金管理水平。在分析资金流动规律的基础上，集团财务加强了对资金的利用，通过活期、定期、理财产品、资本运作的合理配置，取得了较好的效益。

二、遂宁日报社资金结算与内部银行

报社财政支付中心的建设、运作和管理。一是建立专门机构国库集中支付中心，资金集中支付。二是逐步建立国库单一账户体系。设置国库单一账户，单一账户是一个体系，其内容包括：核算报社财政收支活动；在商业银行开设预算外资金财政专户，用于核算预算外资金活动及日常收支清算；开设的小额现金账户，用于核算预算单位的零星支出活动，并与国库存款账户清算。通过设置国库单一账户体系，使财政部门能够控制报社的账户，为进一步规范财政资金的拨付程序奠定基础。三是规范财政支出支付方式及拨付程序。在原有分散支付制度下，财政部门按照预算安排定期、及时足额地将财政资金拨付到报社在银行的存款账户上。四是进行国库集中支付制度的其他配套管理。

报社资金结算与内部银行建设。其主要方式是实行资金统一结算，使全报社的资金统一调控使用，保障了资金的安全性、效益性，从而达到财务管理最优化的目的。

三、四川新闻网资金结算与内部银行

新闻网的资金结算管理，包括货币资金管理制度：制定货币资金日常管理制度，包括确定货币资金收支的管理权限，建立货币资金收支信息反馈制度等；制定现金管理制度，规定现金的使用范围和库存现金限额，建立现金的内部控制制度；制定银行存款管理制度，明确各项结算纪律，保证银行结算业务的正常进行；建立健全银行存款日记账，明确规定其制度以及定期与银行对账单核对制度，保证账实相符；健全银行存款内部控制系统，明确支票登记、领用、签发、报账、核对、清查等具体管理办法，严格各环节及有关人员的责任。

第四篇　管理体制

1994—2005 年，四川省报业在管理体制的方方面面都积极推进了各项改革。

在报业的领导体制上，不再是单一的一种模式，而呈现出多种模式。既有党委领导下的总编辑、总经理负责制，党委领导下的社长、总编辑负责制，党委领导下的社长负责制，党委领导下的总编辑负责制；也有社委会领导下的总编辑、总经理负责制；还有编委会领导下的总编辑负责制。各家报社（集团）根据自身的情况和需要进行选择。

在报业的管理方式上，改革的力度更大。从把报社作为机关行政部门管理，到改为事业单位管理，再到事业单位企业化管理，再到少数报纸部份或完全转化为企业，每一步都称得上具有突破性意义的变革。

报业产权的多元化，也是这一时期出现的新生事物。改革开放前的报纸几乎是清一色的国有资产。改革开放，实行社会主义市场经济后，尤其是进入 20 世纪 90 年代后，媒体的经济实力不断增强，或独资或合资兴办新的服务类报纸和经济实体，以不断壮大和发展自己，报业的产权也就开始呈现出多元化状态。

全省报业改革人事制度，下功夫最大的就是引入竞争机制，逐步推行全员聘用制，为有志于报业发展的人员提供了发挥自己聪明才智的平台。

报业分配制度改革必须和人事制度改革配套。人事制度改革前的机关、事业单位人员的收入，是按行政级别来分配的。人事制度改革了，分配制度就必须打破干多干少、干好干坏一个样的状况，实行薪酬与岗位、绩效挂钩，岗位、绩效变动，薪酬随之变动。

为了更好地对报业加强管理，进行信息交换，资源共享，整体运作，集团化经营便应运而生。报业集团因此在这一时期出现。

全省各报社根据自身的具体情况和时代要求，不断地在实践中探索新路，进行了一系列改革，极大地调动了从业人员的工作积极性，不断拓宽和丰富新闻宣传领域，扩大和深化报业经营管理，使全省报业进入高速发展的快车道。

第一章　领导体制

1994—2005 年，四川省报业领导体制呈现出多种模式。报业各单位主管部门根据现实发展和报社自身需要，确定相应的领导体制。就是一家报纸，也有的一段时间选择这种模式，一段时间又变革成另一种模式。

四川省报业领导模式一览表

表 4－1

序号	模　式	实行的主要报社
1	集团党委领导下的总编辑、总经理负责制	四川日报报业集团、成都日报报业集团
2	党委（党组）领导下的社长、总编辑负责制	四川日报社、绵阳日报社、广元日报社、泸州日报社
3	党委（党组）领导下的总编辑负责制	乐山日报社、巴中日报社、甘孜日报社、宜宾晚报社、攀枝花晚报社、泸州晚报社、蓉城周报社、攀枝花广播电视报社
4	党委（党组）领导下的社长负责制	南充日报社、四川工人日报社
5	社委会领导下的总编辑、总经理负责制	华西都市报社
6	编委会领导下的总编辑负责制	成都日报社、成都商报社、四川法制报社

说明：市（州）党报多数实行党委领导下的总编辑负责制。一些由日报主办的晚报，由广播电视局（台）主办的广播电视报，由各大企业主办的企业报，由高校党委主办的高校报以及专业报等，也实行党委领导下的总编辑负责制

第一节　集团党委领导下的总编辑、总经理负责制

这种体制的特点是在集团党委领导下，分设集团编辑委员会和集团经营管理委员会。集团编辑委员会设总编辑和副总编辑。集团经营管理委员会设总经理和副总经理。集团编辑委员会负责新闻宣传，集团经营管理委员会负责经营管理。

一、四川日报报业集国实行党委领导下的总编辑、总经理负责制

四川日报报业集团于 1999 年 12 月 16 日由国家新闻出版署正式行文同意组建。2000 年 8 月，中共四川省委宣传部发文原则同意集团实行党委领导下的总编辑、总经理负责制。建立中共四川日报报业集团委员会，设书记、副书记、委员，行使对集团全面工作的领导，由报业集团党委书记兼任

集团董事长、总经理。根据工作需要，设立报业集团编辑委员会，下设总编辑、副总编辑等，专门负责新闻宣传；设立集团经营管理委员会，下设总经理（兼）、副总经理等，专门负责经营管理。报业集团总编辑兼任四川日报总编辑，报业集团副总编辑是否兼任四川日报副总编辑由集团党委根据工作需要按干部管理权限上报确定。同时，撤销省纪委驻四川日报社纪检组，设立中共四川日报报业集团纪律检查委员会，对集团内的各项工作实行监督，以保证党的路线、方针、政策在集团内的贯彻执行。

二、成都日报报业集团实行党委领导下的总编辑、总经理负责制

成都日报报业集团于2002年9月，根据中共成都市委、成都市人民政府决定，报经国家新闻出版署批准成立。集团党委书记兼任总编辑、总经理和成都日报社总编辑。总编辑是报业集团的法人代表。

成都日报报业集团的领导层以党委会、编委会、经委会、纪律检查委员会为构架。集团实行党委会领导，编委会、经委会执行党委会决策的领导体制。集团党委会是领导、决策机构；集团编委会负责集团所属媒体的新闻宣传指挥、协调工作，集团编委会成员由集团总部及所属媒体中层正职以上人员构成；集团经委会负责集团发展战略、经营管理等工作，集团经委会成员由集团总部及所属成员单位中层正职以上人员构成。集团纪律检查委员会负责对集团各项工作实行监督。

集团总部设置有党委办公室、编委会办公室、经委会办公室、财务中心、纪检监察室和保卫处（与党委办合署办公）。集团党委委员除少数人外，绝大多数还同时担任所在单位行政职务。

第二节　党委领导下的社长、总编辑负责制

这种体制的特点是报社党委（党组）行使对报社全面工作的领导。报社党委（党组）书记、社长、总编辑往往由一人担任。党委（党组）书记至少兼任社长或总编辑。党委（党组）书记是报社的法人代表。报社副总编、副社长均是党委成员。

一、四川日报社实行党委领导下的社长、总编辑负责制

四川日报社1990年建立中共四川日报社党组，报社实行党组领导下的社长、总编辑负责制。姚志能任党组书记，兼任四川日报社社长、总编辑。1997—1999年实行党组领导下的总编辑负责制，唐小强任四川日报社党组书记、总编辑，汪兴高任四川日报社党组副书记、社长，其他副总编辑、副社长任党组成员。1999年中共四川省委同意组建中共四川日报社委员会。李之侠任党委书记、社长，唐小强任党委副书记、总编辑。

二、绵阳日报社实行党委领导下的社长、总编辑负责制

绵阳日报社的党组书记、社长、总编辑1995年起由严泽铣担任。1998年起，党组书记、社长、总编辑由袁思伦担任。党组书记、社长、总编辑全面负责报社工作，副总编、副社长分工协助。

三、广元日报社实行党委领导下的社长、总编辑负责制

广元日报社的领导体制经历了三种模式。第一种模式是市委宣传部领导兼任报社主要负责人。1988 年 5 月 20 日广元时报社正式成立，到 1999 年 6 月，由市委宣传部副部长兼任总编辑，主持工作。第二种模式是 1996 年 6 月至 2003 年 1 月实行社长兼总编辑负责制。编采业务由总编辑负责。第三种模式是党组领导下的社长负责制。2003 年 1 月 23 日至 2005 年 12 月，实行报社党组领导下的社长负责制。在实际运行中又分四个层次。第一个层次是党组书记兼社长，主持报社全面工作，制定党组书记、社长岗位职责，明确党组书记、社长是报社法人代表，对广元日报社管理负总责。第二个层次是《广元日报》党组副书记、总编辑负责《广元日报》的编辑出版工作，是报纸编务、报纸质量、编辑部思想政治工作、日常管理工作的第一责任人。第三个层次是按报业运行需要设立职能部门，并实行部门领导负责制。由报社向各个职能部门下达年度目标责任，年底实行奖惩兑现。第四个层次是部门内的员工岗位责任制，各部门都按照职能要求对每个岗位员工订立了岗位责任制，按照岗位责任制对员工进行年度考核。

四、泸州日报社实行党委领导下的社长、总编辑负责制

泸州日报社在实施这种体制的过程中，于 2005 年还作出六项规定。一是各分管领导在分工范围内可以召集中层干部和相关人员的会议，进行策划论证和决策有关事宜，但形成意见后应由分管领导向社长、总编辑汇报，经同意后方可实施。二是未经社长、总编辑授权，分管领导不得召开全社性的中干会议和职工会议决定有关事项。三是经总编辑辑授权后，分管领导可以召开全社性的宣传、经营及相关会议，决定有关事项后要向社长、总编辑汇报，经同意后方可实施。四是在总编辑决定事项后的执行过程中若有不同意见，执行人可按程序将意见和建议反馈给总编辑，征得同意后进行更正，不得违背组织原则擅自更改和拖而不办。五是所有对上级部门和报社内部发出的“红头文件”，一律由总编辑签发后方可生效。未按规定签发文件出了问题的要按照有关规定严肃处理。六是加强请示汇报制度。按照层级管理的原则，一级对一级负责。未经请示汇报，擅自作主决定的事项在实施中出了问题要由责任人全部承担。对未经请示汇报实施的决定和事项，总编辑发现后要立即纠正和追究相关人员的责任。

五、蓉城周报社实行党委领导下的社长、总编辑负责制

1994—2005 年间，《蓉城周报》领导体制都是在“局台社合一”的体制下进行的，实行党组（党委）领导下的社长、总编辑负责制。通常由局（台）长兼任社长、总编辑。1999 年后，根据有关规定，报社主管主办方由成都市广播电视局变更为成都电视台。

第三节 党委（党组）领导下的总编辑负责制

党委（党组）领导下的总编辑负责制的特点是党委（党组、支部）决定报社宣传、经营的重大原则、方针后，由总编辑执行。总编辑是报社的法人代表，全面负责报社工作，不仅抓报纸宣传、

报社内部管理，而且管报社经营等，副总编分工协助。一般情况下，党委（党组）书记或其他负责人兼任报社总编辑，副总编辑都是党委成员。

一、乐山日报社实行党委领导下的总编辑负责制

乐山日报社总编辑在2003—2005年全面负责日报、晚报工作，一名副总编辑分管经营管理，由一名副总编辑分管日报，两名副总编辑分管晚报。

二、巴中日报社实行党委领导下的总编辑负责制

巴中日报社的党组书记和总编辑由一人担任；报纸业务由编委会、总编辑、副总编辑处理；重大决策和人事、财务由党组民主决策。

三、甘孜日报社实行党委领导下的总编辑负责制

甘孜日报社隶属甘孜州州委宣传部管理，宣传部和报社“一套班子两块牌子”，内设11个区级部、室、科。党委办公室同时挂甘孜日报社办公室牌子。甘孜日报社党、政领导实行任命制，县级领导由州委常委会研究、州委组织部任命。甘孜日报社于1993年5月成立《甘孜报》编辑委员会（2002年《甘孜报》改为《甘孜日报》）。编辑委员会的主要职责是代表州委直接负责报社在办报方针、原则及重大宣传等方面的指导和把关。报社总编辑对编委会负责，编委会对州委负责。编委会原则上每年至少召开两次会议。年初一次，主要根据州委全年工作安排意见，制定《甘孜报》当年的报道方针、原则，确定宣传报道意见；年底一次，研究总结当年的宣传报道工作，找出不足和差距。遇重要宣传工作和重大事件，编委会可临时召开会议，根据州委意图确定宣传口径、报道方案。编委会议由编委主任召开，主任不在家由副主任主持召开；一般情况下，编委会议视情况需要可扩大到报社各部室主任、印刷厂厂长；如需进行表决，限编委成员有表决权。

四、宜宾晚报社实行实行日报党委领导下的总编辑负责制。

总编辑在宜宾日报社党委的统一领导下，行使人事、财务、采编管理等各项权利。

五、攀枝花晚报社实行党委领导下的总编辑负责制

攀枝花晚报社在攀枝花日报社党委领导下，实行晚报总编辑负责制。

六、泸州晚报实行党委领导下的总编辑负责制

泸州晚报社归属泸州日报社，泸州日报社党组书记、社长、总编辑兼泸州晚报总编辑。

七、攀枝花广播电视报社实行党委领导下的总编辑负责制

1994年至2005年5月，实行攀枝花市广播电视局党委领导下的总编辑负责制。2005年6月1日起，实行攀枝花日报社党委领导下的总编辑负责制。

八、高校报社实行党委领导下的总编辑负责制

由高校党委主办的高校报一般都直接隶属校党委宣传部管辖，总编辑由校党委负责人或党委宣

传部负责人担任。如《西南财大报》办公室设在党委宣传部下，属副处级单位。报纸严格坚持“三审”制，即编辑初审，主编再审，最后由主管宣传的副书记审读每期清样。《西南科技大学报》由学校党委宣传部部长任总编辑，实行主管宣传的副书记看报纸清样的制度。《绵阳师范学院报》由院党委主管、主办，从第一期开始，就由院党委书记、院长担任总编辑，分管宣传工作的学院党委副书记和学院正院级调研员担任副总编辑，党委宣传部部长担任责任编辑。

九、由大企业主办的企业报一般都实行企业党委领导下的总编辑负责制

《铁道建设报》作为党委机关报，一直由党委分工一名副书记主管。总编辑对报社工作全面负责。

《西南电力报》对外为一个新闻单位，对内为四川省电力局（公司）的一个部门，实行社长（总编）负责制。

《四川石油报》创刊后，日常工作先后由局党委政治部宣传处、局党委宣传部领导、指导报纸业务工作，报纸实行主编（总编辑）负责制，人员属宣传部编制。

第四节　党委领导下的社长负责制

党委（党组）领导下的社长负责制的特点是社长主持报社全面工作，社长一般由党委书记兼任。社长是报社的法人代表。

一、南充日报社实行党委领导下的社长负责制

南充日报社的领导体制经历了两种模式。1990—2000 年，报社实行党委领导下的总编辑负责制。《南充日报》总编辑由报社党委书记兼任，具体编辑业务由副总编辑分工负责。2000—2005 年，实行报社党委领导下的社长负责制，《南充日报》总编辑由报社党委副书记兼任。在实际运行中分五个层次。

第一个层次是党委书记兼任报社社长，主持报社全面工作。制定了党委书记、社长岗位职责，明确党委书记、社长是报社的法人代表，对南充日报社管理负总责。南充晚报社社长由南充日报社社长兼任。第二个层次是《南充日报》总编辑由南充日报社党委副书记兼任，全面负责《南充日报》的编辑出版工作，是报纸编务、报纸质量、编辑部思想政治工作、日常管理工作的第一责任人。第三个层次是《南充晚报》总编辑由南充日报社党委委员、副总编辑兼任，负责《南充晚报》各项日常管理、编辑出版和员工管理教育等工作。第四个层次是按报业运行需要设立职能部门，并实行部门领导负责制。由报社向各个职能部门下达年度目标责任，年底实行奖惩兑现。第五个层次是部门内的员工岗位责任制。各部门都按职能要求对每个岗位员工订立了岗位责任制。按照岗位责任制对员工进行年度考核。

二、四川工人日报社实行党委领导下的社长负责制

1996—2005 年，四川工人日报社实行省总工会党委领导下的社长负责制，领导职位设置为社长、

副社长，总编辑、副总编辑，总经理、副总经理，党总支书记、党总支副书记。

第五节 社委会领导下的总编辑、总经理负责制

社委会领导下的总编辑、总经理负责制的特点是报社设置社委会，直接对上一级党委负责。报社社委会成员由上一级主管部门任命或聘任。报社的总编辑和总经理均是社委会成员。总编辑、总经理按照社委会要求各自抓好侧重的工作。

1994 年 10 月 20 日，四川日报社与华西都市报社签订责任合同书。责任书明确规定四川日报社对华西都市报社实行“一报两制”和新的管理运行机制。华西都市报社在当时实行的是总编辑负责制，总编辑保证党的路线方针政策的贯彻落实，力争把《华西都市报》办成一张社会效益和经济效益皆好的市民报。四川日报社党组聘用华西都市报总编辑，副总编辑则由华西都市报社总编辑提名，经党组审批后，由总编辑聘任。2005 年，华西都市报社在四川日报报业集团党委的领导下进一步改革领导体制，成立了社务委员会，并实行社务委员会领导下的总编辑、总经理分工负责制。

第六节 编委会领导下的总编辑负责制

编委会领导下的总编辑负责制的特点是报社设置编委会，直接对上一级党委负责。报社的总编辑和副总编辑由上一级党委领导机关任免。报社总编辑对编委会负责。总编辑全面负责报纸宣传和报社经营，副总编分工协助。报社机关党委负责党员管理和党组织建设。

一、成都日报社实行编委会领导下的总编辑负责制

成都日报社编委会直接对成都市委负责。报社的总编辑和副总编辑由成都市委任免。报社编委会下设编辑部、经营管理部、机关党委等。编辑部分设编委会办公室、编辑中心、时政要闻部、经济新闻部、区县新闻部、政法新闻部、社会新闻部、文化新闻部、体育新闻部、副刊部、专刊部、评论部、摄影新闻部、英语周刊等。经营管理部门分人力资源部、财务部、党政办公室、经管中心和印刷厂。

二、成都商报社实行编委会领导下的总编辑负责制

成都商报社 2002 年 12 月之前，实行社长领导下的总编辑负责制。其后成立编委会，实行编委会领导下的总编辑负责制。

三、四川法制报社实行编委会领导下的总编辑负责制

四川法制报社由省司法厅主管主办，1994—1997 年，报纸实行编委会领导下的总编辑负责制，由总编辑负责报社编采、经营和行政管理的全面运行工作。1997 年，报社划归省委政法委主管主办后，实行社委会领导下的总编辑负责制，政法委秘书长兼任社长。报社总编辑兼任副社长，负责报

社编采、经营和行政管理的全面运行工作。2004 年，报纸划转到四川日报报业集团，随后于 2005 年参加集团统一的中层干部竞聘，产生总编辑和副总编辑，报社在集团党委及其分管负责人的领导下，实行编委会领导下的总编辑负责制。

第二章 管理方式

1994—2005年期间，管理方式的改革是逐步进行的。报纸尤其是党报曾经作为党委机关的一个部门来管理；后来作为事业单位管理；20世纪90年代中期以后开始走向事业单位企业化管理；有的报社的经营部门首先转化为企业，进一步就是报社完全转化为企业。

第一节 事业单位企业化管理

1994—2005年，全省报业的绝大多数都实行了事业单位企业化管理。其核心是与国家财政拨款脱钩，运用企业的运作机制，实施经济独立核算，自主经营，自负盈亏，摆脱“大锅饭”，实现多劳多得。

一、四川日报社的企业化管理

20世纪80年代初，四川日报社开始重视报业经营，实施“目标考核，超额奖励”。1996年，川报领导班子“进一步解放思想，积极探索经营管理新路子”，在事业单位企业化管理上下功夫。报社在普遍存在“吃大锅饭”的情况下，对川报广告处工作人员停发工资、奖金，并将广告经营计划分解到人头，实行个人收入与完成广告经营任务直接挂钩的办法，多劳多得。1997年，四川日报社实行“业务工作目标和共同工作目标管理”，坚持和强化以报为本、面向市场的报业经营思想，突出加快广告、发行、印刷三大主业的发展，使报纸宣传工作获得较大社会效益的同时，报业经济工作也取得较好的效益。按照目标管理的要求，报社将业务工作目标分解到各部、处、室及印刷厂，制定出二级目标；各部门又将部门的目标落实到人头，制定出三级目标。目标方案要求尽可能量化，便于考核，有效地调动了方方面面的积极性。

二、成都日报社的企业化管理

1992年以来，成都日报社前身成都晚报社实行自负盈亏，自收自支，事业单位企业化管理。2003年，成都日报报业集团成立后，成都日报社接受集团的目标管理考核。

三、南充日报社的企业化管理

1994年，南充日报社实行事业单位企业化管理，对提高社会效益和经济效益产生了积极作用。1996年扩版后，报纸流转额由500多万元增长到1000多万元，年纳税100多万元。2005年，南充日报社经营性收入达到3000万元，缴纳税金200多万元，是南充市纳税大户之一。

四、乐山日报社的企业化管理

1999年，经中共乐山市委、乐山市人民政府批准，乐山市财政局核定，乐山日报社为经营型事业单位，报社与市财政“断奶”，实行企业化管理。“断奶”后，报社一手抓新闻业务，促质量提高；一手抓经营管理，促事业发展。2004年，乐山日报社、乐山晚报社广告经营分别实行风险抵押目标责任制，广告部目标责任人实行竞争上岗，部门对人员安排、分配办法、稿费支付享有自主权。乐山日报社党组集体对两报广告总目标任务920万元负责，并由党组成员分别承担风险抵押，年底完成目标任务后按纯利润15%奖励，若未完成竞聘目标，则全部扣减抵押金，免去职务。至年底，“两报”超额完成目标任务，广告收入达到1000万元。

五、四川新闻网的企业化管理

1999年1月成立的四川新闻网，为全民所有制的自收自支事业单位，除少数的领导班子成员占事业定员编制，其余一律实行员工聘用制。新闻网各部门招聘员工，每两年一聘，双向选择。招聘员工试用期3—6个月，试用期满后，经考核转正上岗。工资原则以按劳分配为主，由“固定工资+津贴工资+加班工资”构成。随着四川新闻网的发展，单位制度逐步建立健全，人员也实行了定员定岗，编辑实行频道外包等业务，采编人员也实行归口管理，各负其责。同时制定了绩效考核标准，拉大工资差距。用人制度上实行“能者上”“一专多能”，根据不同工作、岗位的实际情况，调动员工积极性，使新闻网的运行机制步入良性循环的轨道。

六、成都商报社的企业化管理

成都商报社从办报起就一直实行企业化管理的运作模式，人员招聘、薪酬体制、评判体系等各方面均严格按市场规律办事，坚持透明的人才市场价格，公开透明的分配制度，坚持创新的价值评判体系，强调执行力，强调效率，讲究投入产出，使报社得以迅速壮大、良性发展。

七、华西都市报社的企业化管理

华西都市报社从创刊开始即实行企业化管理的体制，报社独立核算自负盈亏。华西都市报社属四川日报社的二级核算单位，财务管理和会计核算由四川日报社统一管理。创办期间所需成本费用，由四川日报社陆续拨入，计入华西都市报社开办费，待报纸正式发行后，在一年内分月摊入成本。所需固定资产由华西都市报提出购置申请，报党组审批。固定资产产权属于四川日报社，按财会制度规定计提折旧计入华西都市报社成本。2003年后，集团对报社实行目标责任制考核，每年确定经营目标任务，并根据完成情况对班子成员和员工进行奖惩挂钩。

八、成都晚报社的企业化管理

2001年7月1日新成立的成都晚报社，剥离了党报职能，实行事业单位企业化管理，独立核算，自负盈亏。

九、绵阳晚报社的企业化管理

绵阳晚报社一诞生就实行“自收自支、照章纳税、自负盈亏、自我发展”的企业管理模式，没有财政拨款，没有发行保护，直面市场参与竞争。

第二节 事业单位转化为企业

在报社由事业单位转化为企业之前，有的报社将一些部门如发行部、印刷厂等率先转化为企业。

一、华西都市报社发行部转制为企业

2005年，《华西都市报》就已将过去属于报社事业单位的发行部改为企业——四川欣闻报刊发行有限责任公司。

二、专业报社转制为企业

一些专业报社由于主管主办单位由事业单位转制为企业，所以报社也开始转制。《电子报》是成都电子研究所下属的非独立核算科室单位。《电子报》的管理体制伴随成都电子研究所管理体制的变化而变化（成都电子研究所1994—2005年间是国营事业单位体制，2006年1月以后改制为全员持股的股份制企业）。其管理方式、分配制度、人事制度在改制前均按事业单位管理方式执行，改制后按企业管理方式执行。《软件报》的主管、主办单位也是成都电子研究所。成都电子研究所（原事业单位）整体转制为企业后，《软件报》也开始转制为企业，建立以全员聘用制为基础的用人制度，逐步健全形式多样、自主灵活的分配激励机制，多层次、多形式的未聘人员安置制度等。

第三章　产权制度

改革开放前的报业运行经费均由各级财政拨款，产权单一。改革开放后尤其是进入20世纪90年代，四川报业的产权开始向多元化发展。这种多元化主要表现为报纸在经营实力达到一定规模的时候，或者独资兴办新的报业和经济实体，或者跨地区、跨行业控股、入股合资兴办新的报业和经济实体。

第一节　产权多元化

一、四川日报报业集团的产权多元化

四川日报报业集团不仅拥有自己的独资公司，而且还控股、参股一些公司。

四川日报报业集团产权多元化一览表

表4－2

序号	产权类型	兴办单位名称	注册资金（万元）	集团持股（%）	成立时间	备注
1	独资	四川日报社新闻培训中心	2238	100	1997年5月	
		四川星光宾馆	100	100	1997年8月	
2	控股	四川省星光建筑工程有限责任公司	600	92.7	1994年10月	星光宾馆持股7.2%
		四川兴源房地产开发有限责任公司	2050	96	2004年7月	星光宾馆持股4%
		都江堰市青城花园山庄有限责任公司	1580	间接	1998年6月	兴源房地产、星光建筑工程持股分别是79%、21%
		四川日报网络传媒发展有限公司	980	81.6	2000年11月	四川公用信息产业公司持股18.3%
		成都华希广告传播有限公司	300	93.3	2001年11月	四川省报业协会持股6.6%
		四川欣闻物资贸易有限责任公司	800	75	2005年3月	天府早报社等四单位持股均为6.2%
		成都川报建川房屋开发有限公司	2000	间接	2005年4月	上述兴源房地产公司持股51%
		四川华西都市生活传媒有限责任公司	1500	40	2005年7月	另外有两公司持股分别是35%、25%

续表 4-2

序号	产权类型	兴办单位名称	注册资金（万元）	集团持股（%）	成立时间	备注
3	参股	成都中海投资置业有限公司	4500	间接	2000 年 11 月	上述成都川报建川房屋开发公司持股 19%
		四川宏拓印务有限责任公司	883	37.2	2004 年 7 月	绵阳市旭日印制有限公司持股 58.7%
		四川欣闻报刊发行有限责任公司	1000	45.4	2005 年 6 月	四川新华文轩连锁股份有限公司持股 54.6%
		四川新华文轩连锁股份有限公司		0.8	2005 年 6 月	集团投资 1500 万元，2007 年“文轩”在中国香港上市
		四川联翔印务有限公司	6870	42	2005 年 11 月	四川出版集团持股 58%

四川日报报业集团的产权由三个层次组成：

第一个层次是集团的核心部分，即《四川日报》及其系列报刊。这个层次的产权全部是国有的。《四川日报》是主体，是龙头。第二个层次是报业主业经济，即围绕报业四大主业经济而建立的工厂、公司，这个层次的主体是四川日报社，也吸收多种投资主体。第三个层次是报业非主业经济，如星光报业服务体系等。这个层次可以吸纳报社外资金。

2005 年，集团印务公司按照集团党委的要求加快与四川出版集团商务印刷业务的合作，由四川出版集团投资 2300 万元、川报集团主要以新印务公司土地作价出资组建的联翔商务印务公司注册成立，川报集团以全新的体制机制强势进入商务印刷领域。同年，集团通过引入外来资本，建立具有独立企业法人资格的市场竞争主体，先后组建了具有独立企业法人资格的宏拓印务公司、欣闻报刊发行公司、欣闻物资贸易公司、华西都市生活传媒公司、联翔商务印务公司和川报建川房地产公司。集团的招商引资工作始终着力于创新原有单位运行体制和机制，将集团下属的资产和业务划分为若干经济单位，以产权为纽带，构建由集团控股并为集团产业发展服务的若干子公司，形成现代意义的企业集团。集团完善和改进对下属单位的管理方式，逐步由行政管理向以产权为纽带的法律及经济管理方式转变。凡是集团下属的控股公司、参股公司，集团党委都按照法律规定派驻了董事监事、财务负责人，构建起行使集团出资人权利的现代企业集团管理模式，使集团国有资产的增值保值有了一定保证。

二、成都日报报业集团的产权多元化

成都日报报业集团在稳定报刊出版主业的同时，稳步推进跨地区跨媒体经营战略，与解放日报报业集团和甘肃日报报业集团联合主办了《每日经济新闻》和《西部商报》；与中央人民广播电台联合开办《都市之声》（第四频率），与北京其欣然影视机构合作共同投资手机电视项目；在全国率先推出 DigJoy 网络多媒体出版平台（www.digjoy.com），打造集广电媒体、平面媒体、手机媒体于一身的新型网络媒体。此外，报业集团还积极推进国际化合作，2005 年 6 月 25 日与美国 GALA（嘎乐）媒体集团在人民大会堂签署战略合作协议，还与独家拥有《福布斯》中文版权的 MMEDIA-GROUP（M 媒体集团）及《福布斯》中文版在成都联合主办了《福布斯》中文版“中国城市投资论坛”暨中国大陆最佳商业城市发布榜活动。

三、内江日报社的产权多元化

内江日报社在1999年以前，下属仅有内江报业广告实业公司。随着报业发展，报社先后以多种方式组建了4个经济实体，由报社和内江报业广告公司共同出资组建的内江日报印刷厂，由报社出资组建的内江智慧学校，由报社职工出资组建的内江日报出版物发行公司、内江新闻旅行社，形成了多元化的产权结构。

第二节　借“壳”上市

1997年，由成都商报社等三家法人股东按照《中华人民共和国公司法》规定共同发起成立了成都博瑞投资有限责任公司，注册资金12300万人民币。1999年，成都博瑞投资有限责任公司通过运作，控股已在上海证券交易所上市的“四川电器股份有限公司”，更名为“成都博瑞传媒股份有限公司”，股票简称博瑞传媒。由此实现了借“壳”上市，成为“中国报业第一股”。

2003年7月，成都博瑞投资有限责任公司与旗下控股和参股的17家公司共同组建了成都博瑞投资控股集团，并更名为成都博瑞投资控股集团有限公司。同年9月，公司地址由成都市书院西街1号亚太大厦迁至人民南路一段86号城市之心大厦。公司董事长孙旭军为法定代表人。

成都博瑞投资控股集团有限公司秉承“创新、务实、理性、开朗”的企业文化，致力于整合、开发中国文化传播事业，按照“传媒为主有限多元”策略，形成了传媒产业的核心竞争优势。公司立足传媒信息产业，充分发挥自身优势，通过参股、控股等资本经营手段，经过多年的发展，产业范围已经涉及到传媒、房地产、旅游、医药、广告、教育、物流等领域。

成都日报报业集团成立后，成都博瑞投资控股集团有限公司成为成都日报报业集团的成员单位，并在2003年10月被定位为报业集团的投资经营平台和资本运作平台。在报业集团资源整合过程中，本着“资源整合集团化，资源配置市场化”的原则，2004年11月，旗下上市公司成都博瑞传播股份有限公司所属子公司成都立即送网络配送有限公司和成都博瑞广告有限公司分别取得了《成都日报》征订发行的全权代理资格和《成都日报》广告业务的总代理权；2005年7月成都博瑞广告有限公司又取得《成都晚报》的周末版广告业务的全权代理权。

2005年6月，成都博瑞传播股份有限公司与美国GALA媒体集团签署了战略合作协议，结成了战略合作伙伴关系。

2005年9月，根据成都日报报业集团产业发展方向和推进国际化战略的定位，成都博瑞投资控股集团有限公司在北京成立了成都博瑞传播股份有限公司北京业务总部，并在长安兴融中心购置了近1000平方米的办公楼，作为在北京的业务发展基地。

成都博瑞投资控股集团有限公司到2005年底，有上市板块控股（分）子公司和非上市板块控股子公司共17家。

截至2005年12月31日，成都博瑞投资控股集团有限公司总资产已达11.58亿元。成都博瑞投资控股集团有限公司为社会创造了约4000个就业机会，同时解决了下岗、失业人员及失地农民近1500人就业。

第四章　人事制度

人事制度改革是报业体制改革的重点。而人事制度改革的核心，则是引入竞争机制，充分调动报业人员的积极性。1994—2005 年，全省报业的绝大多数单位都逐步从实行中层干部的竞聘上岗到实行全员聘用制。

第一节　全员聘用制度

20 世纪 90 年代初，四川报业开始推行全员聘用制度，以后逐步深化、完善。

一、四川日报报业集团实行全员聘用制

2003 年 12 月，四川日报报业集团实行机构和人事制度改革，按照科学合理、精简效能的原则，分别按专业技术人员、管理人员、工勤人员等不同系列确定岗位，明确岗位职责、聘用条件、聘用待遇、聘期等，并形成书面的岗位说明书向全体员工公布。员工根据自愿原则，按岗聘用，竞争上岗。对连续工龄已满 25 年，或在集团连续工作已满 10 年且年龄距法定退休年龄已不足 10 年的原固定制职工，愿意受聘者可订立聘用至退休的合同。

二、成都晚报社实行全员聘用制

1992 年 12 月，成都市委机关报成都晚报社率先进行了以“全员聘用、分配制度改革、保险福利制度改革”为主要内容的人事制度改革，打破了多年来在人事上的“铁交椅”和分配上的“铁饭碗”，在全国引起很大反响。12 月 10 日，市委组织部、市委宣传部和市人事局联合发文《关于成都晚报社试行全员聘用合同制的请示的批复》，原则同意《成都晚报社实行全员聘用合同制试行条例》。12 月 29 日，报社隆重召开全员聘用合同职工代表大会，时任市委书记吴希海到会向时任报社总编辑伍进一颁发了聘书，至此拉开了成都晚报社人事制度改革的序幕，在较短时间内，报社 400 多名员工聘用上岗。

实行全员聘用合同制后，报社在市编制委员会下达的总编制数内自主确定机构设置、人员编制，编委会依据“以事定岗、以岗定员、按事择人、人事相宜“的原则，对各部门岗位设置作了大的调整，设置了专业技术、行政管理、生产服务三类性质岗位，同时明确岗位职责，明确上岗资格要求。编制确定后，部门用人不得随意突破编制，编制与部门工资总额挂钩，在运行上坚持“增人不增资，减人不减资”的原则。

实行全员聘用合同制后，员工可根据报社公布的岗位设置，结合自身实际自主选择应聘岗位，聘用双方自主签订岗位聘用合同，合同内容由双方协商确定，包括岗位职责、权利义务、待遇聘期、解除和终止合同的条件等内容。在全员聘用合同制后，报社坚持了专业技术职务评聘分开、行政管理职务评聘分开和生产技术职务评聘分开的管理办法，引入竞争机制，完善淘汰制度，出台了《成都晚报社落聘人员管理办法》，给想干事者搭建平台，给不愿干事者形成压力。

实行全员合同制后，报社进行了工资分配制度的改革，建立了岗位效益工资制，员工工资与单位效益、岗位职责、工作业绩挂钩。为此，报社专门制定了《成都晚报社考核工作试行办法》，采用定量与定性考核相结合、月度与年度考核相结合的办法，对全体员工德、能、勤、绩进行全面考核，并坚持考核与聘用挂钩。

这次人事制度改革，将竞争机制引入劳动人事管理，通过编制调控、逐级聘用、工效挂钩、倾斜分配等举措，使人事权、分配权与工作职责紧密结合，达到职工能进能出，职务能升能降，收入能高能低，保证人才合理流动，实现劳动力、专业技术、资产设备等优化组合，促进报社管理水平全面提高。

实行全员聘用合同制加大了职工的就业风险，因此改革和完善保险福利制度，也是不可缺少的内容。实行聘用合同制后，报社取消了过去因身份不同形成的多种保险福利待遇，按照“全体职工实行统一的保险福利政策，保险福利待遇与劳动绩效挂钩”的原则，改革和完善保险福利制度。考虑到离退休职工为报社事业发展所作的贡献，为了保障和提高职工退休后的生活待遇，报社还制定了《成都晚报社离退休职工生活补贴试行办法》，使其收入和生活水平得到合理提高。

三、成都日报社实行全员聘用制

2001 年 7 月，恢复出刊的《成都日报》按照市委“新党报、新机制、新面貌”的要求，借鉴都市生活类报纸人事管理经验，建立起全员聘用的人事制度，原事业编制员工身份只作为档案身份保留，彻底打破了身份管理界限，凡正式聘用员工均享受统一的保险福利待遇，并对其他员工实施了分流安置。2004 年，对所有岗位都按照定编、定责、公开报名、民主评议、公开答辩等程序，实施竞聘上岗，变身份管理为岗位管理。

四、雅安日报社实行全员聘用制

雅安日报社从 1997 年起首先对中层管理干部实行聘任制。从 2001 年起对全体员工均实行一年一聘，所有职位竞争上岗。在日常工作中，严格推行业绩考核制度，从领导到一般工作人员，逐月考核并公布结果，对考核不合格者予以降级，对连续考核不合格者予以解聘。在分配制度上，全体员工的月报酬除基本工资外均实行效益工资考核计发，报酬与业绩考核挂钩。从 2003 年起，报社对劳动和分配制度再次进行了改革完善，对全体员工（社级领导班子成员除外）进行重新聘用。通过改革，使原固定制员工均转变了身份，由全民所有制职工变成聘用人员，实现了用人的市场化；取消了中层干部的行政级别，实行聘期制管理，原有行政级别放入档案，并不再设置中层干部副职岗位；劳动报酬全挂钩（基础报酬与基本工作任务考核挂钩，管理报酬与管理工作职责考核挂钩，绩效报酬与本职业务工作考核挂钩），形成了能者多劳、多劳多得的局面。

五、眉山日报社实行全员聘用制

眉山日报社2005年实施了全员聘用制改革，专业技术人员、管理人员和工勤人员均实行了双向选择竞聘上岗，坚持部室自主用人、个人自主选择的原则，确定受聘人员。选聘人员在确定的编制数额和人员结构比例内进行，同等条件下，优先聘用眉山日报社在编人员。通过改革，实现了单位人事管理由身份管理向岗位管理转变，由行政任用关系向平等协商的聘用关系转变，实现了人员能进能出，职务能升能降，收入能高能低。

六、自贡日报社实行全员聘用制

自贡日报社于1996年8月进行首轮内部人事制度改革：重新定员定岗定责，建立和实行竞争上岗、双向选择；聘任聘用部门负责人和工作人员；分级负责、分级管理；辞聘解聘，试岗待岗等。此次改革首先在总编室、要闻部、记者部等9个编采部门进行，9个部门主任实行竞争聘用上岗，免除原部门正副主任6名；由各部门聘用工作人员34人，安排试岗人员4人，初步建立了以聘任聘用制为主要内容的新型人事制度和管理机制。改革后聘用部门主任比改革前减少5人。新的部门主任聘期3年，原部门正副主任未被聘任的，不再享受中层干部待遇。改革后编采人员为54人，比原定员减少4人。同时制定了9个部门的工作职责41条，使各个岗位的人员有章可循。2004年7月，报社进行了新一轮人事制度改革，这次改革共聘用63人，试岗1人，试用2人，离岗待退1人，解聘1人。分配制度改革从首轮改革开始，制定了按岗、按任务、按业绩定酬，一岗一薪、易岗易薪、严格考核、奖惩并举的分配方案和收入向编采一线优秀人才倾斜的内部激励机制。内部人事制度及分配制度改革，调动了编采人员的积极性和创造性，使报纸焕发出新的生机和活力。

七、广元日报社实行全员聘用制

广元日报社2004年进行人事制度改革，机构精减，中层干部竞聘上岗。部门与员工实行双向选择，实行了聘任制度。2005年7月8日全社87人，除6名社领导干部外，81名职工全部签定了聘用合同。在实行员工竞争上岗时，分层次实施：一是中层干部实行差额报名，党组聘用；二是部门工作人员由部门负责人提名报社统一聘用；三是部门的临时用工由部门提出，择优选聘，分管领导审定。员工聘用后，按事业单位人员工资管理制度执行级别工资制，奖金与在编正式职工一视同仁。

2005年，广元日报社对未聘员工实行了“内退政策”。一是明确了年龄界限，干部男55周岁以上，女50周岁以上，或工龄30年以上；工人男55周岁，女45周岁，或工龄30年以上；本人申请，经组织批准可以“内退”。二是工龄工资，在职职工“内退”后计算连续工龄，参加在职人员工资普升、调资、社会保险等待遇；三是召回上岗。“内退”期间，必须服从单位管理。

八、乐山日报社实行全员聘用制

乐山日报社2001年首次推行新任中层干部竞争上岗制度，采取部室推荐（二分之一以上群众同意），人事部门审查资格（年龄35岁以下），学历大专以上，申报正职要任职副职一年以上，工作业绩优等，职工大会上开展竞争演讲，通过群众投票、党组审定、公示、报市委宣传部批准等6道程序任用干部。2002年，因创办晚报，先后两次中层干部竞争上岗，除原有部室主任、副主任外，普通职工10多名报名竞争日报、晚报中层岗位。当年有7名普通员工为新提拔，3名由副职升为正职，聘期两年。2005年9月，20名经过竞争后任职的中层干部，其中4人为新提拔。

九、南充日报社实行全员聘用制

南充日报社在一年一度的向社会聘用中，均通过市人才市场公开发布信息，先发布中层岗位职数、岗位用工信息，然后应聘者报名，通过现场答辩、群众评议、现场打分，最后由报社党委决定。新录用的人员全部签订聘用合同，被聘用人员一切关系（档案）放在人才市场。解聘后，进入人才市场自谋职业。1994—2005年，南充日报社先后聘用的100多名员工，都由市人才市场管理档案。落聘、解聘、辞职后的员工都是通过人才市场办理的档案转移手续。

十、华西都市报社实行全员聘用制

华西都市报社除总编辑、副总编辑外，其余员工均实行公开招聘。报社内部，新老体制员工彻底打破身份界限，实行岗位管理，建立统一的分配制度，以岗定责，以责定薪，岗变薪变。2004年，华西都市报组织实施了全员竞聘。第一轮共拿出305个岗位实行对内竞聘，淘汰了25人，上岗280人，第二轮共拿出48个岗位面向社会公开招聘，吸引了300多人前来报名，通过笔试后，与第一轮淘汰下来的25人共同参加岗位竞争。此次竞聘淘汰员工11人，4%的员工实现了跨部门交流。

十一、成都商报社实行全员聘用制

成都商报社从创刊起即实行全员招聘制，根据实际需要配置人力资源。一是打破委任制、分配制，采用全员聘任制的方式甄别、挑选合适人才，进行合理配置。二是打破终身制、“铁饭碗”，通过解聘等方式精简机构，增强竞争意识，提高运作效率。三是改革绩效考核制度，对编委会成员、中层干部的考评涉及“德、能、勤、绩”四大方面；对编采人员实行动态考核，将“稿分”等量化指标和版面级别、月度奖项等质量指标相结合，打通升降级通道。

十二、宜宾晚报社实行全员聘用制

宜宾晚报社的人员聘用分三种类型，一是占编聘用，被聘用者拥有事业单位正式编制；二是报社聘用，不占编制；三是部室聘用，被聘用者由部室管理、报社监督。

十三、泸州晚报社实行全员聘用制

泸州晚报社向社会的招聘用工，也分为社聘和部聘两种。社聘就是由报社通过统一的文化考试、面试和政治审查后，由报社正式聘用，一般情况下聘用时间相对较长。部聘就是由晚报下属的部门根据工作需要，由部门聘用，其聘用时间相对较短。但不论社聘还是部聘，都实行每年签定合同的办法进行管理。

第二节 专业职称评定

从20世纪90年代开始，全省报业普遍开始了新闻专业职称的评定。新闻专业职称分为初级、中级、高级。高级又分为副高级和正高级。职称评定有利于报社对专业人才的使用。刚开始，专业职称的评聘未分开，一个人评了什么职称就聘他在相应岗位上工作，就享受什么待遇。后来在人事制度改革中，出现了“高职低聘”或“低职高聘”的情况，职称评聘分开就提上议事日程。

一、四川日报报业集团专业职称评聘

2003 年 6 月 30 日前，四川日报报业集团员工通过评审或考试取得专业技术职称资格，均进行了聘任，享受了相应的基本工资及福利待遇；2003 年，四川日报报业集团实行机构和人事制度改革，从 2003 年 6 月 30 日起，职称聘任工作暂停。员工取得专业技术职称，只作为资格在个人档案中保留，暂不与个人基本工资和福利待遇挂钩。

二、南充日报社专业职称评聘

2004 年，南充日报社实行专业职称评聘分开，不论有无职称，符合岗位应聘条件的人员都可以参与平等竞争。16 名无中高级职称的人员担任了报社中层管理干部，8 名中青年业务骨干成为首席编辑、首席记者，部分具有中高级职称的人员从事一般编务工作，19 名具有中高级职称的人员进入了“内退”行列。

第五章 分配制度

分配制度直接关系到从业人员的工作积极性，因此，全省报业在这方面改革下的功夫很大。分配制度的改革也是逐步进行的。不少单位先是对有编制的在职员工与新聘用的员工实行不同的分配政策；然后再逐步过渡到完全以岗位和绩效定薪，实行薪酬与岗位、绩效挂钩，岗位、绩效变动，薪酬随之变动。

第一节 在职员工的待遇

20 世纪 90 年代中期开始，四川报业员工的工资待遇随着人事制的改革而改革。

一、四川日报报业集团在职员工待遇

2003 年以前，四川日报报业集团事业单位在编员工工资按国家事业单位工资制度执行。工资由固定工资、活工资和津补贴构成。其中，固定工资和活工资为基本工资，其比例是 1∶1。同时，编采部门根据定额工作完成情况，非采编部门根据岗位级别发放一定金额的奖金（编辑费）。2003 年 12 月，收入分配制度随着机构和人事制度改革而改革，对各核算单位推行工资总额包干或工效挂钩的分配政策。除少数公益性单位保留了事业单位的基本工资外，全集团绝大多数报刊、网站和经营实体均改革了原事业单位基本工资制度，各核算单位根据“效率优先、兼顾公平”的原则，取消原有的奖金（编辑费）分配方法，实行按岗位、任务、业绩定酬的分配方法，将职工的工资收入与岗位职责、工作业绩、实际贡献以及各核算单位的经济效益挂钩。将原奖金（编辑费）划分为三部分，第一部分为岗位奖金。按各岗位责任大小、贡献大小、复杂程度和风险程度等确定标准，按岗定酬，以分计数。第二部分为业绩奖金。根据职工完成任务的情况每月计分考核。第三部分为效益奖金。效益奖金与集团和各单位的经济效益和每人的年度考核结果挂钩，年终兑现。

二、成都晚报社在职员工待遇

1992 年底，成都市委机关报成都晚报社率先推出了《成都晚报实行全员聘用合同制试行条例》，在劳动用工制度、分配制度上进行改革，打破了多年来在分配上的“铁饭碗”。2001 年，《成都日报》恢复出刊后，把工资分配改革作为实行全员聘用合同制的关键，设计了岗位业绩工资制。报社工资水平与报社效益挂钩，职工工资与岗位业绩挂钩，基本做到了员工能出能进，职务能升能降，收入能高能低，体现了按劳分配的原则。

三、眉山日报社在职员工待遇

1997—2004 年，眉山日报社员工的收入结构为：基本工资 + 各项津补贴 + 绩效收入。2005 年眉山日报社进行了全面的分配制度改革工作，此次改革的原则是以岗定薪、岗变薪变；以收定支、收支平衡；绩效优先、兼顾公平。

四、南充日报社在职员工待遇

南充日报社对在职员工原有的工资级别一律作为档案，个人分配按现在应聘的岗位履职取酬。对所有应聘在岗人员实行岗位工资制，坚持三条分配原则。一是薪酬与岗位挂钩，岗位变动，薪酬随岗位变动；二是工效挂钩，工资浮动。员工收入同报社整体经济效益挂钩，效益好，收入高，效益低，收入低；三是倾斜一线，拉大档次。分配向政治责任大、经济效益好、管理难度大、技术要求高的岗位倾斜。同一部门采编岗位比行政后勤岗位高，管理岗位比非管理岗位高，上级岗位比下级岗位高。

五、广安日报社在职员工待遇

广安日报社在 1994—2005 年，对在职正式员工实行国家工资制。随着国家工资制度的改革，对新闻专业技术人员和行政管理人员分别实行专业技术职务等级工资制、职员职务等级工资制。技术工人和普通工人分别实行技术等级工资制和等级工资制。部分津补贴，自定标准。各种保险，按国家规定执行。而聘用员工（含临时工）的工资标准由报社自定，奖金和津补贴略低于在职正式员工，实行养老保险、生育保险和工伤保险。

第二节　离退休员工的待遇

全省报业的大多数单位都在离退休员工进入社保领取养老金后，还按规定给予一定补贴，让他们共享改革成果。

四川日报报业集团的离退休员工的养老金按国家有关规定发放。同时，根据集团的经济效益和员工的职务、职称发放一定生活补贴。

1999 年后，乐山日报社退休人员除养老金外，退休人员每月生活补贴及职工福利等近千元均由报社支付。

南充日报社给退休员工除按时发放工资和政策规定的福利待遇外，还每年向离退休人员发放老年活动经费 500 元，过年过节发放节日补贴。报社还专门建立了离退休老年人活动室，订阅了书报刊，添置了棋牌，并有专人管理和服务。老同志的活动基本上做到春秋每周一次，冬夏半月一次。

凉山日报社按照州人事局、州财政局、州委老干部局等相关部门出台的文件规定，不折不扣地落实离退休人员的基本生活费、交通费、电话费、离休特需费、离休护理费和特殊护理费、异地代管费、地方性生活补助等各种经费。同时，成立报社老协小组，后改为州老年协会 28 分会，每年拨给活动经费，保证离退休人员书报的订阅经费和参加各种活动的经费。

第六章 集团化管理

随着改革开放的不断深入，市场经济的不断发展，报纸的广告经营及其他经营也得到了很大提升。当经营取得成效，达到一定规模的时候，报社就会投资兴办或者参股另外的报纸和经济实体，使经营主体不断扩充，利用经营强势做大主业、搞活副业。为了加强管理，更好地进行信息交换，资源共享，整体运作，集团化经营管理便应运而生。报业集团就是在这10年间相继出现的。

第一节 四川日报报业集团

截至1999年底，四川日报社已拥有六报一刊，即《四川日报》《四川农村日报》《文摘周报》《华西都市报》《四川金融投资报》《天府早报》和刊物《新闻界》，还相继兴办了星光系列经济实体，报业经济朝着集团化经营方向发展。

1999年12月16日，国家新闻出版署正式行文批复，同意组建四川日报报业集团。2000年9月12日，四川日报报业集团挂牌成立，是中国西部省级党报组建的首家报业集团。四川日报报业集团是以《四川日报》为核心，以办报为主要特征，以报业及报业延伸的实业为主体，兼营其他实业的现代传媒集团。截至2005年，集团拥有12报2刊1网站，即《四川日报》《四川农村日报》《华西都市报》《文摘周报》《天府早报》《金融投资报》《华西生活周报》《家庭与生活报》《四川质量报》《市场与消费报》《四川法制报》《人力资源报》以及《新闻界》杂志，《廉政瞭望》杂志和“四川在线”主流门户网站，以及11个经济实体。集团拥有总资产10亿元，2005年集团实现销售收入6.5亿元。集团连续成为省级企业纳税大户，并且排名逐年上升。

四川日报报业集团完全实行独立核算、自负盈亏、自主经营、自我发展、自我约束，逐步从“事业单位，企业管理”走向更高层次的“现代企业化管理”。作为省委机关报，《四川日报》及农村版《四川农村日报》的党报性质、地位、作用不变。报业集团设董事会，集团党委书记任董事长，是报业集团的法人代表。集团的运行机制是形成产权清晰、层次分明的报业经济组织架构以及与之相适应的权责明确、管理科学的企业运作保障体系。集团采用集约化经营方式，资金集中使用，资源合理调配。

集团对系列子报实施目标管理，采用“抓大放小”的管理方式。重点抓好《四川日报》《华西都市报》《文摘周报》（《文摘周报》发行量最高时达250万份，利润上千万元）及印务公司。1995年，川报创办《华西都市报》。川报对华西都市报实施目标管理，双方签订经营承包合同。2002—2003年，改为经营目标考核，每年签订合同。与此同时，集团对依靠自身力量发展前途不大的《城市购物导报》交由华西都市报社进行整合。2003 年后，集团对金融投资报等实行目标责任制考核，每年确定经营目标任务，并根据完成情况对班子成员和员工进行奖惩挂钩。

2000 年，集团制定《集团财务管理暂行办法》《集团各项费用开支的审批制度》《集团经济合同（协议）签定及管理制度》和《集团现金、支票和财务印章管理制度》等 5 个内控制度，并经党委和总经理办公会议审定执行。2002 年，集团根据实际情况，建立集团资金结算中心，对资金实行更合理有效的调度和管理。

在集团的机构和人事制度管理上，2003 年 2 月 20 日，集团党委召开第四十六次会议，议定：从 2003 年 1 月起，对集团党委委员每人每月由财务部在其奖金中扣留集团经营目标风险抵押金，年底决算出来以后，兑现奖惩；签订经营目标责任书，将 2003 年全集团目标任务分解落实到部门、单位负责人头上；各经营部门、单位负责人与集团法人代表签订的 2003 年经营目标责任书具有法定权威性，必须坚决执行。

2003 年是川报集团机构和人事制度改革取得突破性进展的一年。根据中央、国务院关于深化事业单位人事制度改革和中央文化体制改革试点工作会议等有关精神，集团党委带领全体员工转变观念、统一思想，制定方案、精心组织，于 10 月至 12 月集中组织实施以深化“三项制度”改革为重点的机构和人事制度改革。通过改革，突破了机构臃肿、人浮于事的体制弊端，实现了机构精简、干部结构优化；突破了干部能上不能下、待遇能高不能低的旧机制，构建全员竞聘上岗、择优选人用人的新机制；突破了正式员工与招聘员工、干部与工人的身份界限，促进了人力资源的优化配置；突破了计划经济旧观念的束缚，树立了适应报业市场竞争的新观念。实施改革后，初步形成机构精简高效、人员配置优化、分配日趋合理、内部活力显现的良好局面。

2005 年，是集团的“改革攻坚年”。集团党委提出，文化体制改革必须更新观念，破除一切阻碍集团事业、产业发展的陈旧观念，对事业和产业根据不同的属性实行分类管理和指导。用创新的观念指导和推进集团各经营单位的体制、机制改革，按照《四川日报报业集团文化体制改革方案》的安排，兼顾体制改革和机制改革、重点单位改革和一般单位的改革，统筹推进。促进各经营单位内部运行机制的创新和完善，建立健全各经营单位的内部绩效考核及分配机制，在目前较高薪酬水平的情况下，合理调整岗位薪酬级差，根据不同的情况加大员工个人绩效薪酬比例；建立健全根据工作绩效考核、淘汰不称职员工的选人用人机制，让员工科学合理流动，以调动员工的积极性和能动性。这年，集团进行了第二次全员竞聘上岗。

第二节　成都日报报业集团

成都日报报业集团是由中共成都市委、成都市人民政府决定，经国家新闻出版总署、四川省新闻出版局批准，于 2002 年 9 月 26 日挂牌成立的。集团以报刊出版业为主，兼营传媒投资、教育、城市公共信息网、旅游、新闻纸贸易、地产等多个产业的现代综合传媒集团。集团共有 10 家成员单位，即三报四刊一社二司。“三报”为成都日报社、成都商报社、成都晚报社；“四刊”为《先锋居周刊》（先锋杂志社）、《公司》（公司杂志社）、《时代教育》（时代教育报刊社）、《青年作家》（青年作家杂志社）；“一社”为成都时代出版社；“二司”为成都博瑞投资控股集团有限公司、成都新闻实业公司，并间接控股上市公司成都博瑞传播股份有限公司。截至2005年12月31日，成都日报报业集团总资产25亿元，净资产超过9亿元；2005年，集团上缴税费2.5亿元。集团共有员工5131人，其中，从事采编工作的1002人，从事经营工作的3181人，从事管理工作的506人。

成都日报报业集团发展战略是加快文化体制改革和文化产业发展步伐，在注重社会效益的同时，不断提高经济效益，在巩固和扩大成都市场份额的前提下，不断壮大集团规模，力争用三到五年的时间，综合实力和社会影响力跻身于全国一流报业集团的行列，发展成为“主业突出、跨区发展、管理高效、实力强劲”的现代化大型传媒集团。其举措有深化体制改革，加速资产整合，不断解放和发展文化生产力；挖掘拓展现有市场，继续面向全国，做大做强报刊主业；有效整合，深挖潜力，积极培育辅业支柱；调整结构，不断优化多元化产业发展格局。

2005年，集团三大报社先后通过创新改版，实行“差异化”定位战略。《成都日报》以“做中国西部最具影响力的新型城市党报”为目标，成功实施改版；《成都商报》成功改版为国际上流行的瘦报；《成都晚报》提出“办中国最好看的报纸”，采用“6+1”模式进行改版运作。集团其他期刊杂志社、出版社也不断调整产品内容，创新发行模式，扩大市场份额。同时，集团以内容为核心，将报刊资源再配置，整合所属的报纸副刊和出版资源，编辑出版《天下成都丛书》，首批推出了《古蜀国旁白》《锦官城遗事》两书，实现了产品的“二次销售”。集团报刊发行量稳定在日均100万份以上。博瑞投资集团、新闻实业公司按照集团“资产整合集团化、资源配置市场化”的总体要求，加大对广告、印务、发行、行政后勤等资源整合，提高综合利用率，降低集团综合成本，提升了多元化产业利润贡献率。

成都日报报业集团实行党委领导下的总编辑、总经理负责制。党委书记同时兼任总编辑、总经理和成都日报社总编辑，从成立到2005年底，周孟棋、何冰等先后担任上述职务。

成都日报报业集团管理按照中共成都市委确定的“六统一”，构建了“统分有度”的集团宏观管理模式。

第一，统一宣传指挥，共享新闻资源。集团采取一系列措施加大新闻管理和指挥力度。集团主要做好宣传导向管理和大型宣传策划、大型活动的统一指挥协调，逐渐建立新闻资源共享制度，以降低新闻采编成本，提高新闻资源使用效益。

第二，统一资产管理，合理配置资源。集团对所拥有的国有资产和资源实行统一管理，统一配置，并根据国家现行的资产管理制度和规定，结合集团的实际情况，研究制定各类资产的管理办法和规章制度。充分发挥整体优势和规模效应，提高资产管理水平和资产经营效益；充分挖掘资源潜力，加大资源共享力度，提高资源利用率。

第三，统一财务管理，加强审计监督。集团的财务管理归口于集团经委会，并设立集团财务中心，承担整个集团的资金管理、预算管理、成本管理、融资管理、分配管理等职责。各报刊社实现的利润按比例上缴，博瑞投资集团按集团参股比例分红。集团对所属各单位加强财务监管，加强审计监督，确保财务管理规范高效。时机成熟时，建立集团内部银行，统一周转集团资金，最大限度地发挥资金效益。

第四，统一人事管理，培育职业团队。全面推进人事制度改革，实现一般员工全员聘用和中层干部竞争上岗。按照市委关于干部管理总的原则，加强干部管理工作。强化岗位意识，弱化级别观念，变“身份管理”为“岗位管理”。逐步形成部门高效精简、人员优化配置、分配日益合理、内部活力显现的良性循环。加强人力资源开发和培训，实现人力资源向人力资本的转变。

第五，统一经营管理，形成规模效益。集团制定统一的发展战略规划和实施纲要，明确其发展方向和战略重点。各报刊社和博瑞投资集团在总体规划下，制定本单位的发展规划和实施办法。资产整合后，重大投资项目和跨区域、跨行业的投资计划必须经过集团党委会研究决定。各报刊社利用新闻资源和人才资源创办新的报刊要经过集团党委会研究决定，并严格履行报批手续。

第六，统一目标考核，建立激励约束机制。建立目标考核体系，统一实行目标考核。根据各报刊社实现社会效益和完成经营效益指标情况，兑现奖惩政策，把贡献大小与经济收入和干部任用挂钩。

成都日报报业集团成立以后，把坚持正确的舆论导向、充分发挥媒体的党和政府的喉舌作用作为集团全盘工作的第一要务和立业之本，紧紧围绕市委、市政府中心工作展开新闻宣传。按照统一要求，提炼总结出了在集团化背景下新闻指挥的新模式：“围绕中心，同题竞技，差异表达，形成合力”。坚持运作机制创新，重大主题性报道策划先行，初步形成了集团层面、各报刊社层面、操作部门层面的“三级策划体系”，增强了新闻宣传的核心竞争力和舆论引导的水平。

成都日报报业集团成立后，在经营管理、资产配置方面，提出并始终坚持“资产整合集团化，资源配置市场化”原则，先后顺利完成了所属成都日报社的产权划转以及广告、发行资源的整合和配置，顺利完成博瑞投资集团业务重组整合工作。从 2004 年起集团与所属成员单位每年签订社会效益经营目标责任书，并兑现奖惩。

第三节　四川党建期刊集团

为了有力推动四川省期刊业改革，合理调配资源，形成集团优势，增强省委机关刊物的整体实力，更好地宣传党的路线、方针、政策，经深入研究论证，中共四川省委宣传部 2000 年 11 月 2 日向省委上报了《关于组建四川党建期刊集团的建议的请示》，提出了组建四川党建期刊集团的建议和集团架构。

2001 年 4 月 16 日，中共四川省委发出《关于同意组建四川党建期刊集团的批复》，同意以省委机关刊《四川党的建设》为核心组建四川党建期刊集团。这是全国最早批准成立的一家省级综合类期刊集团。单位性质是全民所有制事业单位。资金来源是核定收支，经费自筹。

2001 年 8 月 29 日，中共四川省委通知，罗鸣任四川党建期刊集团党委委员、书记、管理委员会主任；何志文任集团总编辑；张泽刚任集团总经理。2005 年 9 月 1 日，中共四川省委通知，何志勇任四川党建期刊集团党委书记、管委会主任。

四川党建期刊集团的宗旨和任务是：坚持社会效益和经济效益一起抓，坚持以刊、报为主和多种经营共同发展。充分利用集团优势，坚持以期刊业、报业为本，以办好党刊为主，遵循社会主义出版规律和社会主义市场经济规律，从整体上增强活力、壮大实力、提高竞争力，建成有相当影响和实力的期刊集团。刚组建的四川党建期刊集团有刊物 9 种，包括《四川党的建设·城市版》《四川党的建设·农村版》《生活之友》《明日》《四川宣传》《学校思想教育文稿》《理论学习导刊》《党建内参》《汽车杂志》。其后，在 2003 年报刊治理整顿中，《四川宣传》《学校思想教育文稿》和

《党建内参》3 刊被撤销，集团维持 6 刊的规模。

2005 年 9 月，为贯彻落实中央关于深化文化体制改革的决定精神，在省委“大集团带动大产业”的文化强省战略指引下，由省委宣传部直接主导，通过“行政推动、市场主导”的方式，完成了对省内部分报刊资源的整合，重组了四川党建期刊集团。新划入的报刊包括《都市丽人》《西部旅游》《女刊》《四川劳动保障》四种期刊和《精神文明报》《大众健康报》两种报纸。重组后，集团由原来的 6 刊变为 10 刊 2 报。

2005 年末，集团资产总额为 2840 万元，货币资金总额为 814 万元，固定资产总额为 2053 万元，所有者权益为 1080 万元。

2005 年底，集团有员工 204 人。其中在编员工 59 人，聘用制员工 125 人，离退休人员 20 人。

第五篇　素质教育与新闻研究

2003年10月，在中共中央宣传部、国家广电总局、国家新闻出版总署、中华全国新闻工作者协会等四部门统一部署下，在中共四川省委宣传部等四部门指导下，全省报业积极开展了学习“三个代表”重要思想、马克思主义新闻观、职业精神职业道德的“三项学习教育”活动（以下简称“学教”活动）。各报社加强组织领导，制定学习计划，丰富学习内容，不断创新形式，使“学教”活动开展得有吸引力、感染力、亲和力，收到了明显的效果。通过“学教”活动，广大报业员工提高了思想认识，努力用马克思主义新闻观指导新闻实践，改进新闻宣传工作。同时，还完善了规章制度，建立了长效机制，为加强行业自律、抵制不正之风、强化规范管理、不断提高报业人员综合素质奠定了扎实基础。

加强报业从业人员培训，是开展素质教育、提高报业人员素质的重要工作。省委、省政府高度重视这项工作，省新闻出版局制定了专门的培训计划，各报社采取上岗培训、在职轮训、进修深造等多种形式，积极落实从业人员培训工作。各报社员工通过各种方式的培训，政治素质和业务素质得到提高，为提高报纸质量、增强报纸竞争力、促进报业健康发展提供了很好的人才保障。

高校新闻院系是报业人才的摇篮。改革开放以来，继四川大学新闻专业率先于1981年招生后，几所部属高校都先后办起了新闻传播教育，从招专科、本科，发展到招硕士生；一些省属高校，也陆续创办了新闻传播类专业，努力结合学校实际，办出自己特色。各高校新闻专业，注重结合新时期新情况，努力推进教学改革，不断提高教育质量，并紧密联系报业工作实际，做到理论与实际结合，为国家培养了一批批德智体全面发展的新闻人才，为报业发展增添了生力军。

报业发展，呼唤报业研究也推动新闻研究工作。1994—2005 年，是四川报业深化改革、迅速发展的时期，也是四川报业新闻研究工作不断兴起、发展并取得卓著成绩的时期。在这一时期，报业各新闻研究机构紧密结合实际实施了有价值的新闻研究项目，包括报纸新闻宣传研究、都市报、晚报研究、报业经营管理研究、报业体制机制改革研究和报业人才培养研究等，并围绕各个专题举办了多次有全国影响的新闻研究学术活动。正是在这些研究活动中，逐步形成了报业、高校新闻院系、新闻研究机构三结合的报业研究新模式，同心协力、集体攻关，诞生了一个个优秀的科研新成果。不少成果获省政府以上优秀科研成果奖。

第一章　“三项学习教育”活动

四川省报业高度重视“三项学习教育”活动，切实加强组织领导，广大报业员工积极投身到“学教”活动之中，学习方式生动活泼、注重实效，取得了思想认识提高、道德修养增强、制度建设更加牢固的明显效果。

第一节　主要内容和方式

一、组织领导

中共四川省委宣传部结合全省新闻战线实际，下发通知，安排部署，要求各单位一定要把“三项学习教育”活动作为新闻队伍建设的重中之重，认真切实抓好。2003 年 12 月初，省委宣传部等四部门举办了全省报刊总编辑、广电台长培训班，要求全省新闻战线深入开展“三项学习教育”活动。省委常委、宣传部部长王少雄就四川省新闻战线广泛深入开展“三项学习教育”活动，进一步作了深入动员和安排部署。2004 年 4 月 20 日，省委宣传部等四部门又在泸州市召开全省新闻战线“三项学习教育”活动现场交流会，全省新闻单位负责人 100 多人参加。会上有 10 个新闻单位交流了开展“学教”活动的经验，并实地参观学习泸州日报社开展“学教”活动作法。按照中宣部、中国记协和省委宣传部的要求，全省报业各单位建立、健全了“三项学习教育”活动的领导班子和办公室，制定了每年度“学教”活动的安排意见，并落实专人督促检查“学教”活动开展情况。各报社分管“三项学习教育”活动负责人，认真履行职责，定期或不定期地研究如何把“学教”活动引向深入，发现问题及时解决。

四川日报报业集团成立了由集团党委书记、董事长余长久任组长，党委副书记、总编辑唐小强任副组长的“三项学习教育”活动领导小组，并在集团总编室设立领导小组办公室，各报刊、网站均设立了“学教”活动领导小组，由主要负责人任组长。

四川新闻网对“学教”活动实行一把手负总责，其他领导成员配合抓，实行“一岗双责”，即每个领导成员不但要对所分管的部门的业务工作负责，而且还要对所分管部门的“三项学习教育”活动负责，从而落实了“学教”活动责任制，加强了活动的组织领导工作，确保了“学教”活动深入开展。

成都日报社成立以总编辑为首的“学教”活动领导小组和办公室，制定《成都日报深入开展“三项学习教育”活动方案》，并将此活动纳入对采编部年度工作目标考核。成都商报社也在 2003 年底成立了“三项学习教育”活动领导小组，统一组织安排“学教”活动的开展。在安排每年的工作计划中，报社都把继续深入开展“学教”活动纳入日常编务工作，坚持每周二晚上组织要闻部、评论部等有关部门学习政治理论及中央、省、市相关文件，提高业务骨干自觉投入“学教”活动的积极性和政策理论水平。成都商报社“三项学习教育”活动领导小组还大力加强职业化教育，营造讲学习、讲政治、讲正气、讲职业荣誉感的良好氛围，不断提高采编人员的政治素质和业务水平，努力打造职业化的新闻采编队伍，建设学习型报社。

泸州日报社党组出台了《关于进一步将“政治家办报”暨“三项学习教育”活动制度化的若干规定》，选择新闻部等 4 个编采部门作为责任文化建设试点部门，探索责任文化建设经验，在全社推广。这些都为“三项学习教育”活动的顺利、持久开展，提供了有力的组织保障。

2004 年 10 月，全省又举办两期新闻出版系统“三项学习教育”活动培训班，各报社主要负责人参加培训。培训期间，中共四川省委书记张学忠作辅导报告，要求广大新闻工作者紧密联系思想实际、工作实际和作风实际，搞好“三项学习教育”活动，推动新闻宣传工作不断取得更大成绩。

二、活动内容

在“三项学习教育”活动中，全省各报社都十分注重丰富学习内容，紧密联系工作实际，把“学教”活动与新闻出版中心任务结合起来，与日常新闻采编业务结合起来，把学习成果体现在报纸版面上，通过报纸新闻宣传工作的改进与创新来检验学习成果，推动学习进程。

四川日报报业集团在“学教”活动中，始终注重“四个结合”，即学习必读书籍、文件与开展正反面典型教育相结合，自我查找问题与接受社会监督相结合，边学习边整改与制度建设相结合，开展“学教”活动与不断创新宣传工作相结合。在学习阶段，集团组织全体员工认真学习《论“三个代表”》《马克思、恩格斯论新闻》《报纸出版工作法律法规》等书籍；在整改提高阶段，带领从业人员紧密联系实际查找问题、改进提高、建章立制，不断创新发展，并组织大家认真学习了中宣部、国家广电总局、国家新闻出版署公布的《关于新闻采编人员从业管理规定》，在实际工作中加以贯彻执行。

凉山日报社组织全社采编人员认真学习马克思、恩格斯、列宁以及毛泽东、邓小平、江泽民、胡锦涛等领导关于新闻出版工作的重要论述，深刻领会其精神实质；学习党的新闻出版工作的一系列方针政策与原则法规，学习新闻工作者职业精神、职业道德建设等方面的内容。

泸州日报社还将《江泽民同志 1996 年 9 月 26 日在视察人民日报社时的讲话》《“三个代表”重要思想学习纲要》《李长春同志 2002 年 4 月 4 日关于新闻宣传工作做到“三贴近”的讲话》《新闻工作者职业道德准则》和中央一系列关于加强新闻队伍职业道德建设、禁止有偿新闻的规定以及广告管理法律法规等，印发给报社全体工作人员认真学习，坚决贯彻执行。

宜宾晚报社除组织全社人员认真学习市委宣传部规定的“三个代表”重要思想、马克思主义新闻观、职业精神职业道德方面的学习内容外，还增加了学习江泽民《在接见解放军报社师以上干部时的讲话》和《在视察人民日报社时的讲话》，学习采取集中学和自学相结合的形式进行，每周一上午为固定学习时间。

甘孜日报社在“学教”活动中，着力在“学教”上下功夫，在“结合”上做文章，在“整改”上动真格。2004 年，报社组织采编人员认真学习民族宗教观、党的民族宗教政策，加强职业精神职业道德培养，严守新闻宣传纪律，坚持实事求是，讲真话、报实情。

三、学习方式

全省报业各单位在“三项学习教育”活动中，都注意不断创新学习方式，力求形式多样、生动活泼、注重实效。

四川日报报业集团在学习中，先后邀请新闻界、教育界、外事部门和司法部门的专家学者为报社员工作学习辅导报告，开展了知识问答、知识竞赛、学习汇报演讲等活动，并在各自的采编领域设置中心论坛，编发理论知识、案例分析等学习资料，刊出专题组织员工在网上展开讨论。各报刊、网站每周还安排3个学时进行集中学习或讨论交流。川报集团“学教”活动领导小组办公室人员，不定期地到各报刊、网站进行巡回检查，督促做到了“时间、人员、内容”三落实，确保“学教”活动深入开展。

华西都市报在学教活动中，注重细节教育，向报社员工发放“警示卡”，强化纪律约束。2004年11月，为了强化学习效果和加强约束机制，报社推出了“警示卡”，正面写着：“制止有偿新闻，杜绝虚假新闻，抵制庸俗之风，拒登不良广告”，要求每位员工把“三项学习教育”内容铭记在心，随时提醒和告诫自己，坚持抵制“四大公害”。

天府早报社把《“三项学习教育”活动二十问》印制成64开本的小册子，人手一册，便于员工随时携带学习。

成都日报社在学教活动中，采取以现代技术为支撑开展网上教育，利用内部局域网平台开辟了“网上党校”“采编手册”“业务培训”等栏目，宣传相关文件精神，强调采编纪律，交流学习心得，并采取开门征求意见、自查不足和以案说法等多种形式，提高采编人员“政治家办报”的意识和法律道德修养。

成都商报社以编采例会、典型案例教育、专题讲座、课题调研等多种方式为载体，在内部局域网开设“三项学习教育”活动专栏，举办了两届“三项学习教育”知识竞答，出台了《成都商报工作人员在外接受现金、有价证券、物品上缴登记的若干规定》，进一步杜绝有偿新闻。

自贡日报在“学教”活动中，注重发挥现有的网络人才和技术设备的优势，在内部开辟了“三项学习教育”活动论坛，鼓励报社员工登录论坛、发表帖子、交流学习收获与心得，开展批评与自我批评。全社员工在网上共发表帖子5000多页，上网点击量达2.6万余人次。

第二节　主要收获和成果

“三项学习教育”活动开展以来，全省报业围绕党和国家工作大局，组织全体员工积极投身到“学教”活动中，取得了阶段性成果。

一、思想认识

四川日报报业集团通过认真开展“学教”活动，使广大采编人员自觉把思想认识统一到深入贯彻落实中共十六大和中共十六届二中、三中、四中全会精神上来，从而增强了用“三个代表”重要思想统领、指导新闻宣传工作实践的自觉性，增强了贯彻执行党的路线、方针、政策的自觉性，在提高采编人员政治素质、坚持党性原则、坚持“三贴近”原则，把握正确舆论导向等方面有了明显的成效。四川日报社在“学教”活动中，紧密结合实际，以多次改版为契机，强力推进新闻创新、机制创新，在深入中贴近，在贴近中创新，进一步加强了重大主题、重大事件、重大活动、重大典型报道和重要言论的宣传，进一步发挥了党报引导舆论的主阵地作用。四川省“三项学习教育”活动领导小组办公室在“学教”活动期间，先后刊载印发川报集团开展“三项学习教育”活动的《简报》20 多期，占总期数的三分之一以上。全国新闻战线“三项学习教育”活动领导小组办公室还就川报集团突出“四个结合”、推动“学教”活动向纵深发展和华西都市报抵制低俗文娱报道，分别刊发了专题简报，向全国新闻战线介绍川报集团及华西都市报的经验。

成都日报社通过开展“三项学习教育”活动，增强了采编人员政治水平、业务能力，增强了责任意识和新闻工作者的历史责任感，各项工作流程的节奏明显加快，报纸质量水平稳步提升。

南充日报社编采人员通过“学教”活动，进一步增强了敬业精神。在“学教”活动期间，报社围绕市委、市府中心工作，新开办栏目 30 多个，策划重点报道 330 多篇，组织与策划“工业兴市”“招商引资”“经营城市”的新闻报道 400 多篇，报道内容丰富，有的放矢，针对性强，受到市领导充分肯定和读者赞扬。广安日报社采编人员通过开展“学教”活动，加强了对“三个代表”重要思想重大意义的认识，进一步树立了马克思主义新闻观，并把它作为做好新闻宣传工作的思想理论基础。全社员工增强了政治观念、进取观念、敬业观念、纪律观念和大局观念，有力地推动了报纸改革，提高了报纸质量。

二、道德修养

全省报业在“三项学习教育”活动中，深入学习中央关于新闻职业精神和职业道德的一系列文件，集中开展了新闻工作者责任意识教育，开展了向穆青、甘远志等优秀新闻工作者学习的活动，激发了广大采编人员从事新闻宣传工作的奉献意识和自豪感，涌现出一大批立场坚定、敬业奉献、人品文品俱佳的先进典型。

四川日报报业集团在“学教”活动中提出，通过学习，既要提高新闻队伍素质，又要改善新闻队伍形象。集团本着“有错必究，严肃治理”的原则，针对有偿新闻、虚假报道、低俗之风、不良广告等群众反映强烈的“四大公害”，采取严厉措施，发现一起查处一起。对搞有偿新闻，虚假报道的人和事，坚决不放过，责成直接责任人作出深刻检查，分别给予经济处罚、降级、调岗、下岗、直至辞退的处理。集团各报刊、网站坚持对社会负责的态度，努力推出高格调、高品位的文化新闻、社会新闻，旗帜鲜明地反对低俗化、庸俗化。在坚持新闻真实性原则和提高宣传格调方面，集团明确要求全体记者、编辑务必严格执行“三落实”“六不准”，即务必“落实到采访对象，落实到新闻现场，落实到新闻源”；做到“不炒作隐私，不恶搞煽情，不报道庸俗花边新闻，不报道艳情新闻，不媚俗，不伤害社会风俗”。这些规定，在创新文化娱乐社会新闻方面作出了有益探索，使报纸版面更加干净、清新、丰富，受到读者的好评。

四川农村日报社员工通过“学教”活动，增强了弘扬职业精神职业道德、维护队伍形象的自觉性和坚定性。采编人员通过学习，进一步转变了采访作风，深入田间地头，采写了大量来自农村基层一线的鲜活报道，使报纸更受读者喜爱。

成都商报社自开展“学教”活动以来，未发生一起违规违纪事件，未收到一起职业道德投诉。职业道德教育的做法和经验得到上级领导的肯定，被各级主管部门及中央媒体推广。2004 年 2 月，中宣部、中央新闻战线“三项学习教育”活动调研组到成都商报社调研。2004 年 3 月，中宣部确定全国 7 个“三项学习教育”活动先进典型，成都商报是其中之一。

泸州日报社在“学教”活动中，以“诚信、公信”为核心，构建报社人员的价值体系，狠抓员工道德教育，修炼内功。报社从源头抓起，建立制度制约机制和管理体系，公开倡议制止虚假新闻，公布社会监督邮箱、电话号码，向全体编采人员提出自律宣言。报社明确提出全体采编人员必须走正路，堵歪路，消息来源要正；讲诚信，守规律，信息内容要真；花功夫，下力气，采访作风要实；多反复，多推敲，报道事实要准。2003—2005 年，泸州日报社先后出台《关于责任事故首问制、追究制、赔偿制的规定》《关于建立“问题稿件”审查小组的决定（即批评类和舆论监督稿件）》《关于严格稿件送审程序的规定》《关于报纸差错惩罚暂行规定》和《关于进一步规范稿件编审程序的规定》等 40 多个规范性管理制度。通过各种制度的建立，增强采编人员“政治家办报”和“政治安全无小事”的意识，形成“慎写、精编、细校、严审”的工作作风，从选题、接受任务、采访、定稿、编稿、送审、校对、排版、印刷等各道工序都能严格把关，杜绝虚假新闻的发生。

内江日报社先后完善涉及新闻宣传和队伍建设等方面的规章制度近 50 个，特别是认真实行采编、经营分离，出台关于新闻采访不准接受红包，不准要被采访单位派车接送等，以及不准只凭电话写稿、只凭简报写稿等新闻写稿“五不准”规定，并向社会公布，常年设立举报电话，接受群众监督，有力地遏止了“四大公害”。

四川法制报社制定了新闻采访报道“十条纪律”，为记者站和工作室人员列出“容易出现失误的若干环节”以及“采访活动中的忌语”等，完善礼品礼金上交制度，并于 2005 年制定了为期三年的规范记者站工作的行动计划，使编采人员增强政治意识、大局意识、责任意识，树立起求真务实、正直敬业的好作风。

乐山日报社编采人员通过开展“学教”活动，新闻工作职业精神职业道德进一步提高。有 11 位同志主动拒收礼物礼金，累计金额 6000 元。政教部边学边查边改，主动出击，对下岗工人再就业、民工欠薪、社会治安等热点、难点问题敢于碰硬揭短，采写了一批很有社会影响的好新闻。记者部克服人手少、任务重的困难，服务大局，深入基层，多次出色完成了领导交给的急难险重任务，受到市领导赞扬。

广安日报社在“学教”活动中，进一步增强遵守《新闻工作者职业道德准则》的自觉性。2004 年 10 月，报社向社会公开了廉洁办报的五项承诺，一不搞有偿新闻，二不在采访对象处索要应由本人承担的费用，三不接收采访对象的礼金和实物，四不向采访对象提出与采访无关的个人要求，五不以写批评报道相威胁谋取个人好处。这些承诺，对增强采编人员的职业道德，确保新闻报道的真实性、准确性，起到了很好的作用。

甘孜日报社开展“学习陈德华，奉献在岗位”为主题的学习教育活动，编采人员深入基层采访，写出了深受群众喜闻乐见的新闻作品。采编人员在报纸由小报改为大报后，进一步自觉发扬清正廉洁作风，抵制拜金主义、享乐主义和个人主义思想侵蚀，反对有偿新闻和虚假报道，提高新闻报道水平。

三、制度建设

四川日报社、成都日报社等报社在“学教”活动中，积极探索人才培养机制，开设“双通道”，在设立行政职位竞争上岗的同时，设立首席编辑、首席记者和主编等业务职位竞争上岗。对业务职位实行从优的经济待遇和严格的考核机制，从政策和机制上鼓励他们心无旁骛地钻研业务，发挥特长。成都日报社建立“首席记者”制度，开辟“首席记者深度观察”栏目，使党报的新闻宣传更加具有深度和力度，使骨干记者得到了更好的锻炼。

自贡日报社建立宣传报道对象定期回访制度，由总编辑或分管副总编辑带队，深入到被采访单位和宣传报道对象家中进行走访调查，及时了解编采人员在采访报道过程中的工作态度、工作作风等具体表现，并与年度考核挂钩。这种做法，既受到被采访对象的好评，同时也是对采编人员的极好监督与鞭策。

泸州日报社各部门坚持每周一次的政治学习和业务研讨，大家交流学习心得，分析稿件优劣，围绕“三贴近”搞好选题、策划并付诸实施。每周的编务会，总编们都要和各部门负责人在一起分析、点评一周的报纸。大家集思广益，畅所欲言；既讲理论，也话实践；既谈舆论导向，也议读者关注的问题；既讲版面形式，也谈稿件内容。常常是记者为抓一个好点子，东奔西走；编辑为办一个好专栏，绞尽脑汁；总编辑为作一个好标题，煞费苦心。报社还在“学教”活动中，积极探索并实施“安全出报、系统保障”运行模式，强调稿件定位，把新闻类、副刊类、经营类（广告）稿件，全部纳入编审流程，使各个环节环环相扣，职责分明。实施这套运行机制后，效果明显，效率大增，对确保报纸质量和准时出报起到了重要作用。

四川新闻网通过“学教”活动修订、完善、出台了一系列规章制度，强化领导干部的廉洁自律工作；修订完善了《四川新闻网财务管理制度》，分别在财务计划管理、奖金管理、固定资产管理、低值易耗品管理、物资采购管理、合同管理、费用开支管理等方面进一步规范和细化。出台《工作报告制度》《督察督办制度》《行政管理制度》等，进一步细化工作职责，明确工作程序，为扎实做好新闻网各项工作提供有力的制度保证。同时，还严格实行考评制度，坚持每日考勤，进一步提高工作效率。

第二章 从业人员培训

四川报业十分重视从业人员培训工作，采取了上岗培训、在职培训和选派人员外出进修深造等多种形式，并使培训工作全覆盖，收到明显效果。

第一节 上岗培训

四川省新闻出版局对报业人员上岗培训制订了专门的计划，设置了专门机构，抓好报业人员的上岗培训。从1994年起，全省各报社每年都选派人员参加培训，考试合格后颁发上岗证。

2003年9月15日，国家新闻出版总署办公厅批复成立国家新闻出版总署教育培训中心西部地区分中心，明确为总署教育培训中心的分支培训机构，在行政上为四川省新闻出版局直属机构，业务上由总署教育培训中心指导。分中心拥有一支专家级师资队伍，包括专题培训教师、从业资格培训教师、技能培训鉴定教师、法律法规教师。几年来，该中心累计开班70次，培训人数近2万人次，其中总编辑、主编岗位培训三次，累计培训上千人次；新闻采编人员培训49期，累计培训1万余人次。

四川日报报业集团规定，凡通过公开招考进入的新员工，均需要参加上岗培训。培训的内容包括：了解集团基本情况、历史沿革、企业文化、规章制度、工作（生产）流程、安全生产规范、业务技能等。在条件允许的情况下，还安排新员工到相关生产流程部门跟班学习。

华西都市报社认真做好报业人员上岗培训工作，提高员工队伍整体素质，努力建设一支政治强、业务精、纪律严、作风正的队伍。上岗培训的学习内容包括学政治、学业务、学知识。2004年，报社成功完成新闻采编人员的从业资格培训工作，使新上岗的人员较快熟悉新闻业务，为做好本职工作奠定了基础。

精神文明报社对员工进行例行的岗前培训，内容包括：社会主义精神文明建设知识普及、马克思主义新闻观学习、新闻从业人员职业道德教育、报社职工守则教育、行政管理知识、财务管理培训等。从1994—2005年，报社先后对20多名新聘职工进行了上岗培训。

四川法制日报社按照新闻出版管理部门的规定，对新进入报社的人员，均分批安排参加省新闻出版局主持的统一培养，并经过考试，取得相应的从业资格证书。截至2005年12月底，报社共派出5批40余人参加培训，占应培训人员的百分之百。

成都日报社编委会在2002年初制定了《成都日报社职工培训管理办法》，对报社采编培训工作开展对象、培训内容和培训形式等都作了明确规定，并且将培训成绩与部门负责人的业绩挂钩，通过部门负责人落实、督促上岗培训工作的正常有效开展。

成都商报社从成立起，就坚持对新员工进行上岗培训，培训内容包括政治思想、纪律、业务等。从 2000 年起，报社每年从国内知名高校挑选优秀毕业生到报社工作，为此建立了新员工入社培训制度，专门加强对新员工的系统上岗培训。

凉山日报社全体编采人员，均接受省新闻出版局组织的从业人员资格培训，通过考试获得新闻采编人员资格培训合格证书。

攀枝花日报社对每个从业人员安排到正式岗位工作之前，都要经过三个月以老带新的培训锻炼，或者分批派到外地对口单位培训，经过考核、确定能胜任该岗位工作后方予以安排工作。

乐山日报社新员工上岗培训，主要采取所在部室主任或老编辑、老记者"一带一""一帮一"的培训方式进行。新进人员进报社后，先安排到校对室担任报纸校对工作 3 个月至半年，熟悉编务流程，接触各种新闻体裁，然后再分配到各部室工作。2002 年，乐山日报社因创办晚报，分别于同年 6 月、9 月先后招聘了 40 多名新手。报社进一步加强了上岗培训工作，组织新聘员工进行军训，同时进行岗前新闻理论基础知识培训，然后再分配到各业务部室。各部室安排每周 1—2 个半天进行业务指导、交流、训练，不断提高新闻业务能力。

南充日报社对员工的上岗培训，内容包括职业道德、岗位技能等各个方面，对技术含量高的岗位实行"上岗证"制度。1997—2003 年，报社先后 4 批招聘了 54 名工作人员，全都实行了岗前培训，经过严格考核合格后，才允许上岗。2004 年，报社实行全电脑采编后，对所有人员进行了岗前培训，包括电脑打字和编辑系统使用技能，经过两个月集中培训和个人刻苦自学，全体采编人员都掌握了数字编排技能。报社成功进行了编排数字化转型。2003 年底，报社 89 名采编人员参加了全省组织的新闻采编人员资格考试，全部取得上岗资格证。

广安日报社在 1997 年 12 月，公开招聘 8 名新闻采编人员，上岗前进行新闻职业纪律、职业道德方面的学习培训，在后来的采编工作中起到了很好的作用。2000 年前后，报社又招聘一批采编人员，通过"以老带新""岗上培训"，使他们逐步进入采编角色。到 2005 年，报社初步形成一支政治上较强、业务上能胜任的新闻从业人员队伍。

第二节　在职轮训

在职轮训是提高报业从业人员素质的重要措施。中共四川省委首先从报业领导干部培训抓起。1994—1998 年，省委每年举行一至二次新闻工作座谈会，各报社主要负责人出席。会上交流汇报各报工作情况与经验，提出需要解决的问题，然后由省委主要负责人对新闻宣传工作提出要求。同时，省委宣传部还主持了多期报社总编辑培训班，用以会代训的方法进行培训，提高报社领导人员素质。

四川日报报业集团每年都选派员工进行轮岗交流和挂职锻炼，加强采编部门与经营部门之间的交流，党报与市场报之间的交流，在轮岗与交流中提高干部素质与能力。华西都市报社还在 1996 年 12 月 11 日公布了《关于开办"华西都市报新闻培训学校"的决定》，把在职人员轮训工作制度化，将每周六定为报社员工学习日，邀请高校教授和省市机关负责人及专家讲课。2000 年 1 月 3 日，又出台《关于进一步加强华西都市报新闻培训学校工作的意见》，成立了培训领导班子，具体抓采编人员在职培训工作。

四川法制报社通过以会代训等多种形式，每年开展生动、活泼的培训工作，并重点抓好市州记者站新进人员和负责人的培训。对司法部、全国法制新闻工作者协会等部门举办的培训活动，报社也积极派人参加，并要求参训人员回报社后汇报培训收获与成果。报社还不定期地举办法制新闻讲座，先后邀请了省委政法委、省司法厅、省法院等部门负责人到报社讲课，提高在职人员法制素质和政策水平。

成都商报社通过每周编采例会、月度新闻奖颁奖大会、专题讲座等形式，对员工进行经常性的政治思想、职业道德、职业精神和业务技能培训。先后邀请了北京华远集团总裁任志强、中央电视台广告部首席顾问陈天成、著名央视主持人王志、中国青年报知名摄影记者贺延光等到报社讲学。

成都日报社在培训内容上主要包括：以时事政治理论为主题的政治工作理论，以具体新闻操作经验介绍和业务探讨为主题的新闻业务培训和以提升人员职业道德修养为主题的思想理论讲座。在培训组织上，一是由编委会办公室统一安排，每月组织一次集中培训，围绕市委中心工作，重大政策和规定等内容进行学习、探讨；二是由人力资源部负责联系师资，邀请省内外专家、学者讲课，每月至少一次；三是编委会分管成员参加各部门每周的部务会，组织员工学习，将采编部门的业务工作纳入到培训工作中来；四是个人制定自学培训计划，定期向部门汇报自学成果。

南充日报社于2004年5月26日，邀请四川大学教授到报社为员工作了“当前报业发展趋势及特点”的讲座，每年都邀请报社常年顾问对采编人员进行法律知识培训。南充晚报于2002年1月，在全体职工中集中开展了为期一周的整顿思想和工作作风的在职培训活动，收到了明显效果。2003年1月，报社又进行了中层干部全部大轮岗，开展了轮岗前的技能培训，顺利地完成了工作交接，到岗率达到100%。2004年2月，在数字化采编系统投入使用前，进行了全体采编人员计算机知识与技术培训，顺利实现了采编工作无纸化运作。

凉山日报社采取“送出去”的方式对采编人员进行培训，先后派出十余批次共20多人，参加全国报纸编辑创新与策划研究班、中报联业务培训班、国家新闻出版总署培训中心和《四川日报》骨干通讯员培训班进行培训，为报社编采工作注入了新鲜的经验与活力，发挥了在职轮训的积极作用。

电子报社针对电子技术专业的特点，加强对采编人员的在职培训工作，要求采编人员必须熟练掌握电子技术知识，不断提高专业素质。对于电子技术专业毕业的采编人员，除要求技术知识不断更新外，重点强调结合工作实际注重编辑和文字处理能力的培养，并经常开展有针对性的在职业务学习和考查。对于新闻专业毕业的采编人员，除要求其在采编工作中注意突出《电子报》风格与特色外，还通过配备特约技术编辑，在保证技术上严谨准确的同时，让采编人员在实践中不断学习与掌握一些电子技术基础知识。这种在职培训，对于提高人员素质和确保报纸质量，都起到了立竿见影的作用。

第三节　进修深造

选派人员外出进修深造，也是四川报业加强从业人员培训工作、提高从业人员素质的重要措施。四川日报报业集团每年都选拔一批骨干人员到北京大学、清华大学、复旦大学等国内著名高校和培训机构学习，选拔优秀年轻干部参加党校中短期斑学习进修。

四川法制报社出台相关政策，鼓励和支持在职人员通过自考、夜校、函授和党校学习等多种方式进修深造。1994—2005 年，报社先后有 8 人次参加各种学习，有 7 人获得了四川大学、自修大学的本、专科文凭，1 人获省委党校本科文凭。1997—1999 年，报社选派 3 人参加四川大学新闻学院举办的在职新闻研究生课程进修班学习，理论水平和业务技能都得到提高。

成都商报社从 2001 年起，与美国密苏里新闻学院建立合作关系，到 2005 年已选派 21 名采编人员到该院学习。同时，不定期地安排骨干编辑、记者到新华社、北京青年报、新京报等新闻媒体学习进修。

泸州日报社每年至少选送 5—10 名采编人员到省级以上新闻传媒单位或高等院校学习深造，选派 3—5 名行政、经营管理人员到省级以上新闻单位学习，选送 4—6 名技术骨干到北大方正、四川日报印刷厂等单位进修。泸州晚报社还派出 15 名本科大学毕业生到 10 多个企业公司挂职学习 20 天。

凉山日报社通过组织委派和个人脱产、半脱产方式，先后有 20 余名采编人员，分别到中国新闻学院、四川大学、四川省委党校和四川广播电视大学等院校进行相关专业的学习和进修，拓宽了知识面，提高了自身的综合素质。

攀枝花日报社把年轻有为的业务骨干，送到外地对口单位进修深造。2004—2005 年，分别选送 2 名采编人员到四川日报社学习，选送 1 名年轻干部到市委宣传部实习锻炼。经过半年进修深造，他们均成为报社优秀业务骨干。

南充日报社在 1994—2005 年期间，先后派出 20 人次到四川大学、西南师范大学、南充师范学院和人民日报社、新华社进修深造，选派 4 名采编骨干参加全国报纸编辑创新和策划研修班学习进修，并派出 5 批共 26 名采编人员到华西都市报社、天府早报社挂职锻炼。南充晚报社对在职人员的进修深造工作，做到短期培训和中长期进修相结合，政治思想类培训与学历培训、专业技能培训相结合。先后派出总编辑和业务骨干出席 2002 年省委宣传部举办的总编辑培训班、2004 年南充市直属机关工委组织的党员干部培训班和 2005 年中国地市报研讨会，有 5 人通过“自学考试”形式完成专升本学历教育。2001—2005 年，有 30 人次参加了各种形式的进修深造。

第三章　高校新闻教育

四川高校新闻教育，继四川大学率先在 1981 年招收首届新闻专业本科学生后，几所部属高校和一些省属高校也先后办起了新闻专业，各个学校均结合自身特色，突出专业优势，努力培养能适应新时期需要的优秀报业人才。

四川省高校新闻教育院系情况一览表

表 5—1

校　名	专业名称	创办时间	地　址
四川大学	新闻学专业	1981. 9	成都市
西南民族大学	新闻学专业	2002. 2	成都市
西南财经大学	经济新闻专业	2002	成都市
电子科技大学	传播学专业	2003	成都市
西南交通大学	传播学专业	2003	成都市
成都大学	新闻学专业	1994	成都市
成都理工大学	广播电视新闻专业	1997	成都市
四川教育学院	新闻学专业	1999. 3	成都市
四川师范大学	广播电视编导专业	1999	成都市
成都体育学院	体育新闻专业	2000	成都市
四川省社科院	新闻传播学专业	1984	成都市
西华师范大学	新闻学专业	1994	南充市
内江师范学院	广播电视新闻专业	2002	内江市
乐山师范学院	新闻学专业	2002. 9	乐山市
四川职业技术学院	新闻采编与制作专业	2004	遂宁市
西南科技大学	广播电视新闻学专业	2005	绵阳市
四川理工学院	广播电视新闻学专业	2005	自贡市

第一节　部属高校的新闻教育

一、四川大学的新闻教育

1979年5月18日经国家教委批准、1981年9月开始招生的四川大学新闻专业，到1994年后取得了很大的发展。1995年11月，四川大学正式批准成立新闻学院，邱沛篁任院长。学院下设新闻系、广播电视新闻系，专业课教师从新闻专业开建时的几人增加到近40人，老、中、青教师队伍初步形成；在读学生包括硕士生、本科生、函授生、自考生、研修生和进修生等多种层次近1000人。从学科开创时就一直坚持的“请进来，走出去”的办学模式日趋成熟，并达到显著效果。所谓“请进来”就是把新闻界的编辑、记者、党政宣传部门的领导以及企业界、教育界、文艺界、商界等各方面的名人、专家请到学校来，给学生讲课、作报告，并使之固定化、形成制度；“走出去”就是教学与社会结合，师生走出课堂，参加采写实习和社会调研，面向社会办学，向社会吸取营养。在1986年11月成立新闻系咨询委员会的基础上，1995年11月30日又成立了新闻学院咨询委员会，省委常委、宣传部部长席义方任主任委员，省委宣传部副部长杜江任副主任委员，省市宣传部门、新闻界、企业界有关负责人任委员。这一组织形式进一步发挥了日益显著和突出的作用，推动了新闻传播学科教学、科研等各项工作的提高与发展，促进了理论与实践的结合。这一办学模式及经验，受到全国同行高度评价，先后获国家级优秀教学成果一等奖和二等奖。

1994年以来，四川大学新闻教育的办学层次增多，质量逐步提高，教学科研成果显著。学院除坚持办好本科教学外，开始招收新闻学方向硕士研究生，1993年7月获国务院学位委员会批准的新闻学硕士授权点。1994年起，逐年扩大了新闻学硕士研究生的招生数量。与此同时，学院大力发展了新闻学函授及自学考试招生规模，陆续新办了双学位、新闻专业证书班、新闻学研究生课程进修班等，极大地满足了广大青年及新闻在职人员进入新闻院校学习、深造的渴望，为培养各种层次的新闻人才和提高新闻从业人员素质与全民新闻媒介素质做出了重要贡献。

学院不断深化教育改革，破封闭式的旧教育观念为开放式的教育新思想，破静态式的旧教育方式为动态式的教育新方法，破单一化的教育模式为复合型、多学科、立体化的教育新格式。新闻学院与新闻传媒单位合作，成立了新闻传播研究所和广播电视研究所，建立了影视制作公司与广告公司。教学紧紧围绕为国家培养德、智、体全面发展的高质量新闻人才进行，科研紧紧为新闻实践工作服务，努力做到“产、学、研”三结合，办学路子越走越宽。

1998年7月，四川大学决定将新闻学院与文学院合并为文学与新闻学院，曹顺庆任院长。2000年，学院招收了首批文化与传媒方向博士生6名，以后每年招生量不断增多。2005年12月，四川大学新闻学学科被国务院学位委员会批准为中国西部唯一的新闻学博士学位授权点。2000年9月，传播学硕士点获国务院学位委员会批准设立，新闻传播学一级学科下两个二级学科点在四川大学全部齐备。学院在原有新闻系、广播电视新闻系的基础上，新增了广告系、编辑出版系和传播系，调整和新成立了新闻传播研究所、广播电视研究所、广告研究所、报业发展研究中心及“523新闻传播技能实验室”。学院新闻传播学科专业教师达43人，其中教授12人，副教授10人，一大批才华出众的青年教师崭露头角。截至2005年，新闻与传播专业研究生招生规模累计达到400人，本科生招生规模累计达到1500人。

二、其他部属高校的新闻教育

西南民族大学新闻教育始于20世纪80年代，最早为汉语言文学专业新闻方向，2002年2月26日，经教育部批准正式设立新闻学专业，同年秋季开始招收本科生。后成立新闻系，有专业课教师18人其中专职12人，兼职6人。专业教师中，高级职称比例占60%以上，具有硕士、博士学位的教师占78%，35岁以下的青年教师全都具有硕士研究生以上学历。西南民族大学新闻教育，秉承学校为民族地区服务、为少数民族服务的办学宗旨，紧扣“民族”二字，从招生来源和教育、教学上努力体现民族特色。在教学计划中，增加了“民族新闻史”等课程，鼓励民族地区学生适当选修一些民族院系的课程如彝语、藏语等，从而增强和提高从事民族地区新闻工作的能力。学院十分重视学生新闻实践能力的培养，除按教学计划规定的业务实习外，还要求学生利用寒暑假回到家乡的新闻传媒单位实习，让学生直接参加民族新闻采编工作，提高新闻业务能力。提倡学生多搞民族地区新闻事业调查，撰写有关调查报告，安排师生组成社会实践小分队，先后到甘孜州以及云南楚雄地区调查新闻传媒及社会经济文化生活状况，使学生了解社会，熟悉民族地区生活，提高胜任民族新闻工作的能力。

西南财经大学于1994—2001年期间，开设了“当代媒体发展”“新闻学概论”“当代新闻实务”“大众传播学”等课程，为学校申办新闻学专业打下了良好基础。2002年，学校申办经济新闻方向的专业获教育部批准。同年，汉语言文学专业招收了首批经济新闻方向的本科学生。2002—2005年，每年招生50名左右。经济新闻专业依托学校财经学科优势和财经人文背景，着力培养既懂现代经济管理、又熟悉新闻传播业务、培育较强新闻采写编能力的复合型、应用型人才。该专业师资力量较强，其中专兼职教授、副教授8人，博士后1人，博士3人，在读博士3人，90%的教师具有硕士以上学位。

电子科技大学信息管理系传播学专业于2003年获得硕士学位授位权，成立了传播学系，从2004年开始招收全日制硕士研究生，每年招收10—12名，培养期限为三年。该传播学专业以人类社会的信息传播活动为研究对象，其研究方向包括传播学理论研究、传播学实务研究、新媒体技术与社会发展研究等。2004—2005年招生的专业方向均为传播与文化建设（含国家形象传播）和网络传播理论与技术。电子科大传播学硕士点有专职教师5名，全部具有博士学位。该专业依托学校在计算机技术和渠道研究方面的优势，加大学生对网络传播、新媒体技术以及如何利用新媒体技术进行信息资源整合利用等方面的培养，开设了有关网络传播理论、网络传播技术以及新媒体研究等方面的课程，突出和强化对学生实际操作能力的培养，使学生在网站建设、网页设计等方面具有明显的动手能力优势。

西南交通大学传播学系于2003年正式成立，设传播学、广告学两个本科专业，拥有传播学硕士学位授权点，实施“人无我有，人有我新”的办学思路，充分发挥学校理工科学术背景，与理工类学院共同建设新闻传播专业，“以人文社科为基础，理工知识为依托”，坚持“强基础、重应用、创特色”的宗旨，走“文工交叉见长、复合特色取胜”的新型特色化办学之路。

第二节 省属高校的新闻教育

一、成都地区省属高校的新闻教育

成都大学新闻传播系文学与新闻学院，于1994年开始招收新闻专业专科生，2002年开始招收本科生，教师中有多位来自报社、广播电视台、出版社或网站，具有较丰富的新闻传播业务工作经验。学院注重在教学中与新闻传媒业界紧密合作，将业界丰富的实践经验引入教学，开展为政府决策服务和传媒界所关注的课题研究，努力以科学、严谨的态度和方法，提供有实际价值的学术成果和供决策参考的系统化意见，成为地方决策、业界和学术界沟通与合作的桥梁。该系十分注重学生全面素质的培养，强调素质为本、实践为用，将人文教育贯穿在整个专业教学之中。一方面拓宽学科基础课程，依托学院中文系师资力量开设语言文学和中外文化课程；另一方面鼓励学生通过学校公共课及选修课获取哲学、艺术、历史和自然科学等多方面的丰富知识，从而打好文化基础，培养高尚的道德情操和趣味，促进专业知识的学习和能力培养。2003年，学校建成了现代化新闻传播实验室，先后与校内外相关单位合作建立了学生实习与训练基地，使学生通过实验室教学以及参与校内外新闻实践活动，不断提高实际动手能力，从而为传媒业培养有文化、有道德、具备实际操作技能的优秀应用型新闻传播专门人才。

成都理工大学传播与艺术学院有广播电视编导、播音与主持、广播电视新闻、广告学共四个专业。该校在新闻教育中坚持思想素质与专业素质并重，素质培养与能力培养并重、理论知识与动手能力并重、课堂教学与实践教学并重的原则，在课程内容方面注意新闻传播课程、文学修养课程以及广电技术与艺术类课程的有机结合，加强学生实践性环节的教学。学院依托学校理工科的优势，借助学校雄厚的实践教学平台和丰富的教育资源进行开放式、互动式、小班化和现代化教学，不断提高学生的动手能力、思维能力和创新能力。

四川教育学院中文系于1999年3月申报新闻学专业获得批准，同年新闻系成立，设广播电视新闻学和新闻采编与制作两个专业，属成人教育性质。2000年招收首届专科生。2002年开始招收本科生。在读学生130余人。该校新闻系开设了“新闻学概论”“采访学”“新闻写作”“新闻评论”“广播电视基础”“新闻摄影”等课程，建成了拥有现代化新闻传播设备的综合实验室，加强学生采、写、编、摄等实际动手能力的培养和训练。至2004年，已毕业学生536名。

四川师范大学广播电视编导专业，于1999年秋招收首届学生。该专业秉承“重德、博学、务实、尚美”的校训，按照“为人生而传播”的办学宗旨，实行“传播的艺术、艺术地传播”的专业定位，以“广电传播”为主体，整合文学、艺术、新闻、传播等学科，采取“整合型、对应式、节目化”的教学原则与形式，培养学生的新闻意识、艺术感觉及人文情怀，强调教学中理论与应用同步，培养学生成为“口头、笔头、镜头、机头、人头”兼备的新型大众传媒人才。该专业拥有一支教学、科研、实践并重的专业教师队伍，均为硕士以上学位。

成都体育学院新闻系，是全国较早从事体育新闻传播教学和研究的团队之一。2000年开始，该系就对体育新闻传播学的特点与框架进行研究，发表了一批有影响、有见解的专业论文，出版了国内第一本体育新闻传播学教材《体育新闻学》，该系紧密围绕学院培养“一专多能”应用型人才的办学特色，秉承“面向传媒、体育与新闻相结合、素质第一、能力至上”的办学理念，着力培养全面发展的应用型媒体从业人才。学院还不断创新教学模式与方法，举办了“新闻艺术节”系列教学活动，包括主持人大赛、DV 大赛、平面与网页设计大赛、体育报道摄影比赛等，培养了学生的动手能力，增强了学生学习积极性与自觉性。

二、四川省社科院新闻研究所的新闻教育

1986 年，四川省社科院新闻宣传学研究室更名为新闻传播研究所。1986—1999 年，陈昌荣任主任；1992—2001 年，林之达任主任、所长；2001—2005 年，张立伟任所长。四川省社会科学院新闻传播学专业于 1984 年开始招生，1986 年由国家教委批准设立新闻专业硕士学位授予点。2000 年前，招生规模较小，一般每年 1—5 名。2000 年起，招生规模逐年增大，2005 年达到招生 16 名。该所的办学理念和特色是重新知、专业化、大视野、见成效、扬长处。该研究所于 2004 年被评为四川省社科院特色学科，先后获国家课题 3 项，获省哲学社会科学奖 9 人次，获中国新闻奖 2 项，四川新闻奖 8 人次。

三、其他地区省属高校的新闻教育

西华师范大学位于南充市，1994 年在中文系设置了新闻专业本科，首届招收学生 53 名。1999 年正式开设新闻学本科专业。后该校将文学院下属新闻系和音乐学院下属播音专业合并组成新闻传播学院。学院有专职教师 23 人，具有硕士以上学位的教师，占教师总数 60% 以上。有在读学生 700 余人。该专业十分重视对学生进行实践性环节的教学工作，修建了演播大厅和播音实验室、电视节目观摩室，不断改善教学条件，加强理论与实践的结合。学院还经常邀请省内外知名新闻学者，教授及新闻从业人员来校作学术讲座，开阔学生视野，丰富学生知识不断提高教学水平。

内江师范学院文学与新闻学院于 2000 年 8 月正式成立。2002 年设广播电视新闻学专业。该专业有专任教师 15 人，具有硕士以上学位以上 10 人。2002 年开始招生，共有本科学生 199 人。该专业培养具有广播电视新闻学基本理论、基础知识和较强实践技能的复合型新闻人才。学院建有现代化采编、演播、录音实验室，设有专业实习基地 10 个，学生专业实习地点辐射全省各地市。该学院还成立了范长江新闻研究所，不断开拓和加强对范长江的研究。

乐山师范学院新闻专业 2002 年 9 月开始招生，2004 年获学士学位授予权。该专业有专业教师 35 人，有在校生 325 人。该专业十分强调对学生实践能力的培养，开设了与写作能力和采编能力培养相关的多门课程，并加强了实践性环节的教学，要求学生必须在第 4—6 学期中，每学期集中安排新闻专业实习 1 周，其余时间不间断地经常实习，从而不断提高学生动手能力。同时，学院也十分重视加强基础知识与基本理论的教学，重视学生综合人文素质方面的培养。该专业学生组建了多媒体制作小组、文学社、诗社、书法小组、新闻采编小组等，开展丰富多彩的课外文化活动，促进学生全面成长。

四川职业技术学院位于遂宁市，2004 年正式成立了文化传播系新闻采编与制作专业，有专任教师 9 人，并建立了一支以遂宁日报社、遂宁电视台等新闻传播单位高级记者、编辑为主体的外聘兼职教师队伍。该专业于 2004 年秋季开始招生，共有学生 65 名，其中 2004 级 37 名，2005 级 28 名。

设立了校外实习基地4个，除组织学生参加校内社会实践外，每学期安排一周以上的新闻采写实习。三年级下学期为统一实习时间，采用统一组织与自主实习相结合的方式进行，由专业教师与校外辅导教师全程指导，实习结束时提交实习报告。学生毕业后，主要面向新闻传媒单位从事新闻采编及制作工作。

西南科技大学位于绵阳市，于2005年设立广播电视新闻学专业，有专职教师11人，全部为硕士以上学历。该专业有在读学生203人。

四川理工学院位于自贡市。文学与新闻系广播电视新闻学专业，是该校重点建设学科，该系开设的“新闻采访与写作”课被评为全校重点建设课程。该系拥有一支年龄、职称、学历结构合理的师资队伍，其中副教授以上职称的教师占教师总数的41%，具有硕士以上学位的教师占教师总数的62%。该专业学生长期保持在100名左右，含电视新闻专业方向、新闻摄影方向和广播电视新闻史方向等。

第四章　新闻研究

1994—2005 年，四川报业深化改革，发展迅速。新闻研究也蓬勃发展，研究课题涵盖了新闻理论研究、实用新闻研究、报业经营管理研究、报业体制机制改革研究和报业人才培养研究等，逐步形成了报业、高校新闻院系、新闻研究机构三结合的报业研究新模式，不少研究成果获省政府以上优秀科研成果奖。

第一节　新闻研究工作

1994—2005 年，四川省报业新闻研究机构主要有省报以及各地市报的新闻研究所（室）、研究协会等。这些研究所（室）大多于 20 世纪 80 年代陆续建立。这些新闻媒体研究所坚持理论联系实际，注重新闻实践经验，探索新时期新闻理论建设，研究媒体经营管理，交流国内外信息，参与媒体发展策划，推动新闻改革，促进了新闻事业发展。随着 2001 年、2002 年四川日报报业集团、成都日报报业集团相继成立，新的形势对新闻媒体研究所提出了新的任务和要求。研究所紧密结合新闻实践中的新经验、新问题，开展现实性、前瞻性、对策性研究。在日趋激烈的新闻竞争中，研究所加强对宏观报业市场形势分析，对竞争对手、潜在竞争对手、同城竞争对手的分析，为媒体有效应对国内外媒体的挑战，为提升核心竞争力提供理论支持，研究内容更具现实针对性和理论前瞻性。

与此同时，新闻研究所继续加强新闻基础理论、传播学理论和新闻事业发展现状、发展前景的宏观研究。坚持贯彻“三个代表”重要思想，不断拓展马克思主义新闻学研究新领域，坚持新闻理论创新，用新闻理论指导新闻实践。一些报社研究所还根据本报情况和任务，开展新闻研究活动。主要有评报、评选好新闻；编辑出版新闻刊物；编写本单位本地区的新闻事业史、报业志；开展读者调查；组织读者评报；组织新闻学术交流等工作。

组建于 1979 年 11 月的四川日报新闻研究所，在 1994—2003 年期间，先后有多位高级编辑、高级记者、主任编辑在该所工作，工作人员共有 10 多人。主要任务是编辑《新闻界》杂志，在这期间，两任所长艾风、何光珽发表了多篇在全国有一定影响的论文，如艾风的《新闻策划是新闻改革的产物》、何光珽的《关于新闻商品性的思考》《新闻价值论》《“新闻策划”析》。

2001 年四川日报报业集团成立后，将新闻研究所的任务调整为把集团发展战略研究放在第一位，同时承担培训新闻队伍工作，继续办好《新闻界》杂志。

《新闻界》前身是 1979 年由四川日报新闻研究所编辑的内部刊物《新闻业务》，主要在四川省新闻系统内赠阅。1985 年，《新闻业务》获得正式刊号，更名为《新闻界》，转为由四川日报社和省新闻工作者协会合办，面向社会公开发行。

《新闻界》创刊时，全国和省内报纸在数量和品种上大幅增长，新闻事业蓬勃发展，大量新闻理论和实践问题需要探讨和解决。《新闻界》一方面着眼于广大新闻工作者关心的业务热点和难点，注重实践研究，突出针对性、实用性和操作性；另一方面，对接新时期新闻理论建设需求，重视理论研究，邀请一大批一流学者经常为刊物写稿，增强了刊物的学术影响力，逐渐形成理论和实践并重的特色。实践研究方面，根据读者需求的变化，精心做好业务交流、业务研究类专栏的选题，扩展了内容涵盖面和读者面。理论研究方面，按照既要普及也要提高的思路，不仅重视反映一线编辑记者的理论思考，同时加强与专家学者的联系，形成了由一批知名学者构成的作者队伍，童兵、李良荣、丁柏铨、邵培仁、陈力丹、喻国明等知名学者，在不同时期聚焦中国传媒领域的重要问题，为《新闻界》撰写文章。1993年刊发甘惜分教授的《新的形势呼唤新闻体制改革》一文，对新闻领域的改革提出建议。同年刊发童兵的《对市场经济下新闻改革走向的展望》一文，提出“经济体制的改革深化，为新闻改革规定了必行的方向和运作的途径。”这一观点，逐渐为后来的报业改革实践所证明。2000年，刊发的邵培仁的《传播生态规律与媒介生存策略》一文，是中国传播生态学研究的一篇重要论文，被大量的研究者引用。

2000年以后，随着《新闻界》影响力的扩大，刊物吸引了不少研究广电新闻的采编人员、包括知名广电新闻学研究者的稿件。刊物开始刊登广电新闻与广电传媒的业务研究及理论研究文章，并逐渐成为刊物的重要栏目之一。广电研究类文章占据一定比重，使刊物在新闻传播研究方面的内容更全面，成为名副其实的综合类新闻专业期刊。

1996年，《新闻界》获评四川省首届优秀期刊，1997年成功跻身全国新闻类专业核心期刊，此后一直名列其中。中文社会科学引文索引（CSSCI）来源期刊目录，自1999年开始遴选和公布以来，《新闻界》连续入选。

成都晚报社新闻研究所于1988年3月成立，到1994年，新闻研究所有8—9人（其中2人负责修编市报业志），主要工作一是推荐和评定获奖稿件，参加省、市好新闻评选。二是报纸阅评。把本市报纸或外地报纸与《成都晚报》对比，按照政治性、政策性、版面、标题、行文、新闻角度等，评其得失，以提高办报水平和报纸质量。从2001年7月，中共成都市委将《成都晚报》的晚报职能分离出去后，组建恢复了《成都日报》，研究所人员增加到12人。

在1994—2005年期间，四川省不少市（州）报、企业报和专业报成立了新闻研究所（室）。自贡日报社1996年创办内部业务刊物《新闻求索》，其宗旨是推动新闻理论探讨，交流编采经验。至2005年底共编发39期，发表编辑记者业务论文306篇。凉山日报社多次派员参加全国少数民族地区州盟地市报新闻研究会、全国部分少数民族文字报纸经验交流会、全国少数民族地区报纸研究年会。1994年，该报党委书记、副总编辑马占高当选为第三届全国少数民族地区州盟地市报新闻研究会会长；1997年，党委委员、副总编辑王学仁当选为全国少数民族地区州盟地市报新闻研究会第四届理事会副会长。报社党委书记、总编辑龙德华的《浅论民族地区经济报道的个性》获四川省社科联2000年度优秀成果奖。达州日报的新闻理论研究，20世纪80—90年代，先后召开过十一次新闻理论讨论会。1994年8月，达川地区新闻工作者协会、达州日报社召开了第十次新闻理论讨论会，参加会议的有60多名新闻工作者和骨干通讯员，提交论文30多篇。1997年12月14—16日，达县地区又举行了第十一次新闻理论讨论会，到会100人，收到论文30多篇，评选出13篇优秀论文，给予了表彰奖励。广安日报社于1999年12月设立新闻研究室，结合如何办好报纸、做好新闻宣传业务工作开展研究活动。攀钢日报社主办的《攀钢日报通讯》，前身为《攀钢报通讯》，创刊于1985年6月，为报社的内部刊物。办刊宗旨是“加强新闻理论研究，开展新闻业务交流，传递新闻报道信息，培养新闻专业人才”，突出指导性、知识性、贴近性、参与性。四川法制报社积极开展法制新闻理论研讨活动，并先后印发《四川法制新闻通讯》《四川法制报内刊》等内部刊物。1994年，报社承办全国法制新闻研讨会，全国各省市区司法厅（局）宣传处负责人、法制类报刊社总编辑、社长共百余人参加研讨会，会议收到70多篇论文，在全国法制新闻界形成较大影响。1999年，针对报社开展舆论监督工作产生的“安岳官司”在一审败诉后二审改判的个案，与《新闻界》杂志合作开辟专栏、召开座谈会进行研讨。报社还组织新闻工作者、法学家、审判工作者举行研讨会，同时派出人员参加北京有关部门举办的座谈会，《中国记者》《新闻记者》等理论刊物都对该案情况予以关注。从2002—2005年，报社连续组织4届法制新闻研讨活动，其主题分别是“法制新闻如何贯彻实践马克思主义新闻观”“法制新闻写作中容易出现的差错”“体制变更后法制报的优势和劣势”“法制新闻如何与时俱进，推进报社各项工作跨越发展”。1997年，报社提交的《邓小平法制思想对法制新闻的指导意义》论文，获当年省委宣传部颁发的“总编辑奖”。

第二节　新闻研究学术活动

1994—2005年，对新闻宣传中“新闻舆论监督与舆论导向”“典型宣传”“热点引导”等理论问题，对报业发展中出现的“都市报、市民生活报、晚报”现象，对副刊新闻研究，对网络新闻、新闻创新等问题的研究，成为这一时期四川报业研究的热点。

一、省以上重要学术活动

1996年5月19—21日，由四川日报社《新闻界》杂志主办，《德阳日报》承办的“让消息在报纸上唱主角”业务研讨会在四川省德阳市召开。会议就消息在新闻报道中的主体地位日渐削弱、怎样让消息在报纸上唱好主角等问题展开研讨。代表们认为，消息在报纸上的主角地位，是由报纸特有的个性所决定的。消息是反映、传播新闻的一种最快捷、最简练的体裁，其地位和作用是其他新闻体裁无法代替的。让消息唱主角，不只是“量”的扩张，更是要在提高品质上下功夫，转变消息难以负载重大题材的观点。要按新闻规律，按“新、短、快、活、强”的标准，鼓励记者多写消息，写好消息，多出精品。报社对此要有切实可行的措施和方法，建立健全激励竞争机制，努力为消息唱主角创造舆论氛围，提供理论指导，探索出重视消息的运作机制，激励和保证消息回到主体地位上来。

1997年3月10—12日，由四川日报社《新闻界》杂志主办、攀枝花日报社承办的“新闻舆论监督与舆论导向”业务研讨会在四川省攀枝花市召开。参加研讨会的有四川日报社有关领导和四川省地市（州）报、行业报的总编辑以及来自北京、上海和省内的专家、学者。研讨会对舆论导向与舆论监督的宏观理论和具体操作方法进行了探讨。会上就舆论导向与舆论监督的内涵、两者的关系作了比较深入的理论研讨。一些专家认为，坚持正确的舆论导向，是党中央对新闻工作的重大指导方针，报纸作为党和人民的喉舌和耳目，是党联系人民群众的桥梁，因此反映舆论和引导舆论是大众传媒的重要职责。舆论监督，是人民群众通过大众传媒，运用舆论的力量，表达自己的愿望、要求和意见，积极参与国家事务和建设新生活，以起到促进、昭示、警戒、遏制、鞭挞的作用，是人民群众自下而上实行民主监督的一种有效形式。正确理解和把握舆论导向和舆论监督，不仅有理论意义，而且有实践意义。就舆论监督操作方面的难点、经验与教训，一些报纸负责人认为，要敢于监督，善于监督，讲究新闻舆论监督的策略艺术，坚持正确的出发点，寻找巧妙的切入点，克服一般化、表面化、浅层次等弊端，把舆论监督工作提高到一个新水平。

1998年4月10—12日，由四川日报社《新闻界》杂志主办、中共宜宾市委宣传部、宜宾日报社承办的"典型宣传"理论研讨会在四川省宜宾市召开。参加研讨会的有四川日报社有关领导和四川地市（州）报、行业报、企业报的总编辑以及来自北京、上海、广州、南京、四川的专家、学者。研讨会对如何选好典型、典型宣传的作用、典型宣传中存在的问题，怎样改进典型报道，如何掌握好典型宣传的度等问题进行了探讨。典型宣传是新闻工作中的重要组成部分，在中国共产党几十年的新闻事业历史上，各个时代都出现过很成功的典型报道。进入新时期以来，特别是改革开放以来，新闻媒介合力推出了一批批典型人物和典型群体，产生了重大影响。典型是在实践中产生的，新闻宣传中的典型人物、典型事件，必须是完全真实的。首先，要准确把握典型人物的宣传价值。凡是进入新闻宣传视野的先进典型人物，都从某种角度代表了时代前进的方向，都应具有较强的宣传价值。其次，准确把握典型人物的新闻价值。典型人物的宣传价值在许多时候与新闻价值是一致的。正因为他具有较强的新闻价值，才具有宣传价值。第三，把握好典型人物宣传的时机和宣传的方向。在社会转型期，在经济体制转换、社会心理和社会观念激烈变动、社会矛盾日趋复杂化的现实条件下，典型报道发挥了引路和示范的重要作用。因此对典型的宣传不仅需要，而且应该放到更加突出的地位。同时对传统的典型宣传需要加以改进，增强典型报道的说服力和感染力，克服典型宣传的"高、大、全"和绝对化。

1999年7月21—23日，由四川日报社《新闻界》杂志主办、西南电力报社承办的"热点引导"理论研讨会在四川省都江堰市召开。参加研讨会的有四川日报社有关领导和四川省地市（州）报、行业报、企业报的总编辑以及来自北京、上海和省内的专家、学者。研讨会就怎样理解热点和热点报道的内涵，在新闻媒介激烈竞争的形势下怎样搞好热点报道，热点报道中积累的经验和存在什么问题，热点报道的规律性等问题进行了探讨。热点报道是中国社会转型期的显著新闻现象和社会现象。热点是一段时间受到社会普遍关注的问题。热点报道是新闻传播媒介对客观存在的社会热点进行的有选择的报道和评论。对怎样搞好热点报道，到会代表根据报纸自身的特点，从各个侧面谈到了许多实际经验和问题。如"冷静看热点选准切入点""教育专业报怎样经营热点""从四川天然林保护工程启动看热点引导必须循序渐进""热点·舆论·放大器"等。

2000年6月14—15日，由四川日报社《新闻界》杂志和晚霞报社主办、中国报协老年报工委协办的全国老龄新闻研讨会在四川省成都市召开。这是中国新闻史上首次老龄新闻研讨会。随着人口老龄化的加剧，老龄新闻事业迅速发展，有必要从理论上探讨老龄新闻规律，推动老龄新闻事业更好地发展。这次研讨会共收到论文30余篇，分别从老龄新闻的内涵与外延、老龄新闻与其他新闻的共性及个性、老龄新闻的地位与作用，老龄新闻报道的改革、老年报的现状与发展等不同角度进行了探讨。

2001 年 3 月 23—24 日，由四川日报报业集团新闻研究所、《新闻界》杂志社、上海文汇新民联合报业集团新闻研究所、《新闻记者》杂志社联合举办的《新闻创新：迎接 WTO 的挑战》研讨会在成都召开。参加研讨会的有新华社新闻研究所、四川日报报业集团、解放日报报业集团、南方日报报业集团、文汇新民报业集团有关领导以及来自北京、上海、南京、广西、珠海的媒体人士及新闻学研究的专家、学者。研讨会围绕中国加入 WTO 前后，新闻事业发展面临什么样的挑战、新闻传播应当采取怎样的对策等问题进行了探讨。专家们从机遇和挑战两方面阐述了加入 WTO 对新闻业所产生的影响。大家认为，加入 WTO，是推动新闻改革的机遇，也是对中国新闻事业的挑战，需要在新闻理论、新闻实践、新闻教育等方面开拓创新。新闻创新涉及许多层面，如观念更新，体制创新，技术创新，方法出新等。观念更新是新闻业创新的重要基础，要从以传者为本位转向以受众为本位，从广泛性的合众传播转向有针对性的分众传播，从着眼于国内竞争转向同时着眼于参与国际竞争。体制创新是新闻业创新的关键，既要推进党政机关对新闻事业管理体制和方式的调整，又要推进新闻业自身由机关管理模式向企业经营模式的转变，从而增强传媒活力。技术创新是新闻业创新的必备条件，要推动报业技术进步，创新信息传播方式，建设现代化报业。方法出新要求创新传播方法，包括创新思维方式、报道手法、新闻文体等具体内容，保障传播的有效性。新闻教育方面的专家指出，新闻实践和新闻理论的创新，必然对新闻教育提出创新要求。新闻教育创新，一是大胆推行不同的新闻传播人才培养模式，培养有特色、有专长的新闻传播人才；二是重新设计课程体系和教学内容，强化学习自主性；三是改革新闻教育体制，推动新闻教育模式的变革。对新闻传播采取怎样的对策应对 WTO 挑战，专家们认为，一是倡导传媒创新。要突出报纸的综合性，信息性，服务性。二是加快发展步伐。报业必须逐步做大做强。三是建设人才高地。改革干部人事制度和分配制度。四是体制创新。这是报业发展的突破口，报业集团的体制创新，应以建立现代企业制度为根本目标。专家们还认为，加入 WTO，势必促使中国新闻媒体进行第二次变革。近二十年新闻改革的核心是解决传媒的功能问题，即从单一的政治宣传转变为多功能并举。第二次变革的核心是，在尊重受众知晓权的前提下，新闻传媒做到公开、公正、公平地发布信息。这是建设社会主义市场经济的需要，也是社会主义民主法治建设的需要。研究创新即新闻创新探索本身的创新，也是新闻创新的应有之义。面对 WTO 的挑战，新闻研究创新应加强三方面的研究：一是加强媒体发展战略研究，有效应对国外媒体的挑战；二是加强媒体管理思路的研究，探索媒体管理的新体制和新机制；三是加强对竞争对手特别是国外媒体的研究，知己知彼，掌握主动。

2000 年 11 月 16 日，由四川省新闻工作者协会组织、省市新闻工作者及中央驻川新闻记者参加的“新闻宣传与西部大开发”研讨会在雅安举行。会议认为，西部大开发战略是一个大题目，大题目要做大文章，要以高度的时代紧迫感和历史责任感，为西部大开发唱响主旋律。

2002 年 7 月，就广播电视报的生存现状和发展前景，四川省新闻出版局召开了全省广播电视报总编辑业务研讨会。面对竞争日益激烈的媒体市场，在 20 世纪 80—90 年代曾十分红火的广播电视报，大都处于低潮。从客观环境讲，时代变革，信息渠道多元化，导致读者分流；从主观而言，广电报大体维持在 20 世纪 80 年代的办报模式和水平。定位问题、体制问题、人才问题困扰着报纸的发展。为此，会议提出，广电报要定位准确，走专业化之路。广电报的“专业”概念与其他专业报纸内涵有别，它不是某领域内的报纸，不是机关报性质，而应是市场报性质，是以广电传播为依托的影视文化类生活报，有相对集中的报道领域，面对的是大众，是家庭。广电报突出的特色是娱乐性、服务性、知识性，要在报纸自身的专业化、针对性、吸引力上下功夫。因此既要大众化，又要有品位，要充分挖掘和发挥广电影视文化自身的资源，发挥周报特点，对读者群分层定位，为其提供广电影视文化消费。要加强影视文化的多层次评论，以丰富生动的形式发挥“导、评、论、创”多种功能。对于广电报目前各自为阵的经营局面，有代表提出广电报未来的发展可能是走整合发展之路。

2003 年 10 月 24—26 日，由上海大学传媒经济研究中心和四川大学新闻传播研究所主办，东方卫视、文汇新民联合报业集团、《新闻记者》、四川有线广播电视台、《成都商报》《新闻界》协办的“中国东西部传媒经济发展研讨会”在上海大学召开。会议对正处于“东部大发展”“西部大开发”国民经济建设背景下，新闻传播学界和业界关注的热点问题进行研讨。研讨会上专家们认为，传媒经济研究应包括媒体自身的经济研究和媒体与经济的关系研究。影响中国传媒经济的不仅是内部的传媒经济问题，还有外部的结构问题。中国传媒业要在当今世界发出强音，并且实现经济利益，必须从市场、企业、政府三位一体配套改革的角度思考问题。一些专家通过数据分析，揭示了中国东西部传媒经济严重失衡的状况，探讨了解决东西部传媒经济差异状况的对策。西部报业在经营过程中应加强互动，加强报纸与现代化互动，使报纸从内容到形式都更具有现代意识；加强报纸与城市化互动，报纸要关注市民生活、紧跟城市生活节奏；加强报纸与服务互动，提供深度的信息服务；加强报纸与策划互动，通过策划使报纸激活经济，激活员工的创新动力；加强西部媒体和外部媒体互动，从内容的交换、经营上的合作甚至可达致资本的交融等方面的与外部媒体互动。专家们指出，集团化的推进不能完全依赖行政捏合，而要注重资产融合；集团化的资源整合，不能停留于物理反应，而要促成其化学反应；集团内部的三项制度改革，不能无视新旧政策的碰撞，而要注重政策的对接和可操作性。传媒学界和业界要更新观念，在理论和实践中回答如何改革计划经济条件下形成的管理体制和运营机制，构建与市场经济相适应的传媒业综合发展、跨地区联合经营、高效利用资源的新格局。有的专家谈到，报纸的组织变革，应当致力于采编之间更紧密的衔接，采编与广告、发行之间更紧密的联动，将报纸作为一个完整的产品，进行以大策划、大采编为基础的整合营销。报业经营可以借助市场营销理论，根据角色定位的不同，采取不同的市场策略，把握主动，才能在竞争中赢得胜利。

2004 年 9 月，四川省新闻工作者协会、四川省报业协会、四川省广播电视新闻学会在成都联合主办了《新闻宣传创新与管理体制改革》研讨会。本次研讨会收到论文 48 篇，其中有多篇论文在《中国报业》等杂志发表。

2005 年 6 月，四川省新闻工作者协会组织的《舆论监督与突发新闻报道》研讨会在四川内江市举行，收到论文 51 篇。

二、都市报现象和都市报研究

1995 年，以《华西都市报》《成都商报》为龙头的都市报异军突起，超常规发展。都市报作为新闻改革的产物，走出了一条既不同于日报又不同于晚报的发展道路。它以全方位大信息量以及服务性、实用性、可读性成为新型的综合性报纸，发行量迅速上升，广告收入大幅增加，极大地推动了当地报业发展，成为中国报业 20 世纪 90 年代引人注目的现象，即“都市报现象”。新闻理论界十分关注都市报的发展，“都市报现象”成为报业研究的一个重点对象，新华出版社为此出版了《都市报现象研究》论文集。

中国记协、国家新闻出版总署都曾组织召开研讨会，就市场经济与都市报发展、都市类报纸取得的成绩和存在的问题进行探讨。研讨中首先肯定这些年都市类报纸的崛起和繁荣是市场经济条件下报业竞争的产物，是报纸市场的选择，是党报功能的延伸，是报业深化改革的成果。

作为全国第一家创办的都市报——《华西都市报》，在探索、研究都市报的新闻市场定位、读者定位、走向市场以及办报思路上，第一次明确提出“市民生活报”的概念和建立的一套灵活的内部运行机制，和创立的“敲门发行学”等，都已总结了经验，出版了多部专著。2000 年 9 月在中国社会科学出版社出版了“都市报文丛”一套共五本理论著作，包括《聚焦华西都市报》《报纸策划艺术》《敲门发行学》《席文举新闻策划》《都市报魂》，全面总结和梳理了《华西都市报》的办报经验，成为国内研究都市类报纸的一套重要书籍。2001 年，《华西都市报》出版《超越媒体——一个“整合型媒体”推动区域社会经济发展的风云历程》，介绍了《华西都市报》不断创新、升华中国现代报业理论的历程。这些具有都市报特色的经验，影响和带动了一批都市报的发展，促使中国报业结构调整更加合理。

《成都商报》没有专门的新闻研究机构，但很重视开展新闻业务研究活动。2001 年起，成都商报社与世界知名学府美国密苏里新闻学院建立起良好的互动合作关系，通过培训交流开展新闻学术研究。

2002 年，密苏里新闻学院戴瑞尔・莫恩、杰奎・巴纳斯基、汤姆・瓦霍沃三位教授首次来蓉，与报社编采人员就美国新闻案例、版式设计等进行了讲解交流。其后，报社每年均开展类似培训，将美国的传媒业发展现状、媒体运作的前沿资讯、新闻操作的案例分析及一线的传媒理论带给编采人员，并通过讨论交流拓宽视野，指导业务。2003 年 10 月 13 日，由成都商报社承办的十七城市媒体研讨会在成都举行。会议推出主题为“竞争力与新模式”的总编辑论坛，就如何增强都市类媒体的市场竞争力、创造新的运行模式及新闻操作模式进行了深入探讨，并就全国媒体国内新闻的稿件交换情况等进行了交流。

三、晚报事业与晚报研究

1994—2005 年，以贴近时代、贴近生活、贴近家庭为主旨的四川晚报业发展也很快。1999 年，四川晚报已发展到 8 家，其中 7 家是地市报创办的。面对 20 世纪 90 年代中期迅速崛起的都市报、市民生活报的冲击，成都地区晚报发展步伐已渐趋缓，晚报不仅在版面、内容上不断调整，有些晚报甚至改为早上出报。市（州）晚报主要定位为市民生活报，作为当地日报的补充。20 世纪 90 年代中国晚报业协会多次组织专题研讨会，研究晚报如何认识市场，研究读者需求，研究如何改进办报思路，以适应市场经济规律，繁荣晚报事业。

成都晚报社有针对性地开展新闻业务研究活动，编印的“考评通报”“今日晚报”就是对“采写、编辑、评论、摄影”方面的探讨。

四、副刊研究

1994—2005 年，四川报业的副刊研究主要面对实践中产生的问题，如对“新世纪副刊发展大趋势”“文学副刊面临的困境与出路”等问题，努力从理论上寻求答案。

1998 年 3 月 2 日，《四川日报》与四川省文化厅举办“文化新闻探索与创新”研讨会，在第五届中国艺术节期间，《四川日报》推出 19 个专版的大型连续文化报道《艺术节特辑》，后结集为《星光作证——中国艺术节》一书出版。《艺术节特辑》及其中 3 件作品获文化部文化新闻大奖。

1999 年 7 月 16 日，《四川日报》主办四川日报文学奖（该奖项 1990 年 3 月设立，为全国首创的媒体文学奖）。“世纪之交传媒文学的应变与超越”专题研讨会在雅安举行，会议对当今文学、文化现状及媒体的重要作用、报纸副刊的坚守与创新等问题提出了建议和意见。

2000 年 11 月 7 日，在中华人民共和国第一个记者节来临之际，《四川日报》发起、策划清末“新学巨子”、四川近代史上“睁眼看世界第一人”、巴蜀报业鼻祖宋育仁先生新闻思想及实践研讨会。会议倡议出版宋育仁文集，为宋育仁塑像。

2003 年 10 月，《四川日报》编辑的《应变与超越——世纪之交的四川日报副刊》一书由天地出版社出版，综合呈现了世纪之交 14 年间《四川日报》副刊曲折变迁的原生形态。该书填补了四川报纸副刊研究的空白，受到中国媒体文化界的普遍好评，具有较强的现实意义与学术价值。

2005 年 6 月 4—6 日，由中华全国新闻工作者协会和中国报纸副刊研究会主办、四川日报报业集团承办的“媒体与文化·成都论坛”，在成都武侯祠举行。会议分析了中国报纸副刊的现状，探讨了媒体与社会文化的深层互动关系，并就媒体在实现“文化更加繁荣”目标中的地位和作用、副刊在报业竞争中的特殊地位和作用等问题各抒己见。会议认为：在盘整中徘徊的报纸副刊，最大的复兴希望在于中国社会自身的盘整。社会对于文化的重新认识与需求，会转化为巨大的阅读市场，为副刊的生存与发展提供新的上行空间与广阔天地。

五、网络新闻的研究面对

21 世纪的报业面临信息技术的冲击，在传播信息这个根本共同点上，互联网和新闻相互结合、相互渗透和相互融合，网络传播成为继报刊、广播、电视之后的第四传媒。四川省就有四川新闻网、四川在线等专业新闻网站，各家报社也在网上建立了自己的电子版或数字报。网络媒体建立的时间不长，对网上新闻的规范日渐引起人们的重视。不少新闻期刊开辟专门栏目，对网络新闻开展研究。如何保证网络新闻的真实性，网络新闻要不要对读者对社会负责，如何加强对网络新闻的管理，网络新闻与传统新闻的异同，网络媒体的经营与发展战略，网络文化、传播和媒介在全球化进程中的地位和作用，网络在意识形态传播中的作用等，成为这一时期新闻研究的热点与重点。

第三节　新闻研究成果及影响

1994—2005 年，四川出版的新闻理论专著获省级以上优秀科研成果奖奖项有 10 项。

一、《新闻批评心理学》

由席文举著的《新闻批评心理学》，1992 年由四川人民出版社出版。新闻批评在新闻活动中占有举足轻重的地位，社会生活与新闻实践把新闻批评作为一个尖锐而紧迫、复杂而有争议的问题提到新闻同仁面前，该书在这方面作了开拓性探索，对于进一步开展社会主义新闻批评，促进舆论监督的良好社会环境的形成，有十分积极的意义。1994 年，该书获四川省社科成果二等奖。

二、《报业经营管理学》

1996 年 5 月 16—17 日，由四川大学新闻学院与四川省报业协会联合主办的跨世纪报业经营管理研讨会在四川大学召开，并商定在新闻学院联合开出《报业经营管理学》课程。报业经营管理课程内容，包括报社的领导机构、组织人事、财务管理、印刷发行、广告经营，使学生对报业工作的全过程以及各个环节的相互关系有比较完整和全面的认识。1997 年，在教学的基础上，编写了《报业经营管理学》专著。主编为邱沛篁、唐嗣田、佘景平，由四川人民出版社出版。1999 年 3 月，该书获四川省第八次社科优秀成果二等奖。

三、《新闻传播百科全书》

邱沛篁、吴信训、张惠仁、向纯武、曾繁铭、吴建主编的《新闻传播百科全书》，1998 年 1 月由四川人民出版社出版。全书共分新闻传播理论卷、新闻业务卷、报刊卷、广播电视卷、广告卷、新闻摄影卷、人物卷、新闻传播著作卷及附录九大部分，总计 430 万字。这部由四川大学新闻学院与省市新闻单位合作编撰的大型工具书，突出了理论性、系统性、完整性和实用性，反映了国内外新闻传播理论研究的新成果和新闻事业发展的新动态，以及新闻传播实践的新技术、新经验。2001 年 4 月，该书获四川省第九次社科优秀成果二等奖。

四、《21 世纪的中国报业》

1996 年，由邱沛篁作主持人申报的“二十一世纪中国报业发展问题及其对策研究”，被批准为教育部人文社会科学研究“九五”专项任务项目。1999 年 5 月 11 日，由四川大学文学与新闻学院与四川日报社联合召开“21 世纪的中国报业”研讨会。与会代表围绕怎样办好报业集团、怎样搞好报业经营管理、怎样培养报业人才以及第四媒体因特网的出现对报业的影响等诸多问题，进行深入研讨。在此基础上，编辑出版了《21 世纪的中国报业》。该书由邱沛篁、唐小强主编，四川人民出版社出版。2003 年 3 月，该书获四川省第十次社科优秀成果二等奖。

五、《网络新闻》

由雷健著的《网络新闻》，1999 年由四川科学技术出版社出版。作者从新闻学角度对网络新闻这一新课题进行了研究。该书分九个章节，介绍和分析了网络新闻的起源，网络媒体的构成和特点，网络新闻的优势以及中国网络新闻和报纸网络版的现状和存在的问题，并提出了报纸在出版网络版甚至设立网站的定位的问题。2001 年，该书获四川省第九次社科优秀成果三等奖。

六、《新闻学论集》

2001 年 12 月，姚志能任主编，邱沛篁、何光珽任副主编的《新闻学论集》，由四川人民出版社出版。该书收集论文 100 多篇，内容涉及新闻理论研究、新闻业务研究、报业研究以及广播电视及新闻教育研究等。中共四川省委宣传部部长柳斌杰为该书作序。序言指出，该书内容丰富，选题广泛，涉及新闻工作的方方面面和新闻学领域的许多问题，文章立论正确，观点鲜明，能用马克思主义新闻观来分析和阐述新闻工作中的实际问题，体现了四川省新闻工作者以马克思主义、毛泽东思想和邓小平理论指导新闻实践，又在新闻实践中认真学习与深刻领会马克思主义新闻观的求实精神与工作作风。

七、《报业通论》

2002 年 11 月，由邱沛篁、唐小强主编的《报业通论》一书由四川人民出版社出版。该书从 2000 年开始着手策划与编撰工作。全书 62 万字，由中国新闻工作者协会主席邵华泽作序。专著包括报业理念、报业业务、报业经济和报业文化四个篇目，共 46 章。编者力图通过这本书比较详细、全面地阐述报业的历史、世界报业与中国报业的现状、报业基本理念、报业各项业务工作、报业经济发展中的主要问题以及如何建设中国社会主义报业文化等。2005 年 3 月，该书获四川省第十一次社科优秀成果二等奖。

八、《都市报创新论》

2003 年，由邱沛篁、席文举、刘为民主编的《都市报创新论》，由四川人民出版社出版。该书共 19 章 63 节 34 万字，阐述了都市报对中国报业及新闻事业发展的重要作用，全面分析了中国都市报的现状、存在的问题及对策，系统论述了都市报的定位创新、理念创新、策划创新、报道创新、副刊创新、文风创新、摄影创新、版面创新、管理创新、广告创新、发行创新和文化创新，并对都市报与党报、都市报与晚报进行了比较研究。全书具有很强的理论性、系统性、实用性。该书是教育部人文社会科学研究“十五”规划研究项目。

九、《传播学基础理论研究》

由林之达著的《传播学基础理论研究》，1994 年由西南交通大学出版社出版，1996 年获四川省哲学社会科学优秀成果三等奖。

十、《心有灵犀——儒学传播谋略与现代沟通》

由张立伟著的《心有灵犀——儒学传播谋略与现代沟通》，1998 年由西南财经大学出版社出版，2000 年获四川省哲学社会科学优秀成果三等奖。

第六篇　新闻团体

四川省新闻团体服务于党的新闻事业，为党的新闻工作方针政策的贯彻落实，为新闻事业的改革创新和发展，为新闻工作者队伍建设，发挥了重要作用，成为党和政府联系新闻界的桥梁和纽带。

第一章　四川省新闻工作者协会与四川省新闻学会

四川省新闻工作者协会机构健全，日常工作规范，业务工作不断开拓创新，成为省新闻宣传管理部门的有力助手。全省 17 个市（州）成立了新闻工作者协会，并根据本地实际情况开展工作，共同为繁荣和发展党的新闻事业做出了积极贡献。

第一节　组织机构

四川省新闻工作者协会、四川省新闻学会是中共四川省委领导下的全省新闻工作者的群众组织，是党和政府同新闻界密切联系的桥梁和纽带。协会的主管部门是省委宣传部，同时接受中国新闻工作者协会的工作指导和社团登记管理机关的监督管理。

四川省新闻工作者协会、四川省新闻学会的宗旨是：团结全省新闻工作者，围绕党和政府中心工作，高举中国特色社会主义伟大旗帜，以邓小平理论和“三个代表”重要思想为指导，深入贯彻落实科学发展观，为繁荣和发展中国社会主义新闻事业，建设富强、民主、文明的社会主义中国而努力奋斗。

四川省新闻工作者协会（简称省记协）于 1981 年 3 月 30 日成立。

第一届理事会领导成员为：主席李半黎，副主席包小白、王达、苑庄、张云灿。协会设书记处，书记处书记有：许川、丁家骥、张学愚、凯兵、沈世鸣、周大可、李策、宋文泳等。

1983 年由于各新闻单位进行机构改革，人员变动较大。省记协由许川任主席，郑体仁、高毅、李德森、张云灿、雷勃、凯兵任副主席，彭雨等任书记处书记。

四川省新闻学会于 1985 年 3 月 12 日成立。领导机构主要成员：顾问李半黎、王达、李力众、伍陵、袁明阮、陈杰、贾唯英、雷勃；会长许川；副会长姚志能、丁家骥、卢子贵、黄昌禄、王富荣、王镛、易冰兰；秘书长甘泉。

1986 年 7 月，省记协召开第二次代表大会，选举产生新的领导机构：主席许川；副主席凯兵、周大可、郑体仁、姚志能（常务）、鲍春光、雷勃；书记处书记丁家骥、卢子贵、彭雨（常务）、张炳生、孔繁祚（专职）、邓高如，宋文泳。

1990 年 1 月 11 日，省记协第三次代表大会与四川省新闻学会第二次代表大会联合举行，选举产生新的领导机构（两块牌子两套班子合署办公，简称“两会”）。主席、会长许川；记协副主席姚志能（常务）、黄昌禄、王先高、王尚义、卢子贵、刘代文、陈焕仁、张仲炎、凯兵；学会副会长姚志能（常务）、丁家骥、李书敏、吕齐、王富荣、郑体仁、易冰兰、桂金、彭雨；“两会”秘书长唐小强。

1996年6月，省记协第四次代表大会、省新闻学会第三次代表大会召开，选举产生“两会”领导机构。省记协第四届理事会领导成员：名誉主席秦玉琴，主席席义方，副主席杜江（常务）、姚志能（常务）、李之侠、陈焕仁、邓全施、卢子贵、吕红文。省新闻学会第三届理事会领导成员：名誉会长秦玉琴，会长席义方，副会长杜江（常务）、姚志能（常务，至2004.12）、唐小强、曹培俊、陈明孝、梁崇模、吕齐、罗茂城、向在仁、王大用、伍进一、张福华、黄泗元、张小川、邱沛篁，“两会”秘书长程朝阳。

省记协第四次代表大会、省新闻学会第三次代表大会后至2005年，再没有召开代表大会换届改选领导班子。在省委宣传部的领导下，根据各新闻单位领导成员的变动情况，充实了“两会”领导班子成员，相继补进“两会”领导班子的成员有：记协主席柳斌杰、王少雄，副主席郑晓幸（常务）、李静（常务）、陈华（常务）、侯雄飞（常务）、唐翮田（常务，2004.1—2006.12）、唐小强（常务，2006.12—）、余长久、李正培、吴宝文、何大新、罗晓刚、何冰、刘欣欣、李维中，学会会长王少雄，副会长汪兴高、杨文镒、魏善和、朱启渝、罗鸣、吴高全、席文举、王潞明、郭剑新、程朝阳、张声远、黄长君、何华章、佟小庆，“两会”秘书长陈云华。

第二节　主要工作

“两会”工作的总体目标是积极做好党和政府要求做、新闻事业需要做、社会各界希望做的工作，充分发挥为新闻界、为广大新闻工作者服务的功能，在围绕中心服务大局上有新举措，在新闻队伍建设上有新成就，在促进新闻事业改革发展上有新作为，在维护新闻工作者合法权益上有新进展，在对外交流与合作上有新开拓，在“两会”自身建设上有新面貌。

一、新闻宣传

党的中心工作，党在一个时期的方针政策，党和政府的重要会议和重大活动，是新闻宣传的重中之重。省记协、省新闻学会积极配合新闻单位努力完成党和政府交给的各项宣传任务。2002年，中国共产党召开了十六次全国代表大会，进一步高举邓小平理论伟大旗帜，全面贯彻“三个代表”重要思想，继往开来，与时俱进，全面建设小康社会，加快推进社会主义现代化，为开创中国特色社会主义事业新局面进一步指明了方向。省记协、省新闻学会引导全省各新闻单位把深入学习贯彻十六大精神和省委第八次党代会精神，坚定不移地推进四川发展新跨越作为较长时期的宣传任务。深入宣传全面建设小康社会的奋斗目标；深入宣传经济、政治、文化和社会事业建设、改革的重大部署；深入宣传四川省实现跨越式发展中的新经验、新成就和涌现出来的先进人物。各新闻单位较好地宣传了党和政府的重大活动和重大事件，如北京申奥、上海APEC会议、中国加入世贸组织、抗灾救灾、防治“非典”等新闻报道。省记协多次召开报社、广播电视台领导、记者座谈会，总结推广他们在新闻宣传中的经验，编撰了《新闻学论集》，以及抗击“非典”的新闻汇编《筑起我们新的长城》。

为了增强新闻宣传的合力，记协每年组织 1—2 次报、台记者参加的采访团，深入全省的重点工程、重点企业以及新农村，进行多层次、多方面的报道，宣传效果很好，得到了省委领导的表扬。

二、开展“三项学习教育”活动

随着新闻事业的发展，全省新闻从业人员队伍迅速壮大。按照中宣部等四部门和省委宣传部安排部署，从 2003 年开始，四川省新闻战线开展了以“三个代表”重要思想、马克思主义新闻观、职业精神、职业道德为核心内容，以禁止有偿新闻、虚假报道、低俗之风和不良广告为活动重点的“三项学习教育”活动。“学教”活动领导小组办公室设在省记协，负责活动的日常工作。至 2006 年 12 月，编发四川省新闻战线“三项学习教育”活动简报 200 多期，其中被全国新闻战线“三项学习教育”活动领导小组办公室转发 67 期，及时交流了“学教”活动的经验，推动了“学教”活动的开展，并扩大了在全国的影响。先后协助省委宣传部组织召开全省新闻战线“三项学习教育”活动泸州现场会和在成都举办的总编辑、广电台长培训会，推荐在会上交流经验的单位，审核交流材料 20 多份。省记协主办的《四川传媒通讯》每月一期，专门开辟了“学教”活动专栏，交流各地开展“三项学习教育”活动的情况和经验。

各地新闻单位以求真务实的精神，加强组织领导，建立健全学习教育活动的组织体系，扎实推进学习教育活动；加强学习培训，通过理论武装打牢思想政治基础；创新丰富活动载体，增强学习教育活动的吸引力和感染力；建立查处联动机制，加大突出问题治理力度；建立长效机制，加强队伍建设的制度保障。通过“三项学习教育”活动的开展，全省各新闻单位从业人员的政治水平、思想素质、业务能力明显增强。

三、推选新闻奖

新闻评奖是新闻事业的重要组成部分，也是省记协、省新闻学会的经常性工作之一。通过每年一次四川新闻奖评选，检阅全省各新闻单位的新闻实践，倡导新闻宣传的改革与创新，激励和发掘新闻战线的优秀人才，促进新闻宣传工作上新水平。历届新闻奖评选工作，在以下三个方面取得了新的成绩：一是在坚持正确导向，贯彻正面宣传为主，唱响主旋律的报道取得了新的进展。各新闻单位把新闻触角伸向改革发展的主战场，伸向社会各个层面，发掘和塑造了一大批富有时代特色、具有较强吸引力和感染力的先进典型，特别是关于抗击“非典”和抗震救灾的报道得到了省委的充分肯定。二是围绕中心、服务大局、面向基层、服务群众的报道增多。各新闻单位在用较大的版面和篇幅报道工业强省、社会主义新农村建设、保持共产党员先进性教育等方面的典型的同时，又面向基层、服务群众，采写了大批反映社情民意、关注民生的报道，特别是推出了王顺友、向志雄、刘湘云和蓬安中坝村党支部等一批全国先进典型。三是坚持“三贴近”的新闻报道取得了新的成效。各新闻单位不断采取措施，加大工作力度，深入群众、深入基层、深入现场、深入实际的新闻报道明显增多。特别是新闻宣传的创新意识逐步增强，涌现出一大批鲜活的新闻作品。

与此同时，省记协还认真做好中国新闻奖的推荐工作，报纸副刊作品、新闻摄影作品、报纸版面、名专栏、新闻论文、全国治安综合治理、中国残疾人事业等 9 个奖项的评选工作；认真做好历届“四川十佳新闻工作者”“四川省优秀新闻工作者”“范长江奖”“邹韬奋奖”的评选和推荐工作。

四、新闻学术研究

“两会”不断加强新闻界与各省、市、自治区新闻界的交流，与中国台港澳地区新闻界的交流，加强与国际新闻界的交流。省记协多次分批组织报社、广播电视台领导、记者访问欧洲诸国、澳大利亚、新西兰、日本、美国、俄罗斯、巴西等以及中国台港澳地区；多次接待来自国外及中国台港澳地区的新闻代表团和采访团。通过相互访问，促进了解，增进友谊。在对外交流中，“两会”紧密配合中国总体外交大局及党和国家各项重大方针政策开展工作，充分发挥“民间外交”和“新闻外交”的优势，调整对外交流格局，把对美、欧的交流作为“新闻交流”的重点。

四川省新闻界与兄弟省、市、自治区新闻界之间的互访活动较多。省市新闻单位经常与上海、浙江、广东等新闻界互访，相互了解、研讨新闻宣传和新闻改革中的一些重大问题，如西部大开发的宣传与实践，党报发展的新思路与新对策，关于改革会议和领导人活动报道的新思路等。省记协还邀请新闻界同行和新闻院校专家教授对都市报的发展作专题学术研究。

五、开展活动

省记协每年都要隆重举行记者节活动，并力求办得丰富多彩。2000 年 11 月 8 日，第一个中国记者节的电视晚会在四川电视台演播大厅举行，省市领导、新闻单位领导、新闻工作者共 200 多人出席晚会。此次电视直播晚会让记者走到前台，意在树立记者“弘扬正气”“不怕牺牲”“鞭挞丑恶”“敢为人民鼓与呼”的精神风貌和良好形象。

省记协发起并组织全省新闻单位和个人捐资近 50 万元，在邓小平家乡广安建造“四川记者林”，共植 1 万株大叶香樟，面积达 100 多亩，展现了新闻工作者绿化四川、建设西部生态屏障和把小平同志家乡建设成为社会主义教育基地的参与意识和精神面貌。

为纪念红军长征胜利 70 周年，省记协在省委宣传部的有力支持下，组织了“重走长征路”大型采访活动，省级和部分市州报纸广电媒体数十名记者，分赴红军长征路过四川的泸州、凉山、雅安、甘孜、阿坝、南充、巴中、广元等地采访，历时 40 多天，采写编发稿件数百件，宏扬了伟大的长征精神，展现了各地经济、社会和人民精神面貌的巨大变化。采编人员也在采访活动中受到教育和鼓舞。

省记协举办了多次“新闻杯”乒乓球、保龄球、篮球比赛和歌咏比赛，省市新闻工作者踊跃参赛，增进了友谊，增强了体质。

省记协还举办了“记者镜头中的天府 50 年”大型摄影展览，共展出 176 幅作品，反映了四川省改革开放以来两个文明建设的重大成就。类似的摄影展览和书法展览举办了多次。

第二章 四川省报业协会

四川省报业协会设有日常机构开展工作，为团结报业同仁、交流报业经营管理经验、发展报业经济，做了大量有益的工作。

第一节 组织机构

四川省报业协会于1988年成立，由四川省新闻出版局、中国报业协会主管。

1991年12月召开第二次代表大会，选举产生第二届理事会，唐嗣田（四川日报社副社长、副总编辑）继任协会会长，佘景平（四川日报社副社长）、陈维玉（成都晚报社副总编辑）任副会长，佘景平兼任秘书长。

1996年4月召开第三次代表大会，选举产生第三届理事会。推举省政府副省长徐世群、省政协原副主席韩邦彦为名誉会长。聘请杜江（省委宣传部副部长）、陈焕仁（省新闻出版局局长）、姚志能（四川日报社社长兼总编辑）、王力（省国税局局长）、周维莲（省财政厅副厅长）、章立（省工商行政管理局副局长）、扎西旺登（省计委副主任）、娄井海（省报协原副会长兼秘书长）为顾问。唐嗣田（四川日报社副社长）继续当选为会长。会议选举副会长10名：张清贵（省新闻出版局副局长）、佘景平（四川日报社副社长）、张仕福（四川工人日报社社长、总编辑）、陈维玉（成都晚报社副社长）、杨恩芳（重庆日报社副社长）、张川耀（现代工人报社社长）、唐德建（四川经济日报社副总编辑）、王万金（凉山日报社总编辑）、李明荣（通川日报社副总编辑）、诸邦树（泸州日报社副总编辑）。佘景平兼任秘书长。

第三次会员代表大会后至2005年，省报协再也没有召开过会员代表大会，选举新的领导成员。为了开展工作的需要，其间陆续补进多名副会长。

报业协会成立了发行、广告、印刷、电子技术、财会、物资、外事、县市报8个专业委员会，推荐产生了8个专业委员会的正副主任。

第二节 主要工作

四川省报业协会本着“大团结、议大事、办实事”的原则积极开展工作，推动报业经济的发展。

1994—1995年间，先后召开报业经营管理、发展多种经营研讨会等10余次，围绕“报业如何走向市场”这个总题目，分别就转换内部机制、发行体制改革、新闻纸价格、广告预审制和代理制等问题进行了研讨，提出了相应的对策。省报协依靠和协调各专业委员会开展工作，坚持报纸印刷质量和新闻纸质量检评，做好报业物资调剂。举办了小型胶印机展销、“中国西部报业设备、物资95春季交流会”。开展评选报业经营管理先进集体和先进个人工作。

1996年5月，省报协和四川联合大学新闻学院联合主办了“跨世纪报业经营管理研讨会”，会上宣读的论文和专题发言，会后择优编辑出版了《报业经营管理》一书，由四川人民出版社出版，并获四川省社会科学研究成果二等奖。

1997年6月，省报协在四川美术馆开展“迎接97香港回归，四川、重庆两省市报业书画竞赛展”活动。

1998年9月，省报协召开省报业先进经营管理工作（生产）者表彰会和发展报业经济经验交流会。会上向获得1996—1997年报业先进经营管理工作（生产）者的代表和为报协工作做出贡献受到表彰的老同志，颁发了奖牌和荣誉证书。

1999年5月，在省委宣传部的支持下，省报业协会在广泛征求意见的基础上，制订了《四川省报纸发行自律公约》，要求各会员单位认真履行，共同维护报纸发行的正常秩序和社会形象。

2000年4月，全国报业1998—1999年度先进经营工作者和先进生产者终评委会在郑州召开，四川省推荐的7人被评为全国报业先进经营管理者和生产工作者。

为提高经营管理人员的理论水平和综合素质，将实际工作经验上升到理论高度，省报协于2000年印发《关于开展全省报业经济优秀论文评选活动的通知》，拟定撰写论文参考题目43个。共收到参评论文36篇。经评委会选评，评出一等奖1篇、二等奖2篇、三等奖4篇、优秀奖10篇。

省报业协会参与《论21世纪的报业经营管理》一书组稿、编撰工作，并获得一等奖。

2001年4月，在全国报业首届“十大发行功勋”“百佳发行工作者”评选活动中，省报业协会推荐的四川日报报业集团发行中心主任李治国被评为中国报业“十大发行功勋”。

2001年6月，中国报业协会组织评选的首届中国报业创新奖暨优秀论文奖在北京揭晓。四川省报协推荐的“《华西都市报》对都市报经营运作方式的全面创新”项目及“《成都商报》控股上市公司开展资本运营”项目获创新奖。

2003年10月，省报协和河北省报协在成都共同举办报业广告交流研讨会。来自河北省31家报社的50多位代表和四川一些报社及广告公司的代表认真交流、相互切磋，共同探讨报业广告经营的作法和经验。为了做好中央和省、市（州）党委机关报的发行工作，省报协发行委员会于2003年2月开始，在各市（州）党报开展了制止报刊摊派问题调研活动。

2004年9月，由省记协、省报协、省新闻学会、省广电学会联合召开“传媒新闻宣传创新与管理体制改革研讨会”。与会代表就传媒的体制性障碍与改革研究、公益性文化事业与经营性产业的界定与发展研究、传媒资本运作的重要性及其实现形式的探讨等课题进行了广泛的交流。同年8月，达州市遭遇200年不遇特大洪灾，导致达州日报社受灾严重。省报协向会员单位发出通知，倡导予以援助，至年底共捐赠款物20多万元。

2005年2月，经省新闻出版局、省报协初评，报送新闻出版署、中国报协终评，四川日报报业集团唐嗣田、成都晚报社佟小庆、成都商报社庄光誉、泸州日报社田怀聪、阿坝日报社冯青龙5人，被授予“全国报业先进经营管理者”称号。10月18—21日，西部12省区党报印务工作研讨会在成都召开，省报协负责人到会就印务公司体制机制改革等问题同与会者进行了交流。

第三章　专业新闻协会

四川省新闻界共有四个专业协会，分别是四川省新闻摄影学会、四川省报纸副刊研究会、四川省新闻教育学会、四川省老新闻工作者协会。四个专业协会发挥各自优势，彰显鲜明特色，团结和组织新闻工作者，专业评选，参与实践，沟通信息，增进友谊，磋商技艺，共同提高。这些协会（学会、研究会）除了日常工作，每年各自都要组织有意义、有影响的活动。

第一节　四川省新闻摄影学会

一、组织机构

四川省新闻摄影学会于1986年5月21日成立。

第一届新闻摄影学会（1986年5月至1989年12月），名誉会长天宝（省委原副书记）、张太恒（成都军区原司令员），会长高毅（四川日报社副总编辑），秘书长唐正益（四川日报摄影部副主任）。

第二届新闻摄影学会（1989年12月至2000年6月），名誉会长天宝（省委原顾问）、杨崇汇（省委副书记），会长姚志能（四川日报社总编辑），秘书长唐正益（四川日报摄影部副主任）。

第三届新闻摄影学会（2000年6月至2005年），名誉会长刘晓峰（副省长），会长唐小强（四川日报社总编辑）；秘书长莫定有（四川日报摄影部主任）。

二、主要工作

四川省新闻摄影学会成立以后，每年都要举行全省年度好新闻摄影作品评选暨四川新闻奖摄影作品复评，并推荐出一批在全国、全省有影响的新闻摄影作品。学会会员曾获中国新闻摄影金奖、银奖、中国新闻奖一等奖、中国新闻摄影记者最高奖——金眼奖。

学会组织全国百家主流媒体总编辑、摄影部主任、名记者开展《走进小平故里》全国大型摄影采风活动，取得了良好效果。各媒体用上百个图文并茂的专版宣传报道广安的风土民情、百姓生活、城市新貌、经济建设，通过全国各媒体的宣传，有效地提升了广安在全国的知名度。

学会在成都承办第十二届全国新闻摄影作品评选，承办“理光杯”全国摄影大赛，在成都成立全国首家尼康俱乐部，承办第二届中国新闻摄影记者金眼奖（理光杯）评选，承办第十届中国新闻奖摄影作品复评暨1999年全国新闻摄影作品年赛评奖活动，举办尼康杯“绿色旋律”摄影大奖赛，举办尼康“西部风光”专题摄影大奖赛，承办华赛金镜头评选，组织会员开展对四川省工业强省等摄影采风报道，走进甘孜、阿坝、凉山开展摄影采风。

第二节　四川省报纸副刊研究会

一、组织机构

四川省报纸副刊研究会于1992年1月成立，是由全省报纸副刊（含星期刊、周末版，文娱新闻）编辑、记者组成的学术团体，以促进副刊繁荣、推进巴蜀文化发展为宗旨。历任会长有席文举（四川日报社副总编辑）、王华（四川日报社副总编辑）、陈华（四川日报社副总编辑）、刘为民（四川日报社副总编辑）、罗天鹏（四川日报社副总编辑），秘书长伍松乔。

二、主要工作

四川报纸副刊同仁之间，保持着和谐共生的优良传统。自1991年组建研究会以来，每年集评稿、采风、交流为一体的年会，在四川各地流动进行。累计评选出副刊好作品5000多件，其中近500件入选四川新闻奖，《幸好康熙没有“再活五百年”》《重新选择苏东坡》等获中国新闻奖。研究会每次年会均邀请各界作家、专家、学者参加，互相交流。1993年，举办了历时半月的“西部记者看四川”大型采风活动。

四川副刊研究会面对实践中产生的的种种问题，努力从理论上寻求答案。研究会先后举办了3次论文征集与评选活动，对21世纪副刊发展大趋势、文学副刊面临的困境与出路等进行研讨。2005年5月，还承办了中国记协、全国报纸副刊研究会主办的大型《媒体与文化·成都论坛》，数十名全国报纸总编辑赴会交流。

研究会努力培养副刊编采名家。2004年，省记协与研究会举办了首届“四川报纸副刊十佳编辑（记者）”评选，10位副刊编辑、记者脱颖而出，得到表彰。2000年以来，相关报社和会员还联合省作协、省文联与社科、传媒界，先后为《四川日报》伍松乔的关于“媒体与文化”作品、王治安的环保作品和《绵阳晚报》冯小娟的小说创作等举办专门研讨会。《四川日报》《成都日报》《成都晚报》《甘孜日报》《巴中广播电视报》《巴中日报》等，还将其副刊作品、文论结集出版，其中《应变与超越·世纪之交的四川日报副刊》《离离原上草·四川日报文学奖获奖作品集》《天下成都》《甘孜日报记者文丛》等，在业界获得好评。

四川副刊研究会和社会的联系颇为活跃，在传统的征文、笔会之外，还开展了话题讨论、热线电话、活动+报道等，综合效益广泛。《四川日报》从1990年开始设立了全国最早的专项年度传媒文学大奖——四川日报文学奖，全国记协主席、人民日报社社长邵华泽欣然为此题词：“巴蜀文坛之盛事，神州报业之创举。”全国作协主席、川籍老作家巴金也特地题签赠书以资勉励。由研究会主办的四川十佳演员评选，在文艺界内外产生了重大影响。

第三节 四川省新闻教育学会

一、组织机构

四川省新闻教育学会于2002年12月成立。学会会长邱沛篁，秘书长吴建。

改革开放以来，四川省新闻传播业发展很快，新闻教育也随之得到空前发展。自1981年四川大学新闻专业正式招生后，全省先后已有20多所大学办了新闻传播类专业。四川省新闻教育学会成立的宗旨，是为了加强各高校新闻传播类专业间的学术交流，不断提高教育质量，努力为国家培养更多优秀的新闻人才。

二、主要工作

2003年9月24日，举行四川省新闻教育学会年会暨国家社科基金研究项目《西部大开发与西部报业经济发展研究》开题报告会。省内各高校新闻院、系负责人与新闻传媒负责人，共同就加强高校新闻院、系与新闻传媒单位的合作，联合攻关承担重大科研课题，促进新闻传播教育和学术研究发展等交换了意见。

2004年12月8日，四川省新闻教育学会与四川大学出版社联合主办四川省新闻传播类教材研讨会。来自四川省各高校新闻传播类专业的教授及负责人，与出版社的社长、编辑一起，总结和分析了近年来四川省新闻传播类教材编写、出版与发行方面的情况，提出了进一步改进教材编写、提高教材质量、加强院系间合作的建设性意见。

2005年12月1日，四川省新闻教育学会与上海复旦大学出版社联合主办学会年会暨新闻传播类教材研讨会。省内各高校新闻院、系的代表与上海复旦大学出版社社长、总编辑一起，共同探讨了提高教材编写质量、扩大教材发行的具体措施。

学会成立后，积极开展了推动教师学术研究的活动。在2004年与《新闻界》杂志联合举办了“娇子杯”新闻教育论文征文大赛。学会还努力推进全省高校新闻院、系之间的团结、协作，交流与合作。如组织参观新闻院系设备实验室建设，开展学术讲座，进行教学、科研经验交流等。

第四节 四川省老新闻工作者协会

一、组织机构

四川省老新闻工作者协会（以下简称老记协）成立于1993年6月，省委常委、宣传部部长席义方到会祝贺并讲话。大会通过了《四川省老新闻工作者协会章程》，选举伍陵（晚霞报总编辑）为会长。1995年2月选举吕齐（省人民广播电台副台长）为会长。

二、主要工作

为给老记协开展活动创造条件，1996 年省委宣传部安排老记协挂靠四川人民广播电台，从此在人力、物力、财力方面得到该台的大力支持和帮助。

四川省老新闻工作者协会坚持每年开展三项定期的活动：参加各省、市轮流主办的“全国各省市老新闻工作者协会联谊会”；春节前举办小型的老同志团拜会；春季举办“川渝蓉”三方老新闻工作者互访活动。此外，不定期开展大中型活动。主要有以下活动：1995 年成立老新闻工作者收藏俱乐部，先后举办七次展览，有 2000 多会员的四川省收藏家协会就是在俱乐部基础上发展起来的。1997 年主办“全国各省市老新闻工作者协会联谊会”，全国有 16 个省、市的 60 多位代表参加。1997 年 7 月召开庆贺香港回归祖国座谈会，有 60 多位老同志参加。此外，与新闻单位合作，举行老同志消暑茶话会、欢聚会、跨世纪老新闻工作者书法展览、高龄祝寿会、重阳聚会、参观博物馆等。这些活动多则数百人，少则数十人参加，颇具规模与影响。

第四章 市、州新闻工作者协会

至2005年，成都市、自贡市、攀枝花市、泸州市、德阳市、绵阳市、遂宁市、内江市、乐山市、南充市、宜宾市、广安市、达州市、巴中市、雅安市、资阳市、凉山州共17个市、州成立了新闻工作者协会。协会在市、州委宣传部的领导下开展工作，协会日常办事机构设在市、州委宣传部新闻科。

市、州新闻工作者协会为繁荣和发展市、州新闻事业做出了积极贡献。主要开展八个方面的工作。一是围绕当地党委、政府中心工作，协调组织战役性宣传报道；二是组织好新闻、优秀新闻工作者评选活动，促进新闻单位多出精品、多出人才；三是深入开展“三项学习教育”活动，提升新闻从业人员职业素质；四是采取多种措施加强新闻队伍建设；五是维护新闻工作者的合法权益；六是开展联谊活动，发挥“新闻工作者之家”作用；七是开展对外友好往来；八是不断加强记协自身建设，提高能力和水平。

第一节 成都市新闻工作者协会

一、组织机构

成都市新闻工作者协会于1983年1月21日成立。1993年7月至2003年3月为第四届理事会。2003年3月至2005年为第五届理事会。

二、主要工作

围绕中心服务大局，组织有影响的战役性宣传报道。1995年5月，为纪念抗日战争胜利50周年，组织市级媒体前往山西省太行山区，进行了“千里太行”宣传报道活动，累计有近100篇反映太行山军民抗日的稿件，分别在中央、省、市媒体刊发。2005年8月，为配合省上组织的纪念红军长征胜利70周年，组织市级媒体“重走长征路”，先后前往凉山、甘孜、阿坝等红军长征经过的地方采访，在中央、省、市媒体发表稿件60多篇。2000年，配合西部大开发，组织市级媒体前往凉山州、雅安市、广元市、绵阳市、德阳市及云南省采访，发表稿件10多篇。2001—2004年，组织4次小平故乡行采访活动，发表稿件100多篇。同时还围绕香港、澳门回归，庆祝中华人民共和国成立50周年，纪念中共十一届三中全会召开20周年等重大活动组织采访报道。

组织新闻奖评选，促进新闻单位多出精品、多出人才。开展一年一度的成都新闻奖评选工作，组织了“大象杯”“如新杯”“粮食杯”的现场新闻采写比赛，人大好新闻、政协好新闻、森林城市好新闻、现场短新闻、组版竞赛、好标题评选等活动。参加“四川省十佳新闻工作者”“四川优秀新闻工作者”推选工作；组织开展“年度优秀新闻工作者”评选活动，从1994—2005年期间，全市共评出“优秀新闻工作者”152名。

深入开展“三项学习教育”活动，提升新闻从业人员职业素质。成立了以市委宣传部主管副部长、市级媒体“一把手”、市新闻工作者协会常务副主席为主的成都市“三项学习教育”活动领导小组，市“三项学习教育”活动办公室设在市记协。协会组织全市新闻工作者认真开展“三项学习教育”活动，贯彻落实《中国新闻工作者职业道德准则》《关于禁止有偿新闻的若干规定》及中宣部、广电部、新闻出版署、中国记协相关会议精神。各新闻单位认真组织学习了省委宣传部汇编的《新闻工作手册》、中央三代领导集体关于新闻工作的重要论述、有关新闻宣传纪律和注意事项。成都市“三项学习教育”领导小组和成都市新闻工作者协会编印了10多万字的《成都市新闻从业人员继续教育学习资料》，印发到每个从业人员手里。各新闻单位和成都市记协向社会公布了举报监督电话，广泛听取社会各界意见，接受人民群众监督。

采取措施，加强新闻队伍建设。一是坚持开展理论学习，抓好思想建设。二是坚持开展经常性的思想工作，抓好作风建设。开展优秀记者、编辑、先进集体等评选活动。三是强化新闻队伍内部管理。抓好组织建设，完善管理制度，规范从业行为，严格把好政治导向关、宣传纪律关、新闻事实关、节目质量关、安全播出关。制定自律公约，加强行业自律，弘扬职业精神，恪守职业道德，杜绝各种有偿新闻等不良行为，做到取信于民。严格奖惩措施，形成以遵守新闻宣传纪律为荣、违背纪律为耻的良好风尚。

开展联谊活动，增进新闻界的团结，充分发挥记协“新闻工作者之家”的作用。先后举办了4届新春联谊会、3届“新闻怀”台球赛、10届企业报联谊会。每年举办庆祝记者节活动。

开展友好往来。承办了2005年西南五省区七方党报总编辑、记协主席、秘书长会议。接待了中国国际广播电台驻国外记者采访团，以及北京、天津、广州、深圳、山西、新疆、贵州等省、市新闻采访团。

协会内部建设不断完善。每周星期五固定为记协办公会议日，每年财务报告送成都市民政局审核，会刊《新闻之友》固定了编辑及三审制，从组织上保证了记协工作。

第二节　自贡市新闻工作者协会

一、组织机构

自贡市新闻工作者协会于1982年10月成立。

1994—1998年，协会主席高先敏（市委常委、宣传部部长），名誉主席钟历国（市委副书记）。

1999—2005年，协会主席邱德峰（市委常委、宣传部部长）。

二、主要工作

围绕市委、市政府的中心工作组织新闻单位开展新闻宣传，积极配合做好市党代会、人代会、政协会、国际恐龙灯会的新闻宣传。

切实加强新闻队伍建设，开展各种形式的业务交流和调查研究。不定期地开展新闻从业人员培训，组织新闻工作者异地采访活动，认真学习外地新闻宣传经验。开展每年一次的自贡新闻奖和宣传自贡好新闻奖评选工作和记者节庆祝活动。对每四年一次评选出的“十佳新闻工作者”，在全市庆祝记者节大会上颁奖。

加强与理事单位的联系。通过举办茶话会，充分听取新闻工作者对新闻宣传工作的意见和建议。组织新闻工作者不定期地开展文明、健康、有益的文艺体育活动。

第三节　攀枝花市新闻工作者协会

一、组织机构

攀枝花市新闻工作者协会于1985年12月成立。

第二届理事会（1989年2月至1994年2月），协会主席谭学虹（市委宣传部副部长），名誉主席李翠贤（市委常委、宣传部部长）。

第三届理事会（1994年5月至2004年8月），协会主席吴登昌（市委常委、宣传部部长）。第四届理事会（2004年8月至2005年），协会主席罗毅（市广电局副局长）。

二、主要工作

组织协调新闻单位围绕党委和政府的中心工作搞好新闻宣传报道。

深入开展“三项学习教育”活动。一是抓好分层次集中培训。针对不同对象提出不同要求，保证学习效果。2004年组织全市新闻从业人员“三项学习教育”考试；二是建立健全制度。全市新闻系统建立和完善规章制度40多项；三是加强社会监督。下发了《关于攀枝花市新闻工作者职业行为五项规定的通知》，并向社会公布举报电话，接受社会监督。2005年建立并落实了新闻社会监督员制度。

组织评奖、树立典型，力促新闻单位多出精品出人才。组织了两年一届以市委、市政府名义举办的新闻工作先进集体和先进个人的推荐表彰活动，组织了每年的新闻奖评选活动，组织了一年一度的人大、政协好新闻评选。

加强培训、增进交流，提升新闻工作者素质。组织新闻业务骨干到深圳、上海、广州等沿海地区考察学习，组织一线记者到西昌、楚雄、丽江等周边地区采访。举办青年实务培训和民生新闻专题讲座，邀请市内资深专家、学者进行辅导、培训。各新闻单位也相应选送业务骨干到先进发达地区学习、挂职锻炼，并邀请资深媒体专家和学者进行学习辅导。市新闻工作者协会秘书处坚持对新闻的阅评，并在市委宣传部每月的新闻通气会上进行点评。每两年召开一次新闻质量分析会，促进各新闻单位也相应采取月评、季评或不定期评议等形式进行新闻评议。

采取多种形式，加强新闻队伍建设。利用节假日开展形式多样的文体活动，丰富新闻工作者的业余生活，又达到交流学习的目的；编辑印发会刊《攀枝花新闻界》，内容有协会动态、业务交流、采编感言等，在市级新闻单位中赠阅，并在周边市、州交流；于2001年编辑印发《新闻工作常用制度汇编》，汇集了中央领导关于新闻工作的重要论述，国家、省、市的有关规定，市内新闻单位的具体管理制度等，对新闻单位的宏观管理和采编人员的具体实践具有指导性；组织编纂印发书籍《见证攀枝花》，选编了1965年建攀枝花市到2005年的优秀新闻作品，以独特的视角见证了攀枝花建设发展的历史，反映了新闻工作者的成果。

第四节　泸州市新闻工作者协会

一、组织机构

泸州市新闻工作者协会于1984年5月成立。

第一届理事会（1984—1996年）协会主席柳隆国（泸州日报社副总编辑）。

第二届理事会（1997—2001年）协会主席章正超（泸州日报社总编辑）。

第三届理事会（2002—2005年）协会主席苏平（市委宣传部副部长）。

二、主要工作

围绕中心，服务大局，组织协调新闻单位集中宣传报道了抓经济发展、城市建设、国企改革、农业产业化结构调整、“煤电路化”综合发展的经验；组织了对县域经济发展、经济体制改革、西部化工城建设和创建卫生城市、文明城市、优秀旅游城市、保持共产党员先进性教育活动等重点工作的系列报道；组织了香港、澳门回归，庆祝中华人民共和国成立50周年、纪念中共十一届三中全会召开20周年等重大活动的报道；组织了防治禽流感、抗击“非典”、抗洪救灾等突发事件宣传工作。

组织新闻评奖工作，促进新闻单位多出精品、出人才。组织开展年度“泸州市好新闻”评选。从2002年起开展两年一次的泸州市“十佳”记者、“十佳”宣传干部评选活动。组织了人大工作、政协工作、综合治理工作等好新闻评奖活动。2003年8月，为表彰新闻界在抗击“非典”斗争中做出的成绩和贡献，市委宣传部、市新闻工作者协会授予泸州晚报等12个单位“全市新闻界抗击‘非典’新闻宣传先进集体”荣誉称号，表彰了30名“优秀新闻工作者”。

深入开展“三项学习教育”活动，提升新闻从业人员职业素质。层层建立新闻战线“三项学习教育”活动领导体系，加强对全市新闻战线开展“三项学习教育”活动的组织领导，制订了“三项学习教育”活动责任书和管理制度，开展“三项学习教育”活动交叉验收检查，培训“三项学习教育”活动骨干。通过开展参观学习、知识竞赛、学习典型、“三贴近”研讨会等活动，丰富活动形式，增强活动实效。2003年4月20日，省新闻战线“三项学习教育”活动现场经验交流会在泸州市召开，各市（州）委宣传部和部分新闻单位的负责人通过现场走访和交流，学习泸州市开展“三项学习教育”活动的先进经验。

采取多种措施，加强新闻工作者队伍建设。一是坚持开展政治理论学习，抓好思想建设。重点抓了有中国特色社会主义理论、“三个代表”重要思想、中央方针政策及重大会议精神的学习。二是强化内部管理，抓好组织建设。完善管理制度，规范从业行为，把好政治导向关、宣传纪律关、新闻事实关、节目质量关、安全播出关。制定自律公约，加强行业自律，弘扬职业精神，恪守职业道德，杜绝各种有偿新闻等不良行为。严格奖惩措施，通过奖励和惩处双管齐下，形成以遵守新闻报道纪律为荣、违背纪律为耻的良好风尚。三是着力提高业务水平，组建阅评员队伍，建立新闻阅评和新闻通报制度，对市级各主要媒体新闻宣传进行阅评，及时把握和引导舆论。

开展活动，加强沟通，增进新闻界的团结。加强了与省记协的联系，得到经常指导；坚持每年开展异地采访活动，派出业务骨干外出学习，邀请兄弟市州同仁来泸交流，加强横向联系；举办学术交流活动。坚持以每年的记者节庆祝活动作为平台，召开年会，开展活动。

第五节　德阳市新闻工作者协会

一、组织机构

德阳市新闻工作者协会于1994年成立。

1994年至1998年11月，协会主席何定楷（市委宣传部部长）。

1998年11月至2000年3月，协会主席张家鎏（德阳市委常委、宣传部部长）。

2003年3月至2005年，协会主席郝跃南（市委常委、宣传部部长）。

二、主要工作

围绕中心服务大局，积极开展大型宣传报道活动。集中宣传德阳县域经济发展的经验，开展经济体制改革、建立现代企业制度、重点工程建设、创建文明城市、创建学习型城市系列报道。组织香港、澳门回归，建市20周年、改革开放20年、中华人民共和国成立50年等大型活动的宣传报道。推出了警校共育等一批先进典型。

开展“三项学习教育”活动。在新闻单位认真贯彻落实《中国新闻工作者职业道德准则》《关于禁止有偿新闻的若干规定》及中宣部、广电部、新闻出版署、中国记协的各项规定。各新闻单位由总编辑亲自挂帅，认真查找在有偿新闻、虚假报道和违规广告、低俗之风等方面存在的问题，向社会公布了举报监督电话，接受人民群众的监督。

开展丰富多彩的活动。积极开展“争先创优”活动，开展优秀党员、先进集体和个人的评比和表彰。充分发挥记协“新闻工作者之家”的作用，坚持在每个记者节举办大型庆祝活动，开展新春联谊、对口帮扶、体育竞赛等活动。

第六节　绵阳市新闻工作者协会

一、组织机构

绵阳市新闻工作者协会于1993年成立。

第一届（1993—1997年）协会主席宋肇兴（市委宣传部副部长）。

第二届（1997—2001年）协会主席袁昌杰（市委宣传部副部长）。

第三届（2001—2004年）袁昌杰继任协会主席（市委宣传部副部长）。

第四届（2004—2005年）协会主席马宗舜（市委宣传部副部长）。

二、主要工作

按照“反映诉求、提供服务、规范行为”的要求，推动各新闻单位总结交流业务经验、推进新闻改革与创新；组织新闻奖评选；开展业务培训工作，为提高新闻队伍素质服务；运用多种形式反映新闻界的呼声，维护新闻工作者的合法权益；组织庆祝记者节及文体活动。

抓好“三项学习教育”活动。定期召集市级媒体主要负责人专题座谈，增强“一把手”的政治思想素质和职业道德素质。市记协统一安排部署，以新进报社的年轻编采人员为主要培训对象，以提高编辑记者思想政治素质和职业道德素质为重点内容，从理论学习、专题讲座、传授经验、业务研究四个方面进行培训。定期举行大规模的培训会，邀请市内外专家和业界资深人士授课，采取集中听课与会议交流相结合，研讨分析与精彩点评相结合，课上互动与课下交流相结合，使培训新颖活泼，引人入胜。

加强新闻业务交流。组织报刊、广播电视台业务经验交流会，组织新闻改革专题理论研讨会，举办总编辑、台长读书班，邀请新闻界专家、学者演讲，举办报告会等。

组织新闻奖、宣传绵阳特殊贡献奖评选活动。评选实行评前、评后公示。评委实行轮流出任制。

举办各类有益活动，增强记协的凝聚力和影响力。在市委宣传部的支持下，举办了全市新闻界乒乓球、篮球联谊赛、书法大赛等大型活动。

第七节　遂宁市新闻学会

一、组织机构

遂宁市新闻学会于1989年成立。

第一届理事会（1989—2001年）会长冯良（1989—1996年，市委宣传部副部长）、何大海（1996—2000年，市委宣传部副部长）。

第二届理事会（2001—2005年）会长冯良（市委宣传部副部长）。

二、主要工作

围绕市委、市政府的中心工作组织开展系列大型宣传活动。相继开展了“中通战略”“系列化经济”“建市十周年庆祝活动暨第二届纺织食品节”、深入学习邓小平理论、学习贯彻中共十五届四中全会精神、西部大开发战略、中国共产党成立80周年、国企改革、“发展才是硬性道理”、公民道德建设、农村税费改革、“认识遂宁、热爱遂宁、宣传遂宁、建设遂宁”、民营经济发展、丘陵地区经济发展、“抗击非典”、遂宁创业之星、创建省级文明卫生城市等重大专题的宣传报道。

发挥协会作用，加强行业监管。1994年，组织新闻单位开展新闻自查活动。新闻单位每两月自查一次，主要查一个时期内新闻宣传工作的主要内容（包括宣传的重点内容、发稿数量、向上级报刊台发稿及刊播数量）、存在的问题及改进意见。

1995年，与市委宣传部联合开展“遂宁市新闻工作问卷调查综合分析”活动，对遂宁市新闻媒体进行了基本评估，提出需要改进的意见。

1996年，与市委宣传部联合发文《关于进一步完善和规范新闻联系会制度的通知》。联系会定为每个季度第一个月上旬召开，有重大活动、重大事件随时召开联系会。

1999年，在全市建立新闻阅评制度，加强对新闻媒体的动态性、经常性的管理和监督。

2001年，在全市开展新闻系统马克思主义新闻观教育。

2003年，开始在全市新闻战线开展“三项学习教育”活动，分新闻从业人员和社会公众两个方面进行了新闻职业道德问卷调查，摸清全市新闻从业人员总体素质情况。

2005年，发出“弘扬职业精神，恪守职业道德，维护队伍形象”的倡议。

第八节　内江市新闻工作者协会

一、组织机构

内江市新闻工作者协会于1994年成立。

第一届理事会（1994年至2000年11月）会长卿光国（市委副书记）。

第二届理事会（2000年11月至2005年11月）协会主席张祥元（市委常委、宣传部部长）。

第三届理事会（2005年11月至2005年12月）协会主席黄忠（市委常委、宣传部部长）。

二、主要工作

围绕中心服务大局，组织战役性宣传报道活动。集中宣传了威远县抓经济发展、隆昌县城市建设、国企改革、农业产业化结构调整的经验等，组织了“一条线”建设、县域经济发展、经济体制改革、建立现代企业制度、再就业工程、重点工程建设、创建卫生城市、创建文明城市、加强思想政治工作等系列报道，组织了香港、澳门回归，庆祝中华人民共和国成立50周年，纪念中共十一届三中全会召开20周年等重大活动的宣传报道，推出了一批先进典型。

组织新闻评奖工作，促进新闻单位多出精品、人才。先后组织了“电力杯”“保险杯”现场新闻采写比赛；五届专业企业报好新闻、好评论、好通讯、好版面评比，人大工作、政协工作、人口与计划生育、巴蜀质量、保护消费者合法权益、残疾人事业好新闻等评选活动；开展首届“四川省十佳新闻工作者”“四川省优秀新闻工作者”推选工作；组织开展年度“优秀新闻工作者”评选活动，1994—2005年期间，共评选出“优秀新闻工作者”52名。

深入开展“三项学习教育”活动。认真贯彻落实《中国新闻工作者职业道德准则》《关于禁止有偿新闻的若干规定》及中宣部、广电部、新闻出版署、中国记协相关会议精神，认真组织学习了省委宣传部汇编的《新闻工作手册》、中央三代领导集体关于新闻工作的重要论述、有关新闻宣传纪律和注意事项；认真查找在有偿新闻、虚假报道、不良广告、低俗之风方面存在的问题，进行分析评议，制定整改措施，建立长效机制。各新闻单位向社会公布举报监督电话，广泛听取和征求社会各界意见，接受人民群众监督。

采取措施，加强新闻队伍建设。一是坚持开展政治理论学习，抓好思想建设。重点抓了中国特色社会主义理论、“三个代表”重要思想、中央方针政策及重大会议精神的学习。二是坚持开展经常性思想工作，抓好作风建设。开展“争先创优”活动，开展优秀示范岗活动，评选优秀党员、先进集体、优秀干部、优秀职工等。三是强化自身内部管理，抓好组织建设。完善管理制度，规范从业行为，把好政治导向关、宣传纪律关、新闻事实关、节目质量关、安全播出关。制定自律公约，加强行业自律，弘扬职业精神，恪守职业道德，杜绝各种有偿新闻等不良行为，做到取信于民。严格奖惩措施，通过奖励和惩处双管齐下，形成以遵守新闻报道纪律为荣、违背纪律为耻的良好风尚。

开展联谊活动，增进新闻界的团结。举办了三届新闻界春节联谊活动、两届“新闻杯”保龄球赛、五届专企报联谊活动，纪念范长江诞辰90周年座谈会。

第九节　乐山市新闻工作者协会

一、组织机构

乐山市新闻工作者协会于1989年1月成立。

第二届新闻工作者协会（1991年3月至1995年12月）主席姚章雨（乐山日报社总编辑）。

第三届新闻工作者协会（1996年1月至2000年2月）主席姚章雨（乐山日报社总编辑）。

第四届新闻工作者协会（2000年3月至2005年10月）主席黄学文（市委常委、市委宣传部部长）。

第五届新闻工作者协会（2005年11月至2005年12月）主席罗佳明（市委常委、市委宣传部部长）。

二、主要工作

相继组织乐山市新闻界围绕工业经济改革、国企改革、农业产业化结构调整、治理经济环境、整顿经济秩序、经济体制改革、再就业工程、重点工程建设等进行系列报道；组织庆祝中华人民共和国成立50周年、龙舟经济交易会等重大活动的宣传。

坚持每年对全市媒体的好作品开展“乐山新闻奖”评选活动，在“记者节”进行通报表彰。

2003 年开始协助市委宣传部在全市媒体中开展“三项学习教育”活动。乐山广播电视系统根据《禁止有偿新闻六条禁令》，制定《乐山市广播电视系统新闻从业人员自律公约》，新闻从业人员人手一册，举行仪式宣誓遵守。

2000 年和 2005 年，市委宣传部和市新闻工作者协会组织了两次乐山市“十佳新闻工作者”评选活动，通过严格的评比、公示，共评出 20 名乐山市“十佳新闻工作者”。

组织新闻工作者开展培训、异地采访学习活动，提高新闻工作者的素质。组织市、县两级媒体记者到改革开放的前沿广东、海南采写乐山打工者的生存状况，写出了有深度的报道。组织两次“重走长征路”采访活动。市、县两级媒体记者采访长征路沿途的经济发展、风土人情等情况，开阔了记者的视野，增强了记者的责任感和使命感。1994—2003 年，每年组织一次新闻队伍培训活动，连续组织了 9 期。参加培训的人员包括市、县新闻媒体的编辑、记者和宣传部的通讯员，培训内容以新闻基础知识为主，省、市级新闻单位的专家、学者到会讲课，培训新闻从业人员达 500 余人次，有力促进了全市新闻队伍素质的提高。

协会以主动维护新闻工作者的合法权益为己任。1997 年，记者龚文兵采访市中区长江市场被殴打，市新闻工作者协会出面要求对方在报纸上赔礼道歉并赔偿了损失。

协会不断加强自身建设，理事单位从开始的市级新闻媒体逐渐扩大到区县的新闻单位、企业报刊，协会的队伍不断壮大。

第十节　南充市新闻工作者协会

一、组织机构

南充市新闻工作者协会于 1984 年 10 月成立。

1994 年 1 月至 1994 年 3 月，记协主席郝振书（地委巡视员、宣传部副部长）。

1994 年 3 月至 2004 年 12 月，记协主席王正忠（市人民政府副市长）。

2005 年 1 月至 2005 年 12 月，记协主席勾春平（市委常委、宣传部部长）。

二、主要工作

围绕中心，服务大局，突出抓好重大主题宣传报道。特别是对 2004 年 8 月中共中央总书记、国家主席胡锦涛到南充视察，以及在这前后到南充的温家宝、贾庆林、曾庆红等党和国家领导人的调研活动，及时准确地组织了宣传报道。

积极参加与组织策划一系列先进典型报道，将他们的事迹推向了全国。典型代表有阆中银河地毯公司创建人卢兴琼，原中保财产保险公司仪陇县支公司党组书记、经理罗存涛，南部升钟库区小学教师王守奇，蓬安县徐家镇方广村党支部书记范琼花，仪陇县马鞍镇琳琅村党支部书记许伦，南部县寒坡乡四房嘴村党支部书记雍宗满。

紧密联系实际，开展“三项学习教育”活动。每年协助市委宣传部举办一至二期编辑、记者学习班，学习马克思主义新闻观。制订了《南充市新闻工作者职业道德准则》，举办“三项学习教育”培训班5期、相关知识的考试3次，对“三项学习教育”活动内容进行了一次问卷调查，向社会公开了举报监督电话号码。2005年12月，省委宣传部、省记协派出的检查组在南充实地检查后，认为南充市的“三项学习教育”活动抓得扎实，取得了较好效果。

积极参与或主持了历届宣传南充好新闻、南充市新闻奖评选，“南充市十佳新闻工作者”“南充市十佳通讯员”的评选活动。组织开展了“四川省十佳新闻工作者”“四川省优秀新闻工作者”初选推荐工作。

开展新闻业务培训，举办各种类型的新闻业务培训班。接受岗位培训的专业和业余新闻工作者1500余人次。与大学联合举办大专、本科的新闻学历教育，先后有200多学员相继取得了国家承认的新闻大专或本科毕业证书。

维护新闻工作者合法权益。自2000年以来，专门聘请一名常年法律顾问，不定期地为新闻单位和新闻从业人员举办法律知识讲座。

支持鼓励会员从事新闻学术研究和交流。全市新闻从业人员每年在省级以上新闻业务刊物上发表文章5篇以上，在市记协自办的内刊《新闻求索》上发表文章40篇以上。组织5次省外异地采访，接待了攀枝花、绵阳、海南省记协的来访。

组织活动，建新闻工作者之家。香港、澳门回归，中华人民共和国成立50周年，市记协均举行有特色的庆祝活动。北约轰炸中国驻南斯拉夫联盟大使馆、中国台湾李登辉公开抛出“两国论”等事件发生时，市记协召开新闻工作者座谈会愤怒谴责。组织首届记者节纪念活动时，联系新闻单位出资，打造了南充记者林。

第十一节　宜宾市新闻工作者协会

一、组织机构

宜宾市新闻工作者协会于1985年10月成立。

1994年至1999年8月，协会主席尹德宏（市委常委、宣传部部长）。

1999年8月至2005年12月，协会主席葛燎原（市委常委、宣传部部长）。

二、主要工作

坚持加强市内新闻单位的联系、协作和经验交流，积极开展新闻宣传活动及新闻理论的探讨，不断提高新闻队伍的素质，教育会员遵守宣传纪律和新闻工作者职业道德。开展异地采访和交流活动。开展每年一度的宜宾新闻奖的评选活动，表彰优秀新闻工作者。维护新闻工作者的合法从业权益。

注重对新闻从业人员的培训。1994年，组织新闻骨干通讯员业务培训，赴原始森林老君山采访，报道为该景区获得省级风景区起了积极的作用。举办了三次新闻培训班，请业内专家授课。

开展新闻评奖活动，促进新闻作品质量的提高。1998年起，每年组织评选宜宾新闻奖和宣传宜宾好新闻奖。

2000 年起，坚持每年组织市级新闻单位进行一次异地采访，先后赴云南丽江、哈尔滨以及日本、韩国考察采访。

开展活动，丰富新闻从业人员业余生活。每年记者节组织新闻媒体开展趣味体育活动。2000 年首届记者节时，市委宣传部和协会隆重举行庆祝大会，市委、市政府主要领导到会讲话并向获第二届四川省优秀新闻工作者和从事新闻工作 30 年以上的老新闻工作者颁发荣誉证书。

评选表彰先进。2003 年开始在全市进行了每两年一次"十佳"新闻工作者评选活动，由市委、市政府在记者节庆祝大会上进行表彰奖励。在宜宾市各媒体开设"省、市十佳新闻工作者风采"专栏，逐一宣传，社会反响良好。至 2005 年共评选出 20 名"十佳"新闻工作者。

1994—2005 年，宜宾市新闻工作者协会连续获得宜宾市社科联先进学会一等奖，宜宾市民间组织先进学会奖。2005 年被省社科联评为全省社科组织先进集体。

第十二节　广安市新闻工作者协会

一、组织机构

广安市新闻工作者协会于 1997 年 6 月成立。

1997 年 6 月至 1998 年 2 月，协会主席尹世全（地委委员、宣传部部长）。

1998 年 2 月至 2005 年，协会主席胥健（市委常委、宣传部部长）。

二、主要工作

协会成立以后，团结全体新闻工作者，坚持以马克思主义、毛泽东思想、邓小平理论和"三个代表"重要思想为指导，坚持新闻工作为人民服务、为社会主义服务的方针，加强新闻队伍建设、维护新闻工作者合法权益，推进新闻改革、繁荣发展，为广安的改革开放、经济建设和社会进步提供舆论支持。以协会的名义推动报社、电视台及各区（市、县）委报道组等新闻单位举办学术讨论会、报告会、会员培训班和通讯员培训班共计 63 场次，培训 3800 多人次。

广安市（地）新闻工作者协会协助市委、市政府及广安日报社等相关新闻单位做好下列接待工作：1998 年 10 月 24—25 日，全省地市州报总编辑联系会在广安召开；2001 年 4 月 11 日，四川省第十八届新闻摄影评奖会在广安举行；同年 11 月 8 日记者节，"四川省记者生态林"落户广安；2004 年 4 月 25—29 日，在广安举办"全国文化记者看广安暨四川省报纸副刊好作品评选会"。

第十三节　达州市新闻工作者协会

一、组织机构

达州市新闻工作者协会于 1995 年 8 月成立。

1995年8月至2005年底，张家林、姚庆林、张志科（均为市委常委、宣传部部长）等相继负责过记协工作。

二、主要工作

围绕市委、市政府的中心工作，组织协调新闻单位开展重大专题报道：相继组织了达川行政区划调整后的建设成就和发展趋势、“团结拼搏，求实创新，排难争先，富民强区”的达川精神、“融入成渝，联运秦巴，强工重农，兴城活商，追赶跨越”的发展战略以及2004年“9·3”特大抗洪抢险等重大宣传报道活动。

采取多种措施，加强新闻工作者队伍建设。一是强化人才意识。进一步完善和制订了定期培训一线新闻工作者和经营人员的学习培训制度。1994—2005年，送培新闻工作者400余人。并面向社会广泛吸纳人才，多次公开招聘记者、播音员和节目主持人，选贤任能。二是开展大练兵活动。各媒体多次组织开展记者、编辑、播音员、主持人岗位练兵竞赛和业务比赛活动，为新闻从业人员加强业务能力学习，增加实战经验，提供了良好的机会。三是主动接受社会监督，不断提高新闻从业人员素质。各媒体特别重视新闻工作者职业道德教育，进一步加强对采访记者、编辑、播音员、主持人的管理，对少数违规行为进行严肃处理，并对外公布了监督举报热线电话。

深入开展“三项学习教育”活动。一是丰富活动内容，开展“增强政治素质、提升职业道德，做新时代的优秀新闻工作者”演讲活动，以业务骨干和一线的编辑、记者作为主体的培训活动；二是加强行业自律。加大对有偿新闻、虚假报道、低俗之风、不良广告“四大公害”的惩治力度。开展“抵制低俗之风暗访行动”，规范广播电视广告管理，坚决取缔虚假广告、低俗广告。三是强化制度建设。建立新闻采编从业人员职业准入、禁入机制，完善新闻工作从业标准，新闻出版行政部门重点加强新闻从业人员资格审查，建立健全不良从业人员数据库，实施动态管理。广播影视行政主管部门探索并完善了广播电视频道、频率和节（栏）目退出机制、电台电视台自律机制、社会监督机制以及沟通联动机制等工作制度。四是坚持改革创新。注重新闻宣传创新，切实增强新闻宣传吸引力和感染力，不断提高舆论引导能力。

开展好新闻、优秀新闻工作者评选活动，促进新闻单位多出精品、多出人才。开展纪念记者节等多项活动，增进团结友谊。加强新闻界的友好往来，促进相互了解。维护新闻工作者从业的合法权益。

第十四节　巴中市新闻工作者协会

一、组织机构

巴中市新闻工作者协会于2004年6月成立。

2004年6月至2005年，协会主席向荣华（市委宣传部常务副部长、巴中日报社总编辑）。

二、主要工作

巴中市记协充分发挥记协的桥梁和纽带作用，认真组织广大新闻工作者开展“三项学习教育”

活动，学习马克思主义新闻观，学习“三个代表”重要思想，遵守职业道德和职业纪律。积极引导新闻工作者自觉克服和抵制“有偿新闻、虚假报道、低俗之风、不良广告”，不断加强新闻队伍的思想政治和作风建设，努力创建政治强、业务精、纪律严、作风正的新闻队伍，培养造就新闻拔尖人才。

加强同新闻单位的联系，深入了解新闻界和新闻工作者关心的问题，认真组织业务交流和新闻奖评选工作，积极开展各种有特色的活动，拓宽渠道，建立制度，积极向市委、市政府反映新闻工作者的意见、建议和要求，维护新闻工作者的合法权益。不断增强同省内外新闻界的交流与合作，搞好对外宣传，扩大巴中的知名度。

第十五节　雅安市新闻工作者协会

一、组织机构

雅安地区新闻工作者协会于1987年12月成立。

第二届理事会（1995年5月前）名誉主席吴性儒（地委秘书长），主席弋基固（地委宣传部副部长）。

第三届理事会（1995年5月至2001年8月）主席黄昌鑫（地委宣传部副部长）。

第四届理事会（2001年8月至2005年9月）主席向华全（市委常委、宣传部部长）。

第五届理事会（2005年10月至2005年底）主席向华全（市委常委、宣传部部长）。

二、主要工作

组织协调新闻单位围绕市委、市政府的中心工作开展战役性专题宣传报道。为宣传“三九经验”和“碧峰峡模式”，邀请新华社、《人民日报》《经济日报》《中国日报》《中国食品报》《四川日报》、四川电视台、《成都商报》《华西都市报》《成都晚报》、成都经济电视台和《香港商报》等新闻单位编辑记者300余人（次），到雅安采访，在国内各新闻媒体上发表稿件300多篇（条）。

组织开展“抗击非典”“川农大精神”、市委“11421”发展战略举措与成就的宣传。“一会一节”、城市改造、景区打造、茶产业发展有关资讯的宣传报道。2005年集中宣传报道全市保持共产党员先进性教育活动，组织编写并公开出版书籍《感动雅安》。

2004年11月8日表彰2003年度《电信杯》“雅安新闻奖”。市新闻工作者协会从2004年起建立了两年一届的“十佳新闻工作者”和“优秀新闻通讯员”评选表彰制度。

深入开展“三项学习教育”活动，提升新闻从业人员职业道德素质。配合市委宣传部组织新闻单位认真学习规定的书籍、文件，边学习边查找在有偿新闻、虚假报道、低俗之风、不良广告方面存在的问题，进行整改，建立长效机制。向社会公布举报电话，接受社会各界的批评监督。

采取多种措施，加强新闻队伍建设。发行内部刊物《雅安新闻通讯》、出版协会刊物《雅安新闻界》；举办新闻培训班；组织会员采写文稿，编辑出版了反映雅安地区改革开放成就的通讯报告文学集《大潮浪花》。

协会围绕庆祝雅安解放 50 周年和中华人民共和国成立 50 周年，迎澳门回归和新千年到来的“双迎双庆”，配合谴责北约轰炸中国驻南斯拉夫联盟大使馆罪行、反击李登辉“两国论”等的重大政治斗争，开展了一系列重大活动。开展了“三讲”集中教育活动。市新闻工作者协会认真贯彻落实全市宣传工作会议精神，“加强职业道德建设，禁止有偿新闻”。

第十六节　资阳市新闻工作者协会

一、组织机构

资阳市新闻工作者协会于 1999 年成立。

1999 年至 2001 年 3 月，协会主席吴秀英（市委宣传部副部长）。

2001 年 3 月至 2003 年 8 月，协会主席张建强（市委宣传部副部长）。

2003 年 8 月至 2005 年底，协会主席张光禄（市委宣传部副部长）。

二、主要工作

资阳市新闻工作者协会围绕中心，服务大局，面向新闻界、服务新闻界，在加强队伍建设、促进行业自律、维护合法权益、开展业务交流、组织评奖评优等方面做了大量工作，取得了明显成效，为繁荣和发展资阳市新闻事业做出了积极贡献。

做好宣传报道。新闻工作者协会团结带领全市新闻工作者在围绕中心、服务大局、推动改革发展、维护社会稳定、树立良好形象等方面做了大量卓有成效的工作。突出宣传了“建设一个新资阳”总体目标和“西部车城、绿色资阳”两大品牌，全面展示了资阳经济社会发展的喜人态势。

加强新闻工作者队伍建设。特别是从 2003 年开始，以“三项学习教育”活动为主线，积极组织全市各新闻单位认真开展“三项学习教育”活动，根据不同对象有计划、有针对性地举办“三项学习教育”活动培训班，切实提高新闻工作者的政治素质、职业道德和业务能力，努力培养政治强、业务精、纪律严、作风正的新闻工作者。其次，强化协会内部建设，不断增强协会成员的政治意识和服务意识，杜绝“衙门”作风，把市新闻工作者协会建设成为政治上靠得住、工作上有本事、作风上过得硬、新闻界信得过的群众团体，不断推动协会工作上台阶。

促进行业自律。通过建章立制、强化监管、严肃处罚等措施，有效整顿有偿新闻、虚假报道、低俗之风、不良广告“四大公害”，维护了新闻工作者崇高的社会声誉和良好的社会形象。

组织评奖评优。市新闻工作者协会每年组织开展“宣传资阳好新闻奖”评选和对外宣传优秀新闻作品评选活动，促进多出精品。

做好保障服务。积极协调有关部门援助、处理本市新闻工作者和省级媒体驻资阳记者站记者采编权益受侵害事件。经常了解新闻工作者思想状况，协调帮助解决工作、生活中的具体困难，赢得广大新闻工作者的信赖。协会以各种庆典活动特别是记者节为契机，组织开展乒乓球比赛、保健讲座、郊游座谈、新春联谊等健康有益的文体活动，促进广大新闻工作者加强交流，增强团结。

建立健全制度。为确保新闻宣传工作制度化、规范化，市新闻工作者协会从成立之初，就建立包括宣传管理、考核奖励、后勤保障等一整套科学、合理的制度，随着工作中遇到的新问题、新要求、新目标，不断完善，落到实处。

第十七节　凉山州新闻工作者协会

一、组织机构

凉山州新闻工作者协会于2004年11月成立。

第一届理事会（2004年11月至2005年底）主席王金铁（州委常委、宣传部部长）。

二、主要工作

2004年11月7日，在新闻工作者协会成立会上表彰第一届“凉山州十佳新闻工作者”，并授予“凉山州第一届十佳新闻工作者”称号。

开展“三项学习教育”活动，组织新闻工作者学习有关文件。通过治理有偿新闻、虚假报道、低俗之风、不良广告等突出问题，提升了凉山州新闻工作者的业务能力和工作素养。

开展2005年度的新闻评选活动。一是规范评选程序。二是对内容和表现形式创新的新闻作品、“三贴近”新闻作品，给予倾斜鼓励。三是坚持评选标准，确保作品的获奖质量。2005年度共评选获奖的各类新闻作品总计183件，获得一等奖的30余件新闻作品报送省上参评。

在州委宣传部的领导下，在州级各新闻单位的积极支持下，成功举办了2005年第六届记者节庆祝活动。庆祝活动包括乒乓球比赛、登山比赛、篮球对抗赛、文艺演出及联谊晚会。

四川省志·报业志

附　　录

一、名 录

（一）领导名录

1983年1月至1995年4月四川日报社历任领导一览表

表附-1

姓　名	职　务	到任时间
姚志能	四川日报社副总编辑 四川日报社总编辑 四川日报社党组书记、总编辑、社长	1983.1 1984.8 1990.9
唐小强	四川日报社副总编辑 四川日报社常务副总编辑 四川日报社党组书记、总编辑 四川日报社党委副书记、四川日报社总编辑	1984.10 1994.8 1997.8 1999.4
李之侠	四川日报社社长 四川日报社党委书记、社长	1999.3 1999.4
汪兴高	四川日报社副总编辑 党组副书记、社长	1990.1 1997.8
唐嗣田	四川日报社副总编辑 党组成员、副社长	1987.5 1990.9
席文举	四川日报社党组成员、副总编辑	1987.5
罗鸣	四川日报社党组成员、副总编辑 四川日报社党委副书记、副总编辑	1990.9 1999.4
王华	四川日报社党组成员、副总编辑	1994.8
陈华	四川日报社副总编辑	1999.3
刘为民	四川日报社党组成员、副总编辑	1997.8
熊端彦	四川日报社党组成员、副总编辑	1990.9
佘景平	四川日报社党组成员、副社长	1990.9
杨文镒	四川日报社党组成员、副总编辑	1997.
袁艳梅	四川日报社机关党委书记 四川日报社党组成员	1987.8 1994.12
张传德	中共四川省纪委驻四川日报社纪检组长	1995.4

2000年8月至2005年6月四川日报报业集团历任领导一览表

表附-2

姓　名	职　务	到任时间
李之侠	四川日报报业集团董事长、党委书记、总经理 四川日报报业集团董事长、党委书记	2000.8 2001.8
余长久	四川日报报业集团党委副书记、总经理 四川日报报业集团董事长、党委书记、总经理	2001.8 2003.3
唐小强	四川日报报业集团党委副书记、总编辑	2000.8
罗晓岗	四川日报报业集团党委委员、副总编辑 四川日报报业集团党委副书记、总编辑	2003.1 2005.12
罗鸣	四川日报报业集团党委委员、副总编辑	2000.8
陈华	四川日报报业集团党委委员、副总编辑	2000.8
席文举	四川日报报业集团党委委员、副总编辑（享受正厅级待遇）	2000.8
刘为民	四川日报报业集团党委委员、副总编辑	2000.8
唐嗣田	四川日报报业集团党委委员、副总经理（2003.1正厅级）	2000.8
余景平	四川日报报业集团党委委员、副总经理	2000.8
杨文镒	四川日报报业集团党委委员、副总编辑	2000.8
朱启渝	四川日报报业集团党委委员、副总编辑	2001.8
高崇智	四川日报报业集团党委委员、副总经理	2002.6
罗天鹏	四川日报报业集团党委委员、副总编辑	2003.1
袁艳梅	四川日报报业集团党委委员、机关党委书记	2000.8
张传德	四川省纪委驻四川日报社纪检组长	1995.4
陈爱平	四川日报报业集团党委委员、纪委书记	2001.9
刘清平	四川日报报业集团党委委员	2005.6

（二）获奖名录

1991—2005 年四川省报业获长江韬奋新闻奖以及全国优秀新闻工作者称号名录

表附－3

年份（届）	奖（称号）名	姓　名	单　位
1991（第一届）	范长江新闻奖提名奖	席文举	四川日报社
1998（第三届）	邹韬奋新闻奖提名奖	罗晓岗	四川日报社
2005	全国优秀新闻工作者	徐虹	四川日报报业集团
2005	全国优秀新闻工作者	傅艳	成都晚报社

1995—2005 年四川省报业获全国百佳新闻工作者、四川十佳新闻工作者名录

表附－4

年份（届）	称号名	姓　名	单位
1995（第一届）	全国百佳新闻工作者	刘为民	四川日报社
1997（第二届）	全国百佳新闻工作者	杨文镒	四川日报社
2000（第四届）	全国百佳新闻工作者	罗天鹏	四川日报社
	全国百佳新闻工作者	丹泊	阿坝日报
2002（第五届）	全国百佳新闻工作者	梅松武	四川日报社
2004（第六届）	全国百佳新闻工作者	刘建	华西都市报社
	全国百佳新闻工作者	王瑞林	成都日报社
1997（第一届）	四川十佳新闻工作者	杨文镒	四川日报社
	四川十佳新闻工作者	罗晓岗	四川日报社
	四川十佳新闻工作者	郑庆生	攀枝花日报社
2000（第二届）	四川十佳新闻工作者	罗天鹏	四川日报社
	四川十佳新闻工作者	梅松武	四川日报社
2003（第三届）	四川十佳新闻工作者	向荣华	巴中日报社
2004（第四届）	四川十佳新闻工作者	王沛	四川日报社
	四川十佳新闻工作者	王瑞林	成都日报社

续表附－4

年份（届）	称号名	姓　名	单位
2005（第五届）	四川十佳新闻工作者	陈岚	四川日报社
	四川十佳新闻工作者	陈松	四川农村日报社
	四川十佳新闻工作者	曹笑	华西都市报社
	四川十佳新闻工作者	陈晓霞	成都日报社
	四川十佳新闻工作者	李晓波	天府早报社
	四川十佳新闻工作者	周丽萍	廉政瞭望杂志社
	四川十佳新闻工作者	黄永健	四川在线
	四川十佳新闻工作者	李娅	成都商报

1996—2005 年四川省报业获国务院、省政府颁发的特殊津贴专家名录

表附－5

年份	称号名	姓　名	单位
1996	国务院	姚志能	四川日报社
1997	国务院	唐小强、罗鸣	四川日报社
1998	国务院	席文举	四川日报社
1999	国务院	刘为民	四川日报社
2001	国务院	唐嗣田	四川日报报业集团
2004	国务院	杨文镒	四川日报报业集团
1999	四川省人民政府	杨文镒	四川日报社
2001	四川省人民政府	罗晓岗	四川日报社
	四川省人民政府	雷健	四川日报社
	四川省人民政府	黄志祥	成都日报社
2003	四川省人民政府	罗天鹏	四川日报社
2005	四川省人民政府	刘成安	四川日报社

2000—2005 年获省劳动模范称号名录

表附－6

年份	称号名	姓　名	单位
2000	四川省人民政府	张小明	四川日报社
2005	四川省人民政府	胡衍民	四川日报报业集团
	四川省人民政府	龚其明	达州日报社

1994—2005 年四川省报业获省政府社科优秀成果奖名录

表附－7

年度	奖项	成果名称	作 者	单 位
1994—1995	二等奖	《新闻批评心理学》（专著）四川人民出版社 1992 年	席文举	四川日报社
	三等奖	《文心雕龙全译》（古籍整理） 贵州人民出版社 1992 年 《邓小平新闻思想初探》（论文）刊于《新闻改革》1993 年第 4 期	龙必锟 王继槐	成都晚报社 重庆日报社
1996—1997	三等奖	《高难度艺术：软硬结合——改进报纸宣传的断思》（论文）刊于《新闻界》1994 年第 5 期	艾风	四川日报社
1998—1999	二等奖	《报业经营管理学》（专著）四川人民出版社 1997 年	邱沛篁 唐嗣田 佘景平	四川大学 四川日报社 四川日报社
2000—2001	三等奖	《网络新闻》（专著） 四川科学技术出版社 1999 年	雷健	四川日报社
2002—2002	二等奖	《21 世纪的中国报业》四川人民出版社 2000 年	邱沛篁 唐小强	四川大学 四川日报报业集团
2004—2005	二等奖	《报业通论》（专著） 四川人民出版社 2002 年	邱沛篁 唐小强 蒋晓丽 吴建 向纯武	四川大学 四川日报社 四川大学 四川大学 四川大学
	三等奖	《马克思主义新闻思想在新时期的新发展——论江泽民同志"舆论导向说"》（论文）刊于《理论研究创新优秀学术成果选粹》光明日报出版社 2003 年	姚志能 尹诗咏	四川日报报业集团

1995—2005 年四川省报业获中国新闻奖作品名录

表附－8

年 度	奖 项	体 裁	题 目	作 者	编 者	单 位
1995	三等奖	言论	杨澜又瘦了	胡思勇	杨 中	四川日报
1996	三等奖	消息	春蚕到死丝方尽	雷健	袁伯龄	四川日报
1997	二等奖	言论	怎让沉渣又浮起	杨文镒	曹国玺	四川日报
1997	三等奖	系列	天上人间一曲动人的歌	孙 磊 陈 波 肖晓东	罗晓岗 梅松武 林 卫	四川日报
1997	三等奖	新闻论文	“新闻策划” 析	何光珽		新闻界
1998	二等奖	系列	长虹启示录	唐小强 罗晓岗 林 卫		四川日报
1998	三等奖	版面	1997 年 1 月 19 日一版		刘 钧	四川日报
1999	三等奖	通讯	“兴奋点” 从何而来	黄远流 严诗林	罗晓岗	四川日报
2000	二等奖	消息	台胞赤水遇险惊动国务院成空雄鹰紧急驰援见真情	李 彬 黄 鹏	李延林 罗天鹏	四川日报
2001	三等奖	通讯	硅梦	梅松武 刘成安	罗晓岗	四川日报
2002	三等奖	通讯	风雨中的 “倪氏风格”	刘成安	赵仁贵	四川日报
2002	三等奖	摄影	万马争雄	吴传明	莫定有	四川日报
2003	三等奖	通讯	跨越回应时代——“三个代表” 在四川的实践（上）	唐小强 罗晓岗 刘成安		四川日报
2003	三等奖	系列	关于建设长江上游生态屏障的思考	梅松武	罗晓岗	四川日报
2003	三等奖	副刊	幸好康熙没有 “再活五百年”	伍松乔	曾 鸣	四川日报
2003	三等奖	论文	与时俱进、勇于创新——关于再创党报竞争优势的思考	唐小强		
2003	中国国际新闻奖	版面	2003 年 1 月 1 日 世界报道 B6 版	方 芳		成都日报
2004	一等奖	新闻摄影	祝福全国人民安康	莫定有		四川日报
2004	三等奖	消息	公安厅长直击四大顽症四条规定规范交警执法	钟岚	王沛	四川日报
2004	三等奖	新闻论文	党报面临的一项战略性课题——上海大学生媒介消费调查引发的一些思考	张子让 刘 鹏 陈红梅	夏 虹	
2004	一等奖		阳光调解，温暖的不仅是当事人	李 斌		成都日报
2005	二等奖	系列	关于水电开发的思考	何大新	王 沛	新华社四川分社
2005	二等奖	专题	网上重走长征路——四川纪念红军长征 70 周年	黄永建 王 洁 沈晓颖		四川在线
2005	三等奖	副刊	重新选择苏东坡	伍松乔	胡争上	四川日报

1994—2005年四川省报业获四川新闻奖一等奖作品名录表

表附－9

年度	体裁	题目	作者	单位
1994	消息	打工仔奋勇救人“川娃子”名扬上海	姚益民、李代勋	四川日报
	消息	忠县62名“打工仔”光荣入党	夏伟民	四川日报
	通讯	儿行千里母壮胆——通江为外出民工提供法律追踪服务	贾璋岷	四川法制报
	通讯	川猪与河南“火腿肠”的故事	赵坚、邱兵	四川日报
	通讯	从“打工仔”到大学生	刘洁、虎大海	四川日报
	社论	稳粮安邦	周佑汉	四川日报
	记者来信	劣质产品危害国家重点工程	夏如秋	四川日报
	系列报道	龙腾虎跃一条线（16篇）	姚志能、唐小强、席文举、杨文镒、刘为民、罗鸣、罗晓岗等	四川日报
	评论	为人民服务万岁	朱香文、王桂林	南充日报
1995	消息	虚报浮夸受到惩罚	冉瑞成	四川日报
	消息	微机进村小校校有电脑	龙必锟	原成都晚报
	消息	春蚕到死丝未尽	雷健	四川日报
	消息	法官贪赃徇私枉法受审	刘传建、叶劲松	四川日报
	通讯	化肥产地目击记	潘黎	四川日报
	通讯	什邡农业为何“牛气”十足	黄剑、陈柏林	四川日报
	通讯	春满春熙路	杨文镒	四川日报
	随笔	“牛×”与“□□”	陈鲁民	四川日报
	言论	论发展机遇	唐小强	四川日报
	来信调查	好心没有办好事	张波	四川日报
	社论	论“兴川”精神5篇	刘式琮等	四川日报
	言论	坚决制止农民负担反弹	谭邦槐	四川农村日报
	通讯	亚洲第一高坝今天开盘浇筑	毛昌良	攀枝花日报
	系列报道	捐了零花钱：为府南河添一片绿	雷萍、夏旗舰、高红	成都商报
	系列报道	“我的府南河”新闻系列报道	夏旗舰、叶桑	成都商报
	消息	川企五家中标令全国刮目	吴世平、夏旗舰	成都商报

续表附－9

年度	体裁	题目	作者	单位
1996	消息	长虹一纸招贤榜引得孔雀东南飞	高健、何玉文	四川日报
	消息	“桑塔纳”看中“八角井”	黄远流、周佑汉	四川日报
	通讯	状元泪	李波	四川日报
	通讯	金少林治河	邹渠	四川日报
	通讯	毛菇坝：安居乐业好地方	汪兴高、李守卫、田明书	四川日报
	深度报道	关于巴中经验的报告	姚志能、梅松武、曾精明	四川日报
	深度报道	天上人间一曲动人的歌	孙磊、陈波、肖晓东	四川日报
	言论	兴黔之举在苦干	唐小强、黄远流、龚建平	四川日报
	言论	怎让沉渣又浮起	杨文镒	四川日报
	来信作品	违法制作销售假劣稻种陈定先被撤职又挨罚款	皮运禄	四川日报
	通讯	“今年卖茧好轻松！”——记游仙区新兴售茧方式	王永昭	四川农村日报
	消息	川联大一女生挣了700万创下中国大学生科技成果转让最高纪录	孙安、袁月、柯箐	成都商报
	通讯	孩子，在出租车中降生	谷川	成都商报
	通讯	钢琴比赛获第一奖金悉数献爱心十岁娃捐助七个失学儿童	李如安	成都商报
	通讯	巴山玉米王	蒋万斌	达州日报
	通讯	庄稼医生——梁妹子	余以太	攀枝花日报
	系列报道	十九个单位联名投书本报54公路污染严重	陈文选、李向阳	攀枝花日报
	消息	首富村二让办公楼	李诗、佘小玉	绵阳日报
	评论	艰苦奋斗操派头	朱香文、何其兴	南充日报
	通讯	孤岛烛光	吴奉天	南充日报
	消息	四川师院党组织为孤儿找“妈妈”	魏胜颜庆	南充日报
	系列评论	着急的不应只是父母官	王大剑	南充日报

续表附 - 9

年度	体裁	题目	作者	单位
1997	消息	新“麦客”潇洒走天下	杨国旭、田明书	四川日报
	消息	都江瓷厂依法破产、川投中心一锤定音	黄远流	四川日报
	消息	犀浦有家旱育秧工厂	严诗林、邱惠林、尹连根	四川日报
	通讯	闪光的平凡	汪兴高、张小明、陈岳海、姚易	四川日报
	通讯	走向文明	王沛、姚易、何玉文	四川日报
	通讯	“沱牌”的扩张之路	姚志能、黄远流、陈岳海	四川日报
	通讯	扩大基层民主的成功实践——记达川市村民自治活动	肖静	四川农村日报
	通讯	“土”政策何时休?	何晓静、李燕华	四川农村日报
	通讯	魏世俊之死	谭曦	华西都市报
	通讯	盐边县万人为国离故土	漆贵全、彭宗云	攀枝花日报
	通讯	总理情系二滩	毛昌良、刘俊峰	攀枝花日报
	消息	肖洪鸣不当局长去打工	蔡荣中	南充日报
	言论	一分钱的价值观	严泽铣	绵阳日报
	系列报道	改到深处是产权	王天柱	绵阳日报
	通讯	审单	王治林	绵阳日报
	连续报道	凤凰择梧桐而居——我省乡镇企业发展与提高报道之三	张萍、张敏	四川农村日报
	消息	广阔天地大有可为下岗女工张子君带出养猪专业社	胡小平、杨迎春	四川农村日报
	特写	双梅怒放	罗逊	四川日报
	系列	长虹启示录	唐小强、罗晓岗、林卫	四川日报
	评论	搞好国有企业，攀枝花经济工作的重中之重	邓庆生	攀枝花日报
	通讯	半边身子塑人生	本君、德顺、登文、廷春	达州日报
	系列	春耕：记者与农民的对话	陈勇、郑汝成、田明书、石化高、李淑景、陈宏杰、周戎、何世勤、陈明凯	四川日报
	言论	四川，昂首迈向新世纪	万宗庆	四川日报
	杂文	艺术唱戏，谁来搭台	伍松乔、戴善奎、詹继放	四川日报
	通讯	为小平同志做布鞋	李天明	成都商报

续表附－9

年度	体裁	题目	作者	单位
1998	消息	蓝剑集团收购八户企业全部扭亏为盈	林卫、周英剑	四川日报
	消息	龙泉人别出心裁花果山一石数鸟	熊端彦	四川日报
	消息	锦官城里坐花轿	黄克先、胡炼	四川日报
	通讯	德政工程	黄远流、邹渠、周福双	四川日报
	通讯	兴奋点从何而来	黄远流、严诗林	四川日报
	通讯	人生的太阳下岗也辉煌	罗鸣	四川日报
	通讯	一封请功信引出的故事	吴奉天、朱先富、谢洪才	南充日报
	消息	永新棉联社吸引二千棉农	李涛、陈志坚	绵阳日报
	消息	为记者保险	胡明惠、柯昌硕	达州日报
	消息	甘作改革铺路石罗永光能官能民本色不变	胡小平	四川农村日报
	消息	青神干部“呼”之即来	滕文学	四川农村日报
	通讯	杂谷脑河在呼唤（上、下）	吴显远、张永红、敬永祥	四川日报
	通讯	父子竞选村主任	甘成明	达州日报
	通讯	沉睡的大山，醒来！	肖静	四川农村日报
	通讯	欢天喜地学“决定”信心十足当农民	刘羽	四川农村日报
	评论	让思想冲破牢笼	黄志祥、杨魏	原成都晚报
	系列	学习先进振奋精神再创佳绩	唐小强等 5 人	四川日报
	系列	千方百计主攻增收	张显光、陈岳海	四川日报
	言论	科龙进军成都说明了什么	林凌	四川日报
	言论	为官与为人	杨文镒	四川日报
	言论	坚持方向奋勇开拓前进	万宗庆	四川日报
	评论理论	尊重农民首创精神调动农民积极性	赵文欣	四川日报
	理论	用初级阶段理论指导“巴中经验”	周金生	四川日报
	理论	资源换市场开明促发展	胡代金、蔡竞、朱仲祥	四川日报
	来信	沱江上一次灾难性的热危害（上、下）	张波、谢治安	四川日报
	散文	绿色的堪培拉	刘为民	四川日报
	散文	戈壁滩速写	戴善奎	四川日报
	专栏	记者行呤	伍松乔	四川日报
	专栏	社会随笔	戴宇威	四川日报
	文艺评论	皱着眉头听相声	詹继放	四川日报
	漫画	“暴雨停下来”	孙光钊	四川日报
	消息	川西林区 9 月起放下斧头	邓彬、乔兴勇	成都商报
	系列报道	“曝光赖账者”系列报道	黄勇、邓凯	成都商报

续表附 - 9

年度	体裁	题目	作者	单位
1999	消息	苍溪农民上网交易农产品	孙磊、黄洪伟	四川日报
	消息	台胞赤水遇险惊动国务院	李彬、黄鹏	四川日报
	消息	四川发现世界最大的野生梅花鹿种群	王为、陈勇	南充日报
	消息	阆中读书郎，拿起合同上学堂	冉云明、曹利平、张明伟	南充日报
	通讯	青春如歌	杜延聪、杨辉、何奉江	南充日报
	消息	一个苦难少年的悲壮历程	冯尧、德杭、或伟、纯旭	达州日报
	消息	六只母山羊和十名特困生	于蛟、于金泽	达州日报
	消息	看订单种田	胡小平	四川农村日报
	消息	湔底镇垃圾化成钱	方晓哺、易延端	四川农村日报
	特写	总理情暖巴山蜀水	罗鸣、高健	四川日报
	特写	“推销”四川大忙人	陈军	四川日报
	通讯	厦门带给四川什么?	刘成安	四川日报
	通讯	班里来了乡下娃	肖静	四川农村日报
	通讯	无处不在的“文化侵权”	詹继放	四川日报
	评论	国企是改革和发展的主体	黄志祥	成都晚报
	通讯	世纪之交的反思	何玉文	四川日报
	通讯	水火英雄刘汇海	姚易	四川日报
	通讯	思想突破看攻坚	赵仁贵、周绍坤、童顺鸣	四川日报
	系列通讯	从“巴中新村”看扶贫攻坚	唐小强、罗晓岗、罗天鹏、曾精明	四川日报
	社论	扶贫攻坚的一面旗帜	唐小强	四川日报
	系列通讯	何时千帆竞内江	林卫、邹渠、陈勇、范英、潭江琦、李伟	四川日报
	言论	“小燕子”当真能当偶像?	刘蓉	四川日报
	言论	考察“考察团”	李燕翔	四川日报
	言论	对“法轮功”现象的科学反思	李后强	四川日报
	散文	大千梅林何处寻	伍松乔	四川日报
	报告文学	世博会创造了多少记录	戴善奎	四川日报
	杂文	阿 Q 的寿命	詹继放	四川日报
	文化社会新闻	话说“清宫戏”	詹继放	四川日报
	专栏	老妪笑话	戴善奎	四川日报
	通讯	3. 15 医疗队投诉	谭曦	华西都市报
	连续报道	两岸五城急救骨肉同胞	陈海泉、金雯、饶颖、安丰宝、卢玫	成都商报
	评论	龙年十评	陈舒平	成都商报

续表附－9

年度	体裁	题目	作者	单位
2000	评论	以什么样的精神状态投入西部大开发	梅松武	四川日报
	消息	高坪镇干部“民情日记”得民心	樊华、陈柏林、阳向辉	四川日报
	消息	“调酒液”与四川名酒不沾边	寇晓琴	四川日报
	消息	苍溪农民网上走四方	冯俊峰	四川日报
	消息	蟠珑镇创新农地使用权制度	林卫、孙琳	四川日报
	消息	56万元为何不翼而飞	王清河、何涛	攀枝花日报
	专栏	看周边学外地	李涛、皇甫玉蓉、王晓阳	绵阳日报
	通讯	一个检察官的生死抉择	文明照、颜庆、吴显果	南充日报
	消息	收荒匠—陈老师	杨云峰、张翼	四川农村日报
	通讯	无形障碍为啥这么多?	邹渠	四川日报
	通讯	硅梦	梅松武、刘成安	四川日报
	通讯	天然林响起斧锯声	夏先清、杨国旭	四川日报
	通讯	碑立何处	杨国旭、夏先清	四川日报
	通讯	“黄金”缘	邹渠	四川日报
	通讯	浓墨绘就世纪春	赵仁贵、钟岚、韩梅、寇晓琴	四川日报
	通讯	英雄父母了却英雄生前愿	沈宏	达州日报
	言论	为实现四川跨越努力奋斗	陈华	四川日报
	言论	论跨越	赵国良	四川日报
	言论	“双提”款难收吗?	石化高	四川日报
	专栏	城市边缘人	谢建荣	达州日报
	系列报道	乡镇干部“走读”现象	石化高、、范英、王俭、罗继飞	四川日报
	系列报道	西部的空间	罗晓岗、梅松武	四川日报
	新闻论文	用事实说话——新闻写作基本规律	赖新蜀	新闻界
	通讯	诺德曼青足隼蓉城获救	谭曦	华西都市报
	系列报道	泸沽湖设问四川旅游业	杨明荣	华西都市报
	通讯	家乐福给蓉城商圈带来了什么?	夏旗舰、韩静 林一、周林、蔡钧	成都商报
	连续报道	旅游特别热线伴你一路顺风	陈海泉、张莉、刘瑶、梁效兰	成都商报
	通讯	特殊的交接	吴余章、尹向东、柯箐、罗湘蓉	成都商报

续表附－9

年度	体裁	题目	作者	单位
2001	系列报道	“内江速度”是方向（特等奖）	刘成安、陈岚	四川日报
	杂文	世相点击	龚旭	成都晚报
	消息	城郊乡农充电忙	肖静	四川日报
	消息	六百工程无议标	李涛陈志坚	绵阳日报
	通讯	爱心化雨润民心	何奉江李永谦	南充日报
	消息	十万群众争看《天国梦》	甘洪	达州日报
	消息	谁对“留守子女”成长负责	胡显辉	达州日报
	照片	800学生蒙面上课	张竹、黄江涛	达州日报
	消息	“泥腿子”进城“抢”业主	李桂新、彭福智	四川农村日报
	通讯	风雨中的“倪氏风格”	刘成安	四川日报
	通讯	“背起丈夫去离婚”	张焱	华西都市报
	通讯	投资百万元的水渠为何修成这样	王清河、庞秀梅	攀枝花日报
	通讯	得石镇转变作风办实事	彭宗云、周越	攀枝花日报
	言论	冲破“审批经济”桎梏	陈岚	四川日报
	言论	我们为什么向梅应清学习	王沛、钟岚	四川日报
	系列报道	四川在西部大开发中的历史方位	梅松武	四川日报
	系列报道	关注“一号工程”	刘成安、韩梅、肖静、刘骞	四川日报
	系列报道	重走长征路	肖静、黄光明、熊燕	四川日报
	消息	一万元礼金变税金	李旭东	眉山日报
	通讯	解析沙河经济	徐琼、崔好、周克	成都商报
	通讯	解密：成都牵手BOT	吴余章、蒋泉、洪谢文、段武熙	成都商报
2002	通讯	“三个代表”在四川的实践（特等奖）	唐小强、罗晓岗、刘成安	四川日报
	通讯	走进新时代	刘成安	四川日报
	通讯	都江堰148户村民难圆电话梦	袁敏、韩梅、张春林	四川日报
	通讯	为了祖国的生态事业—追记杰出科学家刘照光	陈晓霞	成都日报
	通讯	“光友”拉动红薯产业链	李涛	绵阳日报
	通讯	江总书记称赞的爱民书记	张德利、吴显果、吴启富	南充日报
	消息	必须切实化解和防范乡镇债务	陈武	南充日报
	调查报告	“洪灾预报”失踪之谜	何建斌	南充日报
	通讯	生如夏花之绚烂	谢朝平	达州日报
	通讯	“大款”社长龚国义	何世勤、云朝清	四川农村日报

续表附－9

年度	体裁	题目	作者	单位
2002	消息	白节镇村村都开“听证会”	方晓哺、王锡敬	四川农村日报
	消息	荥经雨城实行党代表大会常任制	石磊	四川日报
	消息	德阳市公选中江县长成功	罗天鹏	四川日报
	消息	特色农业打造多彩会理	韩梅	四川日报
	系列报道	关于建设长江上游生态屏障的思考	梅松武	四川日报
	系列报道	构筑绿色屏幕	邓开贵、陈勇、杨晓等	四川日报
	系列报道	“三个代表”在四川	王沛、邹渠等	四川日报
	述评	我们离“全面小康”有多远	陈岚	四川日报
	言论	论敢于碰撞	李后强	四川日报
	评论	实现新跨越的必由之路	梅松武	四川日报
	杂文	幸好康熙没有“再活五百年”	伍松乔	四川日报
	版面	白鹭归来兮爱我四川	徐骥等	四川日报
	摄影	亲人痛别何晓雨	蒙明国、李国东	天府早报
	消息	丹棱时兴网上备耕	王国川	眉山日报
	通讯	“的哥”说动特殊乘客	刘宇	成都商报
	通讯	新年礼物是本“廉政台历”	薛朝东、卢玫、段武熙、邓彤	成都商报
	通讯	圆桌大会只开 40 分钟	吴余章、卢玫	成都商报
	消息	连夜惩处“刮”钱城管	章杰、刘忠、邹小非	成都商报
2003	言论	用抓工业的思路抓农业（特等奖）	刘成安	四川日报
	消息	公安厅长直击四大顽症	钟岚	四川日报
	消息	蜀中“生态第一路”示范全国	伍江川	四川日报
	消息	穷学生富学生校服颜色来分	李逢春	华西都市报
	通讯	首名成功攀登珠峰的中国记者凯旋	谭曦	华西都市报
	通讯	2003 年中国家庭轿车消费热	谭曦	华西都市报
	消息	第一个吃“螃蟹”的是个太婆	刘华	成都日报
	消息	江油开放城建激活民间资本	李涛、程志坚、张亚平	绵阳日报
	连续报道	再就业政策到底算不算数	王为、蔡荣中、陈宗荣	南充日报
	消息	川东监狱开办全省亲情超市	唐兵	达州日报

续表附－9

年度	体裁	题目	作者	单位
2003	通讯	且听北湖破“墙”声	罗晓岗、刘成安、陈勇	四川日报
	通讯	难忘的春天	杨文镒	四川日报
	通讯	龙门镇里的“龙门阵”	何玉文	四川日报
	通讯	中国残疾人事业	宗原如、周海波	成都日报
	通讯	巴山愚公刘洪元	龚其明、邓良奎	达州日报
	通讯	只有一个教师的学校	陈怡君	广元日报
	通讯	青山作证	张义华	四川农村日报
	专栏	新春人景	陈科周艺等	四川农村日报
	连续报道	关于农业产业化的思考	梅松武	四川日报
	连续报道	听听农民的心里话	夏先清、张卡	四川日报
	连续报道	“艾滋剧团”成都公演	傅艳、唐劲松	成都晚报
	系列报道	四川骨髓库早日启动	傅艳	成都晚报
	杂文	Y 先生语录	刘影	成都晚报
	言论	利为民谋	陈林森	眉山日报
	言论	民营企业也要与时俱进	梅松武	四川日报
	来信	谁能证明我未婚	陶然、彭久源、陈露耘、孙磊、范英、李兰	四川日报
	图片	胡锦涛看望战斗在“非典”防治一线的医务人员	莫定有	四川日报
	图片	祝福全国人民安康	莫定有	四川日报
	通讯	房贷可少还咋不给我讲	杨斌、张放、罗湘蓉、郑斌、牟强	成都商报
	通讯	公交蛀虫买卖万张假票	邓孝政、何大荣、郑斌	成都商报
	系列报道	“巴金百岁华诞”系列报道	胡晓、牟文联	成都商报

续表附－9

年度	体裁	题目	作者	单位
2004	消息	成都94.35亿机关国资集中统管	袁梅	四川日报
	消息	市厅级党政正职人选由省委全委会票决	孙琳	四川日报
	消息	攀钢冷轧产品重返美国	范英	四川日报
	消息	有了“管家婆”从此不“怄气”	周金泉	四川农村日报
	通讯	岷江上游生态忧思录（上）	夏先清、钟振宇	四川日报
	通讯	川西高原应停种小麦	方晓晡	四川日报
	通讯	小平百年纪	杨文镒	四川日报
	通讯	沱江之醒	刘成安、谭江琦	四川日报
	通讯	中国末代“晃舞”在犍为	罗继飞、余向华	四川日报
	消息	绵阳1300岗位让给大龄下岗工	李涛、陈志坚	绵阳日报
	通讯	一袋粉丝带动600万薯农增收	李涛、李永斌	绵阳日报
	消息	“刘文贵现象”引出农村基层党建新思路	吴显果	南充日报
	消息	南充为何拒签3亿元大单	闫萍	南充日报
	消息	申请清史纂修工程档案立项	刘海	南充日报
	消息	总书记的牵挂：仪陇26万农民饮水难	杨雨龙	南充日报
	通讯	万人大转移	刘志宏、张崇耀、丁小伟、张平	达州日报
	通讯	一个农民卖年猪的遭遇	陈松、周金泉	四川农村日报
	系列报道	推进新型工业化进程	范英、谭江琦、陶然等	四川日报
	组合报道	邓小平诞辰百年纪念版（系列）	罗继飞、刘燕等	四川日报
	连续报道	我省农业产业化经营的实践与创新（4篇）	唐小强、罗晓岗、刘成安等	四川日报
	系列报道	关于水电开发的思考	何大新	新华社四川分社
	系列评论	用科学的发展观推进四川新跨越（11篇）	梅松武、胡衍民、王沛、刘成安、栾静	四川日报
	专栏	前沿关注		四川日报
	版面	《天府周末》百年小平珍藏版		四川日报
	通讯	文化体制改革系列报道	张珏娟、何茜	四川日报

续表附－9

年度	体裁	题目	作者	单位
2004	言论	如果猴子爬得太高	曾东平	四川日报
	特稿	四川政府网不在状态	黄英	四川日报
	特写	艺术节：打开一本叫“市场”的书	伍松乔、张珏娟	四川日报
	通讯	关于农业产业化的思考（上）	梅松武	四川日报
	图片	家乡人民的怀念	莫定有	四川日报
	图片	快乐暑假	吴传明	四川日报
	图片	四川大学全球选聘副校长	欧阳杰	四川日报
	图片	洋妞包粽子	尹刚	四川日报
	图片	污水又来了	吴传明	四川日报
	图片	白鹭锦江河畔起舞	汪维平	四川日报
	图片	危险攀爬的背后	尹刚	四川日报
	图片	长寿老鹅三十八	吴传明	四川日报
	图片	乡村歪医生	吴传明	四川日报
	组图	“特殊”的美国义工	余坪	四川日报
	组图	小平百年纪四川老区行	余坪	四川日报
	图片	当年我为毛主席卷雪茄	尹刚	四川日报
	图片	变脸迷住希拉克	余坪	四川日报
	图片	让爱心抗争百年病魔	尹刚	四川日报
	消息	四川首例犯罪嫌疑人回校研究生毕业答辩	谭曦	华西都市报
	消息	嘉年华成都亏损	朱建国	华西都市报
	通讯	小火车成为旅游热点	朱建国	华西都市报
	通讯	奔腾芯安家东方伊甸园	谭曦	华西都市报
	消息	抱起大熊猫美国大使笑惨了	谭曦	华西都市报
	通讯	直击内地禽流感接触第一人	田宝峰	成都商报
	评论	“不在状态”不是一个筐	徐琼、蒋泉洪	成都商报
	通讯	三份兼职累死健壮大学生	刘宇、何先菊、晋耀武	成都商报
	连续报道	这白大褂亮出口袋吞红包	邓孝政、宋晓松、刘瑶、王志、邹小非、饶颖	成都商报

续表附－9

年度	体裁	题目	作者	单位
2005	消息	去冬农田基建有点“冷”	夏先清	四川日报
	消息	乡镇撤并不是越多越好	方晓啸	四川日报
	消息	21 市州党委书记异地任职	李伟	四川日报
	通讯	天仙妹妹羌寨旅游形象代言人	朱建国	华西都市报
	通讯	电视直播 17 区官‘解剖’自己	简文敏	华西都市报
	通讯	火车票都到哪儿去了	李东阳、李欣忆	华西都市报
	消息	10？村民围“孤岛”119？冲锋舟来救人	谭曦	华西都市报
	消息	成都迈进地铁时代	谭曦	华西都市报
	消息	重庆小老板成都开大店	谭曦	华西都市报
	消息	5000 元叫停早产桃	周金泉	四川农村日报
	通讯	“我有一个梦”	钟岚	四川日报
	评论	要美丽更要繁荣	李涛	绵阳日报
	消息	绵阳干部培训项目向社会公开招标	陈登鹏、陈志坚	绵阳日报
	通讯	珍藏在保险柜里的党员笔记	李强	绵阳日报
	消息	营山农民用诚信赢得信任	彭杰、罗成	南充日报
	通讯	用生命浸润干涸的土地	杨雨龙、吴启富、吴显果	南充日报
	连续报道	部分政府工作人员不到位打游戏聊天	闫萍	南充日报
	通讯	本色	杨雨龙、杨泓雨	南充日报
	通讯	沉默半个世纪的抗日英雄	粟玉萍、王珏、白淑娟	南充日报
	通讯	重污工厂民工戴着防毒面具上班	徐朝江、刘晓雄、吴荣剑	南充晚报
	通讯	百岁老人曹慧莲喜圆婚纱梦	吴小容、刘文逵	南充晚报
	系列报道	“王大胆”的伤心事	朱勇钢、沈佳	四川日报
	系列报道	我省发展壮大水电支柱产业的决策与实践	谭江琦、陶然	四川日报
	系列报道	来自 9 个重点产煤市的煤矿安全调查	陈婷	四川日报
	系列报道	走马我省农村文化年	姚易、杨勇	四川农村日报
	系列报道	8 岁女孩安排自己后事	傅艳	成都晚报
	评论	强力推进工业强省战略	谭江琦、王沛	四川日报
	评论	论我省落实科学发展观的战略决策	梅松武等 6 人	四川日报
	特写	毛泽东入川的第一个脚印	罗继飞、伍松乔	四川日报
	系列报道	抗战四川感动中国的六个故事	伍松乔、饶蓓、曾鸣、傅耕	四川日报
	专题	四川发生严重洪涝灾害	喻茂、黄永健、盛飞	四川在线

二、大事记

1986 年

1 月 3 日 《精神文明报》创刊，全国发行。

1 月 16 日 《四川日报》在读者来信专版上连续报道《王孔生住院遭冷遇》《不许侮辱环卫工人，必须严惩打人凶手》等典型事件，受到社会广泛关注。

3 月 8 日 省级新闻单位根据省委宣传部的要求，开始制定对外宣传计划，加强对外宣传。

同日 《成都晚报》在一版刊登的通讯《她朴实得像一颗小草》，被《人民日报》转载。同时引来《解放日报》等几家报社的记者到蓉采访该篇通讯的女主人公。

3 月 14 日 新华社香港分社和日本、美国、英国等国的通讯社、报刊记者到四川采访，得到中共四川省委宣传部对外宣传处、省记协大力支持。

4 月 20 日 《重庆日报》一版刊登评论《回头看不是走回头路》，旗帜鲜明地提出了一个带倾向性的问题，大胆揭露了改革走回头路的种种表现。《人民日报》及时转载了这篇评论。当年被评为全国好新闻一等奖。

4 月 21 日 中国新闻学会在郑州召开首届学术讨论会，重庆市新闻学会推荐五篇论文，其中，《揭示改革本质深化改革宣传》一文被选入中国新闻学会秘书处编辑出版的《新闻学论文集》。

6 月至 1987 年 1 月 《四川日报》对有关长江漂流探险科学考察进行了系列报道，历时半年多，共发稿 100 多篇，计 10 多万字，全面生动地反映中国长漂队在人类历史上首次漂完长江全程的壮举。中共中央宣传部负责人赞扬四川宣传搞得好。此系列追踪报道荣获 1986 年全国好新闻一等奖。

6 月 四川日报社开始购进深圳生产的小型电子照排系统一套，在省内最先采用激光照排技术。

7 月 21 日 四川省委发出《关于加强和改进新闻工作的意见》。

7 月 23 日 四川省委宣传部批复创办《四川政协报》。

12 月 25 日 四川省新闻工作者协会、四川省新闻学会与中共四川省委宣传部联合召开庆功大会，表彰在采访长江科学考察、漂流探险活动中成绩卓著的 16 名记者。四川省新闻工作者协会授予殉职的《青年世界》记者万明“优秀记者”称号。

12 月 《四川日报》刊登邛崃县平落镇部分乡镇企业实行股份制的调查报告，反映了乡镇企业又走出新路子。

1987 年

1 月 1 日　《凉山报》彝文版正式创刊。当年在全国少数民族文印刷新字体评选会上，该报彝文版的大号扁体字荣获二等奖。

1 月　《重庆日报》一版刊登的漫画《干干净净迎新年》，受到许多读者来信表扬。不久，这幅漫画被《人民日报》转载。

7 月 9—20 日　中共四川省委常委、宣传部部长、省记协主席许川率四川老新闻工作者代表团一行 4 人赴匈牙利访问，拉开了省新闻媒体组团出国访问、宣传四川的序幕。

8 月 5 日　成都市区人民南路锦江宾馆附近，发生了一起英雄群体勇斗持枪凶杀歹徒案件，在全市反响强烈。《成都晚报》和成都市电台、成都市电视台及时进行报道。《成都晚报》共发消息 20 条、通讯 4 条、言论和文章 10 篇，还适时开展了《八・五事件后的思索》讨论，把对英雄行为的认识，上升到人生观、价值观的高度，效果很好。《人民日报》刊文赞扬了《成都晚报》所开展的这场引人瞩目的讨论。

8 月　全省报刊开始进行整顿。四川省原有报刊 460 种（其中报纸 103 种，杂志 357 种），除部队和国务院批准创办，在四川省登记的报刊 105 种（其中报纸 4 种，杂志 101 种）外，四川省自办的报刊有 355 种。经过整顿，对内容重复雷同、编辑力量不足、报刊条件差和结构布局不合理的，停办压缩 40 种（其中报纸 15 种，杂志 25 种）。

11 月下旬至 12 月　《四川日报》针对市场猪肉供应紧张，群众议论纷纷这一情况，陆续刊登《国营肉店的猪肉哪里去了？——成都市猪肉市场见闻》等文章，对生猪的生产和供应问题作了系列报道，受到省委领导和广大群众的赞扬。这组系列报道当年被评为四川省好新闻特等奖、全国好新闻二等奖。

11 月　四川日报社办的四开报纸《文摘周报》期发量达到 260 万份，居省内各报之首。

12 月 29 日　《四川日报》《成都晚报》分别刊登了新中国第一家典当行——成都市华茂典当服务商行 12 月 30 日在成都西御街 27 号开业的消息后，海内外有 60 多家媒体争相报道了这家“新中国的红色当铺”。

1988 年

1 月 1 日　《四川广播电视报》在省内首家开始自办发行。

1 月 25 日　《成都晚报》针对蔬菜价格上涨、市民意见较大的情况，一版上连续刊登了《菜篮子为何沉重?》《菜园子何以丰茂?》《菜摊子怎样理顺?》等 3 篇深度报道，从生产、流通、消费各环节，讨论了市民关心的问题，沟通了情况，缓解了矛盾，消除了市民对政府的意见。

2 月 28 日　《四川工人日报》刊登《巴中县东升中学教师住危房亟待解决》一文后，在当地教师中引起强烈反响。县委、县府立即从各方面筹款新建宿舍，不到 1 年时间，教师们就搬进了新居。

2 月　自贡市举办自贡国际恐龙灯贸会期间，《自贡日报》就灯会在改革开放中的作用发表一组评述性系列报道：《这是冬天的一把火——以灯促贸，发展经济》《自贡人民的骄傲——以灯为荣，振奋精神》《灯会对自贡人观念的改变》等。

3 月 5 日　“周恩来同志诞生 90 周年暨‘新华日报’创刊 50 周年纪念会”在重庆举行。

3 月 5—10 日　中国新闻学会在广州召开第二届学术年会，重庆市新闻学会推荐的论文《试论改革宣传的科学性》，被选入中国新闻学会秘书处编辑出版的《新闻学论文集》。

3 月 10 日　中共四川省委宣传部批复四川日报社在广东深圳设立记者站。

6 月 20 日至 11 月 20 日　《四川日报》开展《批评报道为什么这样难》的专题讨论，近 5 个月接到来稿来信近 1000 件。许多来稿来信赞扬这次讨论是“扶正祛邪的一次创举”“为老百姓撑腰壮胆”。省委常委、宣传部部长许川为这次讨论作了总结，指出这次讨论是“四川民主建设过程中的一个篇章”。1988 年该系列报道获全国好新闻特别奖。

6 月　开始《四川日报》历时半年，连续开展克服“盆地意识”的宣传报道，对全省进一步解放思想，增加开放的商品意识起到了很好作用。

9 月 20 日　四川省报纸行业经营管理协会成立。报业协会有团体会员 108 家，均为理事单位，有理事 134 人，常务理事 37 人。

12 月　四川省新闻工作者协会、四川省新闻学会与中共四川省委宣传部、四川省新闻出版局、四川省体育委员会联合表彰采访六届全运会圆满完成任务的 30 名记者。

1989 年

1 月 1 日　成都市委机关报《成都晚报》改为自办发行。报社按国家规定报价由每份 5 分提为 1 角 5 分。为及时将报纸投递到读者手中，报社在全市建立了 70 个发行站，200 个直拨点，在市外专县设立发行点 14 个；拥有发行车 20 多台，投递员 500 余人。

1 月　西南经济日报社开始实行岗位工资聘任制。通过中层干部与一般干部的双向选择来实现岗位聘用制，在不突破现行工资总额的前提下，实现按本单位各工作岗位重新确定的以计件为主、计时为辅的工资制度。

2 月 19 日　《四川日报》刊登了消息《农业这口冷灶该升温了》，继而发表了《川江春潮》系列报道，真实地反映了川江两岸闹春耕的新气象。同时，披露了一些值得注意的问题。以后的“农田基本建设”连续报道，都如实地反映了全党重视农业、支援农业、发展农业的情况，为全省抗灾夺丰收贡献了力量。消息《农业这口冷灶该升温了》，当年被评为省好新闻一等奖。

3 月　第四十届世界乒乓球锦标赛在德国举行，四川日报社特派记者孙儒荣从多德蒙特市报道了比赛盛况。

4 月　泸州市遭遇历史上从未有过的特大强风、冰雹、暴雨袭击。《泸州日报》如实反映全市灾情，及时报道中央、省领导的慰问和关心，报道灾区广大干部和群众团结抗灾、生产自救、重建家园的英雄行动。

5 月　《成都晚报》漫画专栏《小蜜蜂》刊登的 60 幅漫画，同省内另外 39 幅作品一道首次到联邦德国展出。《小蜜蜂》作者白士林应邀赴德国参加首展开幕式。

11 月 24 日　《四川工人日报》开展“国家有困难巴蜀职工怎么办”的大讨论，发表文章数百篇，为政府提供了不少好建议，激发了广大职工的主人翁责任感，受到社会各方面的好评。这次大讨论历时5个多月，于1990年5月结束。

12月 四川日报社的《四川日报》《四川农村报》和《文摘周报》日均印刷和发行量分别达到54.1万份、27.8万份和179.7万份。报纸印刷质量稳中有升，其中代印的《人民日报》被评为全国传真版第一名，印刷的《四川日报》在西南片评比中名列前茅。《四川日报》被国家新闻出版署、中国报业协会评为全国报纸经营管理先进单位。

同月 成都晚报社广告收入达600余万元，较1983年的56万元增长近11倍，被国家新闻出版署、中国报业协会评为全国广告管理优秀单位。

同月 《重庆日报》被国家新闻出版署、中国报业协会评为全国发行管理优秀单位。

1990年

1月11日 省政府办公厅、省委宣传部联合发出《关于表彰新闻出版先进集体和优秀工作者的通知》，分别授予41个单位和198名个人“四川省新闻出版先进集体”和“四川省新闻出版优秀新闻工作者”称号。

1月 《电子报》年发行量100万份（含合订本）。报社贯彻“一报为主，多种经营”方针，年经营销售额达1000万元。

同月 四川教育新闻工作者协会成立。1992年改为四川省教育新闻记者协会。

3月 四川卫生新闻工作者协会成立。1992年改为四川省卫生新闻记者协会。

5月1日 成都晚报社实现了胶印机印报，部分实现了激光照排。

7月 广元市遭受百年不遇的特大洪灾。《广元日报》编采人员奋战在抗洪救灾第一线，采写出了10余万字的新闻稿件，报纸增版18期，受到省委宣传部和市委、市政府的表彰。

同月 《四川日报》针对工业生产滑坡的严峻形势，连续发表《集中精力搞好经济建设》系列评论，引起社会强烈反响。年底登载的《必须以经济建设为中心》6篇社论和评论员文章，为统一人们思想，促进治理整顿和改革开放，提供了强大的精神动力。

11月1日 四川日报社的《四川日报》《四川农村报》《文摘周报》实现了激光照排、树脂版印刷，代印的《人民日报》《解放军报》等20种报纸，实现了胶印或树脂版印刷。

11月13—14日 省委宣传部、省记协、省新闻学会、省报协、省广播电视学会、省经济记协联合在成都召开第二届新闻理论研讨会。

11月 省委、省政府授予阿坝报社、合川报社“四川省先进新闻集体”称号。

同月 四川日报社、成都晚报社分别被中国广告协会评为全国广告业“重信誉、创优质服务”先进单位。

同月 《四川日报》《四川农村报》和《文摘周报》的期发行量分别达到62.3万份、31.7万份和162万份。四川日报社全年各项主要经济技术指标均有较大幅度增长。当年，该报社被中国记协授予“全国先进新闻工作集体”称号。

1991 年

1 月 9 日 《四川日报》报道了停产两年多的重庆市国营明月皮鞋厂被公开拍卖，重庆铅笔厂以 715 万元买下该厂的绝大部分资产。这是全国首次采取关闭拍卖方式处理具有一定规模的国营工业企业。

1 月 《四川日报》《四川石油报》《西南电力报》分别获“全国新闻工作先进集体”称号。王有春、方锡良、陈柴、王学成、尹长征、邓宏柱、文贤书、孔繁祚、卢子贵、吕齐、李加模、易冰兰、桂金、廖才贤等获“全国优秀新闻工作者”称号。

2 月 1 日 重庆的零售商业在全国率先进行“四放开”（经营放开、价格放开、用工放开、分配放开）改革，对企业改革的难点进行大胆的突破。《重庆日报》记者对此采写新闻报道 80 多篇，稿件质量高，体裁多样化，报道集中突出，受到中央和省市领导的肯定。

2 月 20 日 成都晚报社编委会选派 3 名中青年记者，用两个月的时间，围绕成都市区边缘进行徒步采访。这次采访，穿越了市郊 12 个县、区（市），采访了成都边缘地区近 60 个乡（镇），总行程千余公里，对边缘地区的社会经济、风土人情、文化教育和名胜古迹等作了如实报道，并以“成都边缘千里行”为题在一版刊登稿件 45 篇。

3 月 1 日 乐山市新闻学会成立。该学会与乐山市新闻工作者协会一套班子，两块牌子，合署办公。

3 月 16 日 四川省石油新闻工作者协会和四川省石油新闻学会同时成立。1992 年与四川省石油协会合并为四川省石油文化艺术联合会。

3 月 四川省报纸行业经营管理协会编写的《报业纵横谈》一书，由四川人民出版社出版。

8 月 四川日报社席文举获“范长江新闻奖”提名奖。

9 月 宜宾造纸厂试制成功“AS 胶印新闻纸”。经试用，纸张强度、克重、吸墨性、白度和接头牢固等性能指标全部合格，结束了四川不产胶印新闻纸的历史。

同月 成都晚报社的《成都晚报》发行覆盖面宽，市郊 14 个区（市）县的 321 个乡（镇）均有晚报，全年邮发订户达 203039 份。加上零售，日平均发行数近 28 万份。报纸的发行量在全国晚报中居第五位，在全国省会城市晚报中居第一位。

10 月 2 日 《四川日报》报道，代表世界最新技术水平、世界唯一的一套 ACCV－ROLL 型轧管机组在德阳第二重型机器厂制造、总装试车成功。

10 月 17 日 四川省委农村工作会议之后《四川日报》以《继续重视农业加强农业支援农业》为总题目，连续发表 6 篇评论，对稳定农村基本政策，深化农业改革，起了很好的作用。

11 月 《成都晚报》报道：成都市住房制度改革工作会议宣布，成都市住房制度改革规划和实施方案已由省政府批准，将在全市实施。从当年 12 月起到次年 6 月底，凡驻成都地区所有单位，不论隶属关系，都将按此方案全部进入房改序列。

12 月底 据四川省报业协会统计，到 1991 年，全省 33 家印报厂中（其中 11 家厂不属报社所有），已有 16 家采用了电子激光照排技术，胶印报达 40 种以上。

1992年

1月19日 《四川日报》报道，重庆市江北区狠刹用公款吃喝送礼风，增强了党政机关和党政干部的廉政意识，强化了监督管理制度。省纪委就此发出通知，要求各地各部门借鉴他们的做法。

1月 四川省报纸副刊研究会成立。该会有60多个会员单位。

2月11日 《四川日报》报道，邛崃县平落镇，1984年被列为全省集镇建设试点后，经过7年努力，已成为促进附近农村乡镇企业发展，吸纳富余劳动力，吸引农副产品贸易的中心。省委书记杨汝岱在考察该镇时指出：小集镇建设将成为今后10年四川省农村奔小康的一项战略任务。该报配发评论员文章《小集镇大有作为》。

3月 邓小平南方谈话后，《四川日报》以《坚定不移地贯彻党的基本路线》为题，连续发表了5篇较有深度的社论。紧紧抓住德阳这个在全省改革开放中的典型，开辟了《从德阳看思想解放》栏目，推出了3篇典型报道和一些权威人士的谈话，以生动的事实给人深刻的启示。

同月 《四川日报》倡议西南5省7方党报联合组织的“大西南采访团”，成功地对四川和西南几省区进行了采访，写出了一批给人以深刻启发、推进四川省同周边省区联合发展经济的好文章。

3—4月 邓小平南方谈话发表后，省委宣传部、省记协联合组织省级和成都市部分媒体赴珠三角采风。各媒体均刊发了一批介绍广东改革开放的稿件，对领悟邓小平谈话精神，开阔川人眼界、解放思想起了舆论先行的作用。

5月3日 成都晚报社编委会组织人员到沿海、沿江、沿边地区采访改革开放先进经验。“三边纪行”采访活动历时半年多，行程数万公里，采访了几十个城市和地区，发表了100多篇报道，在广大读者中引起了强烈反响。应广大读者要求，“三边纪行”汇编成册，于1992年12月底公开发行。

6月27日 省委书记杨汝岱在《四川日报》上发表文章《成渝铁路的两个四十年》。6月29日，《四川日报》报道：庆祝成渝铁路通车四十周年大会隆重举行。

7月16日 《四川日报》报道，7月上旬，世界首家悬棺葬自然博物馆，在四川珙县麻塘坝动工修建。

8月22日 《四川日报》报道，成都市青白江区大湾中学从即日起正式实行国家所有、校长负责、自主办学、学生自费、国家津贴的办学模式和运行机制。该学校的教职工在全国率先丢掉“铁饭碗”。

8月 第二届中国新闻奖颁奖仪式在峨眉山市举行。《四川青年报》的《勇斗歹徒失去高考机会——女中学生杨静被破格录取》和《四川石油报》的《征战布尔甘》分别获消息和摄影二等奖；《四川日报》的《震动》获通讯三等奖。

同月 《人民日报》《经济日报》等报，开始采用最先进的卫星传送技术（卫星版）。各报在北京付印后，即可通过卫星将版面直接传到四川省两个代印点——四川日报社印刷厂和重庆日报社印刷厂制版付印。卫星传版减少了电信局传真接收、转送环节，大大缩短了出版时间。卫星版的印刷质量文字清楚，图片清晰，层次分明，比传真版有明显提高。

12月29日 成都晚报社在全省党委机关报中率先进行人事制度、工资分配制度、保险福利制度全面改革。中共成都市委书记吴希海代表市委聘伍进一为报社总编辑。全报社 441 名职工与总编辑签订了一级聘用合同书。至此，成都晚报社实行了全员聘任制。这在全省、全国的新闻界引起了强烈反响。

12 月 四川日报社、重庆日报社、成都晚报社的广告收入均超过 1000 万元大关。

1993 年

1 月 1 日 《成都晚报》正式启用江泽民题写的新报头。

1 月 《甘孜报》报纸实现电脑组版、激光照排和胶印。同时建立了卫星地面通讯接收设备，专收新华社播发的国际、国内新闻。

2 月 21 日 《四川日报》抓住民工潮这个社会经济热点，首先推出整版大特写《巴蜀民工潮》，对民工心态、政界看法、规模与流向、发展源流及未来展望等进行全方位报道，引起社会的广泛关注。接着，又开辟《我看民工潮》专栏和系列报道《百家争说民工潮》。最后，以《民工潮与经济起飞》为题，专访著名专家学者，从历史学、市场经济学和社会学的角度，进一步深化对民工潮的认识。

3 月 1 日 《四川日报》报道，九寨沟、黄龙两个风景名胜区日前接受联合国教科文组织世界遗产委员会颁发的“世界遗产名录”证书。中国风景名胜列入《世界遗产名录》共 3 项，四川省占两项。

3 月 2 日 《四川日报》报道，由重庆、南充、达县、涪陵、黔江四地一市联合创办的中国第一所股份制联合职业大学——三峡联合职业大学成立。该校实行董事会领导下的校长负责制，董事会由四地一市的 22 名党政领导组成，四川省人民政府省长肖秧任名誉校长。

3 月 12 日 《四川日报》报道，省政府日前批复，同意成都市成华区、新津县作为四川省发展个体、私营经济试验区。这是全国首家省级个体、私营经济试验区。

3 月 “3·15”国际消费者权益日前后，《四川日报》在《读者来信》版开展了“将打假进行到底”的来信讨论，先后刊发了 10 期，刊登稿件 40 多篇，约 4 万字。通过集中宣传，广泛反映执法部门和广大消费者的建议、呼声和要求，形成强大的宣传声势，推动了全省打假工作的深入开展。

4 月 5 日 《四川工人日报》新辟的《企业文化》专刊创刊，为全国工人报刊中唯一的一份企业文化专刊。

4 月 7 日 《四川日报》对股市的不规范操作，采用有关专家访谈等多种形式进行引导，有力地配合了政府的工作，对股市的规范及社会的稳定起到了积极的引导作用。

同日 《四川日报》对仁寿县等农村中发生的抵抗基层政府的群体性事件，不回避问题，积极澄清事实真相，对现实中的优劣进行客观的表扬和批评，是非分明，公正全面，受到社会好评。

4 月 在双流县召开的四川省新闻奖评审会上，中共四川省委书记谢世杰评价成都晚报社的改革说，“方向是值得肯定的”。

6 月 9 日 省委宣传部批转四川日报社《关于进一步改进会议和领导人活动报道的请示》，并要求各地新闻单位参照执行。

6 月 13 日 《四川日报》报道，四川省第一所中外合资的日本语学校成都朝日（日本）文化学校，在成都创办。

7 月 四川省老年新闻工作者协会成立。该协会为省记协的团体会员。

10 月 25 日 《四川日报》报道，石棉县境内新发现辉碲铋矿床，此为世界罕见，被视为中国又一“国宝”。

12 月 14 日 《成都晚报》发表了长篇通讯《一个不幸而又幸运的“知青”女儿》，立即在社会引起很大反响。不少读者来信来电表示愿意帮助知青女儿郭佳。从云南深山老林中走出来的郭佳，不仅在成都找到了父母，学习了文化，还找到了工作。

12 月底 据四川省新闻出版局统计资料，1978 年底，四川报业（及刊物）仅有 11 台胶印机，1993 年底已达到 416 台，增长 36.8 倍。

12 月底 四川日报社印刷厂承印中央、外省和本省地方性报纸的总印刷量，达到日平均 160 多万对开张。

12 月 《电脑商情报》是全国公开发行的计算机专业报纸，4 开、每周 6 期，共 192 版，为四川报纸中版面最多的报纸。

1994 年

1 月 8 日 由《四川日报》主编的《香港商报》（四川版）在中国香港发行，这是中国内陆省区的第一张境外专版。

2 月 17 日 《四川日报》关于徐洪刚英雄事迹的报道，在省内外引起强烈反响。

4 月 7 日 受中国人民武装警察边防部队的邀请，《四川法制报》记者随云南总队组织的“千里边防行”采访团赴云南边境采访。历时月余，采写系列报道 30 多篇近 10 万字，除在《四川法制报》上陆续刊登外，部分文章被收进《千里边防行》文集在全国发行。

5 月 24 日 《凉山日报》木里记者站成立。至此，全州 17 个县市都设了记者站。

6 月 16—20 日 四川法制报社承办的全国法制新闻研讨会，会上收到 70 多篇论文，在全国法制新闻界形成较大影响。

6 月 20 日 全国少数民族地区报纸好新闻评选会在凉山州举行。

6 月 21—24 日 省委党刊阅读使用经验交流会在温江县召开，省委副书记秦玉琴到会并讲话。

8 月 20 日 在内蒙古自治区包头市举行的全国少数民族地区州盟地市报新闻研讨会第三届换届会议上，凉山日报社党委书记、《凉山日报》副总编辑马占高当选为全国少数民族地区州盟地市报新闻研究会会长；《凉山日报》副总编辑游乐业被推选为副秘书长。

9 月 6 日 经省新闻出版局批准，《四川农村日报》在广安县设立记者站。至此，该报已在省内广元、泸州、乐山、遂宁、南充、绵阳、宜宾、内江、达县、万县、涪陵等地设立了 12 个记者站。

9 月 18 日 在中国报业协会第二届理事会上，四川日报社副社长唐嗣田当选为副会长。

10 月 全国党建刊物研究会在吉林省长春市举行年会，专题研讨社会主义市场经济条件下如何办好党建刊物。四川党的建设杂志社总编辑吕红文以“继承创新肩负起历史使命”为题发言。该发言在《求是内部文稿》1994 年第 18 期发表。

11 月 25 日 省委宣传部设立“四川新闻奖”和“宣传四川好新闻奖”，鼓励新闻工作者深入基层、深入群众、深入实际，采写更多的优秀新闻作品。

1995 年

1 月 1 日 经国家新闻出版署、四川省新闻出版局批准，四川日报社创办的新型城市报纸——《华西都市报》正式出版发行。这是全国第一份都市类报纸。

同日 《攀枝花日报》经四川省新闻出版局批准，由 4 开小报扩版为对开大报。

1 月 2 日 《四川日报》凉山记者站在西昌市成立，凉山州委宣传部部长、凉山日报社总编辑王万金兼任记者站站长。

2 月 15 日 《成都科技商报》在全国媒体中率先实行“新闻线索有奖征寻”活动，并开设两部热线电话和热线传呼。

7 月 《四川党的建设·城市版》《四川党的建设·农村版》获得“四川十佳期刊”称号。

7—9 月 《精神文明报》在全国率先报道张家港“一把手抓两手”的经验，受到中央宣传部和中央文明办领导的高度评价。采写刊发的《走进张家港》等 6 篇“来自张家港市文明城市创建系列报道”，被选入学习出版社出版的《张家港经验》一书。

8 月 18 日 公开发行的《成都科技商报》正式更名为《成都商报》，由成都市财办主管，成都市财办和成都市科协主办。

8 月 28 日 四川日报社印刷厂依靠自已的技术力量完成全过程制作、印刷，首次印刷出彩色报纸。

11 月 3 日 四川日报社正式主管《旅游文化报》。

12 月 8 日 四川日报社主管、主办的为社会公众投资理财服务的专业报《四川金融投资报》正式与读者见面。

12 月 20 日 《四川日报》刊出的“龙腾虎跃一条线”系列报道获省委、省政府首届“四川新闻奖”特别奖。

12 月 25 日 成都晚报社同新民晚报社的《新民晚报（美国版）》合办的“成都专版”与美国读者见面。

12 月 29 日 中央宣传部副部长曾建徽和国务院新闻办三局副局长任一农考察凉山日报社。

1996 年

1 月 2 日 四川省委召开新闻工作座谈会，省委书记谢世杰要求新闻战线把握工作大局，突出重点，提高新闻宣传水平，加强新闻队伍建设。

2 月 四川党的建设杂志社被国家新闻出版署确定为中国期刊代表团成员单位，赴德国参加莱比锡书展。

5 月 15 日 在省委宣传部、省新闻出版局召开的四川省报纸期刊质量工作会议上，《四川农村日报》《南充日报》被评为一级等级。

6 月 26 日 省委宣传部发出《关于颁发首届“总编辑新闻奖”的通知》。首届总编辑新闻奖评出获奖作品 12 件，并对作者予以表彰奖励。其中，《四川日报》总编辑姚志能采写的通讯《长虹向自已宣战》、副总编辑唐小强撰写的评论《论发展机遇》、席文举撰写的论文《新型晚报的新思维》、罗鸣采写的通讯《川中跃起一条龙》获四川省首届“总编辑新闻奖”。

8 月 1 日 《凉山日报》彝文版技术改造成功。即日起彝文用激光照排胶版印刷，结束了凉山州铅字印刷彝文版报纸的历史。

8 月 13 日 攀枝花日报社在广西北海市设记者站。

10 月下旬 在中华全国新闻工作者协会第五届理事会第一次会议上，《四川日报》总编辑姚志能当选全国记协副主席。

10 月 23 日 省机构编制委员会发文通知四川日报社：《四川农村日报》的正职可以按副厅级干部配备，副职可按正处级干部配备。

12 月 《攀枝花日报》先后在四川省和云南省的西昌、德昌、会理、会东和永仁、元谋、华坪、永胜等 8 个周边市县建立特约记者站。

1997 年

1 月 3 日 省委书记谢世杰、副书记秦玉琴，省委常委、宣传部部长席义方到四川农村日报社考察。

1 月 15 日 四川省第八届运动会组委会宣传部授予南充日报社“四川省第八届运动会宣传工作先进集体”称号。

3 月 10—12 日 攀枝花日报社承办由四川日报社、《新闻界》杂志社主办的“新闻舆论监督与新闻导向研讨会”。上海文汇报社原社长兼总编辑马达，人民日报社、经济日报社原副总编辑余焕春，上海新闻记者杂志社主编魏永征，中国社会科学院新闻研究所研究员彭朝丞等 50 多人参加研讨会。

4 月 24 日 省委常委、宣传部部长席义方到攀枝花日报社检查工作。

5 月 成都商报社引进北大方正公司的办公自动化采编系统，在中国西部的日报中《成都商报》首家实现无纸化编采。

同月 在第二次中国期刊界代表大会上，四川党的建设杂志社总编辑吕红文当选为中国期刊协会副主席。

7 月 28 日 《攀枝花日报》副总编辑郑庆生被省委宣传部、省新闻工作者协会评为首届“四川十佳新闻工作者”。

8 月 11 日 省委对四川日报社领导班子进行调整，唐小强任党组书记、总编辑，汪兴高任党组副书记、社长，罗鸣任党组副书记、副总编辑，唐嗣田、席文举、佘景平、王华、刘为民、杨文镒分别为党组成员、副社长或副总编辑，袁艳梅为党组成员、机关党委书记，张传德为党组成员、省驻社纪检组长。

9 月 2 日 日本早稻田大学片冈裕等 5 人到凉山日报社参观彝文激光照排。

11 月 11 日 中央政治局委员、书记处书记、宣传部部长丁关根到四川日报社视察。

11月25日 泸州广播电视报社报纸发行在全国第一次采取随光纤电视网进入千家万户的办法，稳定了发行，增加了收入。

12月1日 成都晚报社在省内率先实现每天出单面彩色报。

1998年

1月1日 《眉山日报》创刊，对开四版，每周4刊。第一期报纸在全地区发行3.2万份。

1月5日 《四川农村日报》庆贺创办于1963年的《蒲公英》文艺专版出刊1000期。

1月22日 《四川日报》正式跨上信息高速公路，并入国际互联网。

1月 《四川金融投资报》的《周末证券》在北京、上海、深圳等20多处正式设分印点。

2月 少年百科知识报社建立起全国第一个少儿报刊网站，开始走向世界。

4月 《四川农村日报》实施新闻改革，报纸定位：党报性质，晚报风格；主攻方向：指导性强，信息量大，服务面广，可读性高。省委舆论研究小组在《舆论动态与分析》中，以“改版一年思路对头效果良好”为题，对《四川农村日报》实施的新闻改革给予充分肯定。

9月26日 省委常委、省委宣传部部长席义方在中共凉山州委常委、州委宣传部部长何绍勇的陪同下，考察了凉山日报社彝汉文版办公室和印刷厂各车间。

9月 国家新闻出版署下达批复，《干部职工之友》更名为《生活之友》，半月刊，16开本，全国统一刊号：CN51－1543/GD。该期刊为生活类期刊，由四川党的建设杂志社主管、主办。

12月7日 成都商报社发起“成都造”营销大出击，包机直销中亚五国，首航直飞乌兹别克斯坦首都塔什干，把“成都造”直销到国外。这种大规模境外直销开拓市场的方式，在全国尚属首次。

12月底 《四川农村日报》的广告收入打破近20年徘徊局面，年收入增长近一倍，创历史最高记录。发行量稳中有升。

12月 四川日报社的星光传呼台在宜宾、自贡、乐山、内江、泸州、雅安、达州、南充、广元、绵阳新建的省网分台，陆续开通，投入运营。

同月 四川省委宣传部、四川省新闻出版局与四川省新闻工作者协会、四川省新闻学会联合表彰《四川日报》关于生猪问题的系列报道。

1999年

1月4日 国务院新闻办公室发函四川省人民政府新闻办公室，同意《四川日报》《华西都市报》《四川经济日报》《今日四川》《厂长经理报》5家报刊进入国际互联网络创办电子报。

1月11日 经国家新闻出版署批准，四川日报社主管、主办的《旅游文化报》更名为《天府早报》。6月1日正式创刊。

1月 《国防时报》创刊10周年，四川省党政军领导致函、题词祝贺。

同月 四川新闻网（www.newssc.org）正式开通。

4月5日 中共四川省委调整四川日报社领导班子：撤销党组，建立党委，由李之侠任党委书记兼社长，唐小强任党委副书记兼总编辑，罗鸣任党委副书记兼副总编辑，唐嗣田（副社长）、席文举（副总编辑）、佘景平（副社长）、袁艳梅（机关党委书记）、张传德（纪检组长）、刘为民（副总编辑）、杨文镒（副总编辑）、陈华（副总编辑）任党委委员。

7 月 成都商报社的成都博瑞投资有限公司，控股上市公司—四川电器股份有限公司，被誉为“中国报业第一股”。股票简称“博瑞传播”，代码“600880”。

8 月 10 日 《凉山日报》电子版出版。

11 月 11 日 中宣部常务副部长、中央文明办主任刘云山在北京接见了精神文明报社总编辑一行。刘云山在接见时说：“面向全国这条战线（精神文明建设战线）的报纸，只有你们一家。中央文明办是把《精神文明报》当作不是机关报的机关报。”

11 月 30 日 中央宣传思想工作领导小组、中共中央办公厅、中宣部、中央外宣办联合到四川新闻网实地考察、调研。中共中央政治局委员丁关根先后两次批示，要求在全国推广四川新闻网建站模式。

11 月 四川省新闻中心从 5 月至 11 月举办的“康佳杯”第一届互联网中华书法大赛，属全国首创。

12 月 《成都商报》策划“新夸父行动”特别报道，派出 24 名记者赴全球 24 个时区报道“新千年”的到来。此行动，开创了地方报纸派记者全球采访的历史。

2000 年

1 月 1 日 《通川日报》更名为《达州日报》。

1 月 2 日 《凉山日报》彝文版大副刊《星期刊》正式出版，为四开四版。

2 月 15 日 成都晚报社组织 8 个采访组共 26 名记者，参加“新西行漫记”大型采访活动，先后完成对北京、上海、深圳、大连等东部发达城市和陕西、甘肃、西藏、新疆、贵州、云南、重庆等西部省（市、自治区）的动态采访，为西部大开发营造氛围。

2 月 16 日 《成都商报》开设“龙年十评”专栏，连续 10 天在头版刊发评论员文章，在成都率先吹响响应中央实施西部大开发战略号召的“冲锋号”。

2 月 中宣部、中央外宣办召开全国首届互联网新闻宣传工作会。中央政治局委员、书记处书记、宣传部长丁关根在大会上肯定了四川新闻网的建站模式和成功经验。

同月 《成都商报》提出在成都举办“西部论坛”的创意，引起了国家、省、市党委、政府的高度重视，使其最终成为由国务院西部开发办、国务院新闻办、四川省委、四川省政府主办，成都市委、市政府承办的国际性高端论坛，吸引了 2300 多位中外嘉宾参加首届论坛会。

4 月 11 日 四川新闻网在国家新闻出版署办理了 27 个记者证，成为全国拥有首批网络记者队伍的地方新闻网站。

4 月 省委宣传部将四川新闻网列为四川主要新闻媒体，明确四川新闻网已初具规模，在全国有较大影响，受到中宣部、中央外宣办的充分肯定。

6 月 23 日 省委副书记席义方批示：加强网络新闻宣传是掌握新世纪思想舆论阵地制高点的一件大事。对省级重点新闻网站的投入，可分年度列入省级文化建设事业费预算。

6 月底 四川新闻网已整合全省 102 家报纸、杂志、电视、广播媒体集中上网，是全国上网媒体最多的一家地方新闻网站。

7 月 16 日 四川日报社出资 120 万元控股的经济类综合性大报《新经济时报》创刊。

8 月 26 日 《眉山日报》出版了“8·26”眉山地区新区 3 周年纪念报。纪念报共 36 版，其中套红版面 12 个，总发行量 5 万余份，广告收入 70 万元，创四川市（州）报单期版数最多、单期广告收入最多的纪录。

8 月 为庆祝甘孜州建州 50 周年，甘孜日报社在四川民族出版社的大力支持下，出版《甘孜州建州五十周年纪念特刊》，这是甘孜州有史以来第一张彩色报纸。

9 月 8 日 省委宣布对四川日报报业集团领导班子的任命。李之侠任党委书记、董事长兼总经理，唐小强任党委副书记、总编辑，罗鸣、席文举、刘为民、杨文镒、陈华任党委委员、副总编辑，唐嗣田、余景平任党委委员、副总经理，袁艳梅任党委委员、机关党委书记。

10 月 20 日 在成都举办的“2000·中国首届西部论坛”会上，四川新闻网作为新兴媒体连续三天首次公开亮像。网站自采新闻被国内外 69 家网站和传统媒体转载 769 篇（次），成为论坛上的重要新闻源。

11 月 10 日 四川新闻界在邓小平故乡广安建造“四川记者林工程”，省委常委、宣传部部长柳斌杰为记者林奠基。

11 月 16 日 省委宣传部、省记协在雅安召开首届记者节“新闻宣传与西部开发”研讨会。

11 月 30 日 《绵阳晚报》在全市组织申奥万人大签名活动。12 月初，该报将签名横幅送北京奥组委，奥组委表示真诚感谢。

12 月 精神文明报社策划推出“精神文明建设世纪回眸”系列评论员文章《牢固的基石》《伟大的实践》《不朽的丰碑》，得到了中央文明办领导的充分肯定。此组评论员文章还选入《中国精神文明建设年鉴》。

同月 《华西都市报》荣获国家新闻出版署颁发的“全国地方报社管理先进单位”称号。

2001 年

1 月 华西网进入四川在线，四川在线全球网络排名维持第 500 位左右。

2 月 22 日 经国务院新闻办公室批准，同意四川新闻网从事登载新闻业务。

2 月 23 日 由四川省新闻中心和四川新闻网自编、自采摄制的 7 集电视政论专题片《涌动》在四川电视台、四川有线电视台首播，开创了新闻网站拍摄、制作电视政论片的先例。

2 月 国家新闻出版署批准，同意由四川省新闻中心和四川省名牌战略促进会主办《品牌时代》杂志，并颁发了期刊出版许可证。

3 月 23 日 经国务院新闻办公室同意，由北京五洲传播中心、五洲传媒网和四川新闻网、西藏信息中心共同发起，由中国西部 12 个省（区、市）政府新闻办和新闻网站代表参加，在北京成立“互联网对外宣传西部联盟”。

3 月 26 日 省委、省政府表彰全省同法轮功作斗争的先进单位和个人，授予四川日报社“先进单位”称号、《四川日报》罗仁容“先进个人”称号。

3月 《成都商报》在全国媒体中率先开通“成都商报城市热线公众服务网”，66家与市民生活密切相关的政府部门先后成为成员单位，当年就为市民解决实际困难和问题上万个（次）。

4月13日 省委召开动员大会，决定4月至7月，在全省新闻系统集中开展马克思主义新闻观的教育。

4月 《天府早报》记者卧底黑心棉厂，写出揭露性新闻报道，引发全省大规模专项整治。

同月 经省委同意，以四川党的建设杂志社为龙头，组建四川党建期刊集团。

5月21日 为贯彻中央和省委继续对报刊结构调整的要求，《蜀报》《商务早报》停刊。

6月1日 《天府早报》正式起用电子版独立域名 www. morning. sc. cn。

6月26日 四川法制报社与云南、重庆、广西、贵州等西南省市区法制报联动，围绕“禁毒”主题进行采访，在禁毒日当天同时推出特刊、互用稿件，形成区域性的整合效应，在全国产生较大的影响力。

6月 四川新闻网开始积极开办外语频道，用中、英、法、德、日、俄6个语种发布新闻，其语种数仅次于新华网、中国网、国际在线，居全国各省（区、市）之首。

同月 四川在线推出四川日报报业集团报刊电子版，首创每个报刊申请国际域名。第一次制作策划专题“中国景区门票展”。四川在线开通《天府论坛》，后成为四川影响很大的网上舆论平台。

7月1日 成都市委决定剥离《成都晚报》原党报职能，使之成为一张全新的社会生活类报纸。该报主办单位为成都市委宣传部。

同日 《成都晚报》以大篇幅刊登独家报道《我要活下去，骨髓在哪里》，由此拉开了以推动建立四川骨髓库为目的的系列报道的序幕。这是省内首次倡议建立本省的骨髓库。11月底，在省领导的关心和中国红十字总会、省红十字会大力支持下，四川骨髓库建立。

7月7日 四川日报报业集团、四川日报社、四川农村日报社、华西都市报社、天府早报社、四川新闻网同时获省委宣传部授予的“纪念建党80周年宣传工作先进单位”称号。

7月11日 根据国家新闻出版署的批复，由成都市商贸委主管、主办的《成都商报》改由成都日报社主管、主办。

8月1日 《四川日报》被省委宣传部、省政府新闻办公室评为“2001年中国西部经贸洽谈会暨香港优势博览会”和“2001年中国国内旅游交易会”宣传报道工作先进单位。

8月6日 全国第九届省级党报新闻奖评选在兰州揭晓。《四川日报》10件作品获奖，其中梅松武撰写的评论员文章《以什么样的精神状态投入西部大开发》获一等奖。

8月29日 省委发文任命罗鸣为四川党建期刊集团党委委员、书记、管理委员会主任，何志文为四川党建期刊集团总编辑，张泽刚为四川党建期刊集团总经理。

8月 首届中国西部康定情歌节期间，甘孜报社出版彩报形式的《中国西部康定情歌节》特刊。

9月12日 四川新闻网正式组建全国第一家跨省际的网络媒体——中国西部网。省委常委、宣传部部长柳斌杰到会讲话。中国西部网依托四川新闻网开通，是西部地区共同对外宣传的窗口。

9月16日 《成都理工学院报》更名为《成都理工大学报》。

9月 经中央对外宣传办公室批准，《成都日报·英语周刊》专版出刊，出版后随《成都日报》发行，为中国西部第一张英文周刊。

10月6日 《绵阳晚报》刊发消息《建一个厕所盖123个公章》，社会反响强烈。

10月28日 中央政法委、司法部有关负责人及法制日报社总编辑到四川，会同四川省委政法委、四川省司法厅和四川法制报社在成都市金牛区举行“企业赞助报纸进社区”活动。中央综合治理委员会有关负责人在《法制日报》上撰文推广这种模式。其后，四川温江、绵阳等地陆续推广此模式，取得了一定效果。

10月29日 在中华全国新闻工作者协会第6届理事会第二次会议上，四川日报报业集团总编辑唐小强当选为全国记协副主席，副总编辑席文举当选全国记协理事会理事。

10月 四川新闻网拍摄的《涌动》政论专题片获四川省“五个一工程奖”。

同月 华西都市报社和成都商报社获中国报业协会颁发的“中国报业创新奖”。

11月 中共中央政治局委员、书记处书记、宣传部部长丁关根在国务院新闻办召开的“全国互联网新闻宣传经验交流会”上，把四川新闻网站列入全国六大省级重点新闻网站。国务院新闻办主任赵起正在会议总结中，特别表扬了四川新闻网在外宣工作上取得的成绩。

12月21日 四川日报报业集团和四川省成都全兴酒厂集团正式签订协议书，由四川日报报业集团控股、共同出资组建体育文化传播有限责任公司，并创办《21世纪体育报》。

12月 《四川党的建设·农村版》《生活之友》被国家新闻出版总署评为中国期刊方正双效期刊。

2002年

1月23日 四川省博物馆颁发证书，正式将近两年《四川日报》“天府周末”版《新千年的太阳今天升起》《一百年，巴蜀正道是沧桑》《“风卷红旗”（纪念建党80周年）》等3套特刊，作为珍品收藏。

1月29日 《四川日报》对作为重大典型的四川农业大学留学归国人员的报道，以题为《故巢燕归来》的上下篇重头通讯开路，配发《人才是第一资源》评论员文章，接着用两个版刊发留学归国人员座谈发言，其后又在“留学归国人员风采”专栏报道了全省各行各业十多位留学归国人员辛勤创业、报效祖国的先进事迹，在全省乃至全国引起了强烈反响。

1月 四川在线自主开发出新闻发布系统，并与四川交通广播电台合作，开通了西南地区第一家FM实时同步网络广播电台。同时，还开通了天府图片网。

2月25日 经省工商行政管理局批准，四川日报报业集团与中国电信四川公用信息公司合资建立的“四川在线新闻网有限公司”，正式更名为“四川日报网络传媒发展有限公司”。

3月4日 四川日报报业集团主办的《21世纪体育报》创刊。

3月9日 国家新闻出版署下文，批复四川省新闻出版局：同意四川日报报业集团主办的《新经济时报》更名为《城市购物导报》。

3月20日 由省委宣传部和《四川党的建设》杂志社编辑部召开的“WTO与四川农业”理论座谈会在蓉举行。省委常会、宣传部部长柳斌杰在会上发表了“在WTO规则下发展四川优势农业”的重要讲话。后来，《四川党的建设》农村版和城市版，分别约请省内专家，在刊物上开办“WTO与‘三农’”“WTO与四川”系列讲座，受到广泛好评。

3月27日 《四川日报》针对社会上特别是领导干部中存在的一些带倾向性的问题，在一版连续刊发《挤一挤“文凭”的水分》《辩一辩“政绩”的真假》《刹一刹“勾兑”的歪风》《压一压“浮躁”的心态》《掂一掂“官位”的分量》共5篇思想评论，把百姓话题与干部问题结合起来加以评说，把领导职责与百姓要求融合起来加以阐释，把干部权力与百姓利益一致起来加以引导，引起很好的社会反响。

4月6日　成都晚报社与美国侨报社签订新闻合作协议。

4月18日　《城市购物导报》正式出版。

4月22日　省委副书记刘鹏、席义方，省委常委、宣传部部长王少雄，省委副秘书长龚炤祥，省委宣传部常务副部长杜江等，到四川党建期刊集团和四川党的建设杂志社考察，听取工作汇报。

4月28日　省委副书记刘鹏在省委宣传部常务副部长杜江陪同下，视察四川新闻网。

5月8日　省新闻出版局《四川新闻出版简报》第9期以“依靠创新求发展——《南充晚报》创刊一年成绩显著”为题，介绍南充晚报经验。

5月22日　《成都晚报》与美国《侨报》合作，推出“侨报·交流”专版。专版内容是介绍成都的历史、文化、经济、生活状况，成都改革开放进程中的投资环境，成都发生的重大新闻及经济、商务信息，美国人在成都生活、工作、学习的情况。

5月28日　省委常委、省委宣传部部长王少雄在省委宣传部常务副部长杜江和省委外宣办副主任赵英的陪同下，到四川新闻网现场办公调研，支持四川新闻网发展。

6月14日　中宣部新闻局以“《四川农村日报》真诚帮助农民增收致富”为题，对《四川农村日报》的宣传报道工作给予充分肯定。并在其主办的《内部通信》第13期上登载了这篇文章。

6月19日　省新闻出版局局长李正培到《南充晚报》调查研究，对晚报创刊一年多来，把握正确舆论导向、服务市民、关注民生的办报宗旨给予高度评价。

7月3日　省地税局发文表彰在蓉纳税先进单位，四川日报报业集团荣获“2001年度省级纳税大户”称号。

7月22日　《四川日报》全面实现网上发稿、写稿、编稿、传稿，从此过度到电脑化操作。

7月25日　中华全国新闻工作者协会主办的2001年度中国新闻奖评选揭晓，《四川日报》刘成安的通讯《风雨中的“倪式风格”》和吴传明拍摄的照片《万马争雄》均获三等奖。

7月27日　中国摄影学会主办的第四届最高作品奖评选在北京揭晓，《四川日报》莫定有的作品获“金眼奖”。

8月2日　省人事厅发文，四川日报报业集团党委委员、副总经理唐嗣田被国务院批准为2001年度政府特殊津贴专家。

8月　《成都商报》推出“暗访周五‘空城计’”大型监督报道，首次对成都市政府100多个部门的工作状态进行监督，受到了中共中央宣传部、中共成都市委的充分肯定。随后，中共成都市委发出“第一要务大讨论”的号召，全市10多万机关干部参与讨论。

9月12日　《四川日报》创刊50周年暨四川日报报业集团成立2周年纪念大会举行，省政协主席秦玉琴，省委副书记刘鹏，省委常委、宣传部部长王少雄，省人大常委会副主任孟俊修，副省长李进及省老同志聂荣贵等到会祝贺。大会先后收到中央、省领导的祝贺题词。

9月23日　省委常委、宣传部部长王少雄到德阳日报社调研。报社优雅整洁的办公环境给王少雄留下良好印象，他说：“文化人应当有相应的文化品位。”当了解到报社党委“守住下线防差错，齐心协力抓发展”的运作思路，通过全社职工的努力，收到明显成效时，王少雄给予肯定。

9月26日　根据中共成都市委、成都市人民政府决定，经国家新闻出版总署批准，成都日报报业集团正式挂牌成立。

同日 成都商报社转入成都日报报业集团，《成都商报》为该集团主管主办。

10 月 1 日 四川日报报业集团主办的《21 世纪体育报》休刊。

同日 《四川农村日报》推出 12 版彩色报纪念创刊 50 周年。

11 月 18 日 宜宾日报社印刷中心彩色印刷设备开机。至此，该报社成为市（州）第一家自行印制双面彩报的报社。

11 月 四川党的建设杂志社推出“党的十六大”专刊，受到省委宣传部表彰。

2003 年

1 月 17 日 省委宣传部发文表彰党的十六大宣传工作先进单位和个人。四川日报报业集团、四川日报社、四川农村日报社、华西都市报社、天府早报社、四川在线等获“先进单位”称号，有 39 篇（件）作品被评为优秀作品。四川日报社钟岚、刘成安、余坪，四川农村日报社张萍，华西都市报社杨炯、秦涛，天府早报社兰俊、云源获“先进个人”称号。

同日 省政协第九届一次会议通过，四川日报报业集团党委副书记、总编辑唐小强任该届省政协文体医卫委员会副主任。

1 月 20 日 省十届人大一次会议选举通过，四川日报报业集团党委书记、董事长李之侠任该届省人大常委会委员、教科文卫委员会主任。

1 月 四川党的建设杂志社《四川党的建设·城市版》和省委组织部合作，开办“天府英才”栏目，以封面人物故事的方式，宣传在全国、全省科技战线上做出突出贡献的优秀科技人才。该栏目开办至 2005 年，先后宣传四川科技精英近 60 名，为省委、省政府“科技强省”“科技兴川”战略做出贡献，受到各方面好评。

2 月 《天府早报》在成都率先推出“社区新闻”版块，开创新闻报道新模式。

3 月 4 日 在省地税局召开的 2002 年度在蓉纳税大户会上，四川日报报业集团因全年缴税 4400 多万元，排名由上年度的第七位上升为第六位，受到表彰和奖励。

3 月 7 日 四川省委常委、宣传部部长王少雄，省委组织部副部长刘毅，省委宣传部副部长陈华等，到四川日报报业集团宣布省委调整集团主要领导的决定。由余长久任四川日报报业集团党委书记、董事长，四川日报社党委书记兼社长；同时，免去李之侠所任的四川日报报业集团领导职务。

3 月 18 日 《成都晚报》在原有版式上加高 5 公分，推出国际流行版式的瘦型报纸。这是成都报界第一张瘦型报纸。

4 月 国家新闻出版总署报刊司司长余昌祥到四川党建期刊集团考察。

同月 成都商报社在乐山、宜宾设《成都商报》分印点。

6 月 5 日 省委、省政府表彰全省有突出贡献的优秀专家，其中《四川日报》副总编辑、高级编辑罗天鹏获得“四川省有突出贡献优秀专家”称号。

同日 经国务院新闻办公室批准，同意中国西部网登载新闻。

6 月 18 日 《绵阳晚报》刊登的三台县收茧问题的报道，被新华社内参《四川蚕茧企业坑农现象严重》全文附录，引起中共中央政治局委员、国务院副总理吴仪的重视。吴仪批示：“严查此事，一经查实，严肃处理。”

7 月 23 日 在中央宣传部、中华全国新闻工作者协会召开的新闻界抗击“非典”报道宣传工作表彰大会上，四川日报社抗击“非典”报道小组获“全国新闻界抗击非典宣传先进集体”称号，《四川日报》刊登的《筑起我们新的长城》一文，获优秀新闻作品奖。《成都日报》邓晓洪获“全国抗击非典优秀记者”称号。

7 月 30 日 省委宣传部、省新闻工作者协会表彰全省新闻界抗击“非典”新闻报道先进集体、优秀新闻工作者和优秀新闻作品。

8 月 26 日 四川新闻网对四川首届旅游发展大会开幕式等重要活动进行网上现场电视直播，受到社会各界广泛好评。

8 月 30 日 中国新闻出版报头版以“成都日报‘社区特约记者’大展才华”为题，报道《成都日报》多角度、多形式宣传贯彻“三个代表”重要思想，做到“三贴近”，增强了党报和群众的血肉联系。

9 月 2 日 由省政府新闻办、省旅游局主办，四川新闻网和四川旅游信息网承办的首届“魅力四川网上有奖游”活动在成都启动。300 余万网民参与，全国 50 余家知名网站纷纷加盟，联手打造“相约四川，感受魅力”品牌，规模空前。

9 月 15 日 《四川师院报》更名为《西华师大报》。

10 月 16 日 “神州五号”载人飞船发射成功，《绵阳晚报》抢在全省各报之先，刊出飞船成功着陆消息。

10 月 21 日 第十三届中国新闻奖评选在北京揭晓，《四川日报》刊发的《跨越回应时代——“三个代表”在四川的实践（通讯）》《关于建设长江上游生态屏障的思考（系列报道）》《幸好康熙没有“再活五百年”（杂文）》《与时俱进、勇于创新——关于再创党报竞争优势的思考（论文）》等 4 篇作品，获三等奖。

10 月 22 日 四川日报报业集团主管、主办的《人力资源报》开始试刊。

11 月 24 日 在第十六届“世界艾滋病日”到来前夕，《成都晚报》推出了《“艾滋剧团”期待来蓉公演》的报道。随后，连续 9 天刊发了以“相互关爱、共享生命”为主要内容的“世界艾滋病日”特别报道和“艾滋剧团”成都公演的报道。这些报道引起了新华社、中央电视台、上海电视台、中华新闻报、南方周末等媒体的广泛关注。中央电视台《讲述》栏目专门邀请该报记者傅艳到北京讲述整个报道的详细过程，把此次地方媒体通过加强社会责任心，积极传播科学知识的经验向全国同行推广。

12 月 30 日 省新闻出版局发文调整一些报纸的主管主办单位。其中，将由四川省保护消费者权益委员会主管主办的《市场与消费报》，由四川精神文明建设委员会主管、四川精神文明建设办公室主办的《精神文明报》，由四川省委政法委员会主管主办的《四川法制报》等变更为四川日报报业集团主管主办。

12 月 31 日 省新闻出版局发文，将《廉政瞭望》的主管主办单位由四川省监察厅变更为四川日报报业集团。

12 月底 《成都商报》日均发行量 60 万份，年广告收入 5 亿元。进入全国广告收入前七强。

2004年

1月1日　《甘孜报》汉文版改为《甘孜日报》对开大版，每周6刊，并出版了第一张《甘孜日报》。同时，甘孜日报社《康巴周末》编辑部正式成立。

1月5日　省委副书记行陶武先，省委常委、宣传部部长王少雄，在全省宣传思想工作会议上，对《四川日报报业集团机构和人事制度改革情况报告》中介绍的做法、经验，给予充分肯定。

1月9日　省委书记张学忠在《四川日报报业集团机构和人事制度改革情况报告》上批示："川报集团在深化体制改革、探索机制创新中认识明确，力度大，成效明显，经验十分可贵，应予充分肯定，并在认真总结的基础上加以推广。宣传文化系统都应学习借鉴，以更好适应发展要求，创造集团优势。"

1月　四川新闻网获省委宣传部、省委对外宣传办公室授予的"2003年对外宣传特别奖。"

同月　四川在线开发出二手房网民自主发布系统。

3月19日　四川省新闻出版局批复同意《四川轻化工学院报》《自贡高专报》《自贡师专报》三报合一为《四川理工学院报》，同期推出网络版。

3月　成都商报社入选中宣部确定的全国7个"三项学习教育"活动先进典型之一。

同月　《四川党的建设·城市版》《四川党的建设·农村版》与省纪委合作，开办"党风廉政"栏目，集中宣传省内党风廉政建设反腐败斗争中的理论、政策、措施、动态和案例，受到好评。

4月16日　省"三项学习教育"活动领导小组在《四川省新闻战线"三项学习教育"活动工作简报》第28期，以"川农报抓典型示范教育推动队伍职业道德建设"为题，对《四川农村日报》深入开展"三项学习教育"活动的做法和经验给予充分肯定。

4月26日　第十四届中国新闻奖摄影作品复评暨2003年全国新闻摄影作品年赛在浙江省绍兴市揭晓，《四川日报》记者莫定有拍摄的《总书记祝福全国人民安康》作品，获突发新闻类摄影金奖（中国新闻奖一等奖）。

5月1日　四川在线尝试多媒体直播获得成功。

5月12日　省委副书记陶武先就《四川日报》4月下旬发表连续报道"科学发展观在广安的实践"和《向广安学习什么》的评论员文章，作出批示："看完这组报道，的确感触颇多，其主题鲜明、角度时新、思想深邃、剪裁适度方面尤为突出。这是'苦其心智'的成果，这是服务大局的举措，这是《四川日报》的优势。望继续努力，以研究后的重大题材为载体，及时组织精兵强将深入采编，既出精品力作，又出优秀人才。"

5月22日　省委常委、省国资委党委书记甘道明，在《〈四川日报〉省委工业工作会宣传报道小结》上批示："少雄同志：宣传部组织川报川台为报道四川工业经济工作，特别是这次会议川报川台派出了素质好、责任心强、很专业的记者跟踪了会议，发了很多思想性强、形式活泼的启发人思维的文章报道。学忠书记对会议新闻报道很满意，要我向你和宣传部及川报川台表示感谢。我代表筹备组和全省工业战线的同志们表示感谢。"

5月24日　省委常委、宣传部部长王少雄对川报川台作出批示："我们要把学忠书记和道明同志的肯定和鼓励化为做好今后工作的动力，高标准，严要求，要更好围绕中心服务大局，多作贡献。”

6 月 28 日　四川新闻网获得由国家广播电影电视总局颁发的“网上传播视听节目许可证”及“影视制作机构许可证”。

7 月 28 日　第十二届全国省（区、市）党报新闻奖评选在内蒙古自治区满州里市揭晓，《四川日报》10 件作品分别获得一、二、三等奖，其中梅松武采写的通讯《关于农业产业化的思考》（上）获新闻一等奖。

9 月 10 日　省委舆论研究小组在《舆论动态与分析》第 50 期以“结合农村特点宣传伟人风貌”为题，对《四川农村日报》纪念邓小平百年诞辰的报道给予积极评价。

9 月 15 日　经四川省信息产业厅批准，“四川网络电视”正式成立。

9 月 28 日　中国新闻奖第十四届评选揭晓，《四川日报》记者莫定有拍摄的照片《祝福全国人民安康》获一等奖，钟岚采写的新闻《公安厅长直击四大顽症四条规定规范交警执法》获三等奖。

9 月　《成都晚报》推出以“防拒毒让孩子告诉孩子”为题的长篇系列报道，受到了包括联合国艾滋病规划署、联合国儿童基金会等机构的好评，被中国关工委及相关部门采纳作为附件正式收入《青少年预防艾滋病、拒绝毒品》教材中。

同月　《华西都市报》记者刘建获“第六届全国百佳新闻工作者”称号。

10 月 10 日　由省委宣传部和省新闻工作者协会主办的第四届四川省“十佳”新闻工作者评选揭晓，《四川日报》王沛荣获全省“十佳新闻工作者”称号。

10 月　《攀钢日报》在中国企业文化促进会 10 周年庆典暨第三届全国会员大会上获得“中国企业文化传媒贡献奖”殊荣，总编辑刘永瑞获“中国企业文化建设先进个人”称号。

11 月 26 日　四川日报报业集团新改版的《城市购物导报 · 华西生活周刊》面世。该刊上市一周后，期发行量即突破了 10 万份。

11 月　精神文明报社获准创办“中国文明在线”（http：//www. cncnol. com）网站。

12 月 31 日　成都晚报社总编辑佟小庆和成都商报副总编辑夏旗舰获“全国报业先进经营管理工作者”称号。

2005 年

1 月 10 日　在四川日报报业集团文化体制改革的推动下，以“权威政经大报、出色主流新闻”为办报宗旨，新一轮改版的首期《四川日报》与读者见面。

1 月 17 日　中共四川省委常委、宣传部部长王少雄在中宣部新闻局《新闻阅评》第 78 期所载“《四川日报》刊文对发展水电的质疑释疑解疑”一文上批示：“川报主动服务大局，正确引导舆论的作法很好，希望继续努力做得更好。”

1 月 27 日　省委书记、省人大常委会主任张学忠在 1 月 20 日《四川日报》上批示：“小强同志：川报两会报道内容丰富，形式创新，望再接再厉，更好地发挥舆论导向作用。”

同日　省委副书记、省长张中伟在 1 月 25 日《四川日报》上批示：“两会报道很好，生动新颖，突出主题，贴近群众，起到了很好的宣传导向作用，我代表省政府向川报表示衷心的感谢。”

2月6日 省委副书记陶武先，省委常委、宣传部部长王少雄等领导到四川农村日报社慰问编采人员，对进一步办好《四川农村日报》提出殷切希望。

2月 成都商报社被国家新闻出版总署评为“全国第三届地方报社管理先进单位”。

3月1日 以“为农民分忧、助农民致富、帮农民说话、服务‘三农’”为办报宗旨，新一轮改版后的首期《四川农村日报》与广大农村读者见面。

3月13日 在北京市参加全国人大、全国政协第十届三次会议的中共四川省委书记、省人大常委会主任张学忠，省委副书记、省长张中伟等领导，到驻地看望、慰问四川代表团工作人员时，充分肯定《四川日报》：“今年全国‘两会’新闻报道形式多样，内容喜闻乐见。”“这是对队伍实力的检验，是四川日报报业集团体制改革创新的结果。”

3月14日 在全省新闻出版系统“三项学习教育”活动经验交流暨总编辑、台长、社长培训会上，《四川日报》介绍了“三项学习教育”活动经验。

3月 华西都市报社获中央电视台、广告协会联合颁发的2005年度广告经营100强。

4月27日 省委领导在当日《四川日报》一版头条《“我有一个梦”——温家宝同志在川考察纪行》上批示：“长久、小强同志：这篇报道写得不错。昨天我向学忠同志报告时，学忠同志讲应予表扬鼓励。同时图片报道搞得也不错。感谢川报记者认真负责的工作，感谢你们有效的组织和领导。”

5月22日 国家教育部语言文字信息管理司司长李宇明一行五人到凉山日报社专题调研彝族文字文化工作。

5月 《攀钢日报》获“中国优秀企业内刊文化推动力奖”。

6月15日 省委书记、省人大常委会主任张学忠在四川日报报业集团新闻阅评组“模范人物宣传报道的有益尝试——简评川报对王顺友马班邮路的一组报道”（《新闻阅评》）第18期上批示：“少雄、杜江同志：多发现总结先进典型，弘扬先进思想，推动精神文明建设。对朱勇钢、沈佳同志不畏困难，深入基层、深入群众的精神应予表扬。”

6月10—17日 由省委舆论研究小组主编的《舆论动态与分析》（第25、26、27、28、31期），分别以“《四川日报》改版效果明显”“时政新闻报道特色凸显”“经济报道‘三贴近’有明显进步”“宣传注意关注民生”“副刊内容丰富特色鲜明”为题，评论《四川日报》改版后的5大变化。

6月21日 省委宣传部通报表扬采访报道全国先进典型、木里县乡邮员王顺友动人事迹的有功人员。《四川日报》记者朱勇钢、沈佳、毛漫丁受到表扬。

6月30日 由省旅游局、省政府新闻办公室、共青团四川省委、省教育厅主办，四川旅游信息网、四川新闻网承办的第三届“魅力四川·2005有奖游”活动开幕。活动吸引了近千万网民参与。

7月1日 南充日报社正式承印并发行《文摘周报》。

同日 四川在线策划制作出首个大型多媒体专题，开创网络媒体先河。同时，四川在线与团省委合作开展大型活动，迈出了网络媒体营销活动的第一步。

同日 《成都日报》成功实施改版，提出“办中国西部最好的城市党报”的办报目标和“权威、深度、责任”的办报理念，新设“要闻纵深”“日报观察”“权威发布”版面。突出要闻深度。

7月11日 省委副书记陶武先在“关于《四川日报》上半年新闻宣传工作的报告”上批示：“少雄、晓幸和长久、小强同志：川报在创新理念、创新内容、创新机制上有明显进展，变化可喜，质量提高。希望在改进和创新的探索实践中，坚定信心，抓住关键，加强薄弱环节，不断深化完善。”

7月13—15日 省委常委、宣传部部长王少雄在《关于〈四川日报〉上半年新闻宣传工作的报告》上先后批示：“川报半年来从办报理念、内容、形式到管理方式的明显变化可喜可贺。望继续努力，乘势而上，在强化薄弱环节，完善管理机制，带好采编队伍上狠下功夫。”“请川报按武先同志的批示要求，再接再厉，再上新的台阶。”

7月26日 省委宣传部、省委先进性教育活动办公室联名通报表彰宣传报道党员先进性教育活动先进，四川日报社荣获先进单位称号，梅松武、钟岚、李伟荣获“先进个人”称号；四川新闻网荣获“先进单位”称号。

7月 《精神文明报》承办由省委宣传部、省文明办等六家单位联合举办的全省未成年人思想道德教育知识竞赛活动，向社会和学校免费发放50多万份报纸（专刊）。

8月12日 省委副书记、省长张中伟在《四川日报》当天刊登的《大山之女——记抗洪女英雄刘湘云》一版上批示：“三篇报道已认真拜读。刘湘云同志事迹感人，应大力宣扬。她是四川省抗洪抢险中涌现的一位女英雄，是优秀共产党员的光辉典范，是我们学习的榜样。向采访组的同志表示感谢。”

8月29日 省委副书记、省长张中伟《在创新中履行使命——〈四川日报〉第二届“9+2”论坛暨洽谈会报道的总结报告》上批示：“川报充分发挥了主流媒体的作用，圆满完成了这次大型报道任务，向全体编采人员表示衷心的感谢！望再接再厉，再创佳绩。”

8月 《成都晚报》策划了“中秋包机上天赏月”活动，创下了在中国历史上，让人以“上天赏月”的特殊形式亲近月亮等几个“第一”的纪录。

同月 《成都商报》以15.4亿元的品牌价值入选由世界品牌实验室主办评选的“中国500最具价值品牌”。同时，又被国家新闻出版总署报刊司评选为“全国晚报都市类报纸竞争力20强”。

同月 《华西都市报》晋级第二届中国报业竞争力年会颁发的“2005年全国晚报都市类报纸竞争力20强”。

9月1日 由中国移动彩信业务传发，读者可通过手机随时阅读《华西都市报》内容的《华西手机报》创刊。

9月2—27日 四川新闻网参加了第二届中医药现代化国际科技大会的网上宣传报道工作，受到省政府通报表扬。

9月16日 《天府早报》大篇幅报道成都城管野蛮执法，引起强烈反响。

9月19日 省委常委、宣传部部长王少雄对《四川农村日报》9月5—9日连续推出的“农业税免征之后看乡镇”系列深度报道作出批示：“农村日报情系三农，服务三农，关爱农民，使农村日报真正成为广大农村基层干部和群众的知心朋友，成为党和政府联系农民群众的桥梁。”

9月26日 省委、省政府表彰人感染猪链球菌病疫情防控先进，四川日报报业集团、《四川日报》雷健分获“先进集体”和“先进个人”称号。

9月29日 在省委民族工作会议暨第五次全省民族团结进步表彰大会上，四川日报社被授予“四川省民族团结进步模范集体”称号。

9月 《攀钢日报》获“企业集团精品报纸”称号，跨入国内企业报四强行列。

9—11 月 应四川省司法厅邀请，四川法制报社派出记者先后两次跟随四川省律师协会后援团，奔赴山东采访律师团为四川省外出打工民工维权行动。

10 月 16 日 由四川日报报业集团文化传播中心担当独家全程策划，中国电影集团、四川日报报业集团、四川广播电视集团共同出品的 40 集电视连续剧《盐亭》，在浙江横店影视基地开机。

10 月 17 日 精神文明报社主管、主办单位，由四川出版集团变更为四川党建期刊集团。

10 月 26 日 省委副书记陶武先在四川日报报业集团《新闻阅评》第 37 期所载《〈华西都市报〉对比两种为官之道》一文上批示："选材典型，由表及里，好！"

10 月 《精神文明报》参加中国花博会宣传报道工作，受到省委宣传部、省政府新闻办的表彰。

11 月 1 日 省委宣传部决定对四川省人感染猪链球菌病防控宣传报道中做出突出成绩的集体和个人予以表彰，四川日报报业集团获"先进集体"，《四川日报》石小宏获"先进个人"。

11 月 8 日 省委宣传部和省新闻工作者协会授予《眉山日报》吴晓彬为四川省 2005 年优秀新闻工作者。

同日 在全省优秀新闻工作者表彰大会上，四川日报社陈岚、四川农村日报社陈松、华西都市报社曹笑、天府早报社李晓波、《廉政瞭望》杂志社周丽萍、四川在线黄永健、成都日报社陈晓霞等获"四川省优秀新闻工作者"荣誉称号；华西都市报社杨东荣获"四川省人感染猪链球菌防控宣传报道先进个人"称号。

11 月 28 日 省新闻出版局批复：经转报国家新闻出版总署批准，同意将四川日报报业集团《21 世纪体育》报更名为《华西生活周报》。

11 月 华西都市报社获省委宣传部、省科学技术厅联合颁发的"第二届中医现代化国际科技大会宣传报道工作先进集体"称号。

12 月 1 日 凉山州办报史上第一份彩色报纸——《凉山日报》汉文版出版发行。当日，汉文版出版 12 个版。至此，有 47 年黑白报纸历史的《凉山日报》进入彩色时代。

12 月 17 日 四川党建期刊集团党委书记、《四川党的建设》杂志社法人代表何志勇被中宣部选拔为全国宣传文化系统"四个一批"人才。

12 月 30 日 省委舆论研究小组在《舆论动态与分析》第 60 期以"一组反映农村文化建设的好新闻"为题，评论《四川农村日报》推出的"走马我省农村文化年"系列报道是"一组很有新闻价值、写法生动活泼、受到读者称赞的好新闻"。

12 月 国务院第一次全国经济普查领导小组授予广元日报社"全国第一次经济普查先进集体"称号。

同月 《华西都市报》获 2005 年欧莱雅风尚媒体大奖。此奖为全球最大化妆品集团欧莱雅于 2003 年创立，是国内唯一针对风尚媒体而设立的。

三、文献辑存目录

国家、四川省有关报业方面的法律、法规、条例、文件（1986—2005 年）

表附－10

发文代字	文件号	文件标题	文件日期
国办发	95	关于一起国际新闻报道失实的通报	1986. 12. 15
川厅秘	15	将川报《情况反映》转省法院查处	1987. 3. 10
国发	94	广告管理条例	1987. 10. 26
工商广字	13	广告管理条例实施细则	1988. 1. 9
川委办	6	转发省委宣传部《一九八八年宣传工作安排意见》	1988. 2. 29
川府办文	139	同意川报在首都设立记者站的批文	1988. 4. 14
川委办	24	《关于建立实际工作部门与宣传新闻单位通气会议制度的请示》的通知	1988. 5. 14
川府办	75	关于开放名烟名酒价格的宣传提纲的通知	1988. 7. 28
川府办	80	《关于严格控制新闻发布会和周年纪念会活动的通知》	1988. 8. 5
川委办	137	认真做好 1989 年《川报》《农村报》发行工作的紧急通知	1988. 10. 31
川府办文	5185	《川报关于解决新闻纸生产供应问题》的批文	1988. 12. 13
新出办字	1512	关于认定淫秽及色情出版物的暂行规定	1988. 12. 27
川委办《通报》	5	胡启立在天津召开新闻改革问题座谈会上的谈话	1989. 1. 25
川委办	7	1989 年宣传工作安排意见	1989. 2. 28
川委办	14	关于改进领导人活动报道意见的请示	1989. 3. 11
中办发	13	关于整顿、清理书报刊和音像市场严厉打击犯罪活动	1989. 9. 16
中办发	15	关于压缩整顿报刊和出版社的通知	1989. 10. 4
川委办	83	关于加强我省对台宣传工作的意见	1989. 12. 7
国发	7	关于加强外国记者管理问题的通知	1990. 1. 20
工商	82	《关于查处新闻出版单位所属记者站、办事处非法经营广告业务有关问题的请示》的答复	1990. 3. 31
中宣文发 新出图字	5551	关于对描写党和国家主要领导人的出版加强管理的规定	1990. 5. 5
川委办	38	关于报刊事业发展若干问题的通知	1990. 6. 20

续表附-10

发文代字	文件号	文件标题	文件日期
川委厅	105	关于抓好《四川日报》征订工作的紧急通知	1991. 11. 16
国办发	7	关于在京举办新闻发布会问题的通知	1992. 5. 29
国保	34	新闻出版保密规定	1992. 6. 13
新出联	4	出版物汉字使用管理规定	1992. 7. 7
川委办	58	关于新闻报道中领导干部名单排列的通知	1992. 8. 29
中办发	1	关于转发中央宣传部《1993 年宣传工作要点》的通知	1993. 2. 9
中宣发文	5	关于发表和出版有关党和国家主要领导人工作和生活情况作品的补充规定	1993. 2. 15
新出发	801	关于出版单位的主办单位和主管单位职责的暂行规定	1993. 6. 29
中宣发	10	关于加强新闻队伍职业道德建设禁止“有偿新闻”的通知	1993. 7. 31
国办发	46	关于在京举办新闻发布会问题的补充通知	1993. 8. 8
法发	15	关于审理名誉权案件若干问题的解答	1993. 8. 7
川委发	51	关于做好九四年度报刊发行工作的通知	1993. 9. 17
新出联字	12	《关于对涉及伊斯兰教的出版物加强管理的通知》	1993. 10. 19
中办发	2	转发《中宣部 1994 年宣传思想工作要点》的通知	1994. 2. 22
国办发	51	禁止在宣传品、出版物及其他商品上滥用人民币等图样	1994. 4. 5
民委政字	362	关于严禁在新闻出版和文艺作品中出现损害民族团结内容的通知	1994. 6. 7
新出图	156	关于防止在出版物中泄露国家秘密的通知	1994. 10. 19
工商广字	288	关于认定新闻媒介以新闻形式收取费用宣传企业形象和产品问题的答复	1994. 10. 20
中华人民共和国主席令	34	中华人民共和国广告法	1994. 10. 27
中办发	19	关于加强和改进书报刊影视音像市场管理的通知	1994. 11. 7
技监局发	28	关于在全国开展“量和单位”系列国家标准宣传贯彻工作的通知	1994. 11. 14
新出报	1015	关于对证券、期货专业报纸和期刊加强管理的通知	1994. 12. 9
中办发	2	转发《中央宣传部 1995 年宣传思想工作要点》的通知	1995. 1. 27
新出报	252	《报纸质量管理标准》实施细则（试行）	1995. 3. 20
新出报	252	报纸质量管理标准（试行）	1995. 3. 20
川委办	19	转发《省委宣传部 1995 年宣传思想工作要点》的通知	1995. 3. 21
川委办	21	关于支持新华社做好报道工作的通知	1995. 3. 28
新出联	8	关于改进广播电视类报纸出版管理的通知	1995. 3. 31
新出报	751	关于转发上海市新闻出版局《关于禁止用新闻形式进行企业形象广告宣传的通知》的通知	1995. 6. 29

续表附－10

发文代字	文件号	文件标题	文件日期
川委办	26	关于进一步加强对台宣传工作的意见	1995. 7. 24
新出报	1294	报刊社长总编辑（主编）任职条件的暂行规定	1995. 10. 19
中华人民共和国国家标准 GB/T15834－1995 国家技术监督局		标点符号用法	1995. 12. 13
新出联	28	关于在出版行业开展岗位培训实施持证上岗制度的规定	1995. 12. 25
国办发	1	关于授权新华通讯社对外国通讯社及其所属信息机构在中国境内发布经济信息实行归口管理的通知	1995. 12. 31
川委办	19	省委宣传部关于纪念红军长征胜利 60 周年活动安排意见的报告	1996. 5. 27
中华人民共和国国家标准 GB/T15835－1995 国家技术监督局		出版物上数字用法的规定	1996. 6. 1
川委厅	101	关于加强对庆祝香港回归宣传活动管理的意见	1996. 8. 7
川委办	50	关于认真学习宣传贯彻江泽民同志《现代责任重于泰山》重要讲话的通知	1996. 11. 19
川委办	65	关于台湾记者来川采访的管理办法的通知	1996. 12. 26
国家工商行政管理局令	69	烟草广告管理暂行办法	1996. 12. 30
中宣发	2	关于禁止有偿新闻的若干规定	1997. 1. 15
川委办	4	中共四川省委宣传部 1997 年工作要点	1997. 1. 31
工商广字	53	关于制止调查采访形式广告的通知	1997. 2. 27
工商广字	117	关于信息市场报社异地经营广告查处问题的答复	1997. 4. 29
川委办	46	关于加强全省新闻出版广播电视管理的通知	1997. 8. 11
川委办	47	关于切实做好中央和省委的党报党刊发行……	1997. 8. 12
川委发	44	关于认真学习宣传贯彻党的十五大精神通知	1997. 9. 21
证监	17	关于加强证券期货信息传播管理的若干规定	1997. 12. 12
中办发	6	关于 1997 年宣传思想工作和 1998 年的工作要点的通知	1998. 2. 12
国家工商行政管理局令	84	广告语言文字管理暂行规定	1998. 3. 1
新出报	459	关于报纸刊载证券期货信息若干管理事项的通知	1998. 5. 11
川委办	37	关于改进会议和领导活动新闻报道的意见	1998. 7. 1
川委办	29	关于学习贯彻《中共中央关于在全党深入学习邓小平理论的通知》的意见	1998. 7. 23
国家工商行政管理局令	86	广告语言文字管理暂行规定	1998. 12. 3

续表附 - 10

发文代字	文件号	文件标题	文件日期
法释	30	关于审理非法出版物刑事案件具体应用法律若干问题的解释	1998. 12. 17
中办发	32	关于严格执行编辑出版党和国家主要领导讲话选编和研究著作有关规定的通知	1998. 12. 28
国家工商行政管理局令	86	房地产广告发布暂行规定	1998. 12. 30
中办发	5	中共中央宣传部 1999 年宣传思想工作要点	1999. 1. 30
川委厅	53	关于正副省级领导干部逝世后在党报上发表纪念文章的意见	1999. 6. 25
新出报刊	859	报刊刊载虚假、失实报道处理办法	1999. 7. 8
新出联	16	关于不得出版宣扬愚昧迷信和伪科学内容出版物的通知	1999. 8. 23
川委办	59	关于切实抓好 2000 年度中央和省委党报党刊发行工作的通知	1999. 8. 27
中办发	30	关于调整中央国家机关和省、自治区、直辖市厅局报刊结构的通知	1999. 8. 29
国管对字	219	关于《中国经营报》《精品购物指南》报社产权界定的函	1999. 9. 27
川委办	71	关于调整我省报刊结构的通知	1999. 11. 6
新出报刊	1390	关于同意组建四川日报报业集团的批复	1999
中办通知	2	胡锦涛在全国第三次“三讲”教育工作会议上的讲话	2000. 1. 5
中办发	1	中宣部 2000 年宣传思想工作要点	2000. 1. 16
川委办	9	关于转发省委宣传部《2000 年宣传思想工作要点》的通知	2000. 1. 28
川委办	13	关于以江泽民同志重要讲话精神为指导，认真开展“三讲”教育“回头看”活动的通知	2000. 2. 17
川委办	17	关于进一步开展解放思想大讨论的意见	2000. 3. 6
川委办	21	关于加强国际互联网络新闻宣传工作的意见	2000. 3. 22
新出联	19	关于建立违纪违规报刊警告制度的意见	2000. 5. 29
新出联	19	违纪违规报刊警告制度实施细则	2000. 5. 29
中华人民共和国主席令	37	中华人民共和国国家通用语言文字法	2000. 10. 31
川新出报	2	关于同意组建四川日报报业集团的通知	2000
新出报刊	59	关于对四川调整报刊结构实施方案的批复	2000
川新出版	43	关于创办《成都日报》的通知	2000
国发	41	关于支持文化事业发展若干经济政策的通知	2000. 12. 18
中办通报	2	胡锦涛同志在全国“三讲”教育工作会议上讲话	2001. 1. 9
国办发	6	关于进一步加强国内突发事件对外报道工作通知	2001. 1. 20
中办发	4	中共中央宣传部 2001 年宣传思想工作要点	2001. 1. 21

续表附 - 10

发文代字	文件号	文件标题	文件日期
工商广字	37	关于进一步加强对大众传播媒介广告宣传管理的通知	2001. 2. 5
新出报刊	902	关于进一步加强社会文化生活类报刊管理的通知	2001. 7. 3
国务院令	315	印刷业管理条例	2001. 8. 2
新出报刊	1107	关于对出版物使用互联网信息加强管理的通知	2001. 8. 14
厅字	28	关于做好 2002 年度《人民日报》《求是》杂志发行工作的通知	2001. 8. 27
政联字	3	关于加强军事新闻宣传管理的通知	2001. 10. 12
新出联	23	关于尽快落实农村订阅报刊费用限额切实减轻农民负担的通知	2001. 10. 25
新出报刊	1498	关于禁止传播有害信息进一步规范出版秩序的通知	2001. 11. 5
川新出版	117	关于同意组建成都日报报业集团的批复	2002
中办发	2	关于转发《中共中央宣传部 2002 年宣传思想工作要点》的通知	2002
国办发	7	关于进一步加强基层文化建设指导意见的通知	2002
川委厅	26	关于做好 2003 年度中央和省委机关报刊发行工作的通知	2002
新出办	717	新闻出版行业领导岗位持证上岗实施办法	2002. 6. 3
国务院令	359	中华人民共和国著作权法实施条例	2002. 8. 2
法释	31	关于审理著作权民事纠纷案件适用法律若干问题的解释	2002. 10. 12
新出联	19	关于开展新闻采编人员资格培训工作的通知	2002. 11. 20
工商广字	289	关于进一步做好公益广告宣传的通知	2002. 12. 27
新出厅字	6	关于新闻采编人员资格培训实施工作的通知	2003. 1. 10
新出办	577	关于坚持“三贴近”进一步加强和改进新闻出版工作的意见	2003. 6. 6
中办发	19	关于进一步治理党政部门报刊散滥和利用职权发行，减轻基层和农民负担的通知	2003. 7. 15
新闻出版总署公安部令	19	印刷品承印管理规定	2003. 7. 18
中办发	2	关于转发《中共中央宣传部 2003 年宣传思想工作要点》的通知	2003
中办发	11	关于进一步改进会议和领导活动新闻报道的意见	2003
川委办	1	关于转发《中共四川省委宣传部 2003 年宣传思想工作要点》的通知	2003
川委厅	13	关于进一步加强新闻发布会管理意见	2003
厅字	18	关于做好 2004 年《人民日报》《求是》杂志发行工作的通知	2003
川委办	22	关于治理党政部门报刊散滥和利用职权发行，减轻基层和农民负担的通知	2003
川委厅	26	关于做好 2003 年度中央和省委机关报刊发行工作的通知	2003
川委厅	28	关于做好 2004 年度中央和省委机关报刊发行工作的通知	2003

续表附－10

发文代字	文件号	文件标题	文件日期
中宣发	10	关于清理含有不良内容广告的通知	2004. 4. 9
		新闻出版总署公布第1号	2004. 7. 15
中办发	6	关于转发《中共中央宣传部2004年宣传思想工作要点》的通知	2004
厅字	15	关于做好2005年度《人民日报》《求是》杂志发行工作的通知	2004
川委厅	33	关于切实做好2005年度中央和省委机关报刊发行工作的意见	2004. 11. 1
国务院令	426	宗教事务条例	2004. 11. 30
国家工商行政管理局令	18	广告管理条例施行细则	2004. 11. 30
法释	19	关于办理侵犯知识产权刑事案件具体应用法律若干问题的解释	2004. 12. 8
川委办	14	关于转发《中共四川省委宣传部关于当前我省思想理论领域的情况和下一步工作的意见》的通知	2004. 12. 8
川委办	3	关于转发《中共四川省委宣传部2005年宣传思想工作要点》的通知	2005. 2. 1
厅字	6	关于印发《全国性文艺新闻出版评奖管理办法》的通知	2005. 3. 1
中办发	11	关于进一步加强和改进舆论监督工作的意见	2005. 4. 5
国发	10	关于非公有资本进入文化产业的若干决定	2005. 4. 13
新闻出版总署国家统计局令	30	新闻出版统计管理办法	2005. 4. 20
工商广字	56	关于印发《虚假违法广告专项整治工作方案》的通知	2005. 4. 21
新出报刊	549	贯彻落实《关于进一步加强和改进舆论监督工作的意见》的通知	2005. 6. 2
国办函	63	关于印发国家突发公共事件新闻发布应急预案的函	2005. 6. 11
川委厅	38	关于印发《全省性文艺新闻出版评奖管理办法》的通知	2005. 8. 12
国家工商行政管理总局令	21	医疗广告管理办法	2005. 9. 28
国家工商行政管理总局令	21	酒类广告受理办法	2005. 9. 28
新闻出版总署令	32	报纸出版管理规定	2005. 9. 30

说明：国发：国务院发文；厅字、中办发：中央办公厅发文；国办发：国务院办公厅发文；中宣发、中宣发文：中共中央宣传部发文；新出报刊、新出办字、新出图、新出报：新闻出版局或新闻出版总署发文；新出联字：中共中央宣传部、中央统战部、国家民委、国务院宗教事务局、新闻出版署发文；民委政字：国家民委、中共中央宣传部、中央统战部、文化部、广播电影电视部、新闻出版署、国务院宗教事务局；国保：中央对外宣传小组、国家保密局、新闻出版署、广播电影电视部发文；技监局发：国家技术监督局、国家教育委员会、广播电影电视部、新闻出版署；政联字：中共中央宣传部、新闻出版总署、解放军总政治部发文；工商广字：中共中央宣传部、国家工商行政管理总局、新闻出版总署、国家广播电影电视总局发文；工商：国家工商行政管理局或总局发文；证监：中国证券监督管理委员会发文；国管财字：国务院机关事务管理局、新闻出版署、财政部发文；法发：最高人民法院发文；法释：最高人民法院或最高人民检察院发文；川委发：中共四川省委发文；川府发：四川省政府发文；川委办：中共四川省委办公厅发文；川府办：四川省政府办公厅发文；川新出版、川新出报：四川新闻出版局发文。

编后记

2006年4月，中共四川省委办公厅、四川省人民政府办公厅印发《〈四川省志（1986—2000）〉编纂方案》〔川委厅（2006）4号〕，启动第二轮《四川省志》编纂工作。《四川省志·报业志（1986—2005)》（以下简称《报业志》）由中共四川省委宣传部牵头承编。2006年，《报业志》编纂委员会及办公室成立，启动编纂工作。

在中共四川省委宣传部领导下，在四川省地方志编纂委员会、《报业志》编纂委员会指导下，编纂委员会办公室组织全体编辑人员按《〈四川省志〉编纂方案》要求，有计划、有步骤地推进《报业志》编修工作，主要经历了3个阶段：

一、组建队伍，制订篇目。2006年，经批准正式成立《报业志》编纂委员会后，在省委宣传部领导下，根据省地方志编纂委员会要求，即着手组建修志工作机构，成立设在四川省新闻工作者协会的编纂委员会办公室。全省各报业集团、期刊集团、报社、新闻期刊、新闻网站、高校新闻院系也先后组建有领导参加的修志工作小组，指定专人负责修志工作。2007年7月，编纂委员会办公室召开编辑工作会议，明确编辑及修志人员具体任务，组织大家认真学习四川省地方志编纂委员会制定的《四川省志·凡例》和《〈四川省志〉编写细则》，严格把握、执行修志具体规定和要求。在此基础上，编纂委员会办公室经多次讨论修改，制订《〈四川省志·报业志（1986—2005)〉编纂大纲》（以下简称《编纂大纲》）和《〈四川省志·报业志（1986—2005)〉编纂内容提要》（以下简称《编纂内容提要》）。

二、布置任务，收集资料。修志篇目和内容提要制定完成后，2008年至2009年4月，编纂委员会办公室先后在成都市、南充市、内江市主持召开4个片区的编辑工作会，即成都片区、川东北片区、川西南片区、全省高校新闻院系片区编辑工作会。各单位修志工作分管领导和具体负责资料收集工作的人员参会。会议要求各单位严格按编纂《编纂大纲》和《编纂内容提要》要求，全面收集、整理相关资料，按时报编纂委员会办公室。经各单位共同努力，共有123家新闻单位报送近300万字的相关资料，为志书编纂奠定扎实的资料基础。

三、分工编纂，审改定稿。2010年初开始，编纂委员会办公室编辑人员经充分讨论，进一步明确初纂分工，分别对已收集的各篇资料认真进行分析、综合、整理，并开展补充调研，充实和完善资料。在此基础上，编辑人员按分工进行初稿撰写。